障害者の〈生〉

法・福祉・差別の人間存在学

小幡清剛 著

萌書房

障害者の〈生〉——法・福祉・差別の人間存在学＊目次

はじめに　3

第一章　フーコー／イリイチ／ゴフマン……13

一　M・フーコー　13

《a　病院——病者を「解放」しながら監視の「まなざし」を注ぐ》　13

《b　監獄——犯罪者を規律・訓練により規格化する》　22

二　I・イリイチ　30

《a　学校——子供が自律的に〈学ぶ〉ことを否定する》　30

《b　病院——病者が自律的に〈癒える〉ことを否定する》　38

三　E・ゴフマン　47

《a病院——医師が〈役割〉を演技する》　47

四　《切断》の方へ　57

第二章　《切断》——人間と人間を切り離す……73

一　《切断》の下方展開　73

——人間を踏みつけることへの誘惑

障害者の〈生〉

——法・福祉・差別の人間存在学

母さん。「やれ奇型児だ」「それ奇型だ」と声高に叫びまくっている大江健三郎さんに、ちょっと文句を言っておきました。大江さんによって傷つけられた心が少しは癒えましたか。もうこれでいいですよね。ところで、奥平康弘先生は、急逝される三日前に、わざわざ私にお電話を下さり、あなたの病状を心配して尋ねられ、看病疲れ気味の私を励まして下さいました。本当に、心の優しい先生でした。天国（極楽）で奥平先生のお姿を見かけたら、あなたからも御礼を言っておいて下さい。お願いしますね。それから、認知症になった後も母さんのことを「大好き」と言っていたほどあなたを愛していた父さんと会われたら、宜しくお伝え下さい。奥平先生が最後の電話でまるで遺言であるかのように繰り返し依頼された『丸山真男・西田幾多郎・清水幾太郎』の完成を目指して、私はもう少しこちらで研究を続けます。父さんと一緒に見守っていて下さいね。

母さん。あなたは重度の複合的先天性障害や次々に襲い来る病魔と勇敢に闘い続けながら、そして大江さんのような差別者によって「奇型だ」「片輪だ」「不吉だ」「気味悪い」等々と言われ続けながら、八九年の人生を立派に生き抜きました。本当によく頑張りましたね。息子である私は、あなたを誇りに思っています。拙い作品ですが、本書をあなた＝小幡（小畑）敏子に捧げたいと思います。

はじめに

1

本書は、M・フーコー、I・イリイチ、E・ゴフマンのそれぞれの思想を用いて、現代日本におけるマイノリティ＝「不利な立場の少数者」――特に、障害者・病者――をめぐる言説構制の分析を試みるものである。とりわけ、障害者・病者の〈生〉の形式を浮かび上がらせるために、フーコーの〈考古学〉の方法が重視される。すなわち、（フーコー、イリイチ、ゴフマンの作品も含めて）マイノリティを研究する学者が刊行した著作、パンフレット、マイノリティについて裁判所が下した判決、マイノリティに関して新聞が報道した記事――これらの多様な言説群が現代という時代においていったいどのような「規則」＝「無意識的構造」に支配されているかを解明することが目指されている。

ここで言うマイノリティとは「スティグマを負うもの」（ゴフマン）の意味であるから、「徴（しるし）」があるという意味では確かに「異常なもの」である。ただし、「平凡なもの」に対する「優れたもの」も「異常なもの」であるから、「異常なもの」という表現はもともとマイナスの価値判断を〈実体〉としては反映してはいない。したがって、本書で用いられている「異常なもの」という言葉から、差別的ニュアンスを読み取ることは、誤りである。もっとも、そうは言っても、フーコーは、「異常なもの」＝「有徴者」を「正常なもの」＝「無徴者」から《切断》した。そして、「正常なもの」から《切断》された「異常なもの」は上方に位置する「正常なもの」と再び合体するために改めて《切断》し直そうとして、さらに下方に位置するヨリ「異常なもの」を踏みつけることになるという機序からも明らかなように、《切断》や《切断》の下方展開は、ある観点から見て「異常なもの」にマイナスの価値を付与することがありうる。

本書において、マイノリティ＝「不利な立場の少数者」に関する様々な言説群から抽出された「規則」＝「無意識的構造」は、《切断》《無化》《内閉》《弛緩》《比喩》であるが、その中心となるのは、そのような《切断》——特に《切断》の下方展開——なのである。もっとも、同じ《切断》という言葉であるとはいえ、フーコーの重視する認識論的切断は主として「人間の死」を前提とする歴史的切断であるが、以下で論じる《切断》はむしろ人間存在学における共時的な空間的《切断》である。

「有利な立場の多数者」＝「無徴者」＝「正常なもの」から《切断》されたマイノリティは、「有徴者」＝「異常なもの」と見なされ、イリイチの言う「病院化」社会において、時として政治権力により展開された運動の中でその存在自体を《無化》されてきた。そして、そのような《無化》に怯えるマイノリティに属する彼／彼女らが、生き延びるための唯一の戦略としてしばしば《内閉》を選択しなければならない状況にまで追い詰められてきた現実がある。また、あるカテゴリーに属するマイノリティへの差別を批判する「善意」の人が、その批判を行なったことで思考を《弛緩》させて、他のカテゴリーに属するマイノリティへの差別を《切断》によってかえって強化してしまうことがある。あるいは、ある論者がマイノリティの《比喩》を何気なく用いることによって、マイノリティの《切断》を肯定してしまい、結果としてマイノリティである彼／彼女らの疎外を著しく深めてしまう場合もある。

マイノリティ＝「不利な立場の少数者」に関する著作・パンフレット・判決・記事等々の様々な言語群からは、《無化》《内閉》《弛緩》《比喩》という「無意識的構造」が《切断》という中核的「規則」の周りに配置されている様子が人間存在学的に修正された考古学によりくっきりと浮かび上がってくる。

そのことを確認して初めて、「スティグマを負うもの」＝「異常なもの」としてのマイノリティの解放への道が拓かれてくるのである。本書は、その第一歩を踏み出すための出発点となる。これまで、眼に見えなかった「無意識的構造」を、《切断》という「規則」として顕在化させることこそが、その第一歩なのである。

斎藤純一によれば、M・フーコーとH・アーレントは、社会は「正常なもの」という規範が支配する領域である、と考えた。すなわち、フーコーは「生命を引き受けることを務めとした権力は、持続的で調整作用をもち矯正的に働くメカニズムを必要とする筈である。……正常化を旨とする社会は、生命に中心をおく権力テクノロジーの生み出す歴史的効果である」と言う[1]。また、アーレントは、「社会は無数の様々な規則を課すことにより、その成員の各々に一定の行動を予期する。こうした規則は、その成員をことごとく『正常化』し、彼らを行動させ、自発的な行為や際立った達成を排除する傾向をもつ」と述べる[2]。これらの言説を引用し、斎藤は以下のように論じる。「〔ここで問題とされたのは〕正常とされる規範がそれにしたがった『行動』の反復を通じて再生産、強化されていくという機制である。……両者が重視するのは『正常なもの』に適合するよう自らの生を組織化させる力であるが、フーコーが後に規律権力と呼ぶこの力を、アーレントは、ビオスの複数性を抑圧する『コンフォーミズム』としてとらえた[3]」。

障害者・病者の〈生〉は、「正常なもの」に適合するよう圧力を受けながら、それに適合することができないことによって、「差異化のポテンシャル」を封じられ、「正常なもの」から《切断》されることにより、「異常なもの」という「実体」として「他者化」されるのである。ポストモダン思考が肯定的に語る「差異化」と構築主義社会学が否定的に論じる「他者化」の相違は最終章で検討されることになる。

これらの「規則」=「無意識的構造」がどのような人々の言説から浮かび上がってくるかを、あらかじめ記しておこう（敬称略）。

《切断》——映画『地の群れ』の登場人物・松子、柴田道子、塩見鮮一郎、中上健次、野辺明子、安積遊歩、要田洋江、荻野美穂、小泉義之、立岩真也、「障害児を普通学校へ・全国連合会」が支援した少年、尼崎訴訟の原告少年、留萌訴訟の原告女子中学生、福島智、斉藤貴男、三浦朱門、江崎玲於奈、木村資生——等。

《無化》——映画『典子は、今』の主人公・辻典子、野辺明子の娘・麻衣子、石井政之、映画『小島の春』の主人公・小川正子、光田健輔、宮沢俊義、南原繁、「青い芝の会」の横塚晃一、松原洋子、森岡正博、太田典礼、最首悟、柴谷篤弘、栗原彬、有吉佐和子、藤田省三、高畠通敏、養老孟司、「どんぐりの家」に集う人々、山本おさむ、島薗進、「有害な生命」訴訟の原告——等。

《内閉》——竹田青嗣、天野義智、島比呂志、乙武洋匡、川口武久、塔和子、神谷美恵子、内田樹、「浦河べてるの家」に集う人々、向谷地生良、鷲田清一、ビートたけし、山本譲司、安部譲二、佐藤幹夫——等。

《弛緩》——若宮啓文、柳田国男、山路愛山、ひろたまさき、滝川政治郎、網野善彦、金時鐘、梁石日、金静美——等。

《比喩》——林達夫、大江健三郎、大熊信行、加藤典洋、柄谷行人、浅田彰、大西巨人、渡部昇一、斉藤環、夏目漱石、東浩紀、山崎正和、岡庭昇、竹内敏晴——等。

これらの様々な人々の一見バラバラに見える言説群において、それらを横断しつつその深部まで読み込み、互いに正面からぶつけ合ってようやく浮かび上がってくるのが、《切断》という「規則」なのである。そこから、マイノリティ＝「不利な立場の少数者」に属する彼／彼女らが《切断》されることに向けられた、各論者の半ば無意識的な「まなざし」が明らかとなってくるのである。

2

《切断》のような「規則」＝「無意識的構造」を浮かび上がらせる試みを行ないながら、他方で、同時に、《切断》に抗する〝つながり〟の社会哲学・法哲学を確立する可能性が探究される。すなわち、《切断》の誘惑に抗して、〝つながり〟を獲得し維持するためには、障害者・病者のような「不利な立場の少数者」が〝つながり〟のための起点として自分自身の「肉体＝身体」を所有しなければならない。しかし、「肉体＝身体」を所有することの意義は、例えば自殺・中絶・売春・臓器売買等の広義の《無化》の方向への自己決定権行使の根拠と考えるべきではなく、また『アナーキー・国家・ユートピア』を著した時点でリバタリアンだったR・ノージック[4]のように国家が福祉目的で財の分配を行なうために強者に労働（＝タダ働き）を強いることに対する抵抗権行使の根拠と考えるべきでもなく、むしろ長島愛生園のような癩療養所や宇都宮病院のような精神病院（で君臨していた医師たち）という「他者」による障害者・病者の「肉体＝身体」の剝奪の企てに対する拒否権行使の根拠と考えるべきである。医師という「他者」が注ぐ「まなざし」による《内閉》の強要は、そのような抵抗の基体である「肉体＝身体」の放棄であるのみならず、〝つながり〟により人間疎外的な現状を打開することへの希望の断念でもある。

当然ながら、以下では、論文「嬰児は人格を持つか」で「パーソン論」を提起したM・トゥーリー、女性による「肉体＝身体」の所有から「胎児＝所有物」の中絶を正当化するH・T・エンゲルハート、女性による「肉体＝身体」の所有から「胎児＝女性の身体と透析のため繫がったバイオリニスト」の中絶を正当化するJ・トムソン等の立場に与するものではない[5]。「肉体＝身体」の所有は、「中絶」を行なうことのポジティヴな正当化根拠ではなく、国家による障害者・病者の〈生〉への介入に対する拒絶権行使のための根拠と考えるべきなのである。

ここで注目すべきは、熊野純彦の議論である。熊野によれば、われわれが病気による激痛や妄想に苦しむ場合、「わたし」と「わたしの身体」の区分が不明確となり、「わたし」はもはや「身体を所有（possess）」しているのではなく、身体によってとり憑かれて（be possessed）いることになる。この時、「肉体＝身体」を所有するという能動的な働きかけは、こうした「受動性」を乗り越えることができなくなる[6]。第五章で論じるように、このような考え方は、確かに「精神病」と「人格障害」を区別することにも有効であると言えよう。しかし、この熊野の考え方は、大変危険なものでもある。なぜなら、病者が自分自身の「肉体＝身体」を所有してるのではなく、単にそれに「とり憑かれている」にすぎないのであれば、国家による《無化》の意図を体現した癩療養所や精神病院（の医師たち）が、病者の「肉体＝身体」をその病気が癒える（？）まで長期間あるいは一生にわたって回収し、あたかも新たに任命された所有権者のごとく自由に振る舞うことが認められてしまうからである。この場合、病者の「肉体＝身体」は、病院の医師が注ぐ「まなざし」に支配される対象（＝受動的なモノ）となるが、《内閉》の実現を目指す医師はしばしば、治療の名の下に、単なる管理すべき「モノ」と見なした病者の「肉体＝身体」が、〝つながり〟のネットワークが構築されるべき起点となることを禁止する。しかし、それは、癩療養所による病者の「肉体＝身体」の支配を告発した大谷藤郎や、精神病院による病者の「肉体＝身体」の支配を批判した向谷地生良が問題視した深刻な人間疎外という事態である。したがって、障害者・病者による自分自身の「肉体＝身体」の所有は、熊野のように「事実問題」と捉えるべきではなく、あくまで「権利問題」と考えるべきである。

3

それゆえ、障害者・病者の所有する「肉体＝身体」を起点に、《切断》の誘惑を拒絶しつつ、〝つながり〟のネットワークを構築することが、障害者・病者の〈生〉を取り巻く苛酷な現実を変革するための大切な第一歩となることを、はっきりと確認しておかねばならない。神谷美恵子の「生きがい」肯定論や内田樹の「呪い」否定論のような〝つながり〟の持つ意義を認めない言説が注目されている今、〝つながり〟を出発点として現状を打開することの重要性を確認するだけでも、意味はあると思う。「呪い」とは、〝つながり〟により世界に内属したいという「弱者」の願望の最後の表明手段なのだから。また、森岡正博の「生命学」や立岩真也らの「障害学」等で見られる「内なる優生思想」批判の言説も、それが障害者・病者である彼／彼女らが自分自身の「肉体＝身体」を所有することを拒否する言説となる場合は、批判的検討の対象となる。実際、「内なる優生思想」批判を受容する〈生〉の在り方は、神谷が高く評価する《内閉》と同様、障害者・病者である彼／彼女の〈内面〉において自己完結してしまい、外部の「他者」との〝つながり〟を求める意味がなくなってしまう。このような外部の「他者」との〝つながり〟のない清く「正しい」聖なるものへ上昇する生き方ではなく、たとえ「誤る」可能性に開かれたものであっても、田中美津の言う悩み・迷い・苦しみながら「とり乱す」生き方や、向谷地生良の言う苦労を背負いながら「降りていく」生き方こそが擁護されなければならない。「他者」から清く「正しく」生きることを強要されるのではなく、悩み・迷い・苦しみ・「誤り」ながらも現実を変革するために「肉体＝身体」を起点として〝つながる〟ことを、時には「呪い」の言葉を用いてマイノリティ自身が「他者」に働きかけることこそが必要なのである。

以下で述べられるのは、さしあたり、ここまでである。ヨリ積極的な提言は、既に例えば拙著『「一人前」でない者の人権』で行なっている——例えば「不利な立場の少数者」についての法理論を「トピカのクリティカへの先行性」テーゼ（G・ヴィーコ＝清水幾太郎＝田中成明）から「クリティカのトピカへの先行性」テーゼに転換すべきこと——し、今後も機会を得てさらに展開していくつもりである。

4

最後に、「肉体＝身体」という表現を用いることについて一言しておきたい。鷲田清一は『メルロ＝ポンティ』で次のように指摘している。「そもそも身体とはほんとうに一つの物体なのだろうか。われわれが『身体』を『物体』として区別しているものを、西欧のひとたちは、〝body〟……というおなじ一つの言葉で呼んでいる。……われわれがふつう『行動』とか『ふるまい』と訳している〝behavior〟が、同時に機械の『はたらき』や惑星の『運動』という意味をもっているのは、それがbodyの運動だからである」。鷲田によれば、「このような言葉の使い方は、人間の身体をも一つの精密機械にみたてる機械論的な自然観……にはなじみやすい」ものである[(7)]。しかし、以下では、そのような機械論的自然観には与しないので、「物体＝身体」とは異なるという意味で、あえて「肉体＝身体」という表現を用いることにする。そうすることで、生命のない「物体」には存在しない、人間の「身体」の持つ「生まなましさ」が強調されることになる。「身体」は、「物体＝身体」ではなく、あくまで生まなましい「肉体＝身体」であるからこそ、時には「スティグマ」を負わされ、そのスティグマを負う「肉体＝身体」の所有者が、「われわれ」とは異なる「異常なもの」として《切断》されることになる。ところで、M・メルロ＝ポンティは、後に、〈肉〉を世界と

「身体」の共通の生地という存在論的概念として捉えるに至った。つまり、「身体」は主観性の事実的な存在様態を表わすために用いられる概念であるが、〈肉〉としての「身体」すなわち「肉体＝身体」は、反省的なものと非反省的なものの交差という場面に定位しつつ、主観性の経験のみならず、例えばマイノリティの否定に立脚する《比喩》が現象するような、歴史的な文化一般を取り巻く前反省的地平をも意味する概念となる。しかし、メルロ＝ポンティの思想ではその前反省的地平を批判することが困難となるゆえに、われわれはそれに与しない。メルロ＝ポンティの場合、例えば「わたし」が「あなた」と見つめ合って握手する時、「わたし」の注ぐ「まなざし」と「あなた」の向ける「まなざし」が互いに絡み合いながら、「わたし」の右手が「あなた」の右手と互いに巻きつき合いつつ、見るものから見られるものへ・握るものから握られるものへ（またその逆へ）と次々に反転していく可能性を持つことにより、「正常なもの」への適合が保障されて、互いの「肉体＝身体」は世界と根源的な内属関係を形成することになる。しかし、もし「わたし」の右手に指がすべて欠損していればどうであろうか。「あなた」が「わたし」の「肉体＝身体」に注ぐ「まなざし」と、「わたし」の不安定な「まなざし」は絡み合うことはできないのではないだろうか。逆に、「わたし」の注ぐ「まなざし」を避けて、「あなた」は「わたし」の「肉体＝身体」からも「まなざし」を逸らすのではないだろうか。スティグマを負う「肉体＝身体」は、興味深い「異常なもの」として人々の「まなざし」を集中して浴びるかもしれないし、あるいは悍しい「異常なもの」として人々の「まなざし」が注がれることを忌避されるかもしれない(8)。いずれにしろ、「わたし」の「肉体＝身体」は、怖いもの見たさと儀礼的無関心という正反対のベクトルをもつ「あなた」たちの「まなざし」に一方的に支配される結果、「わたし」が自分自身の「肉体＝身体」を所有することは拒否されることになる。そして、「われわれ」が握手する時、「わたし」の指のない右手と「あなた」の五本の指が揃った右手が互いに巻きつき合うことに、「あなた」は違和感はないであろうか。そもそも、それらは互いに巻きつき合うことができるのだろうか。「われわれ」は握手することができるのだろうか。そこに「居る」のは、互いに侵蝕しつつ世界に内属する「われわれ」ではなく、互いに交渉のない「わたし」＝「われ」と「あなた」＝

「われ」にすぎないのではないのだろうか。つまり、一方の「われ」である「わたし」は、本来指があることで握る〈べき〉ものが指の欠損のためにまったく握れなくなり、単なる握られるものとなることによって、世界から根源的な疎外関係を付与されることにならないであろうか。メルロ＝ポンティは、「キアスム」という言葉で、「自己」＝「わたし」と「他者」＝「あなた」、「『まなざし』を注ぐもの（見るもの）」と「『まなざし』を注がれるもの（見られるもの）」、「握るもの（触れるもの）」と「握られるもの（触れられるもの）」等々は、互いに深く侵蝕するという形でその存在を互いに交差させる事態を論じている。それが「正常なもの」に適合するための前提条件となり、世界に内属するための前提条件となる。しかし、指がすべて欠損した「わたし」の「肉体＝身体」は、「あなた」の「肉体＝身体」とその存在をうまく交差させることができず、むしろ「他者」である「あなた」から「まなざし」を逸らされつつ、「異常なもの」として互いに「われわれ」を形成しつつ侵蝕することを拒まれ、《切断》されてしまうのではないだろうか。マイノリティのスティグマを負う「肉体＝身体」とは、「キアスム」において存在すべき相互性・対称性を拒絶される「肉体＝身体」なのではないだろうか。「わたし」＝「われ」は、そのような「あなた」＝「われ」と侵蝕し合う「肉体＝身体」を所有するとは言えないのではないだろうか。マイノリティが様々な「不利な立場」に置かれるのも、「わたし」＝「われ」である彼／彼女が「キアスム」において存在すべき相互性・対称性を否定され、「肉体＝身体」を自分自身のものとして所有できずに、「あなた」＝「われ」と「われわれ」を形成できないでいるために、「正常なもの」に適合するための前提条件、つまり世界に内属するための前提条件を充足できないからなのである。

5

ちなみに、《切断》《無化》《内閉》はすべて、弱視（左眼：先天性硝子体破裂＝視力ゼロ・右眼：緑内障）、難聴（両耳：突発性難聴の後遺症である難聴・耳鳴り）、先天性四肢障害（手足の指の欠損・奇型）の重複障害者である私自身が実際に体験した〈生〉の在り方であり、その相互性・対称性を拒絶された自分自身の世界からの疎外体験を土台に本書の内容は構成されている。ちなみに、父には視覚障害、母には先天性四肢障害および心房中隔欠損症があったので、私の障害は「血」=「遺伝」の観点において「有徴」なものと考えられる。たまたま姓が「オバタ」であったので、小学校に入学すると忽ち「オバケ」という渾名がついてしまった。その中で、例えば電車の座席では「両手をポケットに入れ、目をしっかりつむる」ことにより、スティグマをある程度《無化》することができた。それは「正常なもの」に適合しているかのような外観を示そうとする悲しい努力であった。また、「知的障害のある○○さんより、成績がクラスで中くらいの僕の方がましだ」と密かに思うことで、心の中で《切断》を行なった。そして、「誰からも文句を言われないよう気をつけよう」と努めることで、《内閉》とごく近い精神状態に陥った。これらの〈生〉の在り方は、「オバタのオバケ・オバケのオバタ」と囃し立てられる中で、何とか世界からの疎外で受けるダメージを小さくしつつ生き続けるための〈生〉の戦略――小学生の私が考えた幼稚でたわいのない戦略――であった。それは、世界からの疎外を恐れるあまり、自己からの疎外を惹き起こした戦略でもあった。

以下は、「他者」との〝つながり〟を回復することにより世界に内属することを望んでいた私の原体験を土台としている。たとえスティグマを負うために一時的にマイノリティ=「不利な立場の少数者」として世界から疎外されることがあっても、「わたし」=「われ」のような障害者・病者が自分自身の「肉体=身体」を所有することが、「あなた」=「われ」との〝つながり〟を回復して、「まなざし」などを互いに巻きつき合いつつ「われわれ」を形成して、再び「われわれ」として堂々と胸を張って世界に内属するようになるための前提条件なのである。以下で、特に《切断》という「規制」=「無意識的構造」の支配に着目するのも、「われわれ」を形成するために〝つながり〟の回復を重視するからである。

第一章　フーコー／イリイチ／ゴフマン

一　M・フーコー

《a　病院――病者を「解放」しながら監視の「まなざし」を注ぐ》

狂気と理性

ミシェル・フーコーの『狂気の歴史』によれば、中世まで、猛威を振るっていた業病＝聖病という両価性を帯びる癩病は、中世末期になると姿を消した。そのため、それまで癩者を隔離していた癩施療院には、いったん梅毒などの性病患者が収容されたが、通常の病院で治療されることになり、次第に「理性に反するもの」が監禁されるようになった。(1)

ルネッサンスに至るヨーロッパ社会では、S・ブラントが記し、J・ボッシュが描いた『阿呆船』に象徴されるように、「狂気」は文化に対し豊饒な意味を与えるものであった。(2)　また、「人間が狂気になるのは避けがたいことであり、狂っていないと言ったところで、狂気についての異なる見方からすれば狂っているということになるかもしれない」（B・パスカル）、あるいは「あらゆる神の創造物の中で、最も災いが多く脆いものは人間である」（M・E・モンテーニュ）という言葉からも明らかなように、狂気は人間に「内在」するもので、人間から「排除」されうるものではなかった。「ルネッサンス期には狂気はいたるところに現存してい」て、個々の経験と混じっていたのである。

しかし、『省察』において「コギト・エルゴ・スム」を唱えたR・デカルトは、狂気を「思考の成立を不可能にする条件」と見なし、「理性」から狂気を排除する哲学を構想した。一七世紀になると、「理性の時代」とともに「大いなる閉じ込め」が開始され、「総合救貧院」（パリ）、「感化院」（ドイツ語圏諸国）、「感化院」＝「矯正施設」が再構築された「労役場」（イギリス）等の生活全面統制型施設＝全制的施設（E・ゴフマン）の先駆けとも言えるものが、網の目のように張り巡らされることになる。しかし、一八世紀の監禁に対する政治的批判は、狂気を解放するという方向では行なわれなかった。政治的批判によって、人道主義的配慮あるいは医学的配慮が精神障害者に払われることもなかった。「政治的批判は、以前にもまして強固に、狂気を監禁に結びつけてしまった。しかも、二重の結びつけ方によって。狂気をして、監禁を行なう権力の象徴そのものと化し、監禁の世界の内部におけるこの権力の執念深く嘲笑的な代表者と化す、一つの結びつけ方。狂気を監禁のすべての処置の最高の客体として示す、もう一つの結びつけ方。抑圧の主体と客体、抑圧のイマージュと目的、抑圧の盲目的な専断さの象徴と抑圧の中に存在しうる理性的で根拠のある事柄の正当化である(3)」。

このような監禁の時代の根底には、キリスト教世界における感受性の変容が存在する。かつて「貧しき者こそ救われる」と唱えていたキリスト教会は、秩序に適応する「善き貧民」と秩序に敵対的な「悪い貧民」を区別するようになる。とりわけ、宗教上の最大の罪が「貪欲」から「怠惰」に変化する中で、宗教改革により、労働が「自分が救済されることを確証するための手段」と捉えられるに至ると、貧困は「救済すべきもの」ではなく「非難すべきもの」であるという感性が支配するようになる。かつて貧困の持つ宗教的＝神秘的な力により「神聖なもの」と見なされた

「狂人」は失墜し、怠惰な「貧民」と同類となり、勤勉な労働をモットーとする社会の道徳的秩序を乱すものと見なされることになる。国家は、狂気という精神的無秩序をもはや許容することなく、「反道徳という罪」は「非理性という罪」とパラレルとなる。例えば、同性愛の男性、夫と同衾することを拒否する女性等が、「理性的な愛」を拒絶して、家族主義的な道徳秩序に反する「非理性的な愛」の持ち主として狂気の中に位置づけられることになる。

かくして、同性愛者、娼婦、放蕩者、無宗教者、親不孝者、瀆神者等が狂気とされ、排除・監禁の対象となる一方で、「正常なもの」が法体系の下で理性的に行動しうる法主体と同一視されるようになる。道徳的理由から排除された「非理性的なもの」=「(広義の)狂人」は、家族の名誉を守るために人目に触れぬよう監禁されたが、他方、本物の「(狭義の)狂人」は、「奇妙なメカニズムを備えた動物」=「人間性が消滅している動物」として「見世物」にされたのであった。

市民社会の発展に伴ない、重商主義的経済が成長すると、生産者でも消費者でもない「貧民」は監禁すべきであるという感受性が誕生したが、工業がさらに発展すると、今度は、一転して、労働力としての「貧民」を社会が必要とするようになる。ところが、同業組合と監禁施設は、市場における労働力としての「貧民」の供給にとって障碍であった。かくして、フランス革命以前に、「貧民」という「(広義の)狂人」が自由になる社会的・経済的条件が密かに整いつつあった。

鎖からの解放

一九世紀になると、イギリスのS・テュークやフランスのPh・ピネルによって「狂気」を病んだ人々を「自由」にした上で、援助と治療を加えることが試みられた(4)。テュークは、「狂気」に陥った同胞を援助する「隠棲所(アジール)」を創設・運営したが、この施設は、社会によって生み出された「狂人」の精神を自然の中で落ち着かせることを目指した家族主義的施設であった。そこでは、「理性的なもの」→錯乱=狂気→「(治療により復帰した)理性的なもの」という図式が提示された。また、ピネルは、「狂人」たちを縛りつけていた鎖から解き放ち、「理性的なもの」として取り扱おうとしたとされる。「こんな獣たちの鎖を解くことは気狂い沙汰だ」という批判者の詰問に、ピネルは「これらの精神錯乱者たちは、鎖で空気と自由を剝奪されているからこそ、治癒しにくいのです」と答えたという。ピネルは、「凶暴な狂人」や「誇大妄想狂」に、「理性的に振る舞うことを約束するならば、鎖を解き、中庭を歩く自由を与える」と申し出て、それに同意した患者たちを、施設運営にとって有益な人物として遇したとされる。「ピネルもテュークも、自分たちの道徳的行動は学問上の能力と必ずしも関連していないとはっきりと強調していたにもかかわらず、人々は、特に病人は、医師が精神錯乱を治す力を見出したのは医師の秘教的な知のなか、認識のほとんど悪魔的な秘密のなかにおいてである、と信じるようになろう。そしてますます病人は、神のようでもあり悪魔のようでもある、いずれにしろ人間業とは思えない医師の手中に自分を委ねるのを承諾するだろう。……この物象化は病人自身との共謀関係があってはじめて、成し遂げられることができ、その出発点には、はじめは澄明で明瞭な道徳中心の実践……があった(5)」。

フーコーによれば、テュークは、「有罪性の自覚を狂人の保護と管理の中に持ち込んだ」にすぎない。テュークの「隠棲所」では、病者の労働は、彼／彼女をして「理性的なもの」である番人の「まなざし」によってどのように評価されているかを意識させる役割を果たした。一八世紀まで、「狂人」は、「顔をもたぬ存在」として監禁されたが、テュークの施設では、「狂人」のまわりに擬似家族的な環境が設定され、彼／彼女たちは番人の「まなざし」によって「自己拘束を行なう存在」となったのである。

他方、ピネルが見た「狂人」は、その心が野生のまま猛り狂っているため、「身体を鎖で縛られている存在」であった。その「肉体＝身体」の鎖をピネルによって解かれた患者たちは、それからはピネルの「まなざし」によって「肉体＝身体」を貫かれながら、「心を鎖に縛られている存在」となった。彼／彼女たちは、「理性的なもの」の道徳を自己の道徳として確立し、医師や番人の「まなざし」に貫かれながら、社会において道徳的な主体として自己を確立することで「治癒」するとされたのである。

このようなテュークやピネルの「解放」は、非常に逆説的な事態をもたらした。「狂気は、主体が自己と社会から疎外されることによって、発生するのであり、その治療が求められたはずであった。しかし狂気が治癒されるためには、実存を疎外するような道徳性に服しながら、実存としての自己を疎外する社会の中に、自己を疎外したままで、復帰することを要求されるのである。これは狂気の治癒にまつわる逆説である。自己の疎外（＝狂気）が解消されるはずの治癒が実現されるのは、自己の完全な疎外においてでしかない[6]」。

したがって、「隠棲所」や「保護院」への収容は、監禁の終焉を意味せず、その形態が変容したことを示すにすぎない。収容は、かつてのように恣意的に行なわれることなく、例えば裁判所の認可を必要とするようになるかもしれないが、それは「狂気」が裁かれるものになったことを意味する。一九世紀の初頭までの時代についてフーコーが試みた、監禁の拡大・恒常化・巧妙化の分析は、「狂気」とは別の、「犯罪」や「性」の領域を対象とする『監視と処罰』や『性の歴史』において再び開始されることになる。

病院批判

フーコーは、『臨床医学の誕生』において、医学的診察・分析対象としての個人の「肉体＝身体」の形成について、近代の時期において医学的経験を可能にした歴史的条件を検討することにより解明を試みるが、そこで注目されたのは、医師の「まなざし」に「見えるもの」と「見えないもの」が変化したという事態である[7]。臨床医学の出発点は一八世紀末であるが、この「啓蒙」の時代にいかにして個人のまわりに新しい関係を作り出す「まなざし」が生まれたかが探究される。まず、その外的条件の一つに病院の再編成がある。

中世に、キリスト教的な隣人愛の実践の場として生まれた「病院」は、様々な福祉機能を果たしてきたが、フランス革命期には、病気を再生産ないし悪化させることにより悲惨さを育む無秩序な空間として批判されるに至った。すなわち、病院は、監獄と同様、「施しによって人間から労働意欲を奪い、怠惰なままにとどめておく施設」と見なされ、人間が「身体＝肉体を所有するもの（some-body）」＝「何ものかであるもの（some-body）」となるという社会化にとって決定的に障碍になる制度と考えられていた。「病気の最大の原因は、公共の・家庭の・個人の不潔さであり、清潔な身体は『真の自由』を意味するという観点から、怠惰や無知により、しばしば邪な意図をもって大群の病気を広め、その病気が社会を歪め、特に貧者を衰えさせるのである」。監獄は専制政治によって作られたが、それは病院も同様である。したがって、自由の最大の敵は病院であった。「いかなる啓蒙された人間の眼からしても、病院は生きた墓地以外の何ものでもなく、そこでは悲惨に屈した奴隷たちが死亡する以前から埋葬されている」(8)。

G・カバニスによれば、「病院はおそらく、その本性からして、間違った制度である。しかし、社会の現状においては、絶対的に必要な制度である」。なぜなら、貧民は存在する。そして、貧困は、これまでの専制政治が生み出してきた社会制度の所産なのだから。全面閉鎖すら唱えられた病院批判に対して、カバニスは、むしろ病院から福祉機能を削ぎ落としつつ、それを治療・研究・教育のみに携わる「（狭義の）病院」に作り変えていこうとした。そのような「（狭義の）病院」に収容される貧民たる患者は、社会的恩恵によって生かされる存在、つまり自らの「肉体＝身体」を標本として医学的な「まなざし」に晒すべき存在であるとすら考えられたのである。

「まなざし」の変容

しかし、臨床医学の誕生にとって重要なことは、これらの外的条件には必ずしも還元できない、医学的な「まなざし」の内的変化の帰結である(9)。すなわち、フーコーは、かつて医師に「どうしたのですか？」と尋ねられた患者は、今や「どこが悪いのですか？」と問われるようになった事態の中に、「まなざし」の変容を見出す。すなわち、「どこが？」と問う新しい「まなざし」によって、病は「全身にかかわるもの」から、機械のように幾つかの部品で構成されている「肉体＝身体」における「部品の故障」と見られるようになる。

かつての旧い「種の医学（分類学的医学）」の段階では、植物学者のC・リンネが、葉の形態などから科↓属↓種と植物を分類していったように、病はその兆候に基づいて科↓属↓種へと分類されつつ階層的に編成されたのであった。ちなみに、リンネの目的は、あくまでも自然の秩序を明らかにすることで、神の摂理を証明することにあった。そして、リンネの影響を受けたこの「種の医学」においては、病を治療することよりも、むしろ潜んでいる病を本来の姿に秩序づけて認識・判読することが重要とされた。それゆえ、あまり早い時期に投薬すると、病の本性が隠されてしまい、真の治療の妨げになるとすら考えられた。

小林昌廣は、ここに「まなざし」をめぐるパラドックスを見る。すなわち、「種の医学」の分類学的思考に裏打ちされた医師の「まなざし」があらゆる他の知識に先行して、病の構造と秩序を「再認識」するのである[10]。分類学的思考による認識から、患者の「肉体＝身体」を通しての病の本性の現われこそが、その「再認識」に他ならない。しかし、医師の「まなざし」は、まさしく病人の「肉体＝身体」へと注がれているはずなのに、病人は病の「本性」に様々な「乱れ」を与えてしまうのである。したがって、病人から「遠く」離れることが必要となる。かくして、「種の医学」では、病人を施設という医師の「近く」に収容することは、病の本性を認識することを不可能にするゆえに、むしろ病が純粋培養される場である家庭で手当てを受けることがヨリ好ましいとされた。これは明らかなパラドックスである。病にとっての自然な環境とは、不潔なベッドの上で病が混じり合い、変化して、その本質的特徴が失われる病院（＝生きた墓地）のような施設ではなく、「完全に透明な空間」である家庭であると考えられたのであった。

しかし、革命期になると、医学が国家と結びつくことにより、このような「種の医学」は崩壊する。一八世紀末の流行病の猛威への対処と、貧民の生活保護をめぐる論争をへて、病は病人の個人的な出来事ではなく、社会的原因があるものだから、医学による病との戦いは、家庭に任せておくのではなく、国家が組織すべき公共の事柄であると考えられるようになる。

その背景には、フーコーの言う「二つの神話」が存在している[11]。まず、第一の「医師軍の神話」によると、魂を癒やす僧侶のように、身体を癒やすのが医師であるから、医師はいわば「身体の僧侶」となる。人々は、僧侶と医師によって、国家に「魂＝精神」と「肉体＝身体」を支配される。医学は国家の神聖な任務であり、医師は人々の「肉体＝身体」の健康を守るための道具なのである。次に、第二の「解放者としての医師の神話」によると、医師の務めは政治的なものとなる。すなわち、「暴虐と奴隷状態」をもたらす悪しき制度から解放されなければ人々は完全に病を治癒されることはないから、貧民である患者と日々接している医師は、彼／彼女らの「解放者」として闘わなければならないのである。

かくして、これらの「神話」を背景に、病を生む腐敗した悪しき制度との闘いから行動を開始すべきであると主張する「政治化した医学」は、単なる治癒のための技術や知識の集合ではなく、むしろ浄化された政治の下での「健康な人間」とは何かを規定するものとなる。

かくして、「健康な人間」についての規範を含むに至った臨床医学は、「病気でないもの」を明らかにするのみでなく、「模範的なもの」の定義を提示することになった。それは、従来の「種の医学」では単に病気の位置づけに用いられていた「正常性」という概念が、新しい臨床医学では道徳的意味合いすらを含む基準として重視されることを意味する。一九世紀になると、「正常なもの」──「異常なもの」という対立軸が病気に対する基本的な視点を形成すると考えるに至った臨床医学は、国家としっかりと手を結び、「異常なもの」の排除に努めることになる。(12)

「診断」ということ

ところで、フーコーは、臨床医学に携わるものとして、もっぱら内科医を念頭に置いていた。すなわち、臨床医学は、①患者を直接には診療しない伝統的な大学の講壇医学への批判、②治療のみを行なう外科医と、フィロソフィカルな知的優位を保つ努力を行なう内科医の対比、③患者の「肉体＝身体」を医師から遠ざける顕微鏡のような器具や化学分析のような方法への警戒心、④伝統的な医師とクライアントとしての患者の「肉体＝身体」を断ち切り、患者から一定の距離を保つこと——等々によって特徴づけられた[13]。かくして、臨床医学は、旧い「種の医学」に携わった医師たちの分類の世界はもちろん、外科医たちの治療の世界・大学教授たちの講壇の世界・(後に登場することになる)研究医たちの実験室の世界からもそれぞれ距離を取りながら、そのアイデンティティを確立していった。

「どこが?」と問う内科医の「診断」が、このような臨床医学の中核となる。「肉体＝身体」における「故障した部品」を突きとめるための診断術こそが、旧い「種の医学」の分類術、大学教授の医学知識、外科医の治療術、研究医の実験のすべてと本質的に異なる、臨床医学の活動領域となる。そして、その臨床医学の教育は、従来の医学と異なり、自由主義経済世界において行なわれることになる。

「解放者」であるべきだという「神話」の下にある医師にとって、貧民の「肉体＝身体」は、臨床医学教育においてK・マルクスの言う使用価値が見出せるものであった[14]。「臨床医学教育の中で、富める者と貧しい者が交わす契約の条件は、以下のようなものである。経済的自由の体制の下で、富める者の関心を惹きうる可能性を、施療院はこうした条件の中に発見する。この臨床医学教育制度は、一方の契約者を次第に入れ替える方法となる。貧しき者の側から言えば、これは富める者が施療院の資本化に同意して払い込んだ利害関心である。……自由主義経済世界の取り引きにおいては、医師の『まなざし』はきりつめた会計でやっていかねばならないのだ」。かくして、臨床医学の実践は、その「まなざし」によって生み出された「知」に依存しつつ、患者の「肉体＝身体」を施療院＝病院へ監禁することを経済的自由主義によって許された。労働者階級には、健康ならば市場における労働力に、病気ならば臨床医学の「まなざし」に服従して、その「肉体＝身体」を医学教育の材料として病院に提供するという分節化が行なわれた。

このように、臨床医学の「まなざし」は、「肉体＝身体」の使用価値を前提とする政治的エコノミーを前提に、個人の「肉体＝身体」を対象とする科学の可能性を開いた。アリストテレス以来、科学の対象は、様々に変化する個体ではなく、種のような変化しない「普通的なもの」であり続けてきた。旧い「種の医学」にとっては、病気の個人の「肉体＝身体」は、病の種としての本質が示される場にすぎなかった。しかし、新しい臨床医学の「まなざし」が、

「病気の構造の中に個人的な変化がいつでもありうるという可能性を初めて組み込んだ」ことにより、科学的な対象としての個人の生きた「肉体＝身体」の中で、各個人によって様々な変化を蒙りつつ発症する病は具体的な診察・分析の対象となったのである。[15]「病人を見るな、病だけを見よ」というスローガンが象徴する「まなざし」は、医学的実践において「見えるもの」と「見えないもの」の関係を規定し直し、病という「実体」を構成することにより、臨床医学という科学が新たに成立する認識論的前提となったと言えよう。つまり、例えば、一八世紀にヒステリー患者の治療を了えた後に医師が書き残した「幻想的な表象の空間」に関する言葉は消え去り、その一〇〇年足らず後に、脳と脳膜の解剖学的損傷を見ることができた医師の「まなざし」により、「事実のありのままの輪郭」が開かれたのである。[16]それは、「どこが？」という問いに、答えを見出す「まなざし」なのである。

《b　監獄――犯罪者を規律・訓練により規格化する》

「肉体＝身体」から精神へ

フーコーの『監視と処罰』は、一七五七年に執行された、R・F・ダミアンに対する酸鼻を極める残酷な処刑の描写から始まる。[17]しかし、その後、一世紀も経たぬ間に、①「見世物」としての処罰の禁止、②鉄鎖・枷をつけられての強制労働の禁止、③烙印・八つ裂き刑の禁止、等々に象徴される懲罰の近代化が実現された。処罰は、「身体よりも、むしろ精神に加えられる」ことになり、裁判官は、処罰そのもののみでなく、犯罪者の精神状態＝心理にまで立ち入ることが必要となる。ここでも、「正常なもの」――「異常なもの」の基軸が重要視されるようになる。

人間の「肉体＝身体」は、「政治」の領域において監視され、服従するように権力によって包囲されるに至る。かくして、①君主の科す身体刑の形式＝（ダミアンのような）君主の権利を傷つけた者を政治的儀式において処刑して傷つけられた君主権を回復するという形式→②一八世紀の刑罰改革者たちの形式＝社会の秩序に不安を与えたものが再び犯罪を犯さないように（また犯罪の模倣者が出現しないように）するために刑罰の効果が高められる形式→③近代的監獄制度の形式＝（フーコーが議論の照準を合わせる）監獄に収容された受刑者の「肉体＝身体」の規律・訓練（ディシプリン）による矯正という形式、という展開図式が提示される。

最後の近代的監獄制度という形式[18]は、一八世紀後半、刑期は拘禁されているものの服役状態に応じて変えられる、労働が義務づけられる、厳しい時間割・監視などの服役者の再教育システムが存在する、等の諸原則を充たすものとして成立した。刑罰改革者たちの形式では、刑罰が個人に不快・苦痛を与えることを周知させることが目的とされたが、この近代的監獄制度という形式では、受刑者の「肉体＝身体」の時間割に従う管理および彼／彼女たちの労働を通しての再教育を行なうことが目的となる。

フーコーは、監獄という制度が人々に受容される理由として、「自由の剥奪」という誰にとっても同じ価値を持つ処罰の形式であり、時間という変数によって処罰を数量化できるのみならず、罪を犯した者を閉じ込めて矯正し、従順な存在にする形式であることを挙げているが、まさにそれは「厳格な兵営」あるいは「寛大さのない学校」とも見なすことができる典型的な生活全面統制型施設＝全制的施設なのである。その施設において、受刑者＝囚人は、それまでの環境から強制的に隔離された上で、反省・後悔を促すため独房に監禁（孤立化）され、また秩序および規則正しさを生み出させるために労働を課されつつも、他方で、服役中に精神＝心が矯正・改造されたならば刑期が短縮されることを告げられる。

「肉体＝身体」の規格化

このような監禁システムの形成は、既に一八四〇年に開設されたフランスの少年施設に見られる。その施設で拘束された少年たちは、年長者による世話という家族の秩序（家族モデル）、厳しい序列による統制の秩序（軍隊モデル）、技術を学ぶ「親方―弟子」関係の秩序（仕事場モデル）、時間割に従った授業の秩序（学校モデル）、賞罰が決定される裁きの秩序（裁判モデル）という複数のモデルが並存しつつ組み合わされる中に置かれ、規律・訓練により従順・清潔・有能な「肉体＝身体」へと「規格化」されていくことが目指されたのである[19]。

しかし、この監禁システムは必ずしも成功しなかった。それは監獄の機能が、単に法律違反・非行を犯す存在を社会から除去することではなく、「正常なもの」と「法律違反・非行を犯すもの」＝「異常なもの」を区分・決定する権力が、裁判官のみでなく、（精神科）医師・教育者・社会福祉施設職員等にまで拡散してしまったという事態に象徴されている。ここで、特に問題となるのは、「非行者」という存在である。

「司法の懲罰はある人物の違法行為を対象としているが、監獄という行刑装置が実際に問題にしているのは同じ人物の生活態度であり、この生活態度の水準に現れるものが非行者である。彼／彼女の非行性はその犯罪行為以前から存在し、場合によっては犯罪行為と別個に存在する属性であり、ある生活史的な単位をかたちづくっている。それは危険で有害な個人という概念を可能にするものであり、それこそ処罰＝矯正を正当化する条件になるものである。監獄の逆説は、その矯正効果において失敗しているにもかかわらず、存続していることにある。そこには監獄が違法行為を分解して、非行性という新たな形式を創出しているというメカニズムがある。監獄はさまざまな違法行為の裏側に非行性を客体化し、強固なものにし、この非行性と戦っているという構図を保持しているのである。しかも非行性は監獄から流出して社会を循環することにより、警察権力が違法行為を管理する道具として、また社会を全般的に監視するための媒体としても役に立つ。そこには司法も一つの中継点である警察―監獄―非行性の相互に依存する機構が作動している。監獄はこの監禁的なるもの、つまり非行性に対する規律・訓練の権力を、ある一般性において社会全体に移植することに寄与しているのである。監獄の機構は、社会が処罰する権力を受け入れるメカニズムそのものを日々具体的に構成している[20]」。監獄は失敗することによって、その存在理由が与えられるという「監獄の逆説」である。

規律・訓練

ところで、一七世紀にはもともと力と勇敢さを象徴する「逞しいもの」であった兵士の「肉体＝身体」は、一八世紀後半には「（逞しいものへと）作り上げられるもの」へと変容した。すなわち、例えば、農民の、兵士には不適当な「肉体＝身体」であっても、「肉体＝身体」が権力の対象・標的として発見された結果、従順かつ有益な「肉体＝身体」を生み出す管理の方法である規律・訓練によって兵士の立ち振る舞いを身につけさせて、立派な兵士の「肉体＝身体」に仕立て上げる「規格化」が可能になった。この規律・訓練は、修道院が経営する学院（コラージュ）から始まり、一方で、小学校や高等学校（リセ）へ、他方で、病院（医療施設）・兵営（軍隊）・監獄・工場へと広がっていった。規律・訓練は、学生・病人・兵士・囚人等の「肉体＝身体」の細部にまで注がれる「まなざし」に基づいている。「工場や学校や軍隊では、あらゆる微視的な刑罰制度が、つまり時間についての（遅刻、欠席、仕事の中断）、行状についての（不注意、怠慢、不熱心）、態度についての（饒舌、横柄）、身体についての（『だらしのない』姿勢、不適切な身ぶり、不潔）、性欲についての（みだら、下品）、微視的な刑罰制度が広く行き渡るのである[21]」。

氏名・体格・病気等が確認された被収容者は、移動・逃亡を阻止するために位置が空間的に管理されるが、それは試験の成績等の順位に従って配置されることになる。また、規律・訓練は、被収容者に分・秒単位で学習・労働などのための時間を厳守させつつ、管理する。学校・兵営・工場等における機械の一つの部品と捉えられた個人の各「肉体＝身体」への空間管理・時間管理の結果として、個人としての被収容者は、綿密に組織化された段階的な教育によって段階的に成長していくことが目指された。

規律・訓練の「まなざし」は、J・ベンタムの「パノプティコン（一望監視施設）」が象徴するように、規則からの逸脱者を処罰し、規則への適応者に褒賞を与えることを可能にする。「ある現実的な服従強制が虚構的な権力関係から機械的に生じる。受刑者に善行を、狂人に穏かさを、労働者に仕事を、生徒に熱心さを、病人に処分の厳守を強制しようとして暴力手段に訴える必要はない。ベンタムが驚嘆していたが、一望監視施設はごく軽やかであってもよく、鉄格子も鎖も重い錠前ももはや不要であり、独房の区分が明瞭で、戸口や窓がきちんと配置されるだけで十分である。……つまり、可視性の領域を押しつけられ、その事態を承知する被収容者は、みずから権力による強制に責任を持ち、自発的にその強制を自分自身に働かせる。しかもそこでは、自分が同時に二役を演じる権力的関係を自分に組み込んで、自分がみずからの服従強制の本源となるのだ[22]」。

すなわち、規律・訓練は、被収容者のうちに自律した〈内面〉の領域を作り出し、彼/彼女がその〈内面〉の同一性のうちに自分自身の行動や振る舞いを帰属させ、管理する主体となるように仕向けるものである。それゆえ、この主体の同一性が社会的な規範や規則に合致するように絶えず問い直す「まなざし」を、被収容者の〈内面〉に植えつけることが目指される。それは、処罰と褒賞の使い分けによって、「規格化」が進められることを意味する。内田隆三は、この事態を、大略、次のように説明する。「権力とは身体に影響を及ぼし、身体のありかたを変容させて一定の形象を与える力の関係の一総体なのである。一望監視装置の場合、それは〈内面〉という特異な次元を持つ身体を、その次元を通じて自己自身へとくくりつけるために、建物と幾何学的配置の物理的レベルで身体を攻囲し、身体に作用する」。その技術は、懲罰・教育・生産・治療など「いずれの制度的機能にも統合されうる[23]」が、そのための手段が処罰と褒賞なのである。

監視社会の実現

規則からの逸脱者を処罰し、規則への適応者に褒賞を与えることによって、規律・訓練の「まなざし」は、「見られるもの」=被収容者の「肉体=身体」を「規格化」するためのサンクションとして機能する。〈内面〉に向けられる「まなざし」による監視と処罰は、「見られるもの」である被収容者が「規格」という一定の水準に到達しているかを判断するための「試験」により具体化される。能力を量的に測定された被収容者は資格を与えられ、階層秩序の中に位置づけられる。「個人を、社会の期待するような主体として構築するためには、身体と知の両面での相互的な働きかけが必要となる。知として学んだものを身体に教え込み、身体の次元で学んだものが知として普遍化される必要がある。そのための一つの手段が試験であり、これは近代の特権的な〈真理の保証〉である。試験を受ける個人は、試験によって資格を付与され、等級を定められ、資格の否定という強制手段によって、処罰される。試験という『些細な技術』においては、『権力の儀式と実験の形式が、力の誇示と真理の確立が』集中しているのである。ここに学校は『中断のない一種の試験装置』となった。学校では学生や生徒は試験によって評価され、学ぶことを奨励され、そして次の試験装置に入るための資格を付与される。……試験と評価に合格したものは、〈真理〉に近づくと自ら感じるようになるのであり、他の人々に対して自分の〈真理〉への近さを誇り、他者に対する力の威力を味わうことができるのである[24]」。

かくして、試験によって可能になる監視者の「まなざし」の中で、真理と権力が収斂する。この「まなざし」は、病院や監獄に適用される時、「『まなざし』を注ぐもの」=「(医学や司法によって健康や正義の『規格』であることを保証された)正常なもの」――「『まなざし』を注がれるもの」=「(医学や司法によって健康や正義の『規格』であることを否定された)異常なもの」という基軸を成立させる。つまり、規律・訓練のための施設は、その「肉体=身体」を「規格化」できなかったものにとって、特に権威主義的なものとなる必要なしに、刑罰制度となる。この規律・訓練の「まなざし」は、しかしながら、逸脱を防ぐという「負」の機能のみでなく、(学校・兵営における)能力の向上・(工場における)生産力の増大等という「正」の機能をも果たすものとなり、また、学校による家庭訪問を通じての生徒の家族関係の指導という教育的監視や、病院による地域住民の健康状態の把握・地域への伝染病の侵入阻止という医学的監視へと広がり、さらに国家権力が国民の行動の細部にまで「まなざし」を向ける「管理社会」=「監視社会」を実現させるのである。「こうした社会の管理化の過程で注目しなければならないのは、医学や教育学、心理学、あるいは社会調査など、様々なかたちの知が一致して、社会における『異常なもの』の発見とその矯正をつうじて、権力機構の一部に加担しているという点であり、また、家庭・学校・病院さらには社会福祉のための諸制度が、警察や監獄とならにんで社会の秩序維持のうえで大きな役割を果たすようになるという点である。一八世紀から一九世紀前半にかけての、工業化と都市化の急速な進行にともない、家族をはじめとする伝統的諸集団は情緒化、小規模化の途をたどり、工業都市では貧困や犯罪の増加といった社会問題が発生する。そうした事態に対応するために都市の衛生設備の改良がなされたり、学校や公的扶助の機関が発達してくる。今日の福祉社会もいわばその延長線上にある。——これがわれわれの《常識》なのだが、そうした一連の動きは実は、秩序の側から見て『異常なもの』＝『正常でないもの』を巧妙に管理するという意義をもっていたわけである[25]」。

「ノルム」の逆転

しかし、その「管理」は、後に分析する「レッサーパンダ帽男」の犯罪に直面して崩壊する。酒井隆史は言う。「偶然性の法則性を思考可能にする概念がノルムである。偶然／アクシデントは、決定論的因果法則にとっては『例外』、あるいはアノマリーに属するであろう。ところが、偶然／アクシデント……が規則的にあらわれるとすれば、それは例外ではなく『ノルマル＝正常』と呼ばれねばならない。あらゆる出来事や個体の変差はノルマルとアノルマルのグラデーションのなかに溶解する。社会の表象可能性の限界である偶然が、ノルムによって魔術的に法則へと転換するのである。このように偶然と規則性を切りむすぶ場所がまさに『ノルム』なのである。……マクロな水準でのノルムの展開にとって重要なひとつのポイントとなったのは、それの社会総体への拡がりの過程で『ノルマル』という概念が、統計学と確率論の接合により、「平均」という概念とむすびつくことになった点である。……またコンフリクトも社会の核心に据えられる。ノルムは『コンフリクト社会の娘』である。それはコンフリクトを終わらせることを目標にしてはいない。集団間、個人間の摩擦、抗争は社会の存立にとって必然的なものであり、ある閾を越えなければノルマルなものである。要するに、ノルムはコンフリクトを調整し、規制するのである[26]」。

最近、広汎性発達障害の一種であるアスペルガー症候群の若者が犯す犯罪が注目されているが、レッサーパンダ帽男も、「どこが?」と問うても答えの出ない自閉症であった[27]。自閉症者は「平均」に回収できるのか。もちろん、自閉症者が周囲と摩擦を引き起こすといっても、それが「ある閾を越えなければノルマルなもの」であり、「ノルム」によって「規制」されるべき存在であろう。しかし、自閉症者が重大な犯罪を犯す時、その「ノルム」の意味は、酒井が考えていなかった方向へ逆転する。犯罪を犯したレッサーパンダ帽男という自閉症者について、「あの男は一生反省しない。無期の判決は妥当だ」という投書がなされたり、姉を殺害したアスペルガー症候群の青年に、求刑を超える懲役二〇年の判決が裁判員裁判で言い渡されることになる。ここでは、多数の自閉症者の個体間の変差は「ノルマルとアノルマルのグラデーションのなかに溶解」し、「犯罪」という偶然が、意味が逆転した「ノルム」によって「自閉症者は犯罪を繰り返す」という法則(?)へと転換させられてしまっている。もちろん、自閉症者が犯罪を犯すことは「偶然」である。しかし、「『自閉症者は犯罪を繰り返すものだ』という規則性が(誤って)存在すると見なされれば、それは『ノルマル=正常』となる」と言われなければならない。だからこそ、投書者や裁判員たちは、自閉症の触法障害者が「犯罪を繰り返すことが『ノルマル=正常』なもの」=「(犯罪者の中でも)異常なもの」であると断定して、彼/彼女たちに厳罰を科すことにより、「危険」(?)な彼/彼女らから社会を防衛しようとしたのである。ここには、社会秩序の防衛・維持の観点から、「(矯正可能な)異常なもの」=「(犯罪を犯す)異常なもの」=「普通の犯罪者」と「(矯正不可能な)異常なもの」=「(犯罪を繰り返すことが)正常なもの」=「自閉症者の犯罪者」を切離したいという差別的な欲望が存在するが、その欲望に支配された新たな管理社会=監視社会は、これまで刑法において当然視されてきた「犯罪を犯さないもの」=「正常なもの」と「犯罪を犯すもの」=「異常なもの」という二分法および「(普通の)犯罪者」=「正常なもの」と「(刑法第三九条に言う)心神喪失者または心神耗弱者である犯罪者」=「異常なもの」という二分法の両者をわれわれの安全のために「ノルム」の逆転によって失効させなければならないという思考を導き出すものとなるのである。

　ともあれ、フーコーは、『監視と処罰』において、近代社会の一つの特徴である規律権力の分析を試みた。しかし、一九世紀半ばから、社会のモデルが「生ける身体」＝「有機体モデル」に転換したこともあり、規律権力とは異質な、「生―権力」が新たに登場することとなる。フーコーによれば、「社会の構成員をヨリ良く生かす権力」＝「生―権力」は、規律権力の後から誕生し、規律権力と重層的に重なりながら、社会の構成員の「肉体＝身体」を支配することになる。後に分析する「牧人＝司祭型権力」は、規律権力と「生―権力」の両者の性格を併せ持ちながら、両者を媒介するものと考えられよう。

二　Ⅰ・イリイチ

《a　学校――子供が自律的に〈学ぶ〉ことを否定する》

「学校化」社会における混同

イヴァン・イリイチの『非学校化の社会』(28)の劈頭に、その著作の主題を示す次のような一文が明確に述べられている。

「学校は、子供たちが過程と実体を混同するように学校化する」。

同様に、その『医療の復讐』の主題は次のように表わせよう。

「病院は、病者たちが過程と実体を混同するように病院化する」。

すなわち、学校によって、子供たちが「学校化」されると、彼／彼女らは、資格ある専門技術者たる教師が「教える（teaching）」ことと自ら「学ぶ」ことを混同し、「段階的な昇進」を「教育（education）」であると混同し、「資格免状」を「能力」と混同し、「おしゃべり」を「何か新しいことを言う力」と混同する。同様に、病院によって、病者たちが「病院化」されると、彼／彼女らは、資格ある専門技術者たる医師が「治療する」ことと自ら「癒える（癒やす）」ことを混同し、「段階的な改善」を「医療」であると混同し、「退院許可証」を「健康」と混同し、「動けること」を「再び回復する力」と混同する、と言えよう。

つまり、「学ぶ」あるいは「癒える（癒やす）」という人間にとっての本源的価値が、産業的な生産様式としての「教育」や「医療」に制度化されると、「学校化」あるいは「病院化」されたわれわれは、これらの制度の活動を本源的価値そのものと混同してしまい、「学ぶ」あるいは「癒える（癒やす）」という自動詞で表わされる本源的価値の実現を目指すことの代わりに、「学校」や「病院」という装置＝施設から、ひたすら教育サービスあるいは医療サービスを受け取る他律的で無力な消費者へと転落するのである。この「過程」と「実体」の混同は、「学校」や「病院」という装置＝施設を越えて、例えば、「社会の安全」を「警察による保護」と取り違えさせ、「国家の独立」を「軍事的均衡」と取り違えさせる。学習・健康・安全・独立といったものが、様々な装置＝制度が実施する活動と解されて、「学校」「病院」「警察」「軍隊」といった制度づくりへの融資の増大によって無批判的に拡充されてしまう。

このような、「過程」と「実体」が混同される事態の根底に、イリイチは、教育のみでなく、現実の社会全体が「学校化」している状況があると指摘する。[29] したがって、「病院化」も、広義の「学校化」の一現象形態である。イリイチは、「医療化」という表現を用いているが、「医療化」が最も高度に進むのが「病院」においてであることに注目し、ここでは「病院化」という術語を使用する。「生徒たちは学校に所属し、学校で学習し、学校でのみ教育されうる」という大前提が疑問化されないのと同様に、「病者たちは病院に所属し、病院で診察され、病院でのみ治療されうる」という大前提も確立されてしまっている。このような広義の「学校化」は、豊かな先進国であれ貧しい発展途上国であれ、自由主義国であれ社会主義国であれ、あらゆる国家に見られる産業的に制度化された様式である。広義の「学校化」からは、「義務教育が望ましい」という神話・幻想が導かれる。しかし、義務教育を行なう学校の存在そのものが、方法・処置・ケア・時間等を、一方を「教育的なもの」＝「非世俗的なもの」とし、他方を「非教育的なもの」＝「世俗的なもの」として分割し、全体社会を二つの領域に区分してしまう。専門技術者としての教師による

「学校」での教育サービスの提供は、「教育的なもの」＝「非世俗的なもの」として価値を付与されるが、子供たちが「学校」外の生活世界で自律的に「学ぶ」ことは、「非教育的なもの」＝「世俗的なもの」として価値を剝奪されてしまうのだ。

「学校」とは何か

それでは、そもそも「学校」とは何なのか。

学校とは、「特定の年齢層（年齢別に区分された三〇〜四〇人の子供集団）を対象として、（年に一〇〇〇から一五〇〇時間の）履修を義務づけれられた段階的カリキュラムへのフルタイム出席を要求する、資格ある専門技術者としての教師に関わる過程」と定義される。この学校は、「子供は学校に所属する」「子供は学校で学習する」「子供は学校でのみ教えられる」という三つのテーゼを疑問の余地なき大前提とする。この大前提は、「子供時代」が存在することを所与と見なすが、Ph・アリエスの『〈子供〉の誕生』[30]が証明したように、「子供時代」はごく最近、発見されたものにすぎない。人々は、自分の子供たちに「子供時代」を与えるために、資格ある専門技術者たる教師によって教育サービスが提供される市場が無限に拡大することを当然視するが、子供たちは本来、学校における教師の介入なしに、自ら「学ぶ」ことによって「癒し」「話し」「考え」「愛し」「感じ」「働く」ための知識を仲間集団などから得ることができるのである。

学校は、子供たちの時間とエネルギーに関して全面的要求を行なうゆえに、教師は「保護者」「道徳家」「治療者」の役割を併せ持つ。まず、保護者としての教師＝儀礼の師匠としての教師は、その生徒たちを長時間にわたる迷路のような儀礼の中で導いていく。そして、道徳家としての教師＝神・国家・両親の代行者としての教師は、その生徒たちを「何が正しく何が誤っているか」に関して教化する。さらに、治療者としての教師は、その生徒たちの人間としての成長を助けるために彼／彼女たちの生活にまで介入する権限を持つ。「保護者」＝「道徳家」＝「治療者」としての機能が合わさることにより、教師は、「何が真理であるか」および「何が正義であるか」そして「何が価値があるか」を生徒たちにパターナリスティックに教化する。したがって、道徳性・正統性・個人的価値という異なるレベルの諸価値が一つにまとめられ揺るぎなき力となって聳え立っている学校の存在によって、リベラルな社会を構築することは不可能となる。教会の牧師と同様、学校の教師は、逃げ出す心配のない「生徒たち」=「オーディエンス」に説教をし、彼／彼女たちの私生活にまで立ち入って教化・指導する。フルタイムの出席が義務づけられた学校において教師の持つ象徴権力は受容され、段階的にそれを伝授する儀礼が執行されることにより、学校をめぐる秩序体系は、強化されつつ全体社会で再生産されていく。

かくして、三つの役割を兼ねた教師にとって、子供の道徳性の水準での価値・合法性の水準での価値・個人の水準での価値の区分は不明確となり、消滅してしまう。学校における子供のどれか一つの水準での違反は、この三つの水準すべてに反する複合犯罪のように見なされ、違反者である彼／彼女は、道徳的堕落者・(規則違反をした)違法者・個人的無価値者としての「スティグマ」を三重に刻印されることになる。

影のカリキュラム

学校には、①学校を通してのみ人々は社会のメンバーとなる、②学校の外で教えられたことには価値(value)はない、③学校の外での「学び」から得られたものには価値はない、という三つのテーゼから成る「影のカリキュラム」が存在する。この「影のカリキュラム」によって、富める子供も貧しい子供も、経済成長を指向する産業社会に入会する儀礼としての機能を学校が果たすことを拒絶できなくなる。

イリイチによると、学校制度は、有力な宗教が共通に有していた三つの神話に関わる機能を果たしている。すなわち、①社会の神話の貯蔵庫としての機能、②神話の持つ矛盾を制度化する機能、③神話と現実の間の相違を再生産しつつ隠蔽するための儀礼の場所としての機能、がそれである。社会的平等は、学校における教育という儀礼によっては促進されることがないことを確認しつつ、イリイチは、様々な学校をめぐる神話を分析していく。

まず、学校は、「終わりなき消費という神話」を伝授する。この何か「過程」があれば必ず何か「価値」が生み出されるという神話は、学校における「教授（instruction）」の過程が「学習（learnining）」という価値を生み出し、それが学校での「教育サービス」の需要を高めていくというものである。「学習」という価値は、学校における「教授」の量が増えるにつれて増加し、「試験」の成績によって量的に測定され、証明書によって文書化される。「学ぶ」ことによる「学習」という自律的な本源的価値は、資格のある専門技術者たる教師による「教育」が必要となった時に、他律的な教育サービスという価値に転化するが、その教育サービスの要求・需要・消費は、「学習」という価値が「学校」という装置に制度化されているからこそ可能になるという幻想を生み出す。だからこそ、学校の存在が、「学校化」の要求を生産するのだ。「学習」はもともと、資格のある専門技術者たる教師による計画・操作・教授を必要としない活動であるにも拘わらず、人々は、自らの認識能力は学校（における教師）が念入りな計画・操作・教授をしたことの結果として向上したのだと錯覚する。いったん人々が、終わりなき教育サービスの消費という神話を受容したならば、学校の必要性を無条件に認めてしまうことになり、まったく同様の錯覚の結果として、例えば「病院」や「警察」や「軍隊」という学校以外の諸制度の必要性も、それらの消費者として簡単に肯定してしまう。諸制度が提供するサービスの消費者となった人々は制度依存者となり、それらの制度を批判的に見る想像力の発展を妨げられてしまう。「影のカリキュラム」を半ば無意識程に伝授されることにより自分の想像力が歪んだかたちで形成されると、人々はあらゆる種類の産業的な装置が制度化されることを疑問化することなく受け入れる状態へ追い込まれる。この「制度化された価値についての神話」は、「価値の測定可能性という神話」「価値のパッケージという神話」「進歩は無限であるという神話」に支えられている。

学校において制度化される価値は、量的に測定可能な価値である。[31] 学校は、人間の想像力を含めて、否、人間そのものまでも含めて、「すべての価値は測定可能である」という神話を伝授する。もちろん、人間の成長・発達は、測定可能な実体ではなく、カリキュラムで測ることも、他者のそれと比較することもできないにも拘わらず、学校においては、カリキュラムをいわばその「肉体＝身体」の内部に構築された子供たちは、彼／彼女らの成長・発達の標準を共通の標準で測定されるのが当然であるかのように錯覚してしまう。

学校はまた、カリキュラムを商品として消費者である子供たち（の両親）に提供する。子供たちが理解できるよう計画された意味・内容が一まとめにされた商品としてのカリキュラムは、教育サービスという価値を詰め込んでパッケージされたものであり、消費者の購買心をそそるものである。カリキュラムが商品として魅力的になればなるほど、教師たちは、多くの内容がギッシリ詰め込まれて費用のかかるカリキュラムを用いることを正当化できる。「高価なカリキュラムが生徒たちの価値を高める」という神話が受容されると、「学校」は競ってヨリ最先端の専門知識が詰め込まれた高度の内容のカリキュラムを購買するよう人々を誘導していく。高度の内容のカリキュラムの消費者は、「社会は学校による教育サービスの提供によって無限に進歩する」という神話を信じるようになる。「終わりのない消費として考えられる成長――永遠の進歩――はこれで充分という段階に達することは決してない」のであり、その「進歩」に熱中すれば、自律的に「学ぶ」ことによって有機的に成長していく可能性は逆に低下するのである。

学校における儀礼

学校は、その構造が幾つかの段階を経て進級するような儀礼ゲームとなっているため、これらの神話を伝授し且つ維持することになる。したがって、学校が子供たちをこの儀礼ゲームに導き入れること自体が、「学校」で教授される内容よりもはるかに重要である。「学校は、儀礼ゲームをプレイできない者やプレイしようとしない者を世界の悪として責めることを競争者たちに義務づける。学校は、漸進的に消費を増やすという神聖な競争に新参者を導き入れる加入の儀礼である。学校は、アカデミックな司祭＝専門技術者としての教師が忠実な信者たちと特権・権力の神々との間の対立を調停するための和解の儀礼である。学校は、そこからドロップアウトした中途退学者たちに、教育的に未発達=低開発というスケープゴートの『スティグマ』を押しつつ、彼/彼女たちを生け贄に捧げる贖罪の儀礼である」[32]。ドロップアウトした落伍者たちは、学校という天国から閉め出されていることになるが、学校に通うことによって得られる恩寵を自分たちが拒絶されているのは、いったん洗礼を受けながら(いったん学校に入学して儀礼ゲームに参加しながら)教会に通わなくなった(学校に通わなくなった)ために、「焦熱地獄」=「貧民窟」に堕とされてしまったのだと「合理化」できるのである。

無限消費への加入儀礼、特権を保つための和解儀礼、スケープゴートの贖罪儀礼のすべてを学校は遂行しながら正当化を図り、学校の様々な神話を保持している。共通の標準による平等性という仮定は、もともとの貧民と、自分が学校を修了しなかったために自発的に選んだ差別を結びつけ、結果として貧困を正当化してしまう。この自発的に獲得された被差別は、「学校化」の促進によって克服できるものではなく、むしろ学校の恩寵を拒絶されたための欲求不満を「合理化」する機能を果たす「学校化」をさらに促進してしまう。

学校の「影のカリキュラム」は、家庭・軍隊・マスメディアなどの持つ「(視覚・言語を制度的に操作することにおいて重要な役割を果たす)影のカリキュラム」よりも、ヨリ深く且つヨリ系統的に人々を支配するが、それは「学校だけが批判的判断力を形成する主要な機能を有している」と信じられているからである。しかし、教育サービスの生産の側からも、その消費の側からも、学校に巻き込まれているわれわれは、学校によってのみ自分自身の中に優れた「学習」を生み出すことができるし・そうすべきであるという迷信を、学校により去勢された批判的判断力によって捨て去ることが困難ないし不可能となっているのだ。

マー先のバカ

しかし、そのような「学校化」された社会において、「自分の一生がほとんど学校に支配されている」ことを見抜いた一人の少年は、死の直前にその批判的判断力を学校と担任の教師に向けた。「マー先のバカ」。

一九八五年三月、小学五年生の少年が高層団地から身を投げて死亡した。栗原彬によれば、その少年が学校の友人に「学校が破産するとよい」と語ったことが担任の教師の耳に入って、担任はクラスの朝会の時、少年を前の方へ呼び出して「なぜそんなことを言ったのか」と詰問した。道徳性・正統性・個人的価値のすべてを独占して振りかざしながら、その担任は「あなた気が狂っているんじゃない。心が曲がっているわよ」と言いつのった。子供への叱責の言葉が、「気が狂っている」という否定的障害者観を露骨に表わすものであることに注目しよう。そして、クラスの生徒たちに同調を求めたのだ。遺言となった作文の中で、少年は次のように記している。

「学校は人が作ったものだから人は必要なものと思うだろう。だけどだ、学校を〔に?〕行ってしあわせになるかだ。一段ずつ上の学校に行かなければならない。……昔は学校がなかった。その時、人は自由にくらせたんだ。」

栗原によれば、「〔少年の〕人一倍鋭敏な感性が社会の学校化〔イリイチ〕という現実を透視したのであり、それを自分のことばで、『自由がない』とか『学校が破産するとよい』という言い方で表現したのだ」。この少年は、自殺する一年前に、「テスト戦争」と題した次のような詩をつくっている。

「紙がくばられた／みんな、シーンとなった／テスト戦争の始まりだ／ミサイルのかわりにえん筆を持ち／機関じゅうのかわりにケシゴムを持つ／……／テスト戦争は人生をかえる苦しい戦争」。

「開かれた人生、もっと自由に構想してよい人生のはずなのに、学校という装置は、おとな社会のでき合いの人生のプログラムを強制する」。さらに、学校は、「クラスの友人たちの前で一方的に、学校の敷いたレールに乗ること、このプログラムへの改宗」を、少年に迫ったのである。「時間展望の内塞感、惰性で生きる人生への閉じ込められ感覚に加えて、気が狂っているとか、心が曲がっているといった友人たちの前での担任のきめつけ」は、少年の「存在を根こそぎ否定するもの」であった[33]。少年は、「贖罪の儀礼」に捧げられた「生け贄」となった。その彼の、担任に向けた精一杯の言い返しが、「マー先のバカ」だったのである。

「マー先のバカ」のような固定化された教師―生徒関係に生じる悲劇が起こることのないよう、イリイチは「学習ネットワーク」を構想した。二〇〇四年の時点で、その構想は次のように評価されている。「……イリイチが構想した『学習ネットワーク』は決して空想的なことではなく、インターネットの登場によって、人々は時間、空間を越えて、互いにコミュニケーションを交わせるようになった。この技術を活用すれば、イリイチが構想した、ある時は教師になり、ある時は生徒となる、相互支援型の学習ネットワークも可能である。それはすでに現実のものとなっており、人々はネットワークを通じて、情報の交換ばかりでなく、教えたり教えられたりしている」(34)。このように、学校の非神話化は、イリイチの志向する反科学化＝反産業化の方向においてではなく、皮肉なことに、むしろ逆の方向において、すなわち科学化＝産業化の進展によるインターネット社会の到来において、一部ではあれ、「学ぶ」ことによる「学習」することの自律的な本源的価値が回復することによって、実現されつつあるのである。

「学習ネットワーク」においては、「テスト戦争」の敗北者が「贖罪の犠牲」に捧げられる「生け贄」となることとなく、コンヴィヴィアル（自律共生的）な制度が確立されて、「子供は学校に所属する」「子供は学校で学習する」「子供は学校でのみ教えられる」という三つのテーゼが表わす「学校」による「教育」の「根源的独占」が打ち破れることにより、再び「学び」を取り戻すことが可能となるのだ。ただし、インターネット上での「いじめ」や「ヘイトスピーチ」などが現われ、「学習ネットワーク」を手放しで賞讃できる状態ではないことも同時に認識しておく必要があろう。

《b　病院——病者が自律的に〈癒える〉ことを否定する》

三種の医原病

イリイチは、『医療の復讐』において、「病院」を中核とする高度に発展した健康管理制度は、三つの水準における医原病を生み出していると指摘する。すなわち、病院を中核とする「医療機構そのものが健康に対する主要な脅威となりつつある」ことを確認した上で、まず、「病院を中核とする医療が臨床的な治療効果以上に、多大な臨床的損害を生んでいる」という臨床的医原病が挙げられる。次いで、「健康政策が病院などの産業組織を強化して病者をめぐる環境を破壊するのみでなく、病院を中核とする医療制度は、官僚化・根源的独占・予算の医療化・『診断の帝国主義』などの政治的・経済的・社会的回路を通して、病気を発生させる」という社会的医原病がある。さらに、「病院を中核とする医療文明が、『癒える(癒やす)』力という本源的価値を基礎とする伝統的文化や生活世界を植民地化して、人間の自律的治癒能力を奪い、生命の自律的活動を圧迫して病気を発生させる」という文明的医原病がある[35]。

臨床的医原病は、薬物・検査・手術等のいずれであれ、資格ある専門技術者たる医師による病者の治療は有効ではなく、平均余命の引き上げに役立っていないし、医師によりもたらされた損害・副作用はさらなる医療化へ切り替えられてしまう不当行為であるが、まったく無防備な状態に置かれている病者はそれらの損害・副作用という不当行為に批判的に対処することができないことを意味する。一般に、現代の臨床医学の医療技術はいずれもが高度な有効性を持つと信じられているが、それは単なる神話である。「広範囲に存在する疾病に利用できる手段は、通常、非常に安価なものであり、最低限の個人的技能と資料と、病院機能のうちの保護・拘禁サービスのみで十分である。それと対照して考えると、急上昇する医療費の大部分は、最上の場合でも、効果が疑わしい診断・治療のために費やされている[36]」。

社会的医原病は、政治的・経済的・社会的に病院を中核とするものに変容した医療組織そのものが、健康を蝕むものになることである。すなわち、官僚化は、ストレスの発生・「癒える(癒やす)」能力の不能化=他律的な医療への依存・痛みや苦しみに耐える力の低下・自己ケアの権利の剝奪等によって、健康を悪化させる。すべての苦痛が病院への入院ということで片をつけられ、「家庭」が誕生・病気・死に適さないものとなる。病院の外部で苦悩し・嘆き・治癒することが「異常なもの」というラベルを貼られ、「病者をめぐる環境が、これまで個人・家族・隣人に自らの内部の状態と状況に対する制御力をそなえさせていた諸条件を、『病院化』により奪わせてしまうのである」。病者は、それまでの一切の個人的生活を放棄させられて病院を中核とする医療制度に忠実に従うべきものとなり、自律的な「癒える（癒やす）」能力に基づく自己ケア・相互ケアを失効させられた上で、資格ある専門技術者たる医師が提供する医療サービスを受容する他律的な消費者となってしまう。自律的な「癒える（癒やす）」能力の否定によって、医療は、病院という装置＝制度を中核とする医療機構が独占するようになる。そこでは、科学的基礎づけと病院の医師による高度な専門技術の駆使が、伝統的文化や生活世界からする道徳的評価を免れるための免罪符となっている。この「病院化」した社会における医療の「根源的独占」が成立する時、「診断の帝国主義」が出現する。[37]

「診断の帝国主義」で行なわれる診断の医療化は、自動車運転ができないもの・仕事をしてはならないもの・結婚ができないもの・兵隊になれないもの・監禁されなければならないもの・犯罪を犯す（傾向のある）もの等々を分類・証明する。そのようにして与えられた地位は、分類・証明されたものを運転・労働・婚姻・兵役等から免がれさせ、その中の一部のものを施設に収容・監禁することを命じる。また、この「診断の帝国主義」は、例えば、胎児を産むべきかどうかを決定する時点から、人工呼吸装置を止める指示をカルテに記す時点まで、病院を中核とする医療の監視下に置く。フーコーが『臨床医学の誕生』で注目した「診断」は、今や「帝国主義」の段階にまで至ってしまったのである。

診断の医療化は、「治療可能なもの」と「治療不可能なもの」を分割し、後者にスティグマを押したが、予防の医療化は、「生まれてよいもの」と「生まれてはいけないもの」を分割し、後者＝「悪い遺伝子を持つもの」が誕生することを妨げることによって優生思想と結びつく。かくして、診断の医療化および予防の医療化は、「正常なもの」＝「治療可能なもの」＝「生まれてよいもの」と「異常なもの」＝「治療不可能なもの」＝「生まれてはいけないもの」を分割しつつ、資格ある専門技術者たる医師に、人々の生活のあらゆる局面を支配させるのである。その結果、病院のヒエラルヒー構成に象徴されるように、医療は、「頂上に多国籍的専門家——中間層に官僚主義者——底辺に移民と顧客からなる半プロレタリアート」を据える分業構造となり、われわれが自律的に制御できない「影の健康ヒエラルヒー」が確立する。

文明的医原病

文明的医原病は、「癒える（癒やす）」こと・受苦すること・自己ケアを行なうこと等という伝統的文化・生活世界に固有の自律的な〈生〉の形式を失効させ、医療という無国籍的文明が痛み・苦しみ・死を一掃するという誤った前提を人々に教示することから始まる。「いわゆる健康に関する専門的職業が、自らの弱さ・傷つきやすさ・独自性を自分なりの自然な方法で処理しようとする人々の能力を破壊し続けることによって、……健康否定の効果を次第に深めつつあるのである」。受苦の能力を圧殺する文明的医原病は、「避け難く、しかもしばしば治まることのない痛み・損傷・老衰・死を受け入れる能力をすべて駄目にしてしまう(38)」。

すべての伝統的文化は、それぞれ痛み・病気・死を人生に不可欠なものとする「意味の体系」であった。それに対して、病院を中核とする現今の多国籍的医療文明は伝統的文化における「意味の体系」を無視する無個性な高度専門技術の体系である。伝統的文化の中で人々は痛み・病気・死を謙虚に受容し、それらに自律的に耐え続けた。今日、われわれは、それらを忌避し、次第に衰えていくまま他律的に医療に支配されている。多国籍的医療文明は、われわれの病と闘う自律的な力を最後の息の根まで奪ってしまう。われわれの内奥にある「癒える（癒やす）」という自律的な力を医師に委ねる時、当然、われわれの健康は損なわれることになる。

イリイチによれば、「ノルム」という言葉が幾何学から社会へ移行することにより、それに医学的意味が付与されるようになった。一九世紀末に、病院の提示した「ノルム」と「スタンダード（標準）」が、診断と治療のための基本的な判断基準となった。それは、臨床的標準から見て異常である病が、治療の方向づけを提供することによって、資格ある専門技術者たる医師の医療による介入を正当化したことによる移行であった。現在、フーコーも示唆していたように、全体社会が「病院化」するにつれて、「正常なもの」と「異常なもの」を分割するための臨床的測定が拡散して、全体社会そのものが一つの「病院」となり、例えば人々は血圧の測定値が正常範囲に安定させられる存在（＝医療の客体）と見なされるようになった。かくして、医師の役割は、「正常なもの」―「異常なもの」、「適切なもの」―「適切でないもの」、「望ましいもの」―「望ましくないもの」を定義しつつ、分割することとなる。それは道徳的な意味合いを帯びる作業でもあり、「道徳企業」とすら言いうるものになっている。医師はかつて自分の技術の限界を弁えているという理由で、万能であることを誇る祈禱師から自分自身を区別していた。しかし、現代の医師は、「癒える（癒やす）」という本源的価値に基づく自己ケアを「適切でないもの」＝「望ましくないもの」として放逐した上で、診断の医療化および予防の医療化に関する「根源的独占」を要求して、再び、「医学的奇蹟」をもって万能の祈禱師としての役割を回復しようとしている。したがって、「病院化」した全体社会における資格ある専門技術者たる医師のわれわれの〈生〉への介入を最小限に留めて、病と自律的に闘い、「癒える（癒やす）」というわれわれに本来備わっていたはずの能力を確保することが求められているのである。[39]

制度スペクトル

学校は、子供たちが過程と実体を混同するように全体社会を「学校化」し、病院は、病者たちが過程と実体を混同するように全体社会を「病院化」する。「学校化」された社会で、子供たちは、自ら能動的・主体的に「学ぶ」という自律的な〈生〉の形式を剝奪され、学校における専門技術者である教師が提供する教育サービスを他律的に受容する消費者となり、人間として無力化する。「病院化」された社会で、病者たちは、自ら能動的・主体的に「癒える（癒やす）」という自律的な〈生〉の形式を剝奪され、病院における専門技術者である医師が提供する医療サービスを他律的に受容する消費者となり、人間として無力化する。

イリイチは、このような機能を持つ学校や病院を「制度スペクトル」という視点から分析している。[40]すなわち、あらゆる制度は、コンヴィヴィアル（自律共生的）な制度＝左側に置かれる制度とマニュプレイティヴ（操作的）な制度＝

右側に置かれる制度をそれぞれ両極に持つスペクトル上に位置づけられる。われわれのなすべき選択は、これら根本的に対立する二つの制度類型の中から、どちらを選ぶかということであるが、今日、圧倒的に有力で、ほとんど現代を特徴づけるまでになっているのは右側に置かれる操作的な諸制度である。スペクトルの右側には、国土防衛を担当する軍隊（兵営）、法律を執行する検察・刑務所（監獄）、精神障害者を収容する精神病院（アサイラム）等が位置づけられる。スペクトルの左側には、電話・郵便・公共交通・上下水道・そして現在ではインターネット等のネットワーク事業が位置づけられている。右側で提供されるサービスは、一方的に加えられる操作であり、顧客は、広告・攻撃・教化・監禁・（時には）拷問の対象＝客体となる。左側で提供されるのは、顧客がそのサービスを受容するか否かを自己の自由な意思によって主体的に判断できるものである。

イリイチによれば、コロンビア・イギリス・ソ連（当時）・合衆国の学校は、先進国のものであれ発展途上国のものであれ、また、資本主義国のものであれ社会主義国のものであれ、互いによく似ている。それらの学校はすべて義務制であり、競争的であるゆえに、制度スペクトルの操作的な右側に集中する傾向がある。「学校化」および「病院化」が進んだ現代社会において、われわれはヨリ自由な左側から、「学校化」および「病院化」によって一種の中毒症状を呈する右側に、分水嶺を越えてきた。もし、コンヴィヴィアルな社会を回復しようと望むならば、その逆に資格ある専門技術者たる教師や医師により他律的に操作される右側の学校や病院から、「学ぶ」ことや「癒える（癒やす）」ことを前提とする自律と共生が可能な左側へと分水嶺を逆向きに越え直さなければならないのである。(41)

医療の根源的独占

臨床的医原病に関しては、例えば脳神経外科医のA・グアゼによってもその存在が承認されているが、(42)他方、社会的医原病と文明的医原病に関しては、イリイチに批判的な論者から「空想的主張」であるとして嘲笑が投げかけられている。[43] 確かに、そのような一面はあろう。しかし、イリイチの言う社会的医原病や文明的医原病について、障害児施設「びわこ学園」に長く勤務した医師の髙谷清は、次のように述べて、その存在を肯定している。「『自分の施設でも風邪を引くといけないということで外出を制限している、これでは生活の潤いがないだけでなく、外に出て身体を鍛えるということがない。医療が子どもたちの健康を守るのでなく、健康増進を妨げていることになる』……／……こうしたことを多く見聞きし、障害のある人にとっては、医療というのは病気を治したり障害を軽くするために存在するのではなく、本人から生活を奪う存在となっているのではないか、ときには人権を侵害しているとの実感をもった。……医療の専門家ではない保育者や教師などによって『障害』の『改善』『軽減』、『健康』などの努力がなされている。その家族や保育者などのとりくみに対して医師が、『外出すると感染症に冒される』『健康を害する』『てんかん発作を誘発する』など『健康管理』の名目で生活を制限し、その結果『健康増進』が妨げられるということがおこっている。／そうした医療の現状に対して、参加者から多くの怒りを伴った報告がなされた。てんかん発作を抑えるために薬が多用され、本人はいつもぼんやりしている。便秘はひきつけをおこすからと浣腸を三日に一回というように習慣的におこなっているが、これでは腸の機能を低下させるのではないか、腹部マッサージとか運動が大事なのではないか。／医療は、てんかん発作や便秘などの『症状』をみて、それが起こらないように『治療』しているだけであって、『人間』が不在になっているのではないか。さらに、感染症を防止するということで外出を禁止するなど、さまざまな『管理』が医療の名においてなされているのではないかと、現状批判も多く出された」[44]。ここには、医師たちによって、「医療」の名の下に、障害児の「肉体＝身体」が剝奪され、彼／彼女らの自律的に「癒える（癒やす）」力が無力化させられている現実が鋭く批判されていると言えよう。

まさに、ここでは、「病院化」した社会における医療の「根源的独占」が告発されている。例えば、トヨタ車がニッサンやホンダの車に対して支配的になるのは単なる独占である。自動車による移動が、歩くことや自転車に乗る権利を削り取ることが「根源的独占」なのである。[45] 病院の医師による医療が、病弱な人々から医師によって与えられる以外のケアを受ける機会を奪っている以上、それは「根源的独占」の状態にある。病院という制度だけが提供できる医療サービスの消費を強制することになるから、それは社会管理の一種と言うこともできる。病院における病者の「肉体＝身体」の医療的「管理」という名の、病者である彼／彼女からの「癒える（癒やす）」力の剝奪である。

また、イリイチは、「世界全人口の一人当たり平均年間収入を、一人のアメリカ人が専属看護を二日間受けることで使い切ってしまう」事態に警鐘を鳴らしている。(46) このような「警鐘」は、「福祉国家」の完成ではなく「福祉世界」への接近こそが目指されるべきであると主張するG・ミュルダールや、いわゆる「世界正義論」の実現可能性を精力的に追求している井上達夫の現象認識とも正確に一致している。(47) イリイチの思想は、単なる「空想」ではない。

「文明」と「文化」

ちなみに、イリイチは、「文化的」医原病という表現を用いているが、自律と共生を可能にする伝統的「文化」を重視する彼が、病院における医師によって患者の「肉体＝身体」が他律的に操作される多国籍的「文明」の在り方を厳しく批判していることを考え、ここでは「文明的」医原病という表現に変更している。実際、精神科医の中井久夫が「治療文化」という思想を提起しているのと同様に、台湾をフィールドにして医療人類学の調査に長く携わっている精神科医のA・クラインマンも、「（広義の伝統的）医療体系は文化の（文明のではない！）一部である」と主張しているのである。(48) イリイチの思想をヨリ明確にするため、「伝統文化」↕「現代文明」という対比をヨリ鮮明にする方が誤解が少ないと思われるのである。

「治療文化」という思想を提起する中井久夫は言う。「「治療文化」とは、「何を病いとし、何を病いでないとし、いかなるアプローチを治療とみ、あるいは非治療とし、いかなる人間を治療者といい、あるいは非治療者とし、いかなる施設を治療の施設とし、あるいは、しないか、いかなる合意を治療的合意と見なすか、あるいは見なさないかに関する、文化に規定された、その文化の『下位文化』である(49)」。このようなクラインマンや中井の思想からすれば、イリイチの言う「文化的」医原病という表現は、「文明的」医原病と改めるべきなのである。多国籍的「文明」という言葉があるのに対して、各々の伝統的「文化」は多国籍的ではありえず、必ず「ヴァナキュラー」なものなのであるから。このように、人間が「癒える（癒やす）」ことにとって、どのような「治療文化」が好ましいかについて、イリイチは現代の多国籍的「文明」の誇る高度医療体制――そこでは医療の「根源的独占」が実現している――に批判的である。

しかし、次のことは注意しておかねばならない。すなわち、「医療の介入が最低限しか行なわれない『（治療）文化』こそが健康が最も良い状態で広く行きわたっている『（治療）文化』である」というイリイチの思想から、「癒える」ことを目指す自己ケアのすすめ→健康に対する自己責任の強調→財政難に陥っている国家の保健・衛生政策の転換→病者や障害者（＝弱者）に対する自己決定の名の下での「自然死」ないし「尊厳死」への誘導という展開がなされうることである。(50) ここでは、福祉国家が前提とする「文明」が全否定されて、ナチスによる「生きるに値する生命」と「生きるに値しない生命」を区別するための《切断》すらが肯定されることになる。(51)

「筋萎縮性側索硬化症（ALS）」の母親を長く自宅介護して看取った川口有美子は、その著書『逝かない身体』の中で、次のように語る。「家の外では母と同じような人たちが、病院の医師や家族に呼吸器を外されて亡くなるという悲しい事件が多発していました。社会の支援の届かない、隔絶された家庭という空間での度重なる介護疲れの果ての殺人、尊厳死法制化の兆し、後期高齢者医療、『脳死』臓器移植法と、世の中は長患いの人の生を切り捨てる方向に猛スピードで走り出しているようで気が滅入」った(52)、と。かつて伝統的文化の中で人間は自律的に「死ぬ」ことができたというイリイチの思想を誤用して、川口の母親を、自律的に「癒える（癒やす）」ことの不可能な「生きるに値しない生命」とすることは、断じて許されない。川口は言う。「私も一時は母を哀れんで死なせようとさえしたのだが、そうしなかったのはすんでのところで母の身体から、そのような声――あなたたちといたいから、別れたくないから生きている――が聞こえてきたからだ。……蜜月のような療養生活は発症から一二年間にも及んだのである」(53)。

文字通り「逝かない身体」であった母親の介護で「心底疲れ切ってしまっていた」という娘は、その一二年間の日々を回顧して、「蜜月」とまで形容しているのである。イリイチ思想を優生学と結びつける形で誤用して、この「蜜月」のような日々の価値を否定することは、あってはならない。立岩真也が、「良い生・殖（優生学eugenics）と良い死（安楽死euthanasia）はひとつながりのものである」[54]と指摘していることからも窺われるように、「自然死」という言葉を媒介に、その「蜜月」のような日々を否定する思想が有力になりつつある今、特に先天性障害を持った新生児の間引きを黙認する「世間」が支配する日本の伝統的な「（治療）文化」において、そのことは深く心に留めておかなければならない。

三　E・ゴフマン

《a　病院――医師が〈役割〉を演技する》

「演技」する行為者

アーヴィング・ゴフマンは、『日常生活における自己呈示』において、「他者」の様々な「まなざし」に取り囲まれて日常生活を営むわれわれが、個々の場面においていかに「演技」するかについて具体的な記述を行なった[55]。行為者としてのわれわれの振る舞いは、多かれ少なかれ、「オーディエンス」＝「呈示されるもの」である「他者」の「まなざし」によって影響を受けている。例えば、「男子学生の前で女子学生はどのように演技するのか」ということが語られる。「アメリカの女子学生は、デートの相手となりそうな男子学生の前にいる時は、以前は自分の知性・技能・決意のほどを低目に見せたし、今でも明らかにそうしている。……これは明らかに彼女たちが自制心を持っていることを示している。これらの演技者たちは、男友達が彼女たちの既に知っていることを退屈な仕方で説明するのを黙って聞いているということだ。また、彼女たちは自分たちより能力の劣る男友達に数学の能力を隠し、卓球をしても終る寸前に負けるのである」[56]。

具体的場面＝社会的状況の下で行なわれる人間の行為は、その行為者自身について特定の情報(性格・能力・貧富・関心・スティグマの有無等についての情報)を「他者」に伝えている。その意味で、行為者のあらゆる行為は常に「自己呈示」であり、「他者」は、「まなざし」を向けて見る主体であるのみでなく、同時に、「呈示されるもの」＝「客体」でもある。それゆえ、行為者は、ある行為を選択すれば、どのように自己に関する情報を「オーディエンス」＝「呈示されるもの」である「他者」にもたらすことになるかを事前に予測し、その予測に従って現実の行為を「演技」というかたちで選択している。

「オーディエンス」＝「呈示されるもの」に向けての行為者の「演技」には、ゴフマンによれば、広義の「自己利益の関心」という功利的な性格を持つもの――就職のための面接を受ける応募者の「演技」――、および広義の「利他的な関心」としの性格を持つもの――心配性の患者の心を安定させるためプラシーボを画期的な薬といって手渡す医師の「演技」――がある。また、例えば足の不自由な人が転倒した時に、「見て見ぬふりをする」ような「儀礼的無関心」という「演技」もある。

「演技」する行為者と「オーディエンス」＝「呈示されるもの」が、両者を含む状況全体の秩序維持を志向することもある。例えば「MLBの審判は、自分の判断にまったく確信が持てない時であっても、少しも逡巡しないで、すばやく判定を下す」けれども、そこで審判は「確信に満ちた審判」として「演技」している。この「演技」を自己呈示するものとしての審判は、野球の試合という秩序維持を図り、その進行をスムーズに行なわせるという関心に基づいて行為しているのである。もし審判が「判定に確信が持てない」という情報を正直に呈示したならば、選手や観客は動揺し、以後の試合は円滑に続行することが困難となろう[57]。

われわれが日常生活において経験している様々な「他者」との対面的接触の場面は、それぞれが野球の試合と同じような意味で一つの社会秩序である。対面的接触の参加者たちは、「確信に満ちた審判」を「演技」する審判のように、プラシーボを手渡して治療がスムーズに行なわれるように「演技」したり、あるいは障害者が転倒しても「見て見ぬ振り」をして恥をかかせないように「演技」したりすることによって、社会秩序にとっての脅威が侵入してこないように情報をコントロールしているのである。

スティグマ

ゴフマンは、『スティグマ』において、障害者など「スティグマを負うもの」の情報コントロールに関心を向ける[58]。「スティグマは犯罪者や奴隷などの身体に入れた焼印を意味し、社会において忌避し、排除されるべき存在として、他と明確に区別するためにつけられた烙印である。……好ましくない社会的属性として、個人の身体上の障害や欠点、性向や人格上の特異性のほか、人種等の劣等性を示す。スティグマを負わされることによって、正常者＝健常者（集団）との差異化が生じ、逸脱者あるいは逸脱集団というラベルが貼られ、そこに差別構造が生み出されると考えられる[59]」。

例えば、「精神障害者である」ことなどの「スティグマ」は、T・J・シェフによれば、「逸脱をカテゴライズするいかなる語彙にも収まりきらない様々な規範侵犯を、まとめて整理する」ために、「正常なもの」＝「無徴者」が用いる烙印である。すなわち、医師や家族たちからの「お前は狂気だ」という否定的な評価に絶えず直面する「規範侵犯者」＝「スティグマを負うもの」は、そのような否定的評価を帯びた情報が自己に浸透してくることを阻止できず、むしろそのような「異常なもの」＝「有徴者」としての自己に見合った行動パターンを徐々に昂進させていくことになる[60]。

他方、H・S・ベッカーは、「スティグマを負うもの」が、「正常なもの」＝「無徴者」からなる慣習的世界への同調を断念させられるのは、いったん逸脱のラベルが適用され、逸脱が第一位的地位となると、行為者としての社会参加を困難にする様々な社会的サンクションや差別に直面させられるからだと考える。このように、「スティグマを負うもの」の逸脱増幅のメカニズムに関して、シェフが、烙印付与という否定的評価の逸脱者の自己観念に及ぼす影響を重視したのに対して、ベッカーは、烙印付与がもたらす否定的サンクションが逸脱者の社会参加の機会を剝奪することを重視するのである。(61)

「スティグマを負うもの」を、「他者」の「まなざし」により「否定的評価を受けるもの」という受動的な存在としてのみ捉えるシェフやベッカーの見解と異なり、ゴフマンは、「スティグマを負うもの」が、レイベリングやサンクションに主体的に対処する能動的な存在であることを強調する。

ゴフマンによれば、悪人・危険・無能等々の望ましくない属性を持つ（とされる）カテゴリー所属の人々＝「有徴者」に帰せられる属性が「スティグマ」であるから、それは社会的アイデンティティの問題となる。ただし、その社会的アイデンティティは、「実体」化することなく、あくまで「関係」の観点から理解されなければならない。「スティグマという言葉は、人の信頼をひどく失わせる属性を言い表わすために用いられるが、本当に必要なのは明らかに、属性ではなくて関係を表現する言葉なのだ、ということである(62)」。したがって、「ある種のものがそれを持つとスティグマとなる属性も、別のタイプの人には『正常なもの』であることを保証することがある」ゆえに、「スティグマとは、『スティグマを負うもの』と『正常なもの』の二つの集合に区別できるような具体的な一組の人間を意味するものではなく、広く行なわれている二つの役割による社会過程を意味しているということ、あらゆる人が双方の役割をもって、少なくとも人生のいずれかの出会いにおいて、いずれかの局面において、この過程に参加しているということである。……『正常なもの』とか、『スティグマを負うもの』とは生ける人間全体ではなく、むしろ視角である」ことになる。(63)

このような「関係」の観点を取る場合、スティグマには、誰から見ても「自明」なものと、「表向きには見えない」ものが存在することが重要となる。

スティグマとアイデンティティ

「スティグマを負うもの」＝「否定的な社会的アイデンティティを持つもの」にとって、問題が起こらない限り通用し続ける「実効の＝対他的な社会的アイデンティティ」と、要求がなければ示されないかもしれない「実際の＝即自的な社会的アイデンティティ」の乖離が大きな問題となる場合がある(64)。それは、関係論的視座からすれば、「スティグマを負うもの」が、「実効の＝対他的な社会的アイデンティティを持つもの」＝「自明なスティグマを負うもの」と、「実際の＝即自的な社会的アイデンティティを持つもの」＝「表向きには見えないスティグマを負うもの」に区別されることの帰結である。「『正常なもの』のなかの最も幸運な人々でも半ば隠れた欠点を持つのが普通であり、しかもどんな小さな欠点もそれが大きな影を投ずる時は、『実際の＝即自的な社会的アイデンティティ』と『実効の＝対他的な社会的アイデンティティ』の間の世人の目を避けたくなる乖離を生じるようになる機会が社会には存在する。たまに不安定な人と、常時不安定な人とは一つの連続体の上にある(65)」。

「自明なスティグマを負うもの」にとっては、「実効の＝対他的な社会的アイデンティティ」と「実際の＝即自的な社会的アイデンティティ」は一致する。「自明なスティグマを負うもの」は、彼／彼女の社会化の過程で、自らが所属する同類集団と一般社会という圧倒的多数の「正常なもの」＝「無徴者」から成る集団との間で帰属感を振幅させながら、スティグマに対する社会の一般的視覚の中で自らが負うスティグマを認知し、「スティグマを負うもの」＝「有徴者」としての自分自身の位置を理解するようになる。したがって、「自明なスティグマを負うもの」にとっての課題は、「正常なもの」＝「無徴者」との共在において生じる緊張の処理である。「自明なスティグマを負うもの」は、自分の振る舞いがすべてスティグマとの関わりで解釈され、その解釈が過去にも未来にも押し広げられつつ、「正常なもの」＝「無徴者」から本当はどう思われているのか不安状態に置かれる。しかも、「自明なスティグマを負うもの」は、自らが負うスティグマを前にした「正常なもの」＝「無徴者」たちとの共在における相互行為上の戸惑いや気詰まり——例えば障害者が転倒しても「見て見ぬ振り」をして恥をかかせないようにする「演技」——にも逆に配慮しなければならないのである。

他方、「表向きには見えないスティグマを負うもの」にとっては、「実効の＝対他的な社会的アイデンティティ」と「実際の＝即自的な社会的アイデンティティ」は一致しない。「表向きには見えないスティグマを負うもの」にとっての課題は、「正常なもの」＝「無徴者」に明らかになれば評判を失うことになりかねない自分に関する否定的情報をどのように管理し続けるかということである。例えば、「表向きには見えないスティグマを負うもの」は、「実効の＝対他的な社会的アイデンティティ」を維持し続けるために、行動空間を区分けしたり、「オーディエンス」＝「呈示されるもの」を分離したりしつつ、自分自身の「演技」により印象操作しながら、自分が「実際の＝即自的な社会的アイデンティティ」で分類されないように工夫することになる。

「スティグマを負うもの」も、もちろん、ヨリ望ましい自己の社会的アイデンティティの獲得・維持を不断に目指す存在であるから、「正常なもの」＝「無徴者」から付与されるスティグマを黙って受け入れるのではなく、一般社会に向かって積極的に自己のヨリ望ましいと思われる社会的アイデンティティの請求のために「演技」を行なうことになる。ゴフマンは、そのような印象操作ないしアイデンティティ管理の戦略として、〈パッシング〉〈カヴァリング〉〈役割距離〉等を挙げる。これらの印象操作やアイデンティティ管理が可能なのは、スティグマには「自明なスティグマ」と「表向きには見えないスティグマ」があるため、「実効の＝対他的な社会的アイデンティティ」と「実際の＝即自的な社会的アイデンティティ」が一致することも一致しないこともあるゆえに、能動的な「演技」主体である「スティグマを負うもの」は、「オーディエンス」＝「呈示されるもの」である「正常なもの」＝「無徴者」にどのような自分に関する情報を与えるべきかについて事前に戦略を練り、その戦略に従って現実の行為を「演技」というかたちで選択することができるからである。

パッシングとカヴァリング

〈パッシング〉とは、自己に関する特定の否定的情報が露見すれば、スティグマを押されることになる「表向きには見えないスティグマを負うもの」が、あたかも「正常なもの」=「無徴者」であるかのごとき社会的アイデンティティを維持・確保し続けようとして行なう情報隠蔽のことである。ゴフマンは、強度の弱視のためほとんど失明に近い視覚障害がある青年の事例を示している。「私は、二〇杯以上のソーダを飲み、映画を三度見る間、自分の眼が悪いことをマリーに気づかれないように工夫した。それまでに習い覚えた手だては、どれもこれも全部用いた。……眼も、耳も、第六感も動員して、マリーらしい人には誰であれ注意を払った。……それが誰であるかハッキリしない場合でも、親しさをこめて挨拶した。……私は夜、映画の行き帰りに必ず彼女の手をとった。彼女は、それとは知らずに私の手を引いてくれたのである。したがって私は、舗道の縁石とか、階段を足で探らなくてもよかったのである」(66)。この青年は、明らかに「表向きには見えないスティグマを負うもの」である。彼は、〈パッシング〉によって、女友達に対して、「実効の=対他的な社会的アイデンティティ」と「実際の=即自的な社会的アイデンティティ」が乖離している状態を維持し続けることにより「正常なもの」=「無徴者」であるかのごとく演技しようとしたのである。

もちろん、印象操作やアイデンティティ管理の方法として、〈パッシング〉には限界がある。スティグマを押されることから逃れようとする「(潜在的に)スティグマを負うもの」は〈パッシング〉を駆使したとしても、「実効の=対自的な社会的アイデンティティ」の次元で「表向きには見えないスティグマを負うもの」であることに変わりはない。たとえ〈パッシング〉が成功したとしても、その「表向きには見えないスティグマを負うもの」は、逸脱した「演技」を「正常なもの」=「無徴者」=「オーディエンス」に呈示したゆえに、「実効の=対他的な社会的アイデンティティ」と「実際の=即自的な社会的アイデンティティ」の間で揺れ続け、確固とした社会的アイデンティティを確立することは不可能となる。それゆえ、もし〈パッシング〉が発覚すれば、その「表向きには見えないスティグマを負うもの」は、二重の意味で逸脱者となってしまう危険に直面することになる。すなわち、彼/彼女らの「演技」は、不誠実かつ行き過ぎた印象操作として指弾されかねない。つまり、「スティグマを負うもの」としての逸脱と、不当な〈パッシング〉を行なった「不誠実なもの」という逸脱を、偽りの情報を与えられた「オーディエンス」から重ねて批判されかねないのである。それゆえ、ゴフマンは次のように言う。

「われわれは、自らが持つ社会的属性に応じた適切な処遇を他者に要求する権利を有する。われわれは、このような道徳的権利の原則によって社会に組織されている。だから、自己の社会的属性を暗示的または明示的に表現することになる場合には、われわれはその属性を本当に所有していなければならない(67)」。

〈パッシング〉を行なう「表向きには見えないスティグマを負うもの」は、「その属性を本当には所有していない」ように振る舞うのであるが、〈カヴァリング〉は、「顕在的逸脱者」が、その「スティグマ」を押されるようになった自らの属性＝シンボルを、特定の具体的場面＝社会的状況において、「オーディエンス」＝「呈示されるもの」に対して目立たなくするために用いる工夫である。例えば、難聴という障害を持つフランセスは、次のような方法を考え出した。「ディナー・パーティーの席では、①声の大きな人の隣りに座ること、②もし誰かが彼女に直接に質問したならば、むせ返るか、咳をするか、しゃっくりをすること、③彼女自身が会話の主導権を握ること、つまり一度すでに聞いたことのある話を知らない振りをして誰かに話してもらうこと、自分が答えをすでに知っている質問をすること、にしているのだ(68)」。

役割距離

そして、〈役割距離〉である。ただし、〈第二次的調整〉とも呼ばれる〈役割距離〉は、「スティグマを負うもの」のみの印象操作・アイデンティティ管理の戦略ではない。〈役割距離〉とは、「個人とその個人が担っていると想定される役割との間の『効果的に』表現される鋭い乖離」と定義される。つまり、〈役割距離〉とは、「自分が遂行している役割から、あるパフォーマンスがある種の軽蔑的な離脱をしていることを効果的に伝達する行為について述べるために採用されたもの」である。

ゴフマンは、病院の手術室における主任外科医の次のような「演技」をその具体例として挙げる。「主任外科医は、患者が麻酔をかけられてから、堂々と登場する。彼は、二言、三言、手短に前置きをつぶやき、ほとんど無言で仕事に取りかかる。それは真剣かつ厳格で、彼のチームが彼に持っているイメージに応えるものである。……手術の最も決定的な局面がすべて終わると、彼は手術台から一歩退き、疲労、実力、尊大さの混じり合った感情をもって、手袋を脱ぐ。……手術を終えるに際して、彼は、その助手、麻酔医、看護師に向かって、感謝の意を述べる。長時間、緊張の中で作業してきた手術チームのメンバーに向かい、主任外科医は自分の言っていることが滑稽な声の調子に受け取られるように言うことで、それを笑い種にする。『ウェスリーさん、あなたの今日のお仕事振りは、実にお見事でしたぞ』といった具合である(69)」。

このような主任外科医の示す威厳とユーモアは、外科手術が成功するために〈役割距離〉がいかに機能するべきかを教示する。

「手術中、そのチームのメンバーの冷静さを確保するために、主任外科医は自分の要求と自分に課せられていることに対する自分の期待を調整しなければならないことを知る。チームのメンバーが犯した無能な行為(失敗)をあからさまに批判するという彼の状況に関わりのある権利を行使した場合、主任外科医は失敗者の自己統御をさらに弱めることになり、その手術を危険にさらすことになる。……そのため、自分がチーム全体の不安管理という役割機能を有していることを弁える主任外科医は、この機能を果たすために、一種の取り引きをすることになる。それによって、威厳のある主任外科医は、彼の正当な要求をあまり無躾けに押しつけないユーモアのある『好人物』になることの見返りに、彼のチームの各メンバーから冷静さの保証を調達するのである(70)」。このような主任外科医の「演技」は、もちろん、ミスをしたメンバーを含む「オーディエンス」=「呈示されるもの」に向けられている。

このように、主任外科医が「好人物」を「演技」することは、役割期待からの「ちょっとした逸脱」なのである。

主任外科医はもちろん、「スティグマを負うもの」ではないが、「スティグマを負うもの」は、「否定的な役割から距離をとること（ちょっとした逸脱をすること）で、役割を演じる自分とそれを見つめる自分とを分離し、役割と自己との関係を切り離す」のである。ゴフマンによれば、〈役割距離〉は、とりわけ生活全面統制型施設＝全制的施設――精神病院・刑務所（監獄）・強制収容所・兵営等――において、一種の〈第二次調整〉として発達するのである。[71]

兵営における軍人は、もちろん、「スティグマを負うもの」ではないが、精神病院に収容された患者や刑務所に監禁された囚人は、明らかに「スティグマを負うもの」である。そのようなスティグマを押された被収容者たちは、施設外部において享受していた「正常なもの」＝「無徴者」としての「役割」を徹底的に剝奪され、代わりに、その施設を設置・運営する権力者の圧倒的な力を背景に、否定的な「役割」を、施設内部において強制的に当てがわれる。全制的施設に収容された患者や囚人にとって、〈パッシング〉や〈カヴァリング〉のような印象操作の技術は無効であり、そこで「スティグマを負うもの」に可能な戦略は〈役割距離〉＝〈第二次的調整〉のみとなる。すなわち、被収容者は、様々な便法（秘密の場所、共謀、取り入り等）を用いて、「正常なもの」＝「無徴者」から成る周囲により要求される否定的役割と自己との距離を取ることができる。それは、与えられた否定的役割を、「スティグマを負うもの」である彼／彼女たちが、表面的には受け入れながらも、自分はそのような役割に完全には呑み込まれているわけではないことを表現する技術であり、それによって全制的施設の裏面生活が被収容者たちによって形成・運用されることになる。[72]

「塀の中」の安部譲二

もちろん、日本の刑務所でも、菊田幸一が指摘するように、規律・訓練により囚人を「無力化」ないし「規格化」することが目指されている。[73] しかし、囚人たちが巧みに〈第二次的調整〉を行なっていることは、次のような安部譲二の叙述からも明らかである。「〔『鉄つぁん』と呼ばれる看守が〕『オイ、安部、今度のダービーはどの馬を買えばいいんだ。競馬がシノギだったんだから、だいたい分るだろ』〔と言ったので〕……私の狙いをつけた馬を一頭だけ教えて、その馬の単勝を二〇パーセントに、複勝を八〇パーセントにして買うようにすすめてやりました。……『礼をしたいから、何でも言ってみろよ』／と〔私の言う通りにして競馬で勝った〕鉄つぁんは言ってくれました。／……／あれこれしきりに考えた私は、鉄つぁんに水虫の薬を頼んだのです」。

「看守が懲役の予想である馬券を買うなんて、とても信じられないかもしれませんが、私とこの鉄つぁんの仲は昭和三十二年からの長い歴史があり、この程度の信頼感はあったのです(74)」——安部が記すように、まさに看守と囚人の間に「信頼感」があったからこそ、ゴフマンの言う「取り入り」による〈第二次的調整〉が可能になったのである。このような〈第二次的調整〉を行なうことによって、刑務所という全制的施設の「塀の中」で、安部は、その裏面生活を、ある意味、生き生きと形成・運用していたのである。ゴフマンの示唆するように、このような構築物の「亀裂」を利用する〈第二次的調整〉は、不当な逸脱行為として非難されるべきものではなく、むしろ被収容者の人間らしさの現われとして評価されるべきものである。

四　《切断》の方へ

「切断」の方へ

ミシェル・フーコーは、『狂気の歴史』において、パスカルやモンテーニュにおいては分割されていなかった「理性的なもの」と「非理性的なもの」が、デカルトによって「理性的なもの」＝「正常なもの」と「非理性的なもの」＝「異常なもの」に《切断》され、「大いなる閉じ込め」の時代の開始とともに、後者の「狂気」＝「非理性的なもの」＝「異常なもの」が監禁されるに至ったと指摘していた。そして宗教上の罪が「貪欲」から「怠惰」に変容したキリスト教世界においては、「善き貧民」＝「〔怠惰でない貧民であるゆえに〕正常なもの」と「悪い貧民」＝「〔怠惰な貧民であるゆえに〕異常なもの」が分割され、後者の「〔怠惰な貧民であるゆえに〕異常なもの」＝「非難されるべきもの」も、「狂人」

と同じカテゴリーに属することになったと強調した。すなわち、「狂人」=「非理性的なもの」=「異常なもの」と「(怠惰な貧民であるゆえに)異常なもの」がともに「反道徳的なもの」として一括され、「法主体となるもの」=「道徳的なもの」=「正常なもの」から《切断》されたのである。

テュークやピネルのいわゆる「解放」においても、「理性的なもの」=「『まなざし』を注ぐもの」=「正常なもの」と「非理性的なもの」=「(正常なものから)『まなざし』を注がれるもの」=「異常なもの」=「疎外されたもの」との《切断》は続くことになる。

また、フーコーは、『臨床医学の誕生』において、旧い「種の医学」とは異質な臨床医学が成立するためには、「健康なもの」=「病気でないもの」=「模範的なもの」=「正常なもの」と「病気であるもの」=「異常なもの」とが《切断》される必要があったと示唆している。

さらに、フーコーは、『監視と処罰』において、君主の残酷な身体刑から移行した一八世紀の改革者たちの処罰が「身体よりも精神に加えられる」ようになったと指摘し、そこでは「正常なもの」—「異常なもの」という基軸が重視されるに至ったと論じた。近代監獄制度においても、その《切断》は受け継がれることになる。しかし、「正常なもの」と「異常なもの」の《切断》は、「非行者」の存在によって脅かされることになる。

近代監獄制度においては、非収容者の身体が従順なものになるよう規律・訓練の手段として行なわれる「試験」等によって、「試験に合格したもの」=「医学や司法や教育によって健康や正義や知性の『規格』であることを保障されるもの」=「正常なもの」と「試験に合格しないもの」=「医学や司法や教育によって健康や正義や知性の『規格』であることを否定されたもの」=「異常なもの」が《切断》されることになる。国民の行動の細部まで「まなざし」を向けるに至った現代の「管理社会」=「監視社会」では、医学・教育学・法律学・心理学など様々なかたちの知が一致して、社会における「異常なもの」の発見・矯正を行ない、人々を「規格化」しようとするのである。

カリキュラムによる《切断》

イヴァン・イリイチは、『非学校化の社会』において、現在、学校の存在そのものが、方法・処置・ケア・時間等々を「教育的なもの」＝「非世俗的なもの」＝「正常なもの」と「非教育的なもの」＝「世俗的なもの」＝「異常なもの」に《切断》し、資格ある専門技術者たる教師の提供する教育サービスのみが「正常なもの」として価値が認められていることを批判する。そして、「教育的なもの」＝「非世俗的なもの」＝「価値あるもの」＝「正常なもの」を道徳性・正統性・個人的価値という三つの水準の諸価値をまとめつつ独占する学校によって、リベラルな社会の成立が困難となると強調した。

そのような学校において制度化される価値は、量的に測定可能なものと見なされる。したがって、共通の標準で能力が測定できると錯覚させられる子供たちは、「標準に到達する能力があるもの」＝「正常なもの」と「標準に到達する能力のないもの」＝「異常なもの」に《切断》されてしまう。標準に到達するためにカリキュラムが商品として子供たち（やその両親）に提供されるが、専門知識の詰め込まれた高度の内容の高価なカリキュラムが生徒の価値をヨリ高めると信じられる結果、「高度の内容のカリキュラムをこなせるもの」＝「（知的能力が高いゆえに）異常なもの」―「（一般的なカリキュラムをこなせるゆえに）標準に到達する知的能力があるもの」＝「普通＝平凡＝正常なもの」―「（一般的なカリキュラムをこなせないゆえに）標準に到達する知的能力がないもの」＝「（知的能力が低いゆえに）異常なもの」という三つに子供のカテゴリーが《切断》されることになる。カリキュラムの消費者である子供たちは、フーコーの言う規律・訓練のための「試験」に合格するか否かによって、それぞれ標準以上・標準・標準以下であることが測定されることになる。例えば、「貧困」のゆえに「標準に到達できないもの」＝「（知的能力が低いゆえに）異常なもの」も、学校において教育的に未発達＝低開発な落伍者というスティグマを押されることによって、「『試験』に合格できないもの」＝「（一般的なカリキュラムをこなせないゆえに）標準に到達する能力がないもの」であることは自分自身の責任であるとして「合理化」させられるのだ。ゴフマン流に言えば、そのような「合理化」も「自己掣肘」の一種である。

また、イリイチは、『医療の復讐』において、「病院化」した社会では、「診断の帝国主義」が出現すると警告した。「診断の帝国主義」は、例えば、結婚ができないもの・仕事をしてはならないもの・兵隊になれないもの・監禁されなければならないもの等を分類・証明する。これは、例えば、「病院」における資格ある専門技術者たる医師によって、「結婚ができるもの」=「（結婚ができるという意味で）正常なもの」と「結婚ができないもの」=「（結婚ができないという意味で）異常なもの」の《切断》や、「監禁されなくてもよいもの」=「（監禁されなくてもよいという意味で）正常なもの」と「監禁されなければならないもの」=「（監禁されなければならないという意味で）異常なもの」の《切断》がなされることを意味する。

「診断の帝国主義」における診断の医療化は、「治療可能なもの」=「正常なもの」と「治療不可能なもの」=「異常なもの」を《切断》するが、予防の医療化は、「生まれてよいもの」=「正常なもの」と「生まれてはいけないもの」=「異常なもの」=「悪い遺伝子を持つもの」を《切断》する。後者の《切断》は、明らかに優生思想と結びつくことになる。かくして、学校や病院が知能や血圧などの「標準」でないものを見出そうとする「学校化社会」や「病院化社会」は、フーコーの言う「管理社会」=「監視社会」そのものとなる。

スティグマによる《切断》

アーヴィング・ゴフマンは、『スティグマ』において、「スティグマを負うもの」=「有徴者」=「異常なもの」と「スティグマを負わないもの」=「無徴者」=「正常なもの」の《切断》について分析を試みる。ただし、「スティグマを負う」ことは、「実体」化して考えてはならず、あくまで「関係」として捉えるべきことが強調される。すなわち、ある種のものにとって「スティグマを負うもの」=「有徴者」=「異常なもの」となる属性も、他のタイプの人間にとっては「スティグマを負わないもの」=「無徴者」=「正常なもの」であることを保障する属性となることがあるのだ。

さらに、ゴフマンは、「スティグマを負うもの」=「否定的な社会的アイデンティティを持つもの」は、そのスティグマのあり方によって、「自明のスティグマを負うもの」と「表向きには見えないスティグマを負うもの」に分割されるゆえに、〈パッシング〉や〈カヴァリング〉のようなスティグマを《無化》するための印象操作・アイデンティティ管理の技法が可能となると指摘した。すなわち、能動的に「演技」する主体である「スティグマを負うもの」=「有徴者」=「異常なもの」は、その「演技」が向けられる「オーディエンス」=「呈示されるもの」たる「無徴者」=「正常なもの」に、どのような仕方で自分に関する情報を与えるべきか、あるいは与えないようにするべきか事前に戦略を練り、その戦略に従って自らが負うスティグマが《無化》されるように自分の行為を「演技」してみせるのである。

ゴフマンは、『アサイラム』において、精神病院や刑務所（監獄）のような生活全面統制型施設=全制的施設では、収容される精神障害者や監禁される受刑者は、これまで施設外の〈家郷世界〉において享受していた「無徴者」=「正常なもの」としての「社会的アイデンティティ」を剝奪するために「無力化」=「規格化」されることを確認した上で、否定的な「スティグマを負うもの」=「有徴者」=「異常なもの」としての役割が強制的に付与されると指摘した。〈パッシング〉や〈カヴァリング〉によって負わされた「スティグマ」を《無化》することができない被収容者にとって可能な唯一の戦略は、「無徴者」=「正常なもの」から成る一般社会の人々が要求する「有徴者」=「異常なもの」としての否定的役割から様々な便法を用いて距離を取る〈第二次的調整〉を行なうことのみである。「スティグマを負うもの」=「有徴者」=「異常なもの」と「スティグマを負わないもの」=「無徴者」=「正常なもの」との《切断》を完全には《無化》することはできないにしろ、〈第二次的調整〉を行なうことにより、「スティグマを負うもの」である被収容者たちは、「無徴者」=「正常なもの」たちが与える否定的役割を、表面的には受け入れながら、自分はそのような役割に完全には呑み込まれているわけではないことを表明するのである。

「天幕」批判

確かに、ゴフマンは、「私は社会学の現状に異議を申し立てたい。思うに現在なされるべきことは、社会学の様々の概念が大事に扱われるべきものならば、それぞれの概念はそれに最適の問題にまで遡行され、そこからその概念が導くと思われるところへと赴き、その概念が属する概念群の残余のものが開示されるまで徹底されなければならない、ということである。おそらく、その中で子供たちの皆が寒さで震えている一つの大きな素晴らしい天幕よりも、別々の衣服を一人ひとりにちゃんと着せるほうがよいのだ」と語っている。[75] ゴフマンの「大きな素晴らしい天幕」批判の矛先は、直接にはAGIL図式を提示したT・パーソンズのグランドセオリーに向けられていると考えられるが、その批判はフーコーやイリイチの「天幕」的な大理論にも妥当すると言うことができよう。しかし、フーコー、イリイチ、ゴフマンの研究対象には顕著な共通性が存在する。すなわち、フーコーの『狂気の歴史』、イリイチの『医療の復讐』、ゴフマンの『アサイラム』はすべて「(精神)病院」の分析に照準を合わせている。とりわけ、フーコーとゴフマンの考察は、R・D・レインやT・S・サスやD・クーパーの反精神医学と問題関心において共鳴していることがしばしば指摘されている。[76] また、フーコーの『監視と処罰』とイリイチの『非学校化の社会』は、Ph・アリエスの『〈子供〉の誕生』とともに、教育史研究の転回にインパクトを与えた著作として、「少なくとも近代において成立し、私たちの心性に住みついた『子ども』『学校』『家族』『教育』なるものを根底から問い直そうとする点で、全く重なり合う」と評されている。[77] 実際、フーコーが規律・訓練という視座から注目した「試験」に合格できるか否かについての判断は、イリイチの言う「学校化」した社会において重視される「カリキュラム」をこなすことができるか否かについての判断と、正確に合致する。そして、フーコーが臨床医学を特徴づけるものと考えた「診断」は、イリイチによると今や、その臨床医学によって「診断の帝国主義」と言われる段階にまで高められているのだ。それは、人間疎外をもたらすものとなる。

例えば、佐藤純一は、「正常なもの」と「異常なもの」を区別し、その原因や治療方法を決定する医療を一つのイデオロギーとして捉え、「イデオロギーとしての近代医療」を、医療構造論としての「医療化」および「専門家支配」というカテゴリーと、疾病論としての「科学主義」および「特定病因論」というカテゴリーを通じて理解している。すなわち、「進歩は無限であるという神話」に支えられて治療対象の拡大・治療手段の拡大・治療期間の延長などを展開した「医療化」は、健康・病気・医療に関しての医師＝医療専門家への絶対的依存（専門家支配）を通じて、一般人＝非専門家の病気・健康に対する自己ケア能力や自己決定権の喪失をもたらした。そして、「診断の帝国主義」を確立させた近代医学が科学的に説明・同定・証明しうるものだけが病気・病因・治療となるという科学主義（とそれに基づく特定病因論）は、科学的にカテゴリー化できないものを排除する結果、病人をその社会的文化的な文脈から切り離してしまうことになる。(78) この分析のうち、前者の「医療化」および「専門家支配」は、イリイチによる産業主義批判と正確に対応し、後者の「科学主義」と「特定病因論」は、フーコーによる近代臨床医学の特徴づけときっちりと合致する。前者は、資格ある高度な専門技術者たる医師が注ぐ「まなざし」によって、自己ケア能力を剝奪されて無力化した病者の「肉体＝身体」が支配されることを意味し、後者は、「病人を見るな、病だけを見よ」というスローガンを受容する医師が注ぐ「まなざし」によって、「どこが？」と問う科学的診断の対象たる病者の「肉体＝身体」が支配されることを意味する。しかし、このような「イデオロギーとしての近代医療」の帰結である二重の上からの「まなざし」は、今や、病人の「人間としての自己疎外」をもたらすものとして厳しく批判されつつある。すなわち、後に検討する「浦河べてるの家」の事例のように、「病人を見るな、病だけを見よ」という科学主義的な臨床医学のスローガンは、「病だけを見るな、病人を見よ」へと逆転され、病者を専門家支配から解放しながら、病者と地域社会や仲間との〝つながり〟の回復が目指され始めているのである。

「まなざし」について

ところで、M・ジェイは、フーコーが「まなざし」による支配を重視したことに注目し、それは彼の論敵であったJ・P・サルトルの『存在と無』(79) における「まなざし」論と通底する一面があることを指摘している。(80) また、Y・ヴァンカンは、ゴフマンの社会学が、「まなざし」の社会学とも言える特徴を有していることを示唆している。(81) 実際、ゴフマンは、アメリカの社会学者としては例外的にサルトルの議論を頻繁に引用している。サルトルの「まなざし」論を媒介にして、フーコーの「まなざし」の考古学とゴフマンの「まなざし」の社会学が結びついている事実は大変に興味深い。

E・エヴァンス＝プリチャードが、「邪視」、すなわち相手を死・病気・不幸・災害に陥れる「まなざし」に着目し(82)、「穢れ」に関心を向けるM・ダグラスが、「絶対的汚物」は存在せず、「汚物」が存在するのはそのように感じる「まなざし」の中においてのみであると指摘(83)してから、サルトルにより「まなざし」の持つ「他者」を「物象化」＝「疎外化」する力が強調されるに至るまで、「まなざし」の政治学は展開されてきたが、その「まなざし」への関心は、フーコーの「まなざし」の考古学とゴフマンの「まなざし」の社会学へと受け継がれたのである。もちろん、「学校化」社会・「病院化」社会を批判的に論じるイリイチにとっても、「まなざし」は重要な意味を持つ。

カトリック司祭でもあったイリイチは、様々な神話が育まれる学校において、儀礼が大きな役割を果たしていることに注目した。すなわち、聖なるものへの信念に関わるパターン化した行動としての儀礼(84)においては、保護者・道徳家・治療者としての役割を兼ねた教師が子供たちに注ぐ「まなざし」は、道徳性の水準での価値・合法性の水準での価値・個人の水準での価値のすべてが神秘的に融合する学校において与えられる権威となり、その「まなざし」を注ぐ教師による教育サービスの提供により「学校化」した社会秩序の永続性を正当化するイデオロギー機能を持つ。他方、ゴフマンは、例えば「エレベーター内で、たまたま居合わせた相手を見つめることなく『まなざし』を逸らし、相手に対する無関心を装う」という有名な「儀礼的無関心」の概念を提示した(85)。一見、正反対のベクトルを持つ両者の「まなざし」は、「儀礼」が「社会文化的に規定される形式的行動」として既存の社会秩序を安定的に維持する上で極めて重要であることをともに弁証しているのだ。しかし、学校で教師の「まなざし」を注がれ続ける子供は、時には「透明」になりたいという衝動に駆られるであろうし、エレベーターの中で「まなざし」を逸らされる女性は、既に象徴的な意味では「透明」な存在になっている。

上田紀行＝鳥山敏子『豊かな社会の透明な家族』によれば、「誰からも見てもらえなくて、眼差しの外に追いやられてしまっている」ことによる透明と、「眼差しが濃密化して……いるがゆえに透明にならなければならない」事態があることの双方が注意されなければならない[86]。「透明」は広義の《無化》と読み換えることができるから、それらは、「まなざし」の不在がもたらす《無化》と、「まなざし」の濃密化がもたらす《無化》と言うことができよう[87]。「顔面にキズ」のある平凡な若者であった永山則夫はまさに、その二つの《無化》の狭間で苦悩したのである。このように、フーコー、イリイチ、ゴフマンのそれぞれの「まなざし」論は互いに複雑に絡み合いながら、「まなざし」の地獄、「まなざし」による人間疎外、「スティグマを負うもの」＝「異常なもの」の「まなざし」からの《無化》等々の問題群へと展開していくことになる。

また、「スティグマを負うもの」としての障害者や病者の「肉体＝身体」に注がれる監視の「まなざし」から逃れるため、〈内面〉に立て籠ろうとして《内閉》に陥るものも存在する。後に論じるように、牧人である医師や教師は、その「まなざし」による支配を羊に喩えられる障害者や病者や子供の〈内面〉にまで向けることになるのであるが、この場合も、「まなざし」による人間疎外が生じることになる。《内閉》とは、作家のA・ストリンドベリの言う「自分の紡いだ繭の中に閉じ籠もろうとするもの」の〈生〉の形式であるが、その〈生〉の形式が障害や病気を原因とする幾つかの事例が以下での分析対象となる。「繭」は、一種のシェルターとして、「まなざし」を遮るのである。

「まなざし」の戦略

ただし、「まなざし」を逆手に取って利用する戦略もある。

金満里が主催する劇団「態変[88]」や障害者プロレス団体「ドッグレッグス[89]」は、ゴフマンが注目するようなスティグマを不可視化するという意味で《無化》するのではなく、スティグマに付与されるマイナスの価値をプラスの価値に転換するという戦略を取る。「……障害者の身体がそれそのままで受け入れられるわけではない。抑圧された意味を顕在化させるためには、コンテクストの書き換えが必要である。それを可能とするのが演技であり、演出である。演じること、演出することによってはじめて、差別化されたものとしての障害者の身体は、差異化する身体へと反転するのである」[90]。自らの意思で「差異化」される障害者の「肉体＝身体」が負うスティグマは観客の「まなざし」に晒されることによりコンテクストが書き換えられ、マイナスの価値を付与されるものから「演じるに値する」プラスの価値を付与されるものへと変わる。そうして、健常者の「肉体＝身体」と《切断》されていた障害者の「肉体＝身体」は、「差異」を肯定する「まなざし」を媒介にして、新たに「まなざし」の所有者である健常者の「肉体＝身体」との〝つながり〟を回復する可能性を開いていく。

橋本努が注目する「浦河べてるの家」の戦略もそれらと一脈通じるものがある。橋本は言う。「『べてるの家』では、当事者自らが分裂病の体験を語るビデオを制作する。分裂病患者たちは、自分の病を治すよりも、病の症状をタレントとして活かすことで利益を得ようというわけである。分裂病の妄想には、実はエンタテイメント性がある。しかもビデオに出演すれば印税が入るとなると、当事者たちもなかなかの俳優になる。ときには講演依頼もある。妄想は消えないが、患者たちにはコミュニケーションの機会が増え、人々に祝福されていく」[91]。

かつて「ドッグレッグス」に集った障害者レスラーたちの「得意技」が語られたように、今や、「浦河べてるの家」の人々の「タレント性」や「エンタテイメント性」に注目が集まりつつある。すなわち、個性豊かな患者たちの「差異」に魅力を感じる多くの人々が、彼／彼女らが出演するビデオに「まなざし」を向けるのだ。ここでも精神障害というスティグマを逆手に取り、妄想を持つ「肉体＝身体」を、コミュニケーションにより他者との〝つながり〟を獲得する「肉体＝身体」へと展開していくことが試みられている。「肉体＝身体」を起点として「他者」との〝つながり〟を確保していくという彼／彼女らの〈生〉の形式は、《内閉（内に閉ざされていること）》とは逆の、「外開（外に開かれていること）」とでも言うべきものである。

ちなみに、渡辺一史『こんな夜更けにバナナかよ』に描かれた、ベッカー型筋ジストロフィー患者の鹿野靖明の

「生き方」も、「態変」や「ドッグレッグス」や「浦河べてるの家」の障害者たちの「生き方」と通底する一面がある。渡辺は言う。「……鹿野の人格それ自体が、筋ジスと一体化してしまっているところがある。動けない現実や、他人の手を借りなければいけない現実を、無意識の〝芸風〟のようにして生きている、とでもいえばいいのだろうか。……それは『障害』や『筋ジス』というものに、初めから無条件に備わっている個性なのではなく、鹿野がこれまでの自律生活を通して、血肉としてきた経験が培った個性――無意識の戦略であるのかもしれない[92]」。鹿野は、「無意識の戦略」である「芸風」によって、筋ジストロフィー症というスティグマを「演じるに値する」プラスの価値へ転換させ、その「ワガママさすらを含む芸風」に基づく「差異」に魅力を感じる多くのボランティアたちの「まなざし」を媒介に、次々と生きるための〝つながり〟を獲得していくのだ。鹿野は、最も肯定的な意味で、鹿野自身を主人公とする「ドラマ」の見事な演技者なのである。

しかし、この戦略には陥穽がある。例えば、「この三人はビデオに出演したいと応募してきた青年です。見たところ元気な若者ですが、それぞれに肉体的なハンディを背負っているのです」というオープニングで始まるアダルトビデオ『ハンディキャップをぶっとばせ！――ぼくたちの初体験』である。「登場するのは脳性まひらしく手足が少し不自由なA君、小人症のB君、視覚障害のC君の三人で、いずれも童貞という。『セックスを経験したい』とAVメーカーに電話した彼らが、スタッフのセッティングでAV女優らと代わるがわる性交渉をもつ過程をドキュメント・タッチで描いている」。

この作品は、「ナンセンス」と否定されたり、「障害者問題と正面から取り組んでいる」と肯定されたり、「まじめなのか、パロディなのか、AVなのか、それ以外なのか視点がはっきりしない」と懐疑されたり、評価が分かれたという[93]。「差異化」の戦略に基づく作品であるのは確かであるが、障害者の〈性〉がその〈生〉の重要かつ不可欠な構成契機であることを承認しても、その作品によって人々の好奇の「まなざし」による障害者の「見世物化」=「疎外」が生じてしまうようにも思われる。また、このような「差異化」を目指す戦略にとって忘れてはならないのは、明治以降しばしば開催された「衛生展覧会（博覧会）」で展示された映像・ジオラマ・写真・標本・人形・模型・絵画・ポスター等々によって、障害者や病者の「肉体＝身体」が怖いもの見たさで入場した人々の「まなざし」に晒され続けてきた歴史があるということである。[94]ところが、後に詳論するように、大江健三郎は、障害者たちが人々の好奇の「まなざし」によって「見世物化」＝「疎外」させられてきた不幸な歴史を、その想像力論において肯定するのだ。

「まなざし」の地獄

その歴史は、大江によっては肯定されているが、障害者や病者にとっては、まさに「まなざしの地獄」の歴史であったと言えよう。殺人犯として処刑された永山則夫は、次のように記している。「現在、私は囚人である一匹の、人間でない人間に成長しました。……悔恨の心境に落ち、ここでも逃げたいと思うけど、もう絶対に離別は不可能なので諦めた。深い、深海より深い傷跡が創られてしまった。私の顔面の傷が偽物から本物に成った訳である」[95]。永山にあったという「顔面のキズ」＝「徴」というスティグマについて、見田宗介は、「顔面にキズのある人間は最悪の人かもしれぬという他者たちの『まなざし』……が、彼をまことの罪悪の人として予定してしまう」と指摘している。永山は東京拘置所に囚われるずっと以前から、「顔面のキズ」＝スティグマという表相性において、ひとりの人間の総体を規定し、予料する都市の「他者」＝「正常なもの」たちの「まなざし」の囚人であったのだ。「人間の存在とはまさに、彼が現実にとりむすぶ社会的な関係の総体にほかならない」が、「顔面のキズ」＝スティグマといった表相性への「まなざし」は、「人間がとりむすぼうとする関係の一つ一つを、その都度偏曲せしむるということをとおして、執拗にそして確実に、彼の運命を成形してしまうのである」[96]。そのように分析する見田によれば、永山の運命は、「まなざしの地獄」によって予定され、そして成形されてしまったのである。

「他者」の「まなざし」による「成形」とは、「まなざし」を注がれる人間が、その「他者」の世界の中の単なる一つの「客体」＝「対象」となることである。その時、永山の「顔面のキズ」がある「肉体＝身体」は、完全に「物象化」してしまっている。

大塚英志も言う。「〔宮崎勤は〕……腕に小さな障害があった。……身体の障害が〔宮崎を〕犯人だと判断する時の潜在的な根拠になっていたのは明らかである」。容疑者とされた宮崎は、「社会から極めて偏見を持たれやすい条件をいくつか兼ね備えているが故に事件の主人公としてふさわしかった側面が極めて強い。皮肉めいた言い方を敢えてするなら、〔宮崎は〕……〈犯人にしてもよい人……〉だったのである」[97]。つまり、「腕の障害」＝スティグマという表相性への「まなざし」が、〈犯人にしてもよい人〉だから〈犯人だ〉として、宮崎の運命を成形してしまったのである。人々の好奇の「まなざし」を集める装置である『フォーカス』等の写真週刊誌が報じた、膨大な数のビデオに囲まれた宮崎の腕に障害のある「肉体＝身体」も、その集められた「他者」の「まなざし」の中でやはり一種の「見世物」として「物象化」させられてしまうのである。

J・P・サルトルによれば、われわれは「他者」の「まなざし」を受ける時に、その「まなざし」を注ぐ「他者」によりわれわれ自身が所有すべき「肉体＝身体」を剝奪されたものとなり、その「他者」の世界の一部に組み込まれていく。そして、「まなざし」を向けられるわれわれは、もはや「主体」ではなく、われわれの世界を剝奪した「他者」の世界の中の単なる一つの「客体」＝「対象」となる。サルトルは、そのような事態を「対象化」＝「物象化」と呼んだのである。「顔面のキズ」がある永山の「肉体＝身体」や「腕の障害」がある宮崎の「肉体＝身体」のみでなく、『ハンディキャップをぶっとばせ！——ぼくたちの初体験』に登場する障害者たちの「肉体＝身体」も、広義の「見世物」として世界を構成する人々の「まなざしの地獄」の中で「対象化」＝「物象化」されてはいないだろうか。ここに、難しい問題が潜んでいる。

このサルトル以降の反視覚論の優位の中で、見田宗介の議論を含めて「まなざし」は専らその人間疎外的側面が強調されてきたが、前記の「差異化」の戦略の幾つかには、確かに障害者の〈生〉をめぐる局面を新たに打開する力がある。すなわち、ゴフマンの「演技する行為者」＝「自己呈示するもの」——「オーディエンス」＝「呈示されるもの」

というドラマトゥルギー図式は、彼の著書『スティグマ』で描かれるように「まなざし」が人間疎外を生む相剋的なものである場合のみでなく、それが人間解放をもたらす相乗的なものである場合も存在することを示している。実際、「態変」や「ドッグレッグス」や「浦河べてるの家」に集う障害者たちのパフォーマンスは資本主義社会における「商品」としての価値さえ認められている。しかし、パフォーマンスの「商品」化には、既述のような陥穽がある。すなわち、彼/彼女らの興味深いアクロバティックな「差異化」の戦略は、L・フィードラーが示した「サイド・ショー」やブラウニングの映画『フリークス』で描かれた「奇形者」たちのように、見世物的姿を「金銭」のために自己露呈することへと容易に変質してしまうことである。[98] その場合、「オーディエンス」=「呈示されるもの」の「まなざし」による障害者の「肉体=身体」の人間解放的「差異化」は、その「『商品』を買うもの」の「まなざし」による障害者の「肉体=身体」の人間疎外的「他者化」=「差別化」へと堕落することになる。障害者もK・マルクスの『資本論』の世界の住人となる後者では、まぎれもなく「まなざしの地獄」における「まなざしの暴力」が発動されるのだ。この場合、「障害者」としての人間疎外に、「商品」としての人間疎外が重なることになる。それは単なる「労働力商品」としての人間疎外であるだけではなく、「他者化」=「差別化」する「まなざし」を浴びる「見世物商品」としての人間疎外でもある。この「差異化」と「他者化」の相違は、後に《比喩》を論じる際に再説されるであろう。

忘れてはならないのは、障害者の「肉体=身体」は、健常者の「まなざし」に対して「攻撃誘発的(vulnerable)」なものであるということである。ここまで、多様な「まなざし」論にまなざしを注いできたのも、その「攻撃」の多様性を総論的にあらかじめ確認しておきたかったからである。以下の行論においては、様々な障害者・病者の〈生〉と「まなざし」の関わりが各論的に分析されることになろう。したがって、フーコー、イリイチ、ゴフマンのそれぞれの思想が「まなざし」を基軸に絡み合っていることが確認できたら、今は十分なのである。

「まなざし」を逆手に取る障害者・病者の「差異化」の戦略がうまくいかない場合、彼/彼女らが生き延びるために次に取ることができる戦略は、《切断》であり、《内閉》である。

《切断》

そして、もちろん、《無化》や《内閉》のみでなく、以下で論じる《切断》《弛緩》《比喩》等の社会哲学的意義の考察に関して、フーコー、イリイチ、ゴフマンはそれぞれに重要な理論装置を提供してくれる。その中心となるのは、もちろん、《切断》である。フーコーは、「正常なもの」から「異常なもの」を《切断》した。イリイチは、例えば、「治療可能なもの」から「治療不可能なもの」を《切断》した。ゴフマンは、「スティグマを負わないもの」＝「無徴者」から「スティグマを負うもの」＝「有徴者」を《切断》した。ここで注目すべきは、フーコー、イリイチ、ゴフマンのそれぞれの《切断》における前者の諸項目がすべて等号で結ばれ、また後者の諸項目もすべて等号で結ばれるということである。つまり、等号で結ばれた前者の諸項目が「有利な立場の多教者」＝「マジョリティ」として一括され、等号で結ばれた後者の諸項目は「不利な立場の少教者」＝「マイノリティ」として一括される。ここで、《切断》することを、／／という記号で表わすことにすれば、例えば、次のような図式が提示されることになる。すなわち、**「有利な立場の多教者」＝「スティグマを負わないもの」＝「治療可能なもの」＝「正常なもの」**／／**「不利な立場の少教者」＝「スティグマを負うもの」＝「治療不可能なもの」＝「異常なもの」**——という図式である。ただし、ゴフマンが強調するように、この図式は、実体化することなく、あくまで関係論的に理解されなければならない。つまり、どのような観点に立つかによって、「スティグマを負うもの」＝「有徴者」が「スティグマを負わないもの」＝「無徴者」に変わったり、「異常なもの」＝「有徴者」が「正常なもの」＝「無徴者」に吸収されたりするのである。このように、《切断》における上部の項目と下部の項目がいかなる「関係」に注目するかという観点の変更により移動することが、これから考察する《切断》の下方展開をもたらすことになる。

以下では、障害者・病者の〈生〉の一つの現われとして、まず《切断》について論じ、次いで《無化》へと議論を展開していく。

第二章　《切断》

——人間と人間を切り離す

一　《切断》の下方展開

——人間を踏みつけることへの誘惑

松子の言葉

井上光晴『地の群れ』——「この作品には、まず、太平洋戦争の直前、九州戸島の海底炭坑でともに働いていたひとりの朝鮮人女性を胎ませたあげくに捨てて自殺に追い込み、戦後まもなく日共の水害救援工作員として派遣された山地で同僚を見殺しにせざるをえなかった過去をもつ、被差別部落出身でしかも被爆者の医師がいる。これらの負性の連続をひたすらアルコールに紛らわす『おのれの卑怯さ』にみずから辟易するこの宇南なる人物の周囲にはさらに、それまでさしたる病状の現れぬことを幸いに、被爆の事実までをも自他に否定しつづけながら、突然生理の血がとまらなくなった娘にうろたえる一家があり、隠蔽の主題を宇南と共有する。付近にはまた、一方に、被爆者たちが寄り合って生活する『海塔新田』という『バタヤ部落』が、他方には昔ながらの被差別部落があり、前者の青年が、後者の娘を強姦するという出来事が起こる」。その前半部分を、大略、渡部直己により的確に要約されたこの作品は、後に映画化されることになる。(1)

映画『地の群れ』(井上光晴原作・一九七〇年)では、被差別部落出身の娘・徳子が強姦され、深夜、犯人を問い詰めに原爆被害者たちの集住するスラムを訪れた母親の松子が、逆にスラムの住民たちによって殺害されてしまうシーンが特に印象的である。シナリオから引用する。

「松子『あたし達が部落なら、あんた達は血のとまらん腐れたいね。……あんた達の血は中から腐ってこれから何代も続いていくとよ。……ピカドン部落のもんといわれて嫁にもいけん、嫁もとれん! しまいには、しまいには……』/呻くような声を出してわらう。……その時、背後の壁にどこからか飛んで来た石が、鈍い音をたててはね上る! つづいて、またひとつ!……石は次々に暗闇の中から、単なる脅しではなく、凶器のようにするどくうなりをあげて松子に向ってくる。……/松子『海塔新田のもんは、部落より悪か部落たいね!……——血……血の腐った部落たいね!』/暗闇のなかから飛んでくる石! 石! 石の雨。それらを縫ってブリキの板が飛んでくる。それが松子の喉を切る。あざやかな血が首の裂け目から吹き出し、声もなく倒れ臥す。石音、更に高まって——」。

大江健三郎は、『ヒロシマ・ノート』に次のように記している。(2)「……ある若い母親が、奇型児を生みおとした。母親は被爆者でありケロイドもあり、そこで《決心していたから》、自分の生んだ奇型の赤んぼうをひと眼なりと見たいとねがった。医者がそれを拒んだので、彼女は夫にそれを見てきてくれといった。夫はでかけていったが、赤んぼうはすでに処理されたあとだった。……この若い母親にとっては、死んだ奇型児すら、それにすがりついて勇気を恢復すべき手がかりだったのだ……」。たとえヒューマニズムを標榜しているとはいえ、「奇型」「奇型」と連発する大江の表現は、腐った「血」による「奇型」を暗示する松子の言葉と重ね合わせると、大変に不快なものと言わざるをえない。「奇型児すら」の「すら」には、明らかに松子の言う「血の腐った部落」という言葉とも通じる否定的障害者観、とりわけ「否定的『奇型』観」が反映している。

映画『地の群れ』で、「被差別部落出身のもの」と「原爆被害を受けたもの」がともに「スティグマを負うもの」＝「有徴者」＝「異常なもの」として、「(被差別部落民でもなければ被爆者でもないという意味では)スティグマを負わないもの」＝「無徴者」＝「正常なもの」から《切断》されていることを、／／と表すことにする。『地の群れ』で描かれていた社会の既存の《切断》状況は、**「無徴者㊀」＝「正常なもの㊀」／／「被差別部落出身のもの㊉」プラス「原爆被害を受けたもの㊉」**であった。ところが、被差別部落出身の松子は、「血」＝「遺伝」という医学的観点を持ち出すことにより、「(遺伝的に無徴である)被差別部落出身のもの」と「(遺伝的に有徴である……と松子が考えた)原爆被害を受けたもの」を改めて《切断》し直そうとした。すなわち、松子は、改めて《切断》した「原爆被害を受けたもの」を下方に踏みつけることにより、その踏みつけの反発力によって、「血」＝「遺伝」の観点からともに「無徴」であることを根拠に、上方に位置する「有利な立場の多数者」＝「無徴者」＝「正常なもの」と合体しようとしたのである。その場合、当然、「無徴者」＝「正常なもの」と「被差別部落出身のもの」との《切断》は失効させられるが、松子の言葉によって改めて《切断》し直された「原爆被害を受けたもの」＝「有徴者」＝「異常なもの」の疎外感覚は二重化される。二重化された疎外感覚が生んだ怒りが、石やブリキの板を松子に向かって投げさせたのだった。

既存の《切断》状況→松子の言葉→新たな《切断》状況という図式で表わしてみよう。

原爆被害を受けたもの：「(被差別部落民でもなければ被爆者でもないという意味で)スティグマを負わないもの㊀」＝「無徴者㊀」＝「正常なもの㊀」／／「被差別部落出身のもの㊉」プラス「原爆被害を受けたもの㊉」→松子の言葉→「スティグマを負わないもの㊀㊀」プラス「(遺伝的に無徴である)被差別部落出身のもの㊀㊀」＝「正常なもの㊀㊀」／／／「(遺伝的に有徴である……と松子が考えた)原爆被害を受けたもの㊉㊉」＝「異常なもの㊉㊉」。

《切断》の二重化（／／）は、松子の言葉により、「遺伝的に有徴である⊕⊕」ゆえに「異常なもの⊕⊕」であることを再確認させられた「原爆被害を受けたもの⊕⊕」の疎外感覚が二重化したことを示している。つまり、松子の言葉によりさらに下方に踏みつけられた彼／彼女たちが負う「スティグマ」＝「徴（しるし）」が「ひとつ⊕」から「ふたつ⊕⊕」に変化したのだ。ゴフマンは、スティグマは実体化してはならず、あくまで関係の視点から捉えなければならないと強調したが、「被差別部落出身のもの」が負うスティグマは、「有利な立場の多数者」＝「正常なもの」との関係においては確かにスティグマであったかもしれないが、「原爆被害を受けたもの」＝「異常なもの」との関係では明らかにスティグマではない――少なくとも松子はそう考えたのだった。そして《決心していたから》という大江の文章からも証明されるように、その「原爆被害を受けたもの」自身も、その心の奥底で、医学的に「遺伝的に有徴である」ことの不安を抱いていたのである。

「肉体＝身体」の特殊性

しかし、松子がこのような酷い言葉を被爆者に投げつけた背景には、松子を含む「被差別部落出身のもの」自身が、「血」＝「遺伝」という観点からスティグマを負わされ続けてきたという悲しい歴史がある。その証拠となる具体例を、幾つか挙げてみよう。

長野県内で第二次世界大戦後に起こった差別事件をまとめた中山英一は、次のような差別の言葉を紹介している。「①『ぶらくみん』は人間が違う人。②『ぶらくみん』のお尻には、しっ尾がある。③『ちょうり』とは外国から来た者で、背が高い」。

菅野盾樹は、差別やいじめが「あいまいさ」と結びついていると指摘する[3]が、まさに①は「あいまいさ」そのものを、②は被差別部落出身の人々の「（先天性身体障害者と融合する）身体的特殊性というあいまいさ」を、③は被差別部落出身の人々の「（在日韓国・朝鮮人と融合する）民族的特殊性というあいまいさ」をそれぞれ示していると言えよう[4]。

③は、被差別部落民の朝鮮人起源説とも関連する重要な論点であるが、「血」＝「遺伝」の問題に照準を合わせるため、ここでは②の「先天性身体障害を負うもの」との融合について見ておこう。

柴田道子が部落解放同盟の活動家と一緒に長野の被差別部落に住む古老たちから聞いた話を記録した『被差別部落の伝承と生活』には、次のような興味深い話が収められている。[5]「長吏はキンタマがないというじゃねえか、あばら骨が一本足りねえというじゃねえか、お前はどうだ、見せろ、と追いかけられ、十之介さまは丸裸にされた」、あるいは「小学校時代、隣の席の子が市次郎さんに、とても不思議そうに聞いた。『チョオリンボのキンタマは四つあるというじゃねえか、本当かえ?』子どもである市次郎さんも、びっくりしたり不思議に思ったりする。おれのキンタマは四つなのかな、二つじゃあないのかな、これを四つというのかな、……」。

ここで出てくる「四つ」＝「ヨツ」という言葉や「四本の指」という仕草は、被差別部落出身の人々が負うスティグマが「動物（四つ足）」の殺生と関わっていることを暗示するものである。

塩見鮮一郎は、「部落の存在が社会的・経済的なものであるにもかかわらず、身体的な差異に（差別の）拠りどころを見出そうとする言説」として、次のようなものを挙げる。[6]「東京の下町で、しかも戦後になっても、『××の近くの太鼓屋さんはカネ持ちだが、そこの娘といっしょになると、指が一本たりない子供が産まれるからね』といった言説がささやかれていたが、それは被差別部落民を指示するために、差別者が親指を折って、残りの四本の指を突きだすそのかたちから、イメージのみが独り動きし、『指が一本足りない子供』として言葉にしたといえる」のだ。塩見も強調するように、四本脚の牛馬を取り扱うものという職業差別にも由来する被差別部落は、その成立の根拠としていかなる「肉体＝身体」的な欠如をも意味していないが、差別は象徴的言語体系の中で実現しているために、「差別者は差別の根拠を（四本指というような）身体上の差異に見出そうとする」ことになる。

長野県の被差別部落出身の女性は、次のような詩を作った。「私の指がかわいいといって／からめた指を二人は長い間大切にしていたその彼が／私を四本指だといいはじめたのは／……／……私は死のうと思った」[7]。このような深刻な差別を生み出す言説には、仏教の不殺生戒と結びつく「先祖の（動物の殺生という）因果が子孫に報い」型の因果応報思想が反映している可能性があるが、それは中上健次の小説『奇蹟』の中の「七つの大罪／等活地獄」と題された章に記された以下のような一文からも明らかである。(8)

「タイチが孕ませた娘は、親にもきょうだいにも内緒で子を生んだ。子は生きて生まれたが、到底人間とは思えない状態で、娘はすぐさま殺して土に埋めてしまった。……礼如さんはタイチの話を聞いて……『信心せえよ』といい、仏壇を開け、火を灯す。……オリュウノオバは、『仏が、何がエラいんな』と毒づく。……この時タイチははっきりと中本の一統に生まれた宿命を知ったのだった。……中本の若衆は誰もが生まれて来る子の事を案じた。それが何によるのか、蓮華の池で獣から剝いだ皮を洗ったせいか、屠殺した獣の血を浴びすぎたせいか、何人も獣の手足を持った子が産まれた」。

等活地獄は八大地獄の一つであり、殺生の大罪を犯したものが堕ちると言われる。塩見が示した事例で、「指が一本たりない子供を産む」とされた娘の父親は太鼓屋であったが、そこで売られる太鼓には「獣から剝いだ皮」が用いられているのである。中上は、被差別部落出身の人々の「獣の手足を持つ」という身体的特殊性が、「先祖の（動物の殺生という）因果が子孫に報い」型の不殺生戒と因果応報思想に関わる差別として生成してきたことを示唆していると言えよう。(9)「獣の手足を持つ」という表現には明らかに否定的障害者観が反映しているが、この障害者差別と関わる重要な論点に、浅田彰や柄谷行人のような中上文学の支持者はまったくと言ってよいほど眼を向けない。(10)

被差別部落出身の人々が負う「身体的特殊性というあいまいさ」＝スティグマについては、仏教の不殺生戒と因果応報思想に関しては迷信であることは自明であるが、今日でも「血」＝「遺伝」に関しては迷信であるとして簡単に一笑に付すことができない問題が潜んでいる。朝日新聞長野支局員（当時）の若宮啓文が、長野県内の被差別部落を精力的に取材した内容を朝日新聞長野版に連載した記事に、補筆を加えて単行本として刊行した『ルポ・現代の被差別部落』を素材に、検討していこう。(11)

若宮は、高い評価を得たその著作で「長い間の差別が能力の開発を妨げ、それがまた社会的・経済的格差となって差別を再生産する」ことを強調したが、同時に「学力の格差や社会的地位の低さをとらえて、被差別部落の人びとは、先天的に知能が劣る、あるいは性格に問題があるかのような偏見がかなり広くあること」を取材を通して知り、その典型的な表現は「部落のものは近親結婚が多いから遺伝的に問題が多いんだ」というささやきや「血が濃い」という言い方であった、と回想する。

実はこの近親結婚＝血族結婚により「血」＝「遺伝」的に問題が生じるという論点は、ずっと以前から議論されてきた。例えば、一九一六年、被差別部落の改善と社会との融和を訴えていた大和同志会の機関誌『明治之光』誌上で、「人種改良論」を唱える葛野枯骨は、被差別部落の「血族結婚」を問題とする次のような論陣を張っていた。すなわち、葛野は、血族結婚を何代も繰り返しきた（と彼が考える）ある被差別部落の一族を例に挙げ、「体格皆悪くて徴兵制度の開始以来まだ一度も兵士にとられてゐない」と憂え、続けて「其一族の子弟は智識が低脳であって、大低一、二度は六年の義務教育をうける間に落第してゐる」が、「特に甚だしいのは、卒業し得ないのが一人、八・九歳に及んで言葉がわからぬのが一人」おり、さらに「片目が一人、盲目が一人、頭脳の変形なのが一人」いると述べた。かくして、葛野は、「血族結婚の産物として一般に智識も低く、体格不良の片輪者が一軒に一人づつ《ママ》ある訳である」等々と「誠に恐るべきは血族結婚である」と強調し、「部落改善の第一に『血族結婚』の禁止を求めた」のである。[12]

若宮が取材した部落も、葛野の指摘と決して無縁ではなかった。すなわち、被差別部落の人々の中に「ワシら同族結婚を繰り返しているせいか……」と自信なげに語る人や、同和教育を進める立場にあるにも拘わらず「〔この近親結婚という〕問題ばかりは……」と声をひそめる人がいる事実に直面した若宮は、「こんな雰囲気から私は、ひょっとするとそんなこともあるかもしれない、それで〔『血が濃いこと』や『遺伝』は〕触れてはならないタブーになっているのかもしれない、と一時期かんぐった」と告白する。しかし、もちろん、若宮は、取材をさらに続けて、「被差別部落にまつわる近親（血族）結婚うんぬんの言葉が、二重三重の意味でまったく根拠のない偏見」であることを、歴史学者や遺伝学者との対話から確認したのであった。

竹子の言葉

若宮の『ルポ・現代の被差別部落』を読んだ被差別部落出身の仮空の女性を竹子（『地の群れ』の松子に合わせて）と呼ぶことにしよう。「被差別部落出身のもの⊕」＝「（『身体的特殊性というあいまいさ』が暗示する）スティグマを負うもの⊕」である竹子は、彼女を「四つ」とか「四本指」だと言う差別者に向かって、次のように大声で叫ぶかもしれない。

「若宮さんが明らかにしてくれたように、わたしたちは、ほんとうに『四本指』の先天性身体障害者とは違って、『血』や『遺伝』にはまったく何の問題もないのよ！」

柴田道子や塩見鮮一郎が記した様々な事例や中上健次の著した小説からも窺えるように、「四本指」という象徴的表現で融合させられる「被差別部落出身のもの」と「先天性の四肢障害を持つもの」はともに「スティグマを負うもの」＝「有徴者」＝「異常なもの」として、「（被差別部落民でもなければ先天性四肢障害者でもないという意味で）スティグマを負わないもの」＝「無徴者」＝「正常なもの」から《切断》されていた。この場合の《切断》状況は、**「無徴者⊖」＝「正常なもの⊖」／／「被差別部落出身のもの⊕」プラス「先天性の四肢障害を持つもの⊕」**であった。ところが、竹子は『地の群れ』の松子と同様、若宮が証明した「血」＝「遺伝」という医学的な観点を持ち出すことにより、「（遺伝的に無徴である）被差別部落出身のもの」と「（遺伝的に有徴である……と竹子が考える）先天性の四肢障害を持つもの」を改めて《切断》し直したのである。竹子もまた、改めて《切断》した「先天性の四肢障害を持つもの」を下方に踏みつけることにより、その踏みつけの反発力によって、「血」＝「遺伝」の観点からともに「無徴」であることを根拠に、上方に位置する「有利な立場の多数者」＝「無徴者」＝「正常なもの」と合体しようとしたのである。若宮も強調するように、その合体によって、「有利な立場の多数者」＝「無徴者」＝「正常なもの」と「被差別部落出身のもの」との既存の《切断》が失効させられることは文句のつけようがなく「正しい」が、他方、竹子の言葉によって改めて《切断》し直された「先天性の四肢障害を持つもの」＝「有徴者」＝「異常なもの」の疎外感覚は二重化される。
既存の《切断》状況→竹子の言葉→新たな《切断》状況という図式で表わしてみよう。

先天性の四肢障害を持つもの：「（被差別部落民でもなければ先天性の四肢障害者でもないという意味で）スティグマを負わないもの⊖」＝「無徴者⊖」＝「正常なもの⊖」／／「被差別部落出身のもの⊕」プラス「先天性の四肢障害を持つもの⊕」→竹子の言葉→「スティグマを負わないもの⊖⊖」プラス「（遺伝的に無徴である）被差別部落出身のもの⊖⊖」＝「正常なもの⊖⊖」／／「（遺伝的に有徴である……と竹子が考えた）先天性の四肢障害を持つもの⊕⊕」＝「異常なもの⊕⊕」。

ここでも、《切断》の二重化（／／）は、竹子のまったく「正しい」言葉により、「遺伝的に有徴である⊕⊕」ゆえに「異常なもの⊕⊕」であることを再確認させられた「先天性の四肢障害を持つもの⊕⊕」の疎外感覚が二重化されることを示している。「被差別部落出身のもの」が負うスティグマは、「有利な立場の多数者」＝「正常なもの」との関係においては確かにスティグマであったかもしれないが、「先天性の四肢障害を持つもの」＝「異常なもの」との関係では医学的に証明されたように明らかにスティグマではない――少なくとも竹子はそう考えたのである。

しかし、竹子によって下方に踏みつけられた「先天性の四肢障害を持つもの」は、実は、その障害が「血」＝「遺伝」によるものと、「血」＝「遺伝」によらないものに分割されるのだ。荻野利彦によれば、「四肢の先天異常の場合、遺伝が原因しているのが二〇％、その外の原因が八〇％といわれている」が、「個々のレベルで何が原因だったのかは、ほとんどの場合わからない」のである[13]。

だからこそ、先天性四肢障害の娘・麻衣子を産んだ野辺明子は、正直に次のように告白している。「見わたしたところ、夫の身内にも私の親類その他、血縁筋にあたる人たちのなかにも、いわゆる五体満足ではない身体障害の人は一人もいなかったから、遺伝ということも考えられなかった。産婦人科医から紹介されて診察を受けた医師も、『原因はわかりませんが、遺伝ではありません』と言い、遺伝ではないことをはっきりと専門医から告げられたことで、正直いってほっとした。『遺伝だったらどうしよう』という不安は、とりもなおさず、私のなかに遺伝性の病気や障害を、代々、子どもに伝わっていく忌わしい疾病だとする偏見が知らずしらずのうちに植えつけられていた証拠でもあったのだけれど、当時はただ『重荷』が一つなくなった、という安堵のほうが強かった[14]」。

野辺明子が「ほっとした」背景には、「障害児の母」を取り巻く次のような困難が存在する。社会学者の要田洋江によれば、「障害児が出生した瞬間、正確には『障害』を認知した瞬間、障害児の周辺にいる人々は、『障害児は社会の迷惑だ』という〈障害者差別の枠組み〉がもたらす言説空間に入り込む」が、その「言説空間に入った人々は、自らがどこに位置するか、すなわち障害児の位置に近いかどうかを判断する」。その判断に用いられる三つの日常の知識のうち、「第一は、障害児との距離を測るもので、それは『タニン性』の程度によって障害児との関わりの深さが測られる。第二は、障害児出産は、血統、遺伝に原因があるという『血＝遺伝』説であり、第三は、女＝母親に原因があり責任をとるべきだという『女＝母親の責任』説である」が、「第二、第三の知識は、第一の知識から導かれた位置づけを強調する役割を果たす」のである。かくして、要田は、「タニン性」「血＝遺伝（優生思想）」「女＝母親の責任（家父長制）」という日常世界で用いられる「常識」＝「背景的知識」は、特に例えばサリドマイドのような「薬害」に責任を転嫁することができない場合、「障害児をとりまく人々のなかでは、親たちが、とくに母親が障害児の側にもっとも近いことを教えてくれる」ゆえに、母親が「もっとも差別される立場から逃れられない位置にいる」ことを示している、と結論づける[15]。要田による「常識」＝「背景的知識」の分析からも明らかなように、障害児である娘と「もっとも近い」位置にいた野辺明子が、その「常識」の一つである「血」＝「遺伝」の責任から解放されて「ほっとした」ことは十分に納得がいく。

ここに、妊娠について男性と女性にとっての受け止め方に生じる温度差の原因を見るのは容易である。柘植あづみは、「出生前検査を受けるかどうかをめぐって夫婦が口論した」事例が少なくないことを示唆している。①「初めての妊娠の時に妻は母体血清マーカーは受けない心づもりでいた」けれど、夫が「受けたら安心だろう」と検査を勧めたため喧嘩になり、結局、妻は「母体血清マーカー検査を受け」なかった事例。②「妻は母体血清マーカー検査を受けるつもりはなかったけれども、医師から検査の説明を受けたので、念のため夫に相談した」ところ、夫は「受けたくないんだったら受けなきゃいいんじゃない」と他人事のように答えたので、夫が「健康な子が生まれてきて当然」だと思っていることが分かり「不満を持った」事例。[16]これらの事例で、男性＝夫と女性＝妻の間に明確な温度差があるのは、（障害児であるかもしれない）子供と「もっとも近い」位置にいるのが母親となるであろう女性＝妻だからである。

野辺明子の弁明

野辺にとって、「遺伝による先天性の四肢障害を持つもの」と「遺伝によらない先天性の四肢障害を持つもの」がともに「スティグマを負うもの」＝「有徴者」＝「異常なもの」として、「（先天性四肢障害ではないという意味で）スティグマを負わないもの」＝「無徴者」＝「正常なもの」から《切断》されている日常世界が存在していた。この場合の《切断》状況は、**「無徴者㊀」＝「正常なもの㊀」**／／**「遺伝によらない先天性の四肢障害を持つもの㊉」プラス「遺伝による先天性の四肢障害を持つもの㊉」**であった。野辺明子は、松子や竹子と同様、専門医から娘の障害は、「血」＝「遺伝」が原因でないと知らされたと記すことにより、「（遺伝的に無徴である）先天性の四肢障害を持つもの」と「（遺伝的に有徴である）先天性の四肢障害を持つもの」を改めて《切断》し直そうとしたのである。野辺もまた、改めて《切断》した「遺伝による先天性四肢障害を持つもの」を下方に踏みつけることにより、その踏みつけの反発力によって、「血」＝「遺伝」の観点からともに「無徴」であることを根拠に、娘の麻衣子を上方に位置する「有利な立場の多数者」＝「無徴者」＝「正常なもの」と合体させようとしたのである。娘に先天性四肢障害がある以上、たとえ完全には

「合体」ができなくとも、少なくも可能な限り「接近」させようとしたと言えよう。要田が示唆するように、その合体ないし接近によって「無徴者」＝「正常なもの」と「(遺伝的に無徴である)先天性の四肢障害を持つもの」との既存の《切断》が失効させられ、その結果、野辺明子が「ほっとした」と記したことは十分に「納得がいく」が、他方、野辺が記す文章によって改めて《切断》し直された「(遺伝的に有徴である)先天性の四肢障害を持つもの」＝「有徴者」＝「異常なもの」の疎外感覚は二重化されることになる。

既存の《切断》状況→野辺が記した文章→新たな《切断》状況という図式で表わしてみよう。

遺伝による先天性の四肢障害を持つもの：「(先天性の四肢障害ではないという意味で)スティグマを負わないもの⊖」＝「無徴者⊖」＝「正常なもの⊖」／／「遺伝によらない先天性の四肢障害を持つもの⊕」プラス「遺伝による先天性の四肢障害を持つもの⊕」→野辺が記した文章→「スティグマを負わないもの⊖⊖」プラス「(遺伝的に無徴である)先天性の四肢障害をもつもの⊖⊖」＝「(遺伝的に)正常なもの⊖⊖」／／／「(遺伝的に有徴である)先天性の四肢障害を持つもの⊕⊕」＝「(遺伝的に)異常なもの⊕⊕」。

ここでも、《切断》の二重化(／／／)は、野辺が記した十分に「納得がいく」文章により、「遺伝的に有徴である⊕⊕」ゆえに「(遺伝的に)異常なもの⊕⊕」であることを再確認させられた「遺伝による先天性の四肢障害を持つものの⊕⊕」の疎外感覚が二重化されたことを示している。だからこそ野辺は、「私のなかに遺伝性の病気や障害を、代々、子どもに伝わっていく忌わしい疾病だとする偏見が知らずしらずのうちに植えつけられていた」とわざわざ記すことにより、自分自身が行なった《切断》の二重化の残酷さについて弁明しなければならなかったのである。

しかし、これまで論じてきた、Aに下方に踏みつけられたBが、さらにCを下方に踏みつけるという《切断》の下方展開というダイナミズムを見ても明らかなように、「スティグマを負うもの」にとって、上方に位置する「有利な立場の多数者」に合体ないし接近するために《切断》し直そうとすることへの誘惑は大変に強い。顔に大きな赤アザ(遺伝性でない単純性血管腫)のあるジャーナリストの石井政之は、「試験」の成績により学年順位で五番となった中学一年生の時に「知恵遅れの子もいじめた」と《切断》を行なった事実を正直に告白しているが、顔に黒アザ(太田母斑)のある女性について、次のような取材を行なった。「はじめて会ったときに(恋人の)勝之さんもアザに『びっくりした』という。/結婚にあたって彼女は医師に太田母斑が遺伝しないかどうか、何度も確認した。太田母斑は遺伝しない。/結婚前に、勝之さんは彼女にこう言った/『そういうもの(アザ)があると人に優しくできる』……」[17]。

イリイチは、いわゆる「診断の帝国主義」においては、例えば、結婚ができないもの・仕事をしてはならないもの等が分割・証明されると指摘していた。それは、「(遺伝的に無徴であるゆえに)結婚ができるもの」=「(遺伝的に)正常なもの」から「(遺伝的に有徴であるゆえに)結婚ができないもの」=「(遺伝的に)異常なもの」が「診断」により《切断》されることを意味した。石井が取材した黒アザのある女性は、まさに多国籍的医療文明の頂点に君臨する資格ある専門技術者たる医師から、「(遺伝的に無徴であるゆえに)結婚ができるもの」=「(遺伝的に)正常なもの」であることを証明してもらうことによって、男性からのプロポーズを承諾して結婚する決心がついたのであった。しかし、逆から言えば、近江学園を創設した糸賀一雄が「遺伝」や「血筋」という考え方は「ずい分根強く、人びとの生活感情のなかにしみこんでいる」[18]と論じているように、遺伝性のレックリングハウゼン病やダウン症や先天性骨形成不完全症の女性、あるいは筋ジストロフィー症の保因者である女性にとって、結婚や出産のハードルは著しく高いものとなるのである。

安積遊歩の宣言

「私がしあわせであるために私は政治的になる」という副題のついた『車イスからの宣戦布告』において、先天性骨形成不全症の安積遊歩は次のように記している[19]。「障害をもつ女性が妊娠したとわかったとき、ほとんど例外なく医師からまず言われるのは、『どうしますか?』のひとことだという。『どうしますか?』——このことばには、『おめでとう！』の気持ちはまったく含まれていない。赤ちゃんの父親が障害のない場合だと、さらに、『これ以上、彼に負担や迷惑をかけるつもりですか』と言われたりもするという」。

佐藤学のインタビューに答えて、安積は次のように語っている。「〔私が産んだ宇宙ちゃんは生まれるべくして生まれたけれども〕障害をもつ子が生まれるんじゃないかと出産を恐れる女の人を責める気には、まるでならないんですよ。だって恐れるに足るぐらいひどい差別的な状況があるんですから。……〔妊産婦に障害児を産まないよう忠告するであろう多くの医師や看護師の〕教育課程の中に、命をどうみるか、とか、障害をもった人がどれほど生きいきと生きているかを情報としてちゃんと教える時間がなければいけないですね。……〔『生命論理』の時間に〕私のビデオを見てもらうのがいいかもしれません。『生きているだけでいい』というメッセージをあげられる大人が、すごく少ない。……障害をもつ人やその周りにいる人が、『生きていることそのことが、まずすばらしく大切なことなのだ』ということを、たえず言い、それを現実化していけばいいのです[20]」。

佐藤学の言うように、安積の歩みは、「生命としての身体、人としての身体、女としての身体を肯定して受容」するために、「優生思想と家父長制による差別や偏見や抑圧を突き崩してゆく闘いそのもの」である[21]。優生思想と家父長制とは、要田洋江が障害児を産んだ母親の責任を問うために日常世界で用いられる「常識」＝「背景的知識」として挙げていたものであることを想起しよう。その「常識」＝「背景的知識」を自明の前提とする病院の医師や学校の教師から、彼女自身の「肉体＝身体（body）」を自己に取り戻すための闘いは、「他人に迷惑をかけない（他人の世話にはならない）」という戦後日本が作り出した貧弱で不遜かつ傲慢な「政治」との闘いでもあるという意味で、佐藤は、安積の「肉体＝身体」は「性的存在から政治的存在に移行している」と指摘する。安積の最初の単著が恋愛やセックスの経験を記した『癒しのセクシー・トリップ[22]』であり、次作が『車イスからの宣戦布告』であることが象徴するように、後者の副題で「政治的になる」と宣言した彼女は、「障害者として」、そして「障害児の母として」、優生思想と家父長制を自明視する「無徴者」＝「正常なもの」と、「政治」の地平で、自らが生きる権利を有する「肉体＝身体を所有するもの（some-body）」＝「何ものかであるもの（some-body）」であることを承認させるための闘争を行なうことを堂々と宣言するのである。「診断の帝国主義」における「影の健康ヒエラルヒー」の頂点に君臨する医師と、そのヒエラルヒーの最底辺に位置する安積――「遺伝的に有徴な先天性身体障害者」である彼女は《切断》の下方展開において最後まで「踏みつけられる」存在である――との闘いは、まさに彼女にとって「この世に自分が生まれてきたことは完全に正しいのだ」ということを医師たちに承認させるための命がけの闘いなのである。B・エーレンライク＝D・イングリッシュが告発したように、近代医学において男性医師は、安積のような障害者を含めて女性にとって極めて抑圧的な役割を果たしてきた[24]。したがって、安積の闘いは彼女の「肉体＝身体」にまつわる様々な困難に直面することになるのである。

かつて吉澤夏子は、「フェミニズムの思想や運動に見られる、『女だけ』で集まって何かをしようとする、妙に肩に力の入った『頑なさ』に対する『違和感』」として「フェミニズムの困難」を語った。つまり、この「男性」に対して「女性はすべて同質で一色であるという男性／女性の硬直した二元論に依拠するフェミニズム」が直面する困難[25]に立ち向かう、「青い芝の会」の影響をも受けたフェミニストである安積の障害者としての「声」は、そのような「頑なさ」を打ち破る力を持ち、その女たちの「肉体＝身体」は「女たちの数だけ」あるゆえに、それぞれの「肉体＝身体」は異なることを証明して、女たちの「肉体＝身体」は「すべて同質で一色である」という男性／女性の二元論が誤りであることを明らかにしたのである。

女性の「肉体＝身体」

「……比較的最近になってアカデミックな研究のテーマとして容認されるまでは、身体は学問の知的伝統の中では長らく見えない存在であった。近代西欧的な心身二元論的価値序列のもとで、身体は純粋理性と対置され、それに至る上での障碍物、または精神に対する物質性、文化に対する自然として思考の埒外に追いやられてきたのである。身体は語られるべき主体から排除された他者であり、身体を語ることは、基本的に医学や生物学など自然科学の領分とされてきた。その中であえて身体が問題にされるときは、身体は主体を混乱させ、誘惑し、退廃させる場、誘因と見なされ、しばしば女と同一視された」。このように記しつつ、男は「男性器がある」ことを、白人は「肌の色が白い」ことを、健常者は「障害がない」ことを自分の「肉体＝身体」の説明すべき特徴として挙げることはないと指摘する荻野美穂は、翻って、「女の身体が無秩序や逸脱、不安定、病理と同義であったのは、女の身体が男の欲望を喚起し誘惑するものであると同時に、男にはない月経や妊娠、出産、授乳といった、予測・統御が困難で、物理的にも心理的にも自他の境界をあいまいにし攪乱するような現象をともなっていたからである」と強調する。[26] 健常者の「肉体＝身体」を混乱させる障害者の「肉体＝身体」。男の「肉体＝身体」を誘惑し、混乱させ、攪乱する女の「肉体＝身体」。「血」＝「遺伝」の視点において「有徴」な先天性身体障害者であると同時に障害児の母である安積遊歩の「肉体＝身体」は、「踏みつけられる」存在である障害者として健常者（である男と女）の「肉体＝身体」を混乱させ、「逸脱する」存在である女として男（である障害者と健常者）の「肉体＝身体」を混乱させる。その二重の混乱から、われわれは、「障害者解放運動」と「女性解放運動」の緊張・対立・相剋が生じることを見ることになる。もちろん、それは、安積の、自らが生きる権利を有する「肉体＝身体を所有するもの（some-body）」＝「何ものかであるもの（some-body）」であることを承認させるための命がけの闘いが生み出す緊張・対立・相剋である。その闘いは、一方で、「（障害者である可能性を持つ）男性」という「（性という観点において無徴な）正常なもの」＝「規範（ノルム）」に向けられ、他方で、「（女性である可能性を持つ）健常者」という「（健康という観点において無徴な）正常なもの」＝「規範（ノルム）」に向けられているゆえに、二正面作戦を取ることを強いられるために、著しく困難なものとなる。

荻野によれば、「……否定しきれない女の身体的特徴、とりわけ意のままにならない生殖機能は桎梏ととらえられ、女が主体として自らの身体を完全な意思的統御のもとに置けるようになることが、解放である」と考えられたのである。すなわち、「プロ・ライフ」の立場に与するカトリックなど様々な男性的価値優位の思想に抗して「産まない」

という女の意思のもと自らの「肉体＝身体」を主体として所有・支配することを「女性解放運動」は目指したのである。他方、安積の場合、荻野の表現をもじって言えば、「……否定しきれない障害者の身体的特徴、とりわけ意のままにならない生殖機能は桎梏ととらえられ、障害者が主体として自らの身体を可能な限り意思的統御のもとに置けるようになることが、解放である」と考えられる。すなわち健常者的価値優位の優生思想や家父長制に抗して「産む」という安積の意思のもと自らの「肉体＝身体」を主体として所有・支配することを彼女の闘い＝「障害者解放運動」は目指したのである。両「運動」は、「産む」―「産まない」のベクトルが正反対を向き、当然ながら、緊張・対立・相剋することになる。「中絶するのは女性の権利である」と叫ぶ「中ピ連」的な「女性解放運動」と「母よ！　殺すな」をスローガンとする「青い芝の会」的な「障害者解放運動」の関係では、そのベクトルの交差を確認することは比較的容易である。しかし、両「運動」はともにその内的磁場において「平等か差異か」という解放のための戦略的選択を迫られるゆえに、それらのもたらす緊張・対立・相剋はいっそう尖鋭化し複雑化することになる。しかし、希望がないわけではない。

「とり乱し」のすすめ

その一つのヒントは、田中美津『いのちの女たちへ』にあるように思われる。田中は、矛盾に満ちた「いのち」として生きる自分自身の「とり乱し」を肯定し、それに拘わり、自分自身および自分と出会う「他者」の〈生〉を変革しようとする志向を持つ。それは、荻野が、男＝頭脳＝理性＝秩序＝正＝上⟷女＝身体＝感情＝無秩序・矛盾・とり乱し＝負＝下という価値序列を失効させようとするのに対し、むしろその価値序列を完全に逆転させる「差異化」の戦略を取る。それは、「ドッグレッグス」や「態変」において障害者が取った「差異化」戦略と通底する一面を持つ。

森岡正博によれば、田中の戦略は、「とり乱させない抑圧」が満ちみちている社会において、「とり乱し」を奪い返することにより、「とり乱す」女性と「とり乱す」女性の出会いを回復することである。理性ではなく、「肉体＝身体」が「とり乱し」するのだから、それは「肉体＝身体」の女性自身への取り戻しである。そのような「肉体＝身体」を持つもの同士としての女性の出会いは、「非抑圧者同士」の出会いである。「非抑圧者同士が出会ってゆくことによって、非抑圧者同士を敵対させることによって成り立つ社会を打倒する可能性がでてくる。そしてそういう出会いの道筋は、今度は『沖縄人』『被爆者』『在日朝鮮人』『娼婦』『被差別部落民』たちと出会ってゆく道へと通じてゆくはずである」。このように考えると、理性＝秩序を体現していたはずの男もまた「とり乱す」ことが分かる。「とり乱し」によって「出会う」ことができた人々は、「互いに共有しえない闇の、その共有しえないことの重さを共有してゆく」ことができるようになる。これは逆説である。しかし、豊かな逆説である。「私はあなたの闇の深さはわからないし、あなたもまた私の闇の深さはわからないだろう。しかしながら、お互いの闇が分断を余儀なくされているということは、わかり合えるはずだ。その分断されている私とあなたが、その分断の事実から苦しみを受け、絶望に苛まれることがあったとして、その苦しみや絶望を私たちは共有することができるのではないか。このぎりぎりのポイントを共有することで、私たちは出会い、つながってゆけるのではないか」(27)。

つまり、健康という観点において健常者から《切断》されて「下方に踏みつけられる」存在である障害者・病者と、性という観点において男性から《切断》され「下方に踏みつけられる」存在である女性は、互いが持つ「闇の深さ」が分かり合えないほど大きな絶望を抱えているという点において、〝つながり〟を持つことができるのである。確かに、ここに、不毛な《切断》の相剋関係を豊かな〝つながり〟の相乗関係に転換させていくことへの希望はある。例えば、井上光晴『地の群れ』で描かれた被差別部落出身の女性と「海塔新田」に住む被爆者の青年も、ドストエフスキー『罪と罰』に描かれたラスコーリニコフとソーニャのように、各々の「共有しえない闇」を共有しえないことの重さを共有することで新たに〝つながり〟を獲得できるのではないだろうか。被差別部落民も被爆者も、ともに「被」を冠する存在として苦しみを「被る」＝「受動する」という点で〝つながる〟ことができるのではないだろうか。そして、もちろん、女性も障害者も、永い歴史において、かつ、今もなお、被差別者であったのである。

江原由美子が『女性解放という思想』で示した考え方も、それに近いと思われる。江原は、「中絶の権利」＝「『殺す』権利」を主張する女性解放運動と、「障害者の生きる権利」＝「『生命存在』の『生きる権利』」を主張する障害者解放運動の対立は、「決定的であり、非和解的であるように思われる」ことを確認する。一方で、「仕事ができなくなる」等の理由で「安易」に「中絶」をしてきた女性たちが、「『胎児が障害を持っている』とわかったならば、さらに『安易』に『中絶』を選択するに違いないという恐れを障害者が抱くのは充分に理解できる」が、他方で、「『産む』のはあくまで生ま身の女」であり「妊娠」「出産」が、「生ま身」の「肉体＝身体」を所有する女性に多大な苦痛を与え、「生命を奪うことすらある」ことも否定できない。さらに「出産」すれば、彼女に育児責任が負いかぶさる。仮に「産む」か否かの自己決定権を女性から取り上げたとしても、国家は「産め・産むな」に関する優生思想を放棄するはずがない。「福祉・医療予算の削減を求める国家は、手のかからない優秀な子孫のみを残すべく、あらゆる手を使って事前の胎児チェックを行なってくるに相違ない」。江原は、さらに続ける。

「であるならば、優生思想に基づいて直接に胎児の選択を行なおうとする国家の手にではなく、産む女性自身の手に、『産む・産まぬ』を決定する権利を残しておくことは、両者共通の目標として設定できはしまいか」。国家は「とり乱す」ことがない。女性は「とり乱す」ことができる。それならば、「どのようにあやうくとも、〔『とり乱す』ことができる〕各個人の意思決定にゆだね、それを信頼するしか方法はない」のではないか。医療技術の進歩は、女性の「産む・産まぬ」の選択の幅を広げ、胎児・新生児の救済を選択することの可能性も広げたが、その選択に伴う責任は増大し、それを「とり乱す」ことのない国家に委ねるのは「産め・産むな」と他律的に命じられる「恐ろしい管理社会への途」を拓くことになる。いわゆる「遺伝管理社会」（米本昌平）や「出産管理社会」（イリイチ）を拒否し、「選択権を女性の手に残すことは同時に、実質的に選択できる社会をつくることなしには無意味である」から、「障害児を持つことがけっして不幸を意味するのではない社会、障害を持つことが生きていくことの上で重大なハンディキャップとならないような社会をつくることなしには、女性の選択権はまったく形式的なものにとどまることになる。かくして、江原は、こうした社会をつくるために、「女性解放運動」と「障害者解放運動」は、〝つながる〟ことができると主張する。[28]「遺伝管理社会」を押し進めることに「とり乱す」ことのない国家によって「下方に踏みつけられる」存在である障害者たちと、「出産管理社会」を強化することに「とり乱す」ことのない国家によって「下方に踏みつけられる」存在である女性たちが、ともに「とり乱し」て時には誤りながら、出会い、〝つながる〟ことにより、それらの「管理社会」を打破し、障害者たちと女性たちが「共生」する社会をつくるために共闘できることが語られていると言えよう。つまり、優生政策を推進することに「とり乱す」ことがない国家に女性の「肉体＝身体」を奪われるよりも、「とり乱す」可能性のある女性自身が自己の「肉体＝身体」を所有し続け、「産む・産まぬ」についての自己決定権の主体であることを保障することによって、障害児を「産む」ことについて「とり乱す」必要がなくなる「共生」社会を、障害者解放運動とも〝つながり〟ながらつくり出していくために共闘することへの希望が語られているのである。それは、いわば「実存」レベルの希望である。[29]

もちろん、そのような「とり乱し」は、常に「誤る」可能性に開かれている。例えば、「青い芝の会」の主張に直面した女性解放運動の活動家の幾人かは、「障害児とわかったら産むけれども健常児ならば中絶する」と語ったが、[30]その「障害児を差別したくない」という強迫観念に支配された女性たちの選択は明らかに倒錯している。障害児を特に大切にすることは、逆から言えば障害児を「聖化」することであるから、《切断》の上方展開によりかえって差別していることになる。《切断》の下方展開を行なうことを嫌悪して逆方向に《切断》してしまった彼女たちの言説に存在しないのは、障害児もまた健常児と同じ「ただの子供」であるという視点である。また、その言説を紹介した江原由美子も、「どんな子でも受け入れられるような心構えがない人間は母親になるべきではない」という倫理命題について、「少なくとも私はそういう心構えができていると言いきる自信はありません」と正直に告白している。[31]「障害児ならば産む」と言う女性たちと、江原は正反対の選択をすることになるかもしれないが、彼女たちはすべて「とり乱し」て、時には「誤り」ながら、様々な「他者」と出会うことによって「共生」社会の実現を目指して一歩ずつ進んでいくことになるのである。

青年と父親の「とり乱し」

一四歳で歩行不能になったデュシェンヌ型筋ジストロフィー症の青年と、医師であるその父親は、「家族全員で血液検査を受けて、筋ジストロフィーの遺伝子を調べ」たことについて、次のような激論を交わした。(32)

青年「……あの〔遺伝子〕診断は筋ジスをもっている人がいなくなるようにする手段じゃないの」。父親「うがった見方をするな。医者だったら診断するのが当然だろう」。青年「治療法がないのに診断もくそもあるもんか」。父親「研究のため必要なんだ。そんなことは常識だろう」。青年「筋ジス者は生まれないほうがいいというのか」。父親「あたりまえだろ。病気をなくすのが医者の仕事なんだから。福祉費もばかにならんし」。青年「福祉費がかかるからといって、筋ジスをもつものは生まれてこないほうがいいというのか」。父親「家族や患者は悲惨な目にあうし。いや、あの、うちが不幸といっているわけではないのだが……」。

この事例では、遺伝子診断で障害者・病者を《無化》することに関して、青年と父親はともに明らかに「とり乱し」ている。この遺伝子診断は、青年の母親とその姉妹が保因者である可能性を調べることも目的の一つであった。青年の家族の場合、母親が保因者でない場合、姉妹はほぼ保因者ではないが、母親が保因者の場合、姉妹が保因者である確率はおよそ二分の一となる。保因者の女性の産む男児は、筋ジストロフィーに発病する可能性が二分の一となり、産まれたのが女児ならば、発病はしないが二分の一の確率で保因者となる。(33)

青年は「とり乱し」つつ、遺伝子診断をしなければよかったと後悔して、父親に批判的な立場を取るようになった。医師である父親は、やはり「とり乱し」つつ、遺伝子診断を推進していく立場を維持した。

青年とその父親のどちらかの主張が「誤り」なのかもしれない。どちらも「誤り」なのかもしれない。あるいは、どちらも「誤り」でないのかもしれない。「共生」社会は、このような「実存」レヴェルの「とり乱し」や「誤り」を繰り返しながら、少しずつ実現が目指されるものなのだろう[34]。

もし、青年の姉妹が保因者と判明したなら、彼女たちは将来「産む・産まぬ」について厳しい判断を迫られることになろう。前記の女性解放運動家たちは、このような青年やその家族の苦しみを理解した上で、「障害児とわかったら産むけれども健常児ならば中絶する」と語っているのであろうか。もちろん、父親の「福祉費もばかにならん」という言葉が優生思想と結びつくと、大西巨人を批判した渡部昇一の差別的言説に移行してしまうが[35]、実の父親と息子の間にもこのような深刻な葛藤が存在することが証明するように、〝つながり〟を結ぶことによる「共生」の実現が容易でないことだけは認識しておくべきであろう。

青年の姉妹が仮に保因者であった場合、悩める彼女たちに、渡部昇一のように優生思想の観点から「産まぬ」決断を下すよう強要することが誤りであるように、「青い芝の会」のように「内なる優生思想」批判を求めて「産む」決断を下すことを強いるのもやはり誤りである。そのように女性自身が所有すべき「肉体＝身体」を第三者が剝奪することなく、江原の示唆するように、あくまで「とり乱す」ことのできる彼女たちの「意思決定にゆだね、それを信頼する」ことから「共生」社会実現のための困難な歩みを始めなければならないのである。

以上が、この難問に対する暫定的なわれわれの結論である。しかし、このような結論に対しては、障害者・病者の〈生〉をロマン主義的に「聖化」する立場から有力な反論が提出されている。障害者・病者の〈生〉を「カッコいい」と捉えるロマン主義的感性は、「美しい社会」像について「価値転倒」しなければならないと主張する。ここではその主張の是非について、簡単に検討しておきたい。

小泉義之と「カッコいい」障害者

小泉義之は、バイオテクノロジーとりわけ生殖技術をとことん推進し、それによって生じるかもしれない「変異的人間」＝「怪物」をこそ、われわれは歓待しなければならない、と主張する。なぜなら、そのような「生命」を歓待できる社会であって初めて、優生思想や障害者差別を克服する可能性を拓くことができるからである。その時、「正常なもの」＝「健常者」の「異常なもの」＝「障害者」への不寛容は消失することになる。——このような観点に立脚して、小泉は、「劣等な生命こそ優等な生命である」という価値転倒を支持する立場から、「障害者がたくさん生まれたほうが、……闇に葬られている障害胎児を生かすだけで、よほどまともな社会になると考えています。街路が自動車によってではなく車椅子や松葉杖で埋められているほうが、よほど美しい社会だと思う。痴呆老人が都市の中心部を徘徊し、意味不明の叫びを発する人間が街路にいるほうが、よほど豊かな社会だと思う」と主張している。(36) 確かに、そのような「美しい社会」の萌芽は、「浦河べてる家」の周辺で生まれつつあり、その主張には一定の魅力がある。しかし、「障害を生きる人間に出会うと、……カッコいいとすら感じる」という小泉の感性は、あやういロマンティシズムの観点から障害者を「特殊視」＝「聖化」しており、その「特殊視」という点では否定的障害者観の単なる裏返しにすぎない。例えば、乙武洋匡・安積遊歩・福島智そして人によっては鹿野靖明や大江光を「カッコいい」と感じる向きもあろう。身体障害や病気という医学的・生物学的に「絶対的」なものと見られる障壁に立ち向かう彼／彼女たちの姿が、「カッコいい」と感じられることもあろう。

しかし、大多数の健常者が特に「カッコいい」わけではないように、ほとんどの障害者も特に「カッコいい」ことのない「普通の」人間である。したがって、真に求められるのは、ディストピア＝ユートピアという二面性を持つ「美しい社会」を可能にするという「価値転倒」＝「(障害者の)聖化」ではなく、健常者も障害者もごく普通に生きることができる「平凡な社会」をもたらすであろう「価値比較の無意味化」であると考えるべきである。かつて「障害児とわかったら産む」と宣言した女性解放運動の闘士や小泉による「障害児(者)」の「特殊視」＝「聖化」は「価値比較の有意味化」を前提としており、それゆえ、その「価値比較」の帰結が感性の変化など何らかの些細な切っ掛けで逆転した場合、それは「障害児(者)」の《無化》という究極の「特殊視」が優生思想により求められる「美しくない社会」が実現してしまうことに免疫化されていないと思われる。「ノーマライゼーション」とは、「価値比較の有意味化」を前提とする障害者（児）の「聖化」や「差別」のような「特殊視」ではなく、「価値比較の無意味化」を前提とする「普通に生きる存在」としての障害者（児）を肯定することができる社会の条件と考えるべきである。

佐藤幹夫は言う。「『五体不満足』が、まだフィーバーしていたころのことである。著者乙武洋匡さんがテレビスタジオに顔を出すや、『キャー、乙武くーん』『すてきー』。……四〇〇万部とも五〇〇万部とも言われる著作の売上げと、寄せられた感動の嵐、嵐また嵐。……しかし一方、大阪、池田小事件の直後、美しくもすばらしい『愛と感動』を見せてくれたテレビと視聴者が何をしようとしたか。容疑者に精神分裂病の疑いがあっ（た……）と第一報で報じられるや、『何であんな男を野放しにしておくのか』という声が噴出した。……この場合の『あんな男』というのは、宅間被告個人というより、法に触れる恐れのある精神障害者・知的障害者全体に向けられていた」[37]。乙武が「カッコいい」という障害者を「特殊視」する小泉の言葉が、逆転して、「あんな男」という罵倒に変わらないという保障は、まったくないのである。

佐藤が強調するように、障害者が音楽・美術・スポーツ等で自己を表現する手段を身につけた時、「障害者」をカテゴリーとして一括りにして小泉のように「障害者のなしたことだから／なのに素晴しい（カッコいい）」と考えるのではなく、「彼／彼女のなしたことは素晴らしい」という場所にこそわれわれは立たなければならない。彼／彼女は「障害者」として「聖化」や「差別」されるべき存在ではなく、固有名を有する「普通に生きる存在」＝「個人」なのである。福沢諭吉＝丸山真男流に言えば、各々の障害者の「個」を捨象し「障害者なるもの」という「種」を実体化して、その「障害者なるもの」という「種」に「惑溺」してはならないのだ。

金森修も、『遺伝子改造』において、小泉の議論は、「放談風の一種の虚構として」は「なかなか面白い」と論じた後で、次のように指摘している。「痴呆老人が無数に徘徊する街路。それは、或る老人が突然道路に飛び出し、それを避けようとしたダンプが道沿いの商店に突っ込み、その商店の前で、その街路を美しいと見ていた小泉氏の体を突き飛ばしてしまうかもしれないような街路だろう」[38]。金森もまた、小泉のように「痴呆老人」＝「障害者なるもの」という「種」に「惑溺」することの危険性を警告しているのだ。

ルソー

K・ビンディング＝A・ホッヘ『「生きるに値しない命」とは誰のことか』の訳者である森下直貴は、次のように言う[39]。「葛藤のなかで悩みに悩んだ末の中絶の選択を、『人権』無視の『差別』だといってやめさせることができるだろうか。ゆれ動く想いを『内なる優生思想』として糾弾できるのだろうか。反対に、重度の障害をもって生きつづけることはその子の『最善の利益』にならないと考えて、中絶のなかでも選択的中絶だけは親の自由として認めるべきだと、そういえるのだろうか。どちらも誤りである。こころのゆれ動きと葛藤を、『人権』とか『最善の利益』という言葉や理論で押さえ込んではならない。たしかに、選択的中絶はあくまで『人殺し』である。しかし、それはまた、やむをえない選択でもある。……悲しみをもって受け容れるべきである」。もちろん、ここで森下の言う「こころのゆれ動き」や「葛藤」とは、田中美津が強調した「とり乱し」そのものである。そして、田中の主張に共鳴する森岡正博の言う「互いに共有しえない闇の、その共有しえないことの重さ」を見詰めることなく、ただ単に「障害児（者）」を「カッコいい」と言い、「障害児（者）で埋められた社会」を「美しい社会」として賛美する小泉の言説では、そのような選択的中絶をすべきか否かで「こころがゆれ動く」女性たちの「とり乱し」や「葛藤」の持つ「共生」にとっての重要な意味がまったく理解されていない。

かつてJ・J・ルソーは『人間不平等起源論』等において、「自然人」＝「野生人」の無垢さ・善良さを強調したが、ルソーから大きな影響を与えられたC・レヴィ＝ストロースの『悲しき熱帯』でも、「自然人」＝「先住民」の純粋さ・誠実さが賛美されている。「聖なる」純粋さ・無垢さで表象される彼／彼女たちは、ルソーの思想に注目する天野義智の言う「ユートピア」の住人である。しかし、いわば「自然人萌え」しているルソーやレヴィ＝ストロースの

「まなざし」には、「自然人」の「とり乱し」や「葛藤」がまったく映らないのは当然であり、その「まなざし」は自らが「自然人」の代弁者になってやろうとする近代人＝ルソーや西洋人＝レヴィ＝ストロースの傲慢さの表われであるとも言えよう[40]。同様に、障害児（者）の代弁者になろうとする小泉の「まなざし」が、敵対すべき「他者」など存在しえない「ユートピア」の住人であるゆえに「カッコいい」存在だという障害児（者）が、現実には「とり乱し」たり「葛藤」したりすることを見逃してしまうのも、自らが「障害児（者）」の代弁者になってやろうとする健常者＝小泉の持つ傲慢さの表われではないだろうか。ルソーの夢見た「高貴な自然人」が「自然人」の現実の理解に基づくものではさらさらなく、近代西欧社会の内部批判のための反措定的イメージとしてあったように、小泉が強調する「カッコいい障害者」も「障害者」のあるがままの理解に基づくものではまったくなく、近代日本社会の内部批判のための反措定的イメージとしてあるのである。それゆえ、障害者が「カッコいい」という言葉は、例えば「遺伝子診断」について父親と論争した筋ジストロフィー症の青年には、大変に残酷な言葉として響くと思われる。

たとえ「理性」に否定的スタンスを取るとしても、ルソーやレヴィ＝ストロースのように「近代西洋主義」批判を「純粋な非近代西洋人（自然人ないし先住民）」の美化と結合させると、「近代西洋＝理性＝ロゴス」対「前近代ないし非西洋＝非理性＝アンチ・ロゴス（自然）」という定型的な図式を不当に固定化してしまうのと同様、小泉のように「健常者中心主義」批判を「純粋な障害者」の聖化と結合させると、「健常者＝理性＝ロゴス」対「障害者＝（意味不明の叫びを発する）非理性＝アンチ・ロゴス（狂気ないし異常）」という好ましくない図式を必然的に強化してしまうことになるのである。

ロマン主義の落とし穴

「障害児（者）萌え」とも言うべき小泉的感性に「とり乱し」や「葛藤」が見出されないのは、それがしばしばルソーとも通じる「ロマン主義的な障害者観」を反映したものだからである。三島亜紀子の論文「児童文学にみる障害者観[41]」によれば、例えば灰谷健次郎の二作品――『とこちゃんのヨット』（一九七六年）および『だれもしらない』（一九八一年）――に反映している「障害児を天使や無垢な存在、理想的な人間像などと位置づける障害者観は、国際障害者年をはさんだ……時期の共通言語であった」が、それは国木田独歩『春の鳥』（一九〇六年）が、知的障害という属性を持ち合わせた六歳の男児を「無垢な存在」として描いたことに始まるものである。「障害児（者）」を「理想的な存在」として「聖化」＝「特殊視」するロマン主義的障害者観においては、もちろん、その「理想的な存在」は「カッコいい」であろうし、「理想的な存在で埋められた社会」は「美しい社会」と見なされることになろう。そして、その「理想的な存在」を産むことについて、女性たちの心は「ゆれ動く」必要はなく、「とり乱し」たり、「葛藤」したりすることなどありえないだろう。だが、小泉の言う「美しい社会」が「障害児」を産むあるいは産まない決断をした女性たちにとって単なるユートピアではなくディストピアであることを認識している井上達夫と加藤秀一は、結論こそ正反対であるが、ともに選択的中絶をめぐる女性たちの「葛藤」を重視している。しかし、小泉のように「障害児（者）」を「理想的な存在」＝「カッコいい存在」と見なして「聖化」＝「特殊視」することは、「内なる優生思想」批判をいわば「錦の御旗」とする場合、「ゆれ動く」心を持つ現実の女性たちが「とり乱し」たり、「葛藤」したりすることの意義を見失わせることになろう。そして、A・ハクスレー『すばらしい新世界』やG・オーウェル『一九八四年』が描いた「ディストピア」では、人間は「とり乱し」たり、「葛藤」したりする必要はもはやなくなっているのである。小泉の言う「美しい社会」では、「カッコいい」存在である障害児を産むことに女性たちは「とり乱す」こともなければ、「葛藤」することもないゆえに、それは、ハクスレーやオーウェルの言う「ディストピア」そのものとなる。

Th・ホッブズの描く「自然状態」と異なり、ルソーの考える「自然状態」は、「自然人」たちが、「葛藤」のあまり情念を激発させたり、「とり乱し」て精神を疲労させたりする必要のない「ユートピア」であるが、同時にそれは彼／彼女たちが自己完成能力を十分に発揮することの必要もない「ディストピア」なのである。小泉の言う「美しい社会」は、そのようなルソー流の「自然状態」に限りなく近い。

われわれの社会は、「美しい社会」でも「美しくない社会」でもなく、また「ユートピア」でも「ディストピア」でもなく、「とり乱す」ことのできる女性たちに「産む・産まぬ」に関する自己決定権が保障されている社会、つまり「とり乱す」ことのある普通の「健常児（者）」と特に「カッコいい」わけではない普通の「障害児（者）」があたりまえに「共生」できる社会でなければならないのである。

もちろん、現実はそのような「共生」社会からは、はるかに遠い。例えば、自分自身がいわゆる「アルビノ」であると知った矢吹康夫は、京都精華大学人文学部の卒業論文「言説の『アルビノ』」（二〇〇六年）を完成させたが、その際に矢吹が実感したのは、「アルビノを『異形の者』として蔑視するか、聖なるものとしてあがめるか」の違いはあっても、「生ま身の人間」としてあたりまえに「共生」することができない社会の現状であった[42]。また、「浦河べてるの家」の向谷地生良が強調するように、精神障害者たちは、小泉の想像とは逆に、この現実の社会で健常者と比較してヨリ「苦労している」のである。それゆえ、「意味不明の叫びを発する人間が街路」に満ち溢れる社会は必ずしも好ましいものではない。

ホッブズは、「われわれ（＝ホッブズたち）」の社会に生きている現実の人間の醜い姿を「自然状態」に投影し、逆にルソーは、現実社会に生きる人間の醜さに失望した「われわれ（＝ルソーたち）」のないものねだりの願望を「自然状態」に投影した[43]が、小泉は、障害者に対する健常者の不寛容に辟易した「われわれ（＝小泉たち）」のロマンティックな願望を「美しい社会」――「意味不明の叫びを発する人間が街路に満ち溢れる社会」――に投影した。しかし、矢吹によればもちろん、その「美しい社会」という「ユートピア」は、障害者を「聖なるもの」として崇めるけれども、障害者である彼／彼女自身が「葛藤」したり、「とり乱し」たりしながら、「苦労する」ことの意義を一切認めない「ディストピア」なのである。安倍晋三の「美しい国」と同様、小泉の「美しい社会」も、安倍や小泉の独り善がりの〈美しさ〉を強引に押しつけられる国民や障害者にとって迷惑なものである。

小泉の言う「美しい社会」ではなく、矢吹が「他者」とあたりまえに「共生」できる社会でこそ、ロマンティックに「聖化」＝「特殊視（偶像視）」された障害者が崇められて《切断》の上方展開がなされることもなく、また逆にリアルに「差別」＝「特殊視（蔑視）」された障害者が踏みつけられて《切断》の下方展開がなされることもなく、言葉の真の意味での「ノーマライゼーション」の前提となる「価値比較の無意味化」がたとえ一歩ずつであれ具体化されていくことになろう。

二　学校における《切断》
――「統合教育」をめぐる二つの訴訟

養護学校義務化

国民に保障される様々な権利を高らかに謳い上げた日本国憲法の下、一九四七年に制定された学校教育法は、「病弱・発育不全その他やむを得ない事由のため就学困難と認められるもの」については、保護者の就学義務は、その願出により猶予または免除することができると規定していた。つまり、（現在は特別支援学校と呼ばれる）養護学校の義務化が実行される以前は、フーコーの言う「『試験』に合格するための知的ないし身体的能力の欠如ゆえに規律・訓練の成果が期待できないと判断されたもの」、あるいはイリイチの言う「一般的な『カリキュラム』をこなすための知的ないし身体的能力の欠如ゆえに標準に到達する可能性がないと判断されたもの」は、「普通教育を行なう学校に行くことができないもの」＝「異常なもの」として、「普通教育を行なう学校に行くことができるもの」＝「正常なもの」から《切断》されていたのである。他方、学校教育法は、いわゆる「特殊教育」として、視覚障害のある生徒のための「盲学校」、聴覚障害のある生徒のための「聾学校」、病弱な生徒のための「養護学校」の設置義務・就学義務を規定していたが、その施行期日は政令に委ねられていた。したがって、ようやく養護学校の義務制が施行された一九七九年以前は、障害のある生徒の多くは、就学の猶予・免除の措置によって学校教育から完全に放置されていたと言えよう。

養護学校義務化に貢献したのは、知的障害者施設「近江学園」と重症心身障害児施設「びわこ学園」を設立した糸賀一雄である。糸賀が提唱した「発達保障」理念とは、「いかなる重症児であっても普通児と同じ発達の道を通ることを踏まえ、重症児をも発達の可能性と権利をもつ主体としてとらえようとする」考え方である。障害児の一人ひとりの自己実現を最大化しようとする「発達保障」理念は、すべての障害児を学校教育の対象とすべきだという運動へと展開し、一九七九年からの養護学校義務化による全員就学体制の確立に寄与したのである(44)。

しかし、皮肉なことに、養護学校の義務化によって、普通学校からの障害児排除という《切断》がいっそう強まることになる。ある特殊学級担当教師は、次のように証言している。「〔H小学校では〕今まで三名いた障害児学級児童を無理に養護学校へ送り込み、その後〔特殊〕学級を維持するため、普通学級から機械的に一名ずつ出させ、三年生一学年のみで六名編成の〔特殊〕学級をつくったというのである。さらに問題なのは、父母の意見に耳を傾けないばかりか、父母への通知も一方的〔であり〕、また、父母からの問い合わせにようやく答えていること……なども目に余る(45)」。

かくして、養護学校の義務化に伴い、普通学級→特殊学級→養護学校→訪問教育→猶予・免除という障害児の排除の段階構造が形成されたが、それは「普通教育を行なう学校に行くことができるもの」=「正常なもの」と「〔知的ないし身体的能力の欠如のゆえに〕普通教育を行なう学校に行けないもの」=「異常なもの」との《切断》が、学校教育という領域で見事に下方展開していくことを物語っている。二〇〇六年に改正されるまでの学校教育法では、盲学校・聾学校・養護学校は、幼稚園・小学校・中学校・高等学校に準ずる教育を施し、その欠陥を補うために必要な知識・技能を授けることが規定されていた。また、普通小学校・普通中学校・普通高等学校には、「精神薄弱者」「肢体不自由者」「身体虚弱者」「弱視者」「難聴者」などのための「特殊学級」を置くことができると規定していたが、右記の

《切断》の下方展開は、まさにこれらの学校教育法の条文を根拠としていたのである。

東京都大田区にある「特殊教育を考える会」が配布したパンフレット「入学する子のために」(一九八〇年)は、《切断》を正当化する言説として、「いきなり四〇人の中に入れるのは無理です、まずは特殊学級の小集団がいいと思いますよ」「普通学級は四〇人に一人の先生ですが、特殊学級は四人に一人です、目が届きますよ」「専門の先生のいらっしゃる養護学校がいいですよ」等々があることを、批判的に紹介している。

もちろん、このような「統合教育」への批判を展開する言説がすべて嘘だというわけではない。社会福祉法人日本点字図書館を創立した本間一夫は、五歳の時に失明したが、彼の学んだ函館盲唖院について、次のように回想している。「全校生徒を集めても三十人ほどしかいず、それなのに先生は十三人もおられましたから、実に家族的なあたたかい雰囲気の中で、行きとどいた教育が行なわれていました。それは今思い出しても、たいへん誇らしい環境でした」[46]。

しかし、このような《切断》を前提とする「特殊学級」や「養護学校」の肯定論に対しては、「障害児は周囲との人間関係を発展させる機会や経験の幅をせばめられ、さまざまな能力や特性を持った人々と協力し合い、お互いの人格を認め合うという社会生活の基本を学ぶ機会を制約されてきた」等という批判がなされ、むしろ「統合教育」こそが推進されるべきだという声が高まっていった[47]。

実際、《切断》を前提とする養護学校義務化に対しては、次のようなマイナス面が指摘されている。すなわち、①養護学校に行かされることによって、それまで一緒に生活してきた地域社会から切り離され、友達がいなくなる。②養護学校に行かされることによって、「障害を持つもの」だけの作る世界に慣らされてしまい、一般社会との接触に恐れを抱くようになる。③養護学校その他の教育内容は、普通学校での教育内容と大きな差がある。④養護学校で行なわれているリハビリ訓練は、本来医療行為であって、教育とは無関係である。⑤養護学校卒業生の多くは、そのまま施設に送り込まれ、社会から隔離される前提となる。⑥障害児を養護学校に隔離することによって、一般市民の障害児・障害者への認識を誤ったものにしてしまう……等々である。[48] ここで注目すべきは、これらの批判の根拠が、養護学校は普通学校と比較して、ゴフマンの言う生活全面統制型施設＝全制的施設としての性格をヨリ強く有しており、当然、イリイチの言うコンヴィヴィアル（自律共生的）な制度ではなくマニュプレイティヴ（操作的）な制度としての性格をヨリ強く帯びるものであることに基づいているという事実である。したがって、養護学校を拒絶する闘争は、コンヴィヴィアル（自律共生的）な〈生〉の形式を求めるための闘争となる。

金井康治闘争

東京都足立区在住の金井康治は、脳性麻痺による障害を理由に、小学校入学の際、否応なしに養護学校に入学させられた。[49] 三年生になった時、弟がすぐ近くの普通小学校に入学したこともあり、「なぜ僕だけが、弟や近所の友達と離れて、遠くの養護学校へ行かなければならないのか？」という疑問を抱き、両親に普通小学校への転校を訴えかけた。金井康治とその両親は、足立区教育委員会に普通小学校への転校が許可されるよう願い出たが、拒否されてしまった。かくして、「障害児を普通学校へ・全国連絡会」が、国際障害者年の一九八一年に結成され、金井康治転校実現闘争などの支援を開始した。当時、東京都町田市等の教育委員会は、「障害児を普通学校へ積極的に受け入れよう」とする姿勢を見せていたため、金井家が町田市などへ転居する案も提示されたが、あくまでこの地域で普通学校に通いたいという金井康治自身の強い希望もあり、この案は斥けられることになった。また、「本人（や保護者）の意思に反して養護学校に進学させるのは、学校教育法の精神や、国民の平等を定めた憲法第一四条に違反するから、行政不服審査を申し立てた上で、裁判にもちこむことができる」という提案もなされたが、裁判が長期化することが予想された結果、この案も斥けられてしまった。金井闘争の後、足立区は、例えば部落解放運動にもこれまでにないほど露骨な敵対的態度を示すことになった。それほど、この金井闘争は、教育行政という一部門のみでなく、足立区という行政機関のすべての部門に大きなインパクトを与えたのである。

転校実現闘争の高まりの中、足立区教育委員会はようやく一九八三年三月、金井康治に地域の普通中学校への入学を認めたが、この金井闘争以後は、東京や大阪では、障害児本人（や保護者）が強く希望すれば、普通学校へ就学させるという慣例が確立することになった。[50] しかし、東京や大阪以外の地域では、障害のある生徒を強制的に養護学校へ通わせようとする姿勢を堅持する教育委員会が多く、文部省（当時）も、そのような《切断》を支持していた。

一九八〇年以降、金井闘争のインパクトをも受けつつ、障害児が、「特殊学校」「特殊学級」への入学を義務づけられることは、憲法上の権利侵害であるとして争われる訴訟が次々と提起されるようになる。それらの訴訟では、《切断》を憲法違反とする論拠として、次のようなものが列挙されている。[51] ①憲法第一三条の幸福追求権は、人格的自律のために必要不可欠な権利・自由を包摂する包括的権利であるから、教育における自己決定権も当然包含するゆえに、「人がその選ぶところに従って適切な教育を受けることができるという権利」を保障している。②憲法第二六条の教育を受ける権利は、障害児に学校選択権を与えている。憲法第二六条がたとえ社会権的権利であるとしても、現行制度が普通教育と特殊教育という二つの教育の場を提供している以上、同条により「現行制度を前提とした教育の場の選択権」が認められなければならない。③憲法第一四条の平等原則は、障害児を普通教育から排除することを禁止している。④また、障害児の権利に加えて、保護者の「教育の自由」から学校選択権を導く学説もある。すなわち、障害児の教育に関しては「統合教育」が望ましいという見解と、「分離教育」が望ましいという見解が対立しているが、「親によって考え方が分かれ一義的に決められない問題について、国が一方を強制することは、親の教育の自由をおかす」ことになる、というものである。

このような《切断》を憲法違反とする諸学説が有力に唱えられるに至った中で、長崎市に在住する障害を持つ女子生徒をめぐる裁判闘争が開始された。[52] 一九八三年二月の第一回公判で、女子生徒の父親が「両親の意思に反して教育委員会が養護学校への就学を強制するやり方」を暴露しつつ、強く非難したこともあり、長崎市教育委員会は、「障害児を普通学校に通わせて〝交流〟させる」という妥協案を示した。それは、「学籍は養護学校に置いたまま、ときどき普通学校に顔を出すことを認める」という妥協案であったが、両親は「この〝交流〟では障害児はあくまで普通学校の『お客さま』でしかなく、友達をつくることもできない」として拒絶した。一九八六年、裁判所の斡旋により教育委員会はようやく女子生徒の普通学校への転校を認める姿勢に変わり、両親は提訴を取り下げたのであった。

尼崎訴訟と留萌訴訟

一九九一年、兵庫県尼崎市で、デュシェンヌ型筋ジストロフィー症に罹患している少年が、市立高校への入学を志願して、学力検査を受験したところ、調査書の学力評定および学力検査の合計点において合格点に達していたにも拘わらず、「高等学校の全課程を無事に履修する見込みがない」と判定されて、入学を拒否されてしまった。そこで、その入学不許可処分の取消訴訟および国家賠償請求訴訟が提起されたのである。(53)

一九九二年、神戸地裁は、入学選抜試験および合否判定は、高等学校長の裁量に委ねられるが、「その判断が憲法その他の法令から導き出される諸原則に反するような場合には、その処分が違法となることがある」と判示した。また、「高等学校の全課程を履修する見通しがある」ことを合否判定の一基準とすること自体は裁量権の範囲を逸脱するものではないが、「障害者に対する不当な差別を招来することがないよう留意しなければならない」と強調した。その上で、①原告が中学校在学時に母親あるいは級友などの支援によって課程修了していることなどから、障害のある生徒への配慮が中学校と高等学校の間で基本的に変わらない以上、「中学校と高等学校の違いを必要以上に強調して、原告の高等学校における履修の可能性を否定することはできない」と指摘した。さらに②その高校で過去にウルリッチ型筋ジストロフィー症に罹患していた生徒が施設改修・教室配置などの措置によって卒業している事例があることも検討して、その生徒と原告には病状に違いがあるものの「高等学校生活をおくる上で両名の障害の程度に本質的な違いを認めることはできない」と論じた。

かくして、神戸地裁は、「原告は、その中学時代の通学状況、学習能力、身体能力および成績並びに本件高校における過去の身体障害者受け入れの実績、施設および教科履修などの点からしても、本件高校の全課程を履修することは認められるにもかかわらず、養護学校の方が望ましいという理由で本件高校への入学を拒否する」ことは、「自己の可能性を最大限に追求したいという原告の希望を無視することになり、その結果は、身体に障害を有する原告を不当に扱うものである」として、本件処分を違法と判断したのである。

尼崎訴訟が闘われていたのとほぼ同じ頃、北海道の留萌市で、肢体不自由のため車イスを利用する女子中学生を特殊学級に入級させる処分に対して、①憲法第二六条は、普通学級で教育を受ける権利を意味するものであって、障害のある子供には普通学級で教育を受けることを選択・決定する権利があること、②憲法第二六条は、両親（保護者）に対して子供を普通学級と特殊学級のいずれに所属させるかを選択・決定する権利を保障していること等を主張して、原告である女子生徒らが、入級処分取消訴訟および国家賠償請求訴訟を提起した。一九九三年、旭川地裁は、憲法第二六条の「教育を受ける権利」は社会権的性格を持つものであるから、同条が子供に対して自己に施されるべき教育環境ないし教育内容を決定する権能を付与したものと解釈することはできない、と判示した。さらに、憲法第二六条は、「心身に障害を有する子どもに対する教育のあり方につき、何ら規範的な基準を与えていないから、心身に障害を有する子どもが、憲法第二六条に基づき、普通学級で教育を受ける権利を有すると解することも困難というほかない」と指摘した。なお、両親（保護者）の教育の自由は、「主として家庭教育等学校外における教育や学校選択の自由に現われる」のであるから、憲法第二六条が「親に対し、子女に施す教育の内容を決定する権能を付与しているものとは解することができない」と判断した。

また、本件処分が、憲法第一四条に違反するという主張については、憲法第一四条は「不合理な差別」のみを禁止するものであるとする立場を前提に、本件処分による取り扱いの相違は「合理的」なものであるとした。女子生徒が、特殊学級入級を強制されることによる限定的な人間関係あるいは疎外感の問題は、「普通学級と特殊学級との交流をどのように認めるか、教師等において、普通学級に所属する子どもらに対し、特殊学級に所属する子どもらにどのような態度で接するよう指導するか」などによって「ほとんど解消可能なものと考えられる」こと、[54]現在では「特殊学級に所属する子どもらも、大半の教科について普通学級との交流による学習が可能となるように配慮」されていることと等を指摘して、本件処分は憲法第一四条に反しないと結論づけた。

一九九四年、札幌高裁は、障害のある生徒が普通学級に入級した場合に予想される「教育の現場における混乱」など幾つかの論点を付加した上で、旭川地裁の判断を支持して、原告らによる控訴を棄却したのである。

植木淳の見解

憲法学者の植木淳は、尼崎訴訟や留萌訴訟で問われるべきことは、憲法第二六条に関して、「普通学校(普通学級)で教育を受ける権利があるか否か?」ではなく、「何故、普通学校(普通学級)で教育を受ける権利が否定されなければならないのか?」であると強調する。後者の視角から考えれば、仮に、憲法第二六条が「児童・生徒に対して普通教育を受ける権利を保障するものではないとしても、そのことから直ちに個々の生徒・児童との関係における別異取扱いが許容されるものではない」とされる。また、留萌訴訟における両判決は、「憲法一四条との関係で本件処分による別異取扱いは『合理的』であると判断しているが、そこで議論されているのは『特殊教育』による弊害は『解消可能』なものであることに終始するものであって、『何故、別異取扱いが必要なのか?』という問いには、何らの回答もしていない」と批判している。

他方、尼崎訴訟神戸地裁判決は、「本件における合否判定基準を適用することが『障害者に対する不当な差別を招来することのないよう留意しなければならない』としたうえで、本件処分による別異取扱いの合理性を検討している」が、原告が「何故、普通高校において教育を受ける権利が否定されなければならないのか?」という問いに正面から向き合い、本件事案に関する「綿密な事実認定」によって、本件処分に「合理性」が存在しないことを論証したものと考えることができる。

このように植木は、「何故、普通学校（普通学級）で教育を受ける権利が否定されなければならないのか？」という視角を前面に押し出し、「（知的ないし身体的能力の欠如のゆえに）普通教育を行なう学校（学級）に行くことができない（とされる）もの」＝「異常なもの」を、「普通教育を行なう学校（学級）に行けるもの」＝「正常なもの」から《切断》することの「合理性」を安易に肯定する留萌訴訟の両判決を厳しく批判しつつ、他方で、そのような《切断》の「合理性」をハッキリと否定した尼崎訴訟神戸地裁判決を高く評価しているのである(54)。

後藤安彦の見解

しかし、脳性麻痺による身体障害を持つ後藤安彦は、植木が批判する留萌訴訟について、「尼崎訴訟での〝優秀な成績にもかかわらず〟の文句を使えば勝てた裁判かもしれない。だがこの女子中学生は知的障害を持つ子どもたちへの配慮から、あえてこの文言を使わなかった。裁判には敗北したが、すっきりした後味が残った」と指摘しているのである(55)。このことを逆から言えば、「統合教育」を勝ち取った神戸地裁判決は、障害者である後藤に「すっきりしない後味」を残した、ということになる。それは何故か。

確かに、神戸地裁判決は「原告は、……学習能力、……成績……などの点からしても、本件高校の全課程を履修することは可能であるにもかかわらず」と判示していた。障害者である後藤の眼の前には、「（身体能力の欠如のゆえに）普通教育を行なう学校（学級）に行けない（とされる）もの」と「（知的能力の欠如のゆえに）普通教育を行なう学校（学級）に行けない（とされる）もの」がともに「スティグマを負うもの」＝「有徴者」＝「異常なもの」として、「普通教育を行なう学校（学級）に行けるもの」＝「無徴者」＝「正常なもの」から《切断》される「学校化」社会が存在していた。この場合の《切断》状況は、**「普通教育を行なう学校（学級）に行けるもの⊖」＝「無徴者⊖」＝「正常なもの⊖」**／／**「（身体能力の欠如のゆえに）普通教育を行なう学校（学級）に行けない（とされる）もの⊕」プラス「（知的能力の欠如のゆえに）普通教育を行なう学校（学級）に行けない（とされる）もの⊕」**であった。ところが、後藤によれば、神戸地裁判決は、「優秀な成績にもかかわらず」云々と判示することにより、「(知的障害に関して無徴である)身体障害者で普通教育を行なう学校(学級)に行けない(とされていた)もの」と「(知的障害に関して有徴である)知的障害者で普通教育を行なう学校(学級)に行けない(とされる)もの」を改めて《切断》し直してしまったのである。すなわち、神戸地裁判決は、その判決を下した裁判官の「障害者差別は許さない」という意図にも拘わらず、改めて《切断》し直した「(知的障害に関して有徴である)知的障害者で普通教育を行なう学校(学級)に行けない(とされる)もの」を下方に踏みつけることにより、その踏みつけの反発力によって、知的能力の観点からともに「無徴」であることを根拠に、「優秀な成績」の男子生徒(原告)を、上方に位置する「有利な立場の多数者」=「普通教育を行なう学校(学級)に行けるもの」=「無徴者」=「正常なもの」と合体(あるいは接近)させようとしたのである。植木が強調するように、その合体(あるいは接近)によって、「有利な立場の多数者」=「普通教育を行なう学校(学級)に行けるもの」=「無徴者」=「正常なもの」と「(知的障害に関して無徴である)身体障害者で普通教育を行なう学校(学級)に行けない(とされていた)もの」との既存の《切断》が失効させられることは「高く評価できる」が、他方、後藤が示唆したように、神戸地裁判決によって改めて《切断》し直された「(知的障害に関して有徴である)知的障害者で普通教育を行なう学校(学級)に行けない(とされる)もの」=「有徴者」=「異常なもの」の疎外感覚は二重化されることになる。

既存の《切断》状況→神戸地裁判決→新たな《切断》状況という図式で表わしてみよう。

知的障害者で普通教育を行なう学校(学級)に行けない(とされる)もの:「普通教育を行なう学校(学級)に行けるもの㊀」=「無徴者㊀」=「正常なもの㊀」//「(知的障害に関して無徴である)身体障害者で普通教育を行なう学校(学級)に行けない(とされる)もの㊉」プラス「(知的障害に関して有徴である)知的障害者で普通教育を行なう学校(学級)に行けない(とされる)もの㊉」→神戸地裁判決→「普通教育を行なう学校(学級)へ行けるもの㊀㊀」プラス「(知的障害に関して無徴である)身体障害者で普通教育を行なう学校(学級)に行けない(とされていた)もの㊀

⊖」／／／「(知的障害に関して有徴である)知的障害者で普通教育を行なう学校(学級)に行けない(とされる)もの⊕⊕」＝「(知的能力に関して)異常なもの⊕⊕」。

《切断》の二重化(／／／)は、神戸地裁の「高く評価できる」判決により、「知的障害に関して有徴者である⊕⊕」ゆえに「(知的障害に関して)異常なもの⊕⊕」であることを再確認させられた「(知的障害に関して有徴である)知的障害者で普通教育を行なう学校(学級)に行けない(とされる)もの⊕⊕」の疎外感が二重化させられたことを示している。だからこそ、留萌訴訟の原告である女子中学生は、身体障害者として、「有利な立場の多数者」＝「正常なもの」から下方に踏みつけられるという差別を経験してきたために、尼崎訴訟神戸地裁判決が示した「優秀な成績にもかかわらず」という論拠を用いることを敢えて拒絶して、自分自身が「知的障害を持つもの」をさらに下方に踏みつけることになる事態を回避したのである。つまり、裁判官の「まなざし」が、彼女の知的能力の優秀さに注がれることを望まなかったわけである。身体障害者に有利な結論を導出するために結果として《切断》の下方展開が行なわれてしまった尼崎訴訟の勝訴判決と異なり、留萌訴訟での敗訴判決が「すっきりした後味を残した」のは原告の女子生徒が《切断》の下方展開を、知的障害者を「生け贄」として捧げる「贖罪の儀礼」をもたらすものとして自らの意思で明確に拒否したからなのである。彼女は、「学校化」が高度に進んだ現代社会において、「試験」に合格することができるか否か(フーコー)、そして「カリキュラム」をこなすことができるか否か(イリイチ)についての「知的」能力に関する判断が判決に反映されることによって、彼女を「(知的能力において)正常なもの」として「規格化」しようと目論む規律権力が行なう《切断》による人間疎外が起きることを回避しようとしたのであった。

憲法学者の植木は、尼崎訴訟神戸地裁判決が「健常者」＝「正常なもの」と「身体障害者」＝「(知的能力に関して)正常なもの」との既存の《切断》を失効させたことを評価し、障害者である後藤は、留萌訴訟旭川地裁判決が「身体障害者」＝「(知的能力に関して)正常なもの」と「知的障害者」＝「(知的能力に関して)異常なもの」を改めて《切断》し直さなかったことに注目したのである。ここに、人権の保障・確立を目指す憲法学の立場と、〝つながり〟の維持・強化を目指す社会哲学の立場との緊張・相剋を見出すこともできよう。

障害者の人権の保障・確立のために「標準」に到達できる知的能力の有無によって《切断》することが憲法学にとって「必要悪」としてかもしれないが、「必要」であることもまた、疑問の余地のない事実である。それゆえ、今や〝つながり〟の強化による人権の保障・確立を実現して、二つの立場の相剋関係を相乗関係に移行させるための理論の構築が求められていることも否定できないと言えよう。しかし、「統合教育」は、そもそも障害児の「発達」にとって、適切な教育と言えるのであろうか。

堀尾輝久の見解

実際、「統合教育」はもちろん、障害児の普通学級での「交流」にすら反対して「ミカンはミカン畑、サツマイモはサツマイモ畑で育つべきです」と述べて運動を展開している父母集団すらが存在する。[56]「ミカン（障害児）」は「ミカン畑（養護学校）」でこそヨリ良く「生育する」＝「発達する」というその言説は「発達」の観点からする「統合教育」批判である。また、「親になってから、ろう者としての自覚をもつに至った」という羽柴志保は、「必要なのは真のろう者教員なのである。ろう者の手話を母語として獲得し誇りをもち、ろう文化を身につけている人、そういう人こそがろう教育者に必要でありふさわしいのではないだろうか」という観点から、「統合教育」に反対している。ここでは、いわゆる「ろう文化」へのコミットメントや、「デフ・ファミリー」としてのアイデンティティの問題が語られているが、「統合教育」でろう児の「発達」が最大限発揮できるのかという疑問が、その根底に位置している。[57]

例えば、堀尾輝久は、「統合教育は理想である」ことを肯定し、「障害を負っている子と健常児が同じクラスで学ぶことは、障害児にとってプラスになるだけでなく、健常児にとっても、その人間の見方をゆたかにし、あるいはやさしさやいたわりを育てるという観点から、非常に大きな意味がある」ことを承認する。しかし、浦和市（当時）で、ある全盲の子供が「統合教育」で成長できたのは、一方で母親が子供に、「小学校に上がる前に点字を理解させ、学校の模型を作り、学級の配置関係からトイレがどこにあるということまで」準備教育として教えると同時に、他方で「〔その子供を迎える条件を満たす〕教師と学級集団」が存在する、という前提が充足されていたからである。そういう準備や前提もなく、ただ「統合教育」を受けるために登校すれば、障害児は「いじめ」られる機会が増えてしまったり、発達を保障されずに「置いてきぼり」をくわされてしまったりしかねない。このような観点から、堀尾は、「障害児教育が大きく発展していく中で、その障害に見合った手厚い教育、その特別なニーズに応ずる体制が作られなければならないという視点から見れば、養護施設や養護学校、あるいは『特殊学級』を作ることが、すなわち差別だというふうに簡単にはいえない」と主張するのである。(58) 実際、本間一夫の学んだ函館盲唖院は、「障害に見合った手厚い教育」を行ない、「特別なニーズに応ずる体制」を立派に整えていたと言えるだろう。したがって、障害児と健常児の《切断》は、障害児の「発達」のためにも必要な場合がある、と堀尾は考えている

福島智の見解

前記の二つの裁判で勝ち取ることが目指された「統合教育」の是非の問題は、それゆえ、いわゆる「発達保障論」と「発達保障運動」の評価という論点と密接に結びついている。「発達保障」については、次のように論じられている。「滋賀県大津市にある精神薄弱児施設、近江学園の糸賀一雄、田中昌人を中心とする実践研究において一九六〇年頃から用いられるようになった言葉。精神発達の遅れた子どもを健常児の発達研究のための比較対象群としてのみ扱ったり、実践とのかかわりを抜きにしてもっぱら『発達とは何か』を問う態度を批判するところから生まれた。いいかえれば、この言葉には、子どもの発達の筋道をできるかぎり明らかにし、その筋道にそってよりよい実践を展開することによって、発達の筋道がいっそう明確に把握されるとともに、次なる実践のあり方をも問われていくという、動的な発達観、実践観がこめられている」。また、「全障研」がすすめた「発達保障運動」については、次のように述

べられている。「発達保障運動とは、……旧来の慈善・慈恵的、社会効用的・社会防衛的障害者対策や能力主義的・社会適応（順応）主義的特殊児童観・特殊教育観を批判し、どのように重篤・重症の障害者をも含め、すべての障害者の障害の軽減・除去と人格発達の可能性を確信し、その主権者としての生きる権利、発達する権利の実現をめざして、障害者・家族、教育・福祉・医療等の関係者、研究者、学生、自治体職員、一般市民等、広範な人々の実践・研究・運動によって創造され、発展してきた社会運動の一つである[59]」。

この「発達保障運動」が、例えば「障害児の不就学をなくし、すべての障害児に教育権を保障する運動、重症児に対する療育の実践、障害の早期予知・発見、治療・相談と自治体におけるその施策を促進する取り組み、成人障害者の労働・集団・生活の場づくりや発達に必要な労働の中身などの検討」において〝成果〟を上げたという評価を紹介しつつ、福島智は、その「運動」が「統合教育」をめぐる問題において「多くの批判にさらされている」ことに注意を促す。

福島は、「発達保障論」や「発達保障運動」に対する、①「発達保障論」を「発達権理解の混乱」の視座から疑問化する「権利論」の観点からする批判、②「発達保障」よりも「障害者差別との闘い」に重点を置くべきだと主張する「『障害者』解放運動」の立場からする批判、③現代社会に浸透している「発達」=「進歩」思想の抑圧的本質を告発する「反発達論」の立場からの批判をそれぞれ的確に検討し、「発達保障論」が内包する二つの危険性を剔出する。その第一は、「発達における〝価値の序列性〟」の問題である。すなわち、障害児教育において「障害児の発達」に至上の価値を見出すとすれば、そこにⓐある特定の個人内部において「序列性」が生じること、ⓑある個人と他者との間に存在する「序列性」が強調されること、に危険性が見出される。この「序列」が高いことが価値とされると、どの個人のどの発達段階においても「最高度の関心をもって考えられるべきである『個人の幸福の実現』という目的が見失われてしまう」ことになる。

第二の危険性は、「発達保障論」が前提とする「能力観」の一面性に関わるものである。福島が重視するのは、

「〝能力それ自体の発達〟をどのようにして保障しているかということではなく、その〝発達した能力の現実的な展開〟を、どのように保障しているか」ということである。前者については、一定の〝成果〟を上げていると言えるが、後者については「統合教育」との関係で疑問が生じる。福島によれば、「発達保障論」の観点から「統合教育」問題に接近するならば、「各障害児の『諸能力の発達』を最も効果的に『保障』することが『障害児教育』の第一義的な目的であり、どの学校で、どうしたかたちで教育を行なうかは、その『目的』にかなうかどうかによって判断されるべきである、という考え方」となる。この考え方の持つ危険性を、福島は次のようにまとめる。「そもそも『能力』とは、『能力』それ自体では意味を持たないのではないか。その『能力』が主体によって〝現実に展開〟され、外界や他者との相互交渉のなかで、具体的にも発揮されてこそ、主体の生活にとって価値あるものとなるのではないか。たとえば、障害児学校において『適切な教育』を受け『書き言葉の能力』を身につけた障害児が、その能力を発揮すべく手紙を書こうと思ったとき、その手紙を書くべき肝心の友人がほとんどいなかったとしたらどうだろう。それでも、この障害児の『能力の発達』を保障したことになるのだろうか」。それゆえ、福島は、「統合教育」においては、「『障害児の能力の発達にとって最も効果的である教育をめざす』ことにのみ力点が置かれるべきではなく、障害児がみずからの能力を発揮し、それを他者との交渉のなかで、実際に展開するチャンスを最大限に保障することをめざす、という目的意識性が求められるのではないだろうか」と問いかけ、「そうであれば『能力を発揮する場やそれを響きあわす他者』の存在の可能性がより広く保障された『健常児と共に学ぶ』という教育形態が、新たな意味をもって把握されるべきではないか」と結論づけるのである。(60)

福島の指摘は、原則として、教育理論上は正鵠を射ている。仮に、障害児が、健常児から《切断》された養護学校における教育でその「能力」が高度に発達したとしても、障害児という人間と健常児という人間の〝つながり〟が《切断》されている以上、その高度に発達した「能力」を「発揮」するための場は存在しえない。普通学校における「統合教育」のみが、そのような場を与えることができる。〝つながり〟の大切さは、健常児という人間と障害児という人間の間でのみ保障されるべきではなく、もちろん、様々な障害のある障害児の間――例えば、留萌訴訟を闘った女子生徒が重視した身体障害児という人間と知的障害児という人間の間――にも保障されるべきなのである。したがって、いささか逆説めくが、女子生徒が「統合教育」を勝ち取るために援用することを拒否した「優秀な成績にもかかわらず」という論拠は、「発達保障論」の持つ「発達における価値の序列性」の重視と「発達した能力の現実的展開」を見ない「能力の発達のための効果」の追求という二つの危険性と、「能力の発達可能性」または「発達した能力」を基準とする《切断》の肯定という点で通底しているのである。

春日キスヨも、論文「障害児問題からみた家族福祉」で、次のように指摘している。[61]「何かに『成る』ことのみが奨励される社会では、そのままで『在る』ことの価値は軽視される。『成る』こととともに『在る』ことを保障してこそ、人としての尊厳は保たれる」。「在る」ことが保障されない今の日本では、いわゆる「寝たきり老人」や「重症心身障害児」は社会的に排除される。「発達」=「成る」ことの価値を保障するという尺度のみから障害児の能力を判断することになると、「成る」ことのできない障害児は単に「在る」だけの存在として「『モノ』化される危険性にたえずさらされ」てしまうのである。この春日の指摘は、福島の言う「反発達論」の臭みがあるが、福島が「発達保障論」に示す懸念の正しさを別の視角から証明しているものと見なすこともできる。実際、保障されるべき「発達」がたとえ実現できなくとも、健常児と同様に障害児も、「在る」だけで尊いと考えない限り、優生思想を肯定する「政治化した医学」に携わる医師たちにより、その存在自体を《無化》されることさえありうるのである。

「統合」と「排除」

松兼功は、障害を持つ生徒ばかりが学ぶ養護学校は、世間の冷たい「まなざし」をほとんど感じなくてもすむという意味では「とても居心地のいい環境」であるが、反面、それは視野の狭い「温室」となり、そのような冷たい「まなざし」への「免疫力」を失わさせてしまう、と指摘している。[62]松兼はネガティヴな観点から、そして福島はポジティヴな観点から〝つながり〟の実現を求める「統合教育」を肯定する同一の議論を展開していると考えることもできよう。

しかし、「統合教育」には、茂木俊彦が指摘しているような「統合」が「排除」となる危険性もまた潜んでいることを見逃してはならない。「通常学級の障害児教育においては、障害児がクラスの中で孤立し、ただ健常児と同じ場所にいるだけという状態になるとか、じゃまな存在だと見られてしまうということは避けなければならない。もし、そのようなことになれば、……障害児も可能な限り包摂していくというインクルーシブ・スクールの理念を掲げ、形式上はインクルージョンを推進したように見えながら、その実、障害児を排除（エクスクルージョン）する、という事態を引き起こしてしまうことになる」(63)。

理想を追求する教育理論上、統合教育を肯定する福島の見解は完全に正しいが、現実に眼を向ける教育実践上、堀尾輝久や茂木俊彦が示唆しているように、学校側および障害児（の両親）側のサポート態勢が十分でない場合には、統合教育において「障害のある子どもが『みんなの中でのひとりぼっち』になる可能性も否定できない」のである。松兼のように、それを世間の冷たい「まなざし」への「免疫力」を高めるものと考えることもできるかもしれないが、そのような「ひとりぼっち」になれば、「発達した能力の現実的な展開」を重視する福島が統合教育を肯定する根拠はすべて失われてしまうことになる。それゆえ「統合」による〝つながり〟の実現を目指しながら、結果としてクラスメートの健常児による《切断》によって「排除」が起こることは何としても回避しなければならないのである。

実際、最首悟は、次のような障害児の母親の苦痛の叫びを紹介している。「［障害のある］珠樹は学校にもひとりで行きつたない表現ながら話もし、文字も書きます。普通学級に九年近く行ったのは、健常児も障害児も共に生きるべきだと考えてのことでした。しかし普通学級は排除と差別の場であり、肉体的な加害も加えられる場でした。そんな中でも珠樹は頑張りました。そして高校進学という時期を迎えたいま、更に普通の学校なのかどうか、私はほんとうに迷い苦しみました。……九年間放ったらかされ、置きざりにされた普通という名の学校はもう沢山なのです。……

かといって珠樹が養護へ行きたがっているというわけではなく、見学に行って、否！ だと彼女はいっています。養護学校へ行って彼女はそこに障害という異形の者を見（自らも同じなのに）吃驚したのです。彼女が否！ というのは当然のことです。分断されていることがはっきりわかります」。

普通学級において排除・差別され、しかも養護学校からは分断されている――ダウン症の娘の父親である最首が記すように「闇は深いように思われる」のである。[64] その「闇」を、松兼のように世間の冷たい「まなざし」への「免疫力」をつけるための必要悪と考えることはできない。障害児の心の傷はあまりに深いのである。福島の統合教育肯定論は、このような「闇」を克服していけるのかどうか、根底から問われているのである。つまり福島の理論＝理想の正しさは、統合教育の実践＝現実で厳しくテストされるべきなのである。尼崎と留萌で「統合教育」を求める訴訟が闘わされていた時、一方で統合教育をめぐるこのような現実が存在していたことも忘れてはならない。

三浦朱門と江崎玲於奈の見解

「学校」における《切断》は、まったく異なる思想的背景においても、実現しつつある。例えば、斉藤貴男は、『機会不平等』において、三浦朱門が次のように証言したことを記している。「学力低下は予測し得る不安と言うか、覚悟しながら教課審をやっとりました。いや、逆に平均学力が下がらないようでは、これからの日本はどうにもならんということです。つまり、できん者はできんままで結構。戦後五十年、落ちこぼれの底辺を上げることにばかり注いできた労力を、できる者を限りなく伸ばすことに振り向ける。百人に一人でいい、やがて彼らが国を引っ張っていきます。限りなくできない非才、無才には、せめて実直な精神だけを養っておいてもらえばいいんです。……国際比較をすれば、アメリカやヨーロッパの点数は低いけれど、すごいリーダーも出てくる。日本もそういう先進国型になっていかなければいけません。……エリート教育とは言いにくい時代だから、回りくどく言っただけの話だ」。[65]

エリート教育の推進には、優生思想の復活が必要となる。江崎玲於奈は言う。「人間の遺伝情報が解析され、持って生まれた能力がわかる時代になってきました。これからの教育では、そのことを認めるかどうかが大切になってくる。僕はアクセプトせざるを得ないと思う。自分でどうにもならないものは、そこに神の存在を考えるしかない。その上で、人間のできることをやっていく必要があるんです。ある種の能力の備わっていない者が、いくらやってもねえ。いずれは就学時に遺伝子検査を行ない、それぞれの遺伝情報に見合った教育をしていく形になっていきますよ……遺伝的な資質と、生まれた後の環境や教育とでは、人間にとってどちらが重要か。優生学者はネイチャー（天性）だと言い、社会学者はノーチャー（育成）を重視したがる。共産主義者も後者で、だから戦後の学校は平等というコンセプトを追い求めてきたわけだけれど、僕は遺伝だと思っています[66]」。

三浦は教育課程審議会会長を務め、江崎は教育改革国民会議座長を務めただけに、彼らの「非才・無才のできんもの」＝「標準に到達する能力の備わっていないもの」には「実直な精神を養うだけの教育」を、「標準をはるかに超えたすごいリーダー」＝「遺伝的に資質の優れたもの」には「エリート教育」をという優生思想の観点からする《切断》を肯定する論理には重みがあると言えよう。

かつて臨時教育審議会をリードした未来学者の香山健一は、一九六七年の時点で、優生思想を強く支持する立場から、「ＩＱの高い人は三人以上でも子供を産んでよいが、ＩＱの低い人はあまり子供を産まないようにすべきである」と主張していた[67]。「優生」と「教育」の結合による《切断》の肯定は、イリイチの言う「予防の医療化」を具体化させる政策として、香山からしっかりと三浦や江崎にまで受け継がれているわけである。そして、「ネイチャー」＝「能力」重視の《切断》思想は、皮肉なことに、植木が高く評価する尼崎訴訟神戸地裁判決の論理とも通底している。

江崎は、「ノーベル賞を獲った日本人が少い」ことを憂えているが、分子進化の中立説で有名な集団遺伝学者の木村資生も、一九八八年に刊行した『生物進化を考える』で次のように論じていた[68]。「これら遺伝子突然変異または染色体異常は……、個体の生存にとって一般に不利であるため、遺伝における長い人類進化の過程では、自然淘汰による除去と突然変異による新生とが釣り合う状態で集団中に低い頻度で保たれてきた。しかし、医学の進歩によってこれら突然変異による異常は表現型型に次第に治癒されるようになるであろう。……このようなことは人道上喜ばしいことであるが、突然変異遺伝子が次代に伝えられるという点で優生的に大きな問題を含んでいる。……もっと重大なのは突然変異全体の問題であろう。すなわち、過去には有害だった遺伝子の大多数が医学の進歩により淘汰に中立になり、突然変異圧の下で中立進化を行ない集団中に固定するようになる問題である。……生物としてのヒトが、あらゆる人間存在の根底であり、これが受精卵核中に存在する遺伝子命令の翻訳された形であることを考えると、命令文の退化を許すことは、究極的には人類の退化をひきおこすことになろう。……人類が知能や労力や物的な資源の大部分を、いろいろな表現型対策に使うかわりに、より建設的、発達的な事業に使うためにはどうしても優生的な措置が必要だと思われる。〔優生には、消極的な面と積極的な面があるが〕現実に有効なのは、平均より多くの有害遺伝子をもった人が、なんらかの形で子どもの数を制限するか、あるいは有害突然変異遺伝子をもっていることが分かっている受精卵を、発達の初期に除去するかのどちらかになると思われる。とくに染色体異常を含む受精卵を発育させないのは、その個体自身にとっても社会全体にとっても、好ましいことと考えられる。ごく最近になって、いわゆる羊水検査の方法によって、染色体異常を出生前に検出し、妊娠中絶によって除去することができるようになったのは、明るいニュースであろう。アメリカの遺伝学者ベントリー・グラス……は、『健康で生まれることは、各人が教育を受ける権利をもつのと同じように、ひとつの基本的人権と考えられるときがくるであろう』と言っている」。

斎藤純一の見解

いわゆる「学校化」および「病院化」が高度に進んだ現代社会においては、フーコーの重視する「試験」に合格できるか否かによって、そしてイリイチの重視する「カリキュラム」をこなすことができるか否かによって、「高度な水準の試験に合格できるもの」=「高度な内容のカリキュラムをこなせるもの」=「(知的能力が高いゆえに)異常なもの」──「一般的な水準の試験に合格できるもの」=「(一般的なカリキュラムをこなせるゆえに)標準に到達する知的能力があるもの」＝「普通＝平凡＝正常なもの」―「(一般的なカリキュラムをこなせないゆえに）標準に到達する知的能力がないもの」＝「(知的能力が低いゆえに）異常なもの」という三つに子供のカテゴリーが《切断》される。そこに、「血」＝「遺伝」という優生思想が加わることになる。野辺明子の文章および神戸地裁の判決から確認できるように、《切断》の下方展開において最底辺に位置づけられるのは、「(遺伝的に有徴である）知的障害を持つもの」と考えられるが、江崎の言う「遺伝子検査」が木村の言うように「羊水検査」の方法で行なわれるようになれば、そのような「(遺伝的に有徴である）知的障害を持つもの」は、人間として誕生する以前に「人工妊娠中絶によって除去」されることになろう。すなわち、「(遺伝的に有徴である）知的障害を持つもの」は、優生的な措置によって人間としての存在自体を《無化》されるのである。しかし、事態はさらに前進している。

二〇一二年八月二九日付『朝日新聞』夕刊は、「妊婦の血液から胎児のDNAを調べ、ダウン症か確認できる新型の出生前診断を、国立成育医療研究センター（東京）など国内約一〇施設が始める。……出生前診断は、中絶につながるという論理的問題を抱えている。……」と報じている。木村や江崎や三浦は、それを「明るいニュース」として評価するのであろうか。

少なくともそれは、留萌訴訟を闘った原告の女子生徒（当時）にとって、「明るいニュース」ではないことだけは確実である。

出生前診断は、「生のリスク」に基づく社会的連帯を掘り崩す。斎藤純一は言う。「人びとはほぼ同じような確率で生のリスクに曝されているという『リスクの対称性』とでもいうべき想定が、主に遺伝子科学／バイオ・テクノロジーの進展……という条件のもとで、かつてもちえた説得力を失ってきているからである。たとえば、近い将来に普及が予想される遺伝子検査は、人びとの生にランダムにふりかかるリスクという考え方をしだいにくつがえしていくかもしれない。その診断によって、重度の病気や高齢期の心身の障碍に直面するリスクが低いという情報を得た人びとは、リスクが高いと判断された人びとのコストを負担することを、その合理的な計算によって避けようとするはずである。また、出生前診断の技術の発達とその普及は、障碍を予見しえたにもかかわらず出産を選択した人を、回避しえたリスクをあえて避けなかった人として、つまり自らすすんでリスクを負った人としてみなすようになるかもしれない(69)」。

実際、社会的連帯の理由が出生前診断等によって失効するという「ディストピア」は、後に論じる「有害な生命」訴訟や、渡部昇一による大西巨人批判によって現実のものとなっている。「社会的連帯」という人間と人間との〝つながり〟を《切断》しかねない出生前診断の技術の進展は、それでもなお「明るいニュース」として手放しで礼賛すべきものなのだろうか。

もっとも、国際ヒトゲノム・プロジェクト代表を務め、二〇〇九年からアメリカ国立衛生研究所所長となったF・S・コリンズは、木村や江崎や三浦にとっての「明るいニュース」が、少なくとも「教育」の領域においては必ずしも十分に「明るい」ものではないことを強調して、次のように論じている(70)。「オーケストラで第一バイオリンを弾き、数学でA＋の成績をとり、アメフトのクォーターバック選手となるような息子を望んでいたとしても、部屋にこもってヘビメタを聴き、マリファナを吸い、インターネットのポルノサイトをのぞき、テレビゲームにのめり込む、親の理想からはほど遠い一五歳の少年になることは十分にありうる。つまり、DNA検査はけっして子育ての公約にはならないのだ」。

江崎が「教育」の領域で大きな期待をかける「ネイチャー(天性)」＝「遺伝」も、必ずしも万能ではないのである。「遺伝」的にエリートと呼ばれる人々も、その息子がマリファナ・ポルノ・テレビゲームに夢中になる可能性があるからこそ「社会的連帯」を全否定することはできないであろう。

第三章　《無化》
——人間の存在を無くす

スティグマを《無化》すること

ゴフマンは、視覚障害のある青年が、〈パッシング〉により、自分が「目の（ほとんど）見えないもの」＝「有徴者」＝「異常なもの」であるというスティグマを押されることを回避しようとし、また、聴覚障害のある女性が、〈カヴァリング〉により、自分が「耳の（ほとんど）聞こえないもの」＝「有徴者」＝「異常なもの」であるというスティグマを押されることを防ごうとしていると指摘していた。もちろん〈パッシング〉や〈カヴァリング〉は、「異常なもの」としての彼／彼女らが負うスティグマを、可能な限り《無化》するための印象操作・アイデンティティ管理の技法である。

先に論じた《切断》も、「スティグマを負うもの」＝「異常なもの」が、ある特定の観点から見て彼／彼女よりもヨリ重大なスティグマを負う「有徴者」＝「異常なもの」をさらに下方に踏みつけることにより、上方に位置する「有利な立場の多数者」＝「無徴者」＝「正常なもの」との合体（ないし接近）を図るという、自らが負うスティグマを可能な限り《無化》しようとするための広義のアイデンティティ管理の技法と見なすことができるかもしれない。しかし、ここでは、ヨリ単純な《無化》から、議論を開始することにしたい。

顔に大きな赤アザのある石井政之は、アザを隠す化粧品「カバーマーク」を塗ってみた。「柔道部の友人と映画を観に行くことにし、その日を『決行の日』とした。その前日、私は友人に電話でこう話した。『明日は〈変わった格好〉をしていくから驚かないでくれ』……〔決行の日、友人は〕やっぱり私に気づかない。『おい、俺だ』／ギクリと立ち止まった。彼の眼が一瞬大きく見開かれるのが見えた。『おお、石井か。わからんかった。びっくりしたぞ。』……地下鉄の出口から出て街を歩いた。すれちがう人たちは、私が顔にカバーマークを塗っていることに気づいていない[1]」。

石井は、カバーマークを塗ることにより、彼が「有徴者」=「異常なもの」であるというラベルを貼られる原因となる顔の赤アザというスティグマを、「無徴者」=「正常なもの」が注ぐ「まなざし」から《無化》しようとしたのである。

上肢欠損という身体障害を持つ辻典子は、サリドマイド被害者の日常をその障害者自身が演じる映画『典子は、今』に出演し、大きな反響を巻き起こした。しかし、その典子を産んだ母親は、『女性自身』の記者に次のように話していた。「とにかく、ひっそりと生きたいんです。外に出るのが怖いんです。もし、無人島に母子二人きりで住めたら、そこは天国だろうと、つくづく思うんです。だから、できることなら、そっとしておいてほしいんです……」[2]。要田洋江は、障害児を産んだ母親が「もっとも差別される立場から逃れられない位置にいる」と指摘していたが、典子の母親も、「無徴者」=「正常なもの」から成る周囲の人々の「まなざし」が届かない「無人島に母子二人きりで住む」ことにより、彼女の娘が「有徴者」=「異常なもの」であるというラベルを貼られる原因となる上肢欠損というスティグマを、「まなざし」が不在の無人島において《無化》することを望んだのである。

野辺明子の娘・麻衣子も、次のように語る[3]。「……昔のアルバムを久しぶりに引っ張り出してきて、みんなで見ました。／あれ？　私が生まれた時から一歳頃までの写真で、私の右手が写っている写真が一枚もないのです。……／私の右手は不幸のかたまりで、右手の写っていない写真を飾ることが唯一の救いだったのかなど、いろいろな思いが交錯しました。……『なんで手術前の右手の写真って一枚もないの?……』と聞くと、母はひとこと、『本当に申し訳ないことをしたわね』と言っただけ。それ以上話そうとしなくて、私も聞きませんでした」。野辺明子は、娘・麻衣子の障害のある右手が写っていない写真のみを飾ることで、「無徴者」=「正常なもの」の「まなざし」が娘の右手の四肢障害に注がれることを回避することにより、彼女の娘が「有徴者」=「異常なもの」であるというラベルを貼られる原因となる先天性四肢障害というスティグマが、娘の写真を見るであろう人々の「まなざし」の中で《無化》するように工夫したのである。

石井政之も、典子の母親も、麻衣子の母親も、いわば「まなざしの地獄」の中で生きていたのである。これらの事例で、スティグマを《無化》しようとしたのは、「スティグマを負うもの」自身（またはその母親）であった。しかし、「無徴者」=「正常なもの」から成る国家などの権力が、「スティグマを負うもの」の存在自体を《無化》しようとする運動を展開することがある。ここで劇的に、《無化》する主体が変わるのである。「スティグマを負うもの」は、《無化》される客体に反転する。

ハンセン病患者の《無化》

まず、ハンセン病患者の《無化》について見ておこう。一九三〇年、内務省衛生局（当時）は、「癩の根絶案」を発表するが、そこには日本の癩患者数を一万五〇〇〇人と推定し、このうち五〇〇〇人を癩療養所に収容した上で、最長五〇年を目途に残る一万人を「根絶」するという計画が記してあった。この計画に対応して、「癩予防ニ関スル件」を改正した「癩予防法」が制定された。癩予防法は、これまでの「療養ノ途ヲ有セス且救護者ナキモノ」という隔離収容の条件を削除し、原則としてすべての在宅患者も隔離収容の対象とした。「病毒伝播ノ虞」が強調され、「伝染性」において危険な（とされた）患者は、事実上就業の途を閉ざされ、いわゆる「無癩県運動」における「患者狩り」の対象となった。

国家の癩根絶計画は、「癩予防協会」（渋沢栄一ら）、「日本MTL」（賀川豊彦ら・キリスト教）、「大谷光明会」（昭和天皇后良子の妹=大谷智子裏方ら・浄土真宗）等の支援を受け、癩病患者の囲い込みを図るものであった。(4)

「新たに一万人を収容する施設をして、十年後には患者全部を隔離し……、全部隔離完了後は、十年を以て患者がなくなる」云々と記された「癩の根絶案」を実現するためには、「無癩県運動」によって各都道府県に、在宅患者の掘り起こしと隔離による囲い込みを競わせる必要があった。

第二次世界大戦期に、厚生省が設置されたのに続き、国民健康法・結核予防法・保健所法・花柳病予防法等が次々に制定され、公立の癩療養所も国立に移管された。「重要なことは、こうした諸法律・諸制度が『人的資源』の培養・動員という国策に沿った一連のもので、優生思想に基づき、長期的な戦争に堪え得る質量ともに優秀な国民を創出しようという国家の要求を実現したものであるという事実である。こうしたなかで、ハンセン病患者への絶対隔離政策も進行したのである」(5)。

皮肉なことに、フーコーの言う典型的な「政治化した医学」が展開した「無癩県運動」において目指された「全患者収容」は、新たに収容した患者の中に労働運動・社会主義運動の活動家も含まれていたことにより、彼らを中心に各地の癩療養所内で患者の権利擁護を求める活動が活発に行なわれるようになった。このような「反抗的な」患者による抵抗を抑え込むための対策の一つとして、一九三六年、粟生楽泉園に、後に日本のアウシュヴィッツとも呼ばれる「特別病室」=「重監房」が設置された。患者の山井道太は、園内で安全に労働するために洗濯作業の際に足の傷口から雑菌に感染することがないように長靴の支給を園当局に要求したが、園長によって「好ましからざる反抗者」と断定され、「特別病室」=「重監房」送りとなり、四二日間拘留された後、病状が悪化して衰弱死させられた(6)。まさに、「特別病室」=「重監房」は、ゴフマンの言う生活全面統制型施設=全制的施設の被収容者を弾圧するという特徴をすべて備えた「監獄」であった。それは、もちろん、イリイチの提示した「制度スペクトル」の最も右側に位置づけられるマニュプレイティヴ(操作的)な制度であった。山井のように「反抗的な」患者はそこで、攻撃・監禁・拷問の対象=客体となる。

この「無癩県運動」は、一人のヒロインを生み出した。小川正子である(7)。一九三二年から一九三八年にかけて長島愛生園に医官として在職した小川正子は、光田健輔の命を受けてハンセン病患者の収容に携わったが、その「無癩県運動」を推進するための患者収容・医療・啓蒙活動を記した『小島の春』は刊行と同時にベストセラーとなり、一世を風靡した。「皇国心」＝「愛国心」を熱く訴えながら、癩の恐ろしさと絶対隔離の必要性を説いて患者収容に奔走する小川の姿は、「救癩の天使」「白衣の戦士」などと称讃され、『小島の春』は映画化されるまでになった。(8) 憲法学者の宮沢俊義は、「著者〔小川〕の仕事は真の勇士のみのなし得る仕事である。その意味で著者はまさしく遠く支那戦線に活躍する皇軍の勇士に比されるべきものである」と評し、無教会派のキリスト者である南原繁も、『小島の春』から受けた感銘を「恰も現在大陸に血塗れになつて戦つてゐる同胞と分野は異なれども、同じ祖国の為の雄々しい犠牲心を読む」と語って、その「尊い人類愛と道徳的勇気」を手放しで褒め讃えている。しかし、「人類愛」と「祖国のために戦う皇軍の勇士の犠牲心」を等置することには矛盾がある。小川の行為も、「無癩県運動」における「癩患者の撲滅」＝「民族浄化」という国家目的を無条件に肯定するものであった以上、それは南原の言うような真の「人類愛」ではなく、「国辱」意識を反映する光田イズムの歪んだ「愛国心」に基づくものであった。

市野川容孝は、『小島の春』に、「らいは伝染病だ」と説明する小川正子に対して、患者とその家族が「らいは遺伝だ」と反論し「入所を頑強に拒むケース」が記されていたことに注意を促す。「らい」について「血」＝「遺伝」の観点から「有徴」であると主張することは、《切断》の下方展開において、自分たちがその最底辺に位置するものであることを訴えることを意味する。それにも拘わらず、彼／彼女たちは、「らいは遺伝だ」と訴えたのである。「『らいは遺伝だ』という患者とその家族の主張は、患者を家族から強制的に引き離すその暴力に抵抗するための必死の言葉だったと解すべきなのではないか。このときの『遺伝』は、隔離の暴力に抵抗する家族の絆の別名に他ならない」。(9)「血」＝「遺伝」の観点において「無徴」である「壮健さん」から下方に踏みつけられるかもしれないにも拘わらず、隔離されないように「血」＝「遺伝」という家族の「絆」を患者たちは必死に強調しなければならなかったのである。「夫と妻が親とその子が生き別る悲しき病世に無からしめ」（小川正子）――しかし、小川の詠んだこの歌で「生き別れ」させるのは彼女の言うように病の「自然」ではなく、強制隔離を命じた国家が推進する「政治化した医学」に携わる医師たちの「作為」であった。

無癩県運動

敗戦後、日本国憲法の下、画期的な治療薬プロミンの効果が現れ始めたこともあり、厚生省は、一方で癩患者に「軽快退所」の道があることを示しつつ、他方で、戦前と同様の「全患者収容」を目指す政策を引き続き推進した。実際、癩療養所は増床され、一九五三年の時点では、ほぼ全患者の収容が可能となった。

「無癩県運動」も、継続された。戦後の「無癩県運動」において、愛知県が一九五〇年に出したパンフレット「らいの話」の中には「我々は新しい明るい日本を築き上げるべき大きな使命を持っている。日本の人を全部此の悲しい病気から守ることの出来る様お互いに協力して戴く様に希望する」云々という文章が記され、その末尾に「私達も文化日本の建設に些かの貢献をしているものと思っております。私は願くば健康の日本、無病の日本の礎となっても皆様の五体をお守りしたい覚悟です」という「患者感想文」が付加されている。《無化》の主体があたかも患者自身であるかのように錯覚させようとする国家による欺瞞の言葉である。[10]

したがって、「無癩県運動」は、戦後、各都道府県において、むしろ強化されることになった。例えば、長野県は一九五一年に、「無癩県運動を強力に実施するための患者家族の健康診断と患者及び擬似者の調査を実施すると共に、これらの患者に対する一時救護及び収容の徹底」を行ない、特に患者発見について「市町村及び警察署の協力活動による通報」や「一般住民よりの聞込み」を奨励する計画を示している。また、神奈川県は一九五三年に、「本年度は曾ての無らい県たる誇りを再現すべく潜在らい患者の発見に努め収容を円滑にする」という決意表明を行なっているのだ。[11] ここに「病院化社会」（イリイチ）＝「全制的施設化社会」（ゴフマン）＝「（健康）管理社会」＝「（疾病）監視社会」（フーコー）の萌芽を、われわれは見出すことができよう。

このように、「国策としての差別・偏見」が敗戦後も長期にわたって維持され、いわば日常化された結果、「無癩県運動」の持つ差別性に対して市民の側に感覚麻痺が生じ、「同情」論と表裏一体のものとして作出・助長・維持されてきた差別・偏見は、まさに「加害者意識のない差別・偏見」として現出したのである。それは、愛知県の作成したパンフレットに付加された「患者感想文」からも読み取れるように、被害者である患者の犠牲が、「無癩県運動」を推進した国家という加害者により強制された「犠牲」ではなく、あくまで患者自身の自発的な意思による尊い「犠牲」であることが虚構された事実と照応している。

ところで、一九三三年以降、ナチスの「断種法」に強い影響を受け、『小島の春』を生んだ「無癩県運動」により「皇国心」が高まった日本においても「断種法」論議が活発化するに至ったが、本来優生思想に基づき遺伝病のみを対象とすべき「断種法」がハンセン病をもその対象に取り込もうとした点にこそ、「隔離と断種とにより患者とその子孫を根絶やしにしようとする政策上の意図」＝『政治化した医学』により患者を《無化》しようとする意図」が示されている。[12] ただし、「救癩の父」と呼ばれる光田健輔の指導の下、一九一五年に既に全生病院で最初の断種手術が行なわれていた。光田は、「精液を通じての感染や新生児感染、それに加えて母体の妊娠出産による進行を防ぐとして、病者への断種を必要な措置だと主張した」が、赤痢菌の発見者である志賀潔が癩患者の断種を奨励する意見を述べたのみならず、優生運動の有力な指導者であった後藤龍吉等も光田の主張を強く支持したこともあり、「ハンセン病患者への断種手術は暗黙の了解事項となり、病者の子供をつくらないことを徹底する」ために、独身者も含めて、時には医師ではない職員の手すら借りて日常的に行なわれるようになっていた。もっとも、花井卓造や牧野英一は「［光田らが行なっている合法とはされていない］断種手術を第三者が告発すれば傷害の罪になる」という見解を表明していたが、患者を《無化》することについての確信犯とも言うべき光田は、「告訴されれば私が刑務所に行くまでだ」と覚悟して手術にあたったと後に回顧している。[13] 文化勲章を授与された光田は、まさに「解放者としての医師の神話」を体現した人物なのである。

一九四〇年、厚生省は、癩予防法改正案を国民優生法案とともに議会に提出したものの、議会の審議で感染症であるハンセン病を断種対象とすることの矛盾を突かれて、結局ハンセン病患者の断種を合法化する癩予防法改正案は成立しなかった。しかし、その後ももちろん、光田らによりハンセン病患者への断種は続行され、厚生省も合法化の必要を認めながらも、それを黙認したのであった。敗戦後、皮肉なことに日本国憲法の下で、その合法化は実現する。すなわち、優生保護法(一九五二年改正)は、その第三条で、「医師は、左の各号の一に該当する者に対して、本人の同意並びに配偶者……があるときはその同意を得て、優生手術を行なうことができる」と規定し、その一として「本人又は配偶者が、癩疾患に罹り、且つ子孫がこれに伝染する虞れのあるもの」を挙げているのである。

優生保護法は、遺伝病ではないハンセン病患者を《無化》するための矛盾に満ちた法律でもあった。

不幸な子どもを生まないための運動

次に、「不幸な子どもを生まないための運動」について見ておこう。日本学術会議の生物化学研究連絡会・遺伝学分科会が人類遺伝学会と合同で作成した「人類遺伝学将来計画」(一九七四年)では、「国民の福祉に貢献するための具体的な対策」の一つとして新生児スクリーニングを挙げ、「フェニールケトン尿症等の先天性代謝疾患をもつ新生児のスクリーニングによる早期発見と治療に要するコストと、それが行なわれず知的障害をきたして施設に収容された場合のコストについて数字を挙げて比較している」が、そこでは「スクリーニング開始の四年後には早期発見と治療のための支出の累積が施設収容経費の累積を下回るとされ、発生予防の経済的利点が強調」されている。注目すべきは、その「人類遺伝学将来計画」の中で「『不幸な子どもを生まないための運動』が一部の地方自治体でおこってきたことは、喜ばしい傾向である」と記され、その具体例として兵庫県と神奈川県の発生予防対策が言及されていることである。(14)

兵庫県衛生部は、一九七二年、「不幸な子どもの生まれない対策室」を作り、一連の運動を展開したが、そこで出生前診断がクローズアップされることになる。『あなたのために』――そう題された対策室が作って妊婦に配布したパンフレットには、「私たちのからだ」「血液型の遺伝」の項目に続いて「精薄児の一部はこうしてできる」という項目があって染色体異常のことが説明されており、さらにそれに続く「生まれるまでに胎児の異常がわかる――胎児診断」の項目には、次のように書かれている。「このような子供が生まれるか、生まれないかは、妊娠している母親のおなかから羊水をとって調べることができるようになりました。これを〝胎児診断〟と呼んでいます」[15]。

兵庫県衛生部は、この胎児診断の受診費用二万五〇〇〇円の半額を県で負担することとし、衛生部の重要な施策として取り組むことを発表した。一九七二年五月五日付『朝日新聞』は「これが軌道に乗れば、二百五十人に一人の割合で生まれてくる、という先天異常をなくすことができる、と同県ではいっている」と報じている。また、「不幸な子どもの生まれない施策」の県担当者は、「生きているものの幸福をつかむために、胎児の生命というものを捧げることも許されていいんじゃないか、そういうことも思っているわけです」と語っている。

この施策は、一九六六年から構想された総合的な「母子健康施策」の一つであったが、その施策では妊娠中の妊婦健康管理・出生直後の疾病対策および未熟児対策・母親学級等の教育体制・新生児センターと母子健康センターの整備等が柱とされたが、その最大の特徴は「不幸な子どもが生まれないようにする」という宣言がなされていることであった[16]。

「不幸な子どもの生まれない対策室」が著者となっている『幸福への科学』（のじぎく文庫、一九七三年）には、「生まれてくること自体が不幸である子ども」「生まれてくることを誰からも希望されない子ども」等の言葉が飛び交うが、兵庫県知事であった坂井時忠が推進しようとしたこの施策こそが、「血の通った県政」「愛情ある県政」の象徴であるとされた。『幸福への科学』によると、「対策室」がスタートする直接の切っ掛けとなったのは、一九六五年に当時の兵庫県知事の金井元彦が滋賀県の心身障害児施設「びわこ学園」を訪問したことで受けた衝撃であったとされる。「びわこ学園」で障害児の姿を見たことが、その子供たちを《無化》する運動を開始させたという事実は、大変に悲しいことである。加えて、兵庫県衛生部長であった須川豊が証言するように、いわゆる「サリドマイド事件」の発生も、先天異常に大きな関心が向けられる一つの重要な契機であった。このように、政治（行政）と医学が結合して展開された「不幸な子どもを生まないための運動」は、まさに「政治化した医学」（フーコー）による「不幸な子ども」を《無化》するための運動であった。その前提となったのは、イリイチの言う予防の医療化における「生まれてよいもの」＝「正常なもの」と「不幸な子ども」＝「生まれてはいけないもの」＝「異常なもの」の《切断》がなされるべきであるという価値判断であった。

幸福への科学

『幸福への科学』には、「不幸な子ども」が次のように定義されていた。

①生まれてくること自体が不幸である子ども。たとえば遺伝性精神病の宿命をになった子ども。②生まれてくることを、誰からも希望されない子ども。たとえば妊娠中絶を行なって、いわゆる日の目を見ない子ども。③胎児期に母親の病気や、あるいは無知のために起こってくる、各種の障害をもった子ども。たとえば、ウィルス性感染病・トキソプラズマ症・性病・糖尿病・妊娠中毒症・ある種の薬剤・栄養障害・放射線障害など。④出生直後に治療を怠ったため生涯不幸な運命を背負って人生を過す子ども。たとえば分娩障害・未熟児・血液型不適合や、新生児特発性ビリルビン血症に起因する新生児重症黄だんによる脳性マヒなど。⑤乳幼児期に早く治療すれば救いうるものを放置したための不幸な子ども。たとえばフェニールケトン尿症などの先天性代謝障害による精神薄弱児や、先天性脱臼、先天性心臓疾患など。

松原洋子は言う。「『不幸な子ども』と定義された障害児・病児は、新たに出現してはならない存在である、というのがこの施策の立場である。したがって、出生前診断は胎児の障害を積極的に発見するための手段として活用されるべきであり、また検査で異常がみとめられた場合は、中絶以外の選択はありえない。障害児を生むことは、大切な子どもを『不幸』に陥れることになるからである。……『幸福への科学』では、選択的中絶は子どもの生きる権利を奪うものではなく、『生まれてくる子どもの苦悩に満ちた生活をやわらげるための中絶』であるとされていた。そうした中絶が許されないならば、『生まれてくる子どもが、負いきれない苦悩を背負い、家族の生活すら崩壊しかねない状況の中で、親が未然にそれを防ぐ場合、法的に助ける手だてがなければ、親は、子どもの生まれてくるのを待って殺す、という方法しか頼れないだろう』という。つまり、一方で『障害児も大切な生命』といいながら、他方で障害児は生まれる前に中絶されるか、生まれてから親に殺されるしかない存在とみていたのである[17]。

「生まれてくる子どもの苦悩に満ちた生活」という言葉に注目しよう。この「運動」は、後に分析する「有害な生命」訴訟と正確に共通する価値前提から出発しているのである。

『幸福への科学』は、この選択的中絶が「ナチスドイツの優生保護政策に通じる」という意見もあることを率直に紹介している。実際、脳性麻痺障害者の団体「青い芝の会」は、ナチスの優生政策にも関心を向けながら、羊水検査に強く反発した。それは、「青い芝の会」の中心メンバーの一人であった横塚晃一の著作の題名が『母よ！ 殺すな』であったことにも象徴されている。選択的中絶を行なうことを決断する主体は、形式的には「母」なのである。たとえ、その決断が、実質的には国家と一体化した「政治化した医学」の推進する「運動」によって強制されたものであっても。

坂井律子によれば、「この『不幸な子どもの生まれない対策室』による胎児診断は、県費負担発表から二年後、……『青い芝』等の強い抗議によって中止された。抗議は兵庫の施策に対する『青い芝』大阪連合会、そして兵庫県衛生部長だった須長豊氏が異動した先の神奈川県の病院での胎児診断に対する『青い芝』神奈川連合会の行動が特に激しかった。神奈川県の運動では、公立病院での胎児診断を行なわないと県に約束させるところまで発展した。それは、『我々は不幸なのか、生まれてきてはいけないのか』という怒りの声であった[18]」。この「怒りの声」は、「有害な生命」訴訟で発せられる「我々は生まれてきてはいけなかったのだ」という「怒りの声」と、正確に逆方向のベクトルを持つことも覚えておこう。

「彼らの抗議は、当時の『優生保護法』改正論議……とも密接に関連している」という坂井は、「むしろ『優生保護法』の存在こそ、兵庫県の施策の遠因になっていたのではないかと思われる」と記している。(19)

実際、一九七〇年当時、兵庫県と神奈川県以外にも、「不幸な子どもを生まない道民運動」(北海道)、「健康な子を産む運動」(青森県)、「陽のあたる子育成」(福島県)、「健康な赤ちゃんづくり」(福井県)などのキャッチフレーズの下、実に四二の道府県市で先天性障害児の発生予防に重点を置いた母子保健対策が実施されていたのである。そして、一九七二年、政府は第六八国会に、優生保護法改正案を提出する。改正のポイントは、①中絶の対策から「経済的理由」を削除し、「精神的理由」を加えること、②胎児の障害を中絶の理由として認める規定＝胎児条項を新たに設けること、③優生保護相談所の業務として初回分娩の適正年齢の指導項目を導入すること——以上の三点であった。

①の「経済的理由」の削除が、「プロ・ライフ」の立場に立つ「カトリック医師会」や「生長の家」などの強い後押しがあったにも拘わらず実現しなかったのは、「プロ・チョイス」＝「産む・産まないの選択の自由」を主張して中絶の合法化の堅持を求めた女性解放運動(ウーマン・リブ)活動家から自民党女性議員に至る女性の猛反発を買ったことや、「日母」「日本医師会」「日本家族計画連盟」等の関係諸団体が組織的な反対運動を展開したことなどによる。そして、②の「胎児条項の導入」に、最も強く反発したのが「青い芝の会」であった。「青い芝の会」は、「優生保護法の前身が戦時中に制定された国民優生法であり、さらに、その国民優生法がナチスドイツの断種法をモデルとして作られていたことに注目した。そして、『不良な子孫の出生を予防する』という優生保護法の優生思想は、障害者の組織的抹殺を実行したナチスの優生思想と同根であるとして、選択的中絶を批判する際にもしばしば『ナチスドイツ』を引き合いに出した。……国家による優生思想の押しつけを激しく非難して優生保護法撤廃を求めるとともに、障害者を『不幸な子ども』への同情という美名のもとに排除しようとする『健全者のエゴ』を『内なる優生思想』と呼んで、その批判の矛先を、産む・産まないの自由を唱えて中絶の既得権を守ろうとする女性解放運動にも向けてい

った」[20]。

森岡正博の見解

「青い芝の会」等の障害者解放運動では、横塚晃一のような男性障害者が発言し、それと潜在的な緊張・対立・相剋関係にある「中ピ連」等の女性解放運動では、榎美沙子のような女性活動家が発言するのが一般的である。その意味で、先天性骨形成不全症という遺伝性疾患を持つ安積遊歩という女性障害者が、「青い芝の会」の影響を受けた後に、留学先のカルフォルニア州バークレーでフェミニズムと出会い、帰国の後に、「政治」の地平で、女性障害者解放のために「優生思想」と「家父長制」と闘うと宣言したことの意義は非常に大きい。彼女の宣言は、「女性」という存在の多様性を認識するように促した。

江原由美子は言う。「九〇年代……においては、……『女という同一性』が、問いを返されることになった。同じ『女』というカテゴリーを付与される者の中でも、それぞれ与えられた社会的位置によって、どれだけ異なる体験をしているかということが明らかにされた。戦後の優生保護法体制は、健常者の女性たちにとっては、人工妊娠中絶に対する規制、すなわち産むことを強制されるかどうかという問題であったが、障害者の女性たちにとってはむしろ、不妊手術問題、すなわち『産まないこと』を強制されるかどうかという問題であった」[21]。

しかし、幸い、優生保護法改正問題に関して、障害を理由にして中絶ができるようにする「胎児条項」の導入に反対することにおいて「女性と障害者の共闘パラダイム」が成立した。それは、まさに田中美津の言う「とり乱す」障害者たちと「とり乱す」女性たちが、それぞれの「闇」の深さを共有しえないことの重みを互いに承認しつつ出会った結果である。森岡正博は、その〝つながり〟を以下の三つの論点に的確にまとめている。

第一は、それが「障害者抹殺の思想」だからである。「障害を理由にして胎児を中絶してよいと法律の条文に書くことは、障害者はこの世に生まれてこなくてもよいということを法のレベルで宣言することであり、『青い芝の会』

のことばを使えば、『本来、あってはならない存在』だとあからさまに認めることになる。それは、健全者が、いま生きている障害者に対して、『生まれてこなかったほうがよかったのに』という視線を浴びせ、そういう意識で接することを、裏側から補強することになる」。

その第二は、「きちんと働いてものを生み出す『生産性』のない人間たちを、社会の重荷として切り捨てていくことになるからである。先天的な障害者だけでなく、後天的な障害者、高齢者、虚弱者など、生産性の乏しい弱者を次々と差別し、施設に隔離し、『お前たちは存在しないほうがいい』という『視線と無意識の態度』で彼らを追い込んでいく社会が到来するからである」。

第三に、「胎児条項が立法化されることによって、女の身体が、『健康で生産性があり国家に貢献する子ども』を次々と生み出すような『子産み機械』とされてしまうからである。……そして、国家は、女の身体を通して『弱者への差別意識』を植え付ける。つまり、弱者である障害胎児を女の手によって抹殺させ、その行為を通じて人々のなかに『弱者への差別意識』を浸透させようとしている。……『自己決定の名のもとに』女は選択的中絶を選ぶように誘導されていく。……国家は、『女が自己決定したのだから』という理由で、その〔障害胎児抹殺の〕責任を女に押し付ける。さらには、『障害を理由にして』胎児を殺してしまったことの罪責感や負い目までをも、女にだけ押し付けるのである」[22]。

これら三つの論点において、「胎児条項」の導入による「選択的中絶」の合法化に反対することで「青い芝の会」の障害者たちとウーマン・リブの女性たちは、それぞれの「運動」の一側面で〝つながる〟ことができた。しかし、女性解放運動と障害者解放運動は、そもそも「女性の中絶の自由」を認めるべきか否かという原理問題について、緊張・対立・相剋関係にあり続けた。それは、《無化》する女性側の原理と《無化》される障害者側の原理のもつ根本的矛盾の反映である。

女性の自己決定権

したがって、例えば安積遊歩の場合、「障害のある《女性》」の「肉体＝身体」の解放運動と、「《障害のある》女性」の「肉体＝身体」の解放運動は、今もなお、緊張・対立・相剋する可能性を秘めている。「障害のない女性」が自由に「プロ・チョイス」と「プロ・ライフ」のいずれに与するかを決定できるのに対し、「青い芝の会」の主張を知った「《障害のある》女性」がまさに障害があることでかえって「プロ・チョイス」の立場に与しないことを心理的に強制されるという問題も生じる。この場合、「青い芝の会」の主張は、その「《障害のある》女性」の主体的な生き方の幅を、「プロ・ライフ」を選ぶよう無言の圧力をかけることで著しく狭めてしまうことになる。つまり、安積のような「《障害のある》女性」も、もちろん自律的人格である以上、いわゆる「内なる優生思想」を拒絶するように強いることは、場合によっては、その自律的人格である彼女への不当な干渉と見なさざるをえないこともありうると言えよう。自律的人格には、「正しい」判断を下すことを「誤る」自由も保障されるべきである。現実に彼女が下した決断とは逆であるが、仮に安積が選択的中絶を選んだとしても、そのことで彼女が「内なる優生思想」に敗北したとして非難する権利を持つものは誰もいない。障害者のみに選択しないことについて「『とり乱す』ことのない聖人であれ」と命じることは、不当な差別である。「内なる優生思想」に敗北する自由がたとえ「堕落する自由」であったとしても、それが障害者に（も）保障された自由であることは否定できない。もちろん、立岩真也や小泉義之の「内なる優生思想」を批判する言説はあくまで「正しい」。しかし、その「正しい」言説を、パターナリスティックに障害者に受容するように強制するのは「正しくない」のである。なぜなら、その「正しい」言説の受容の強要は、障害者自身が所有すべき「肉体＝身体」を再び奪い取り、「障害者にとっての正しい〈生〉」という型にむりやり嵌め込むことになるからである。

特に立岩は、J・ロックの思想に与する森村進が個人による「肉体＝身体」の所有の意義を強調しつつリバタリアニズムを展開することに疑問を呈しているだけに注意する必要がある。強姦は、女性が自分自身の「肉体＝身体」を所有することの否定であり、折檻は、奴隷が自分自身の「肉体＝身体」を所有することの否定を意味する。したがって、個人が自分自身の「肉体＝身体」を所有することの肯定は、その個人が自殺・中絶・売春等を自己決定権の名の下に安易に行なうことの肯定では決してなく、むしろ立岩や小泉のような善意の「他者」による「肉体＝身体」の剝奪への拒否権行使の肯定を意味すると考えるべきである。

ゆえに、「内なる優生思想」批判の強要は、障害者の〈内面〉を監視する「まなざし」の支配を許し、その「まなざし」の圧力に敗れた障害者である彼女がこれまで所有してきた「肉体＝身体」を放棄させ、例えば清く「正しい」聖なるものへの上昇を目指す生き方である《内閉》を選択するように強いる場合すら生じてくるであろう。既述のように、実際、「青い芝の会」の主張に影響を受けた幾人かの女性解放運動家たちは「障害児とわかったら産むけれども健常児ならば中絶する」と語ったと言う。これが立岩や小泉たちの望む「正しい」選択なのだろうか。癩療養所のおける《内閉》を「正しい」〈生〉の形式と見なした神谷美恵子の見解が誤っているように、「障害児を差別したくない」という強迫観念を抱いた彼女たちの選択を立岩や小泉たちが「正しい」〈生〉の形式であると考えるなら、それは倒錯していると言われねばならない。次のように考えてみよう。

日本でも「有害な生命」訴訟の一類型とも見られる「望まない先天性風疹症候群児出生事件」訴訟が提起されたことからも明らかなように、妊娠中の女性が風疹を患った場合、生まれてくる新生児の心臓等に先天性障害がある場合が少なくない。そのため、風疹の予防接種を受けることが勧められている。しかし、そのような予防接種は、小泉義之流に考えれば障害児＝先天性風疹症候群児が生まれることを「良くない」と決めつける障害者差別ではないのか。むしろ、妊婦は、「内なる優生思想」を克服するために、風疹の予防接種を受けることを意図的に拒否して、堂々と風疹に罹患し、「五体満足」な健常児ではなく、障害児＝先天性風疹症候群児をどしどし産むべきである。それこそが、障害児を差別しないことを決意した女性解放運動家としての「正しい」生き方なのである——このような価値判断は、「内なる優生思想」批判という観念に「肉体＝身体」が支配されているという意味で明らかに倒錯している。

しかし、立岩や小泉たちが「正しい」と考える「内なる優生思想」批判を極端まで考え詰めれば、そのような障害児だからこそ産むという選択が決断されることになろう。それが先天性風疹症候群ではなく、例えばティ・サックス病、カナバン病、レッシュ・ナイハン症候群、囊胞性線維症、ハンチントン舞踏病等であっても、「内なる優生思想」を克服した「正しい」女性解放運動家ならば、選択的中絶など行なわず、産むという決断をすべきだ、という帰結が導かれそうである。先天性風疹症候群児なら産むが、カナバン病児なら産まないと決断することは、中絶するか否かがまさに疾病・障害の重篤さの違いによって選択したことの結果となっているから、それは「内なる優生思想」に敗北したことになり、解放運動家として「正しい」行為と言うことはできない。健常児と先天性風疹症候群児とカナバン病児は、差別してはならないからだ。確かに、「差別しない」ことは正しい。

しかし、「差別しないように強要する」ことは、女性の「肉体＝身体」に関わる問題地平において位相を根本的に異にする。なぜなら、それが「強要」による場合、《内閉》も、「内なる優生思想」批判の受容も、国家や「青い芝の会」による女性や病者や障害者が個人として所有すべき「肉体＝身体」の剝奪を意味するからである。すなわち、優生思想の受け容れを強制して女性に「(障害児を)産むな」と命じることも、「内なる優生思想」批判を強要して女性に「(障害児を)産め」という圧力をかけることも、優生政策を強引に推進しようとする国家であれ、国家が推進する優生政策に反発する「青い芝の会」であれ、そのような女性にとっての「他者」が女性の「肉体＝身体」を支配することを目指している点では変わりはない。「不幸な子どもを生まないための運動」であれ、障害者解放運動であれ、「運動」の論理に「生まみ」の人間が服従することは回避しなければならない。「健常児ならば中絶する」と語った女性たちもまた、「青い芝の会」が展開した「運動」の論理により、自分自身の「肉体＝身体」を奪われてしまっている。障害者である安積遊歩にも、健常者である女性活動家たちにも、「誤る」ことのできる自由は保障されなければならない。「どんな子でも受け入れられるような心構えがない人間は母親になるべきではない」という「正しい」倫理命題について、江原由美子は、「少なくとも私はそういう心構えができていると言いきる自信はありません」と正直に告白していた。江原もまた、「とり乱し」て、「正しい」判断を「誤る」可能性を持ち続けることの大切さを認めているのである。だからこそ、田中美津の言うように、「とり乱し」をさせない抑圧は、たとえそれが「正しい」運動による「正しい」倫理命題の強要によるものであったとしても、人間と人間の「出会い」を取り上げるから「最も巧妙で質が悪い」のである。主体である人間が「誤る」ことのできる存在である以上、「とり乱し」て「誤る」自由のない〈生〉は、出会いのない奴隷の〈生〉に他ならない。《内閉》のように清く「正しい」聖なるものへの上昇を目指す生き方は、「他者」と出会うことのない（あるいは出会う必要のない）〈生〉の形式なのである。

環境保護運動

ここでさらに、「環境保護運動」について検討することにしよう。ダウン症の娘を持つ生物学者の最首悟は、「公害反対運動と、障害者運動はどこで共通の根をもちうるかという問題」を提起している。つまり、最首は、ダイオキシンなどの環境汚染物質が持つ催奇形性が喧伝される以前から、いわゆる公害反対運動・環境保護運動は、「〔五体満足でありたいという思いに支えられた〕心身共に健康な人間像を基準とする運動」であるのに対して、障害者運動は、障害者解放運動すなわち「障害者は生きるに値する人間であることを主張する運動」であるにも拘わらず、公害反対運動が公害をなくす運動であることから誤って類推されて「障害者をなくす運動」と誤解されてしまう可能性があることに注意を促していた。(23) この公害反対運動と障害者解放運動の緊張関係は、環境保護に関心を持つ人々が、先天性身体障害者等にとって「悪意なき権力者」となりうることを意味している。例えば、栗原彬や竹内章郎は、「多数者の主観的善意が権力志向に転じていく」現象に注目し、次のように言う。今日の市民運動で生命に関わりのないものはほとんどないが、反原発運動・反農薬運動・食品添加物や合成洗剤の追放運動等は、いずれもが生命の遺伝子レベルの安全を求める運動であり、しばしば「反対」の理由として「奇形児が生まれる」とか「障害が発生しやすい」ことが女性（=産む性）の立場から挙げられるけれども、一時、青木やよひ等によって唱えられた「エコロジカル・フェミニズム」とも関わる「その運動に障害児が加わっていれば、あなたは本当は生まれない方がよかった、生まれてきてはいけない存在だったのだ、と親や仲間の市民たちから告げられたのに等しい」のだ、と。[24] 心やさしい善意の市民が障害者にとって自分を排除する「悪意なき権力者」となる危険性は、柴谷篤弘が指摘する、「障害の原因を身体的な困難にしぼり、その生成の原因を環境汚染にもとめる、一方的な視点のもつ危険性」に対応する。[25] つまり、障害者が苦しむ社会的差別は、障害者の排除を暗黙の同意事項としているゆえに、「遺伝的障害の原因となる突然変異や、後天的障害の原因となる環境障害をとりのぞき、それから身を護ろうとする、環境(保護)運動、食と農の運動、反原発・反核平和運動は、手ばなしで放置すれば、障害者差別運動となりかねない」のである。

そのようなエコ・ファシズムの危険性を明確に示しているのは、ノーベル化学賞と平和賞を重ねて受賞したL・C・ポーリングの思想である。ポーリングは、一方で戦闘的なエコロジストとして環境汚染をもたらす現体制を鋭く批判しつつ、他方で劣性遺伝子をはじめとする遺伝特性を各人が刺青によって額に明示すべきであると主張した。それは、「遺伝子レベルでの『欠陥』を発現させた『異常児』を求める愚かな欲求は誰ももたない」という根拠に基づいている。ポーリングの主張が危険なのは、「健常者」幻想に埋もれた「正常なもの」による環境保護運動において、「障害者」=「異常なもの」を生む環境汚染の蔓延する抑圧的社会を変革しようとする志向と、環境汚染の結果として額に「遺伝子レベルでの欠陥あり」という刺青を入れられた「障害者」=「異常なもの」(の潜在的両親)を《無化》しようとする志向が、互いに連動しつつともに「正しい」ものとして受容されてしまうことである。竹内章郎によれば、「ポーリング的志向は、自らの生活の見直しから出発して社会体制や工業文明のあり方に異議申し立てをしてゆく、現代の社会変革にとってきわめて貴重な、エコロジーに結びついた諸運動・市民運動のうちに、七〇年代以降、人間観レベルで伏在し始めているのである」。

『複合汚染』

最首・栗原・竹内・柴谷らの危惧が日本社会においても決して杞憂ではないことを、幾つかの論点から証明しておこう。有吉佐和子は、一九七五年に刊行した『複合汚染』で、参議院選挙に立候補した紀平悌子が「私達は憲法で健康権と幸福の権利を保障されています。けれども今、私達をとりまく環境が汚染され、私たち人間にとって最も大切な健康権は奪われようとしています」と訴えた後に、その紀平を応援するために、吉武輝子が次のような演説を行なったことを記している。[26]「皆さん、いま日本で一万人の赤ちゃんがオギャアと生まれると、三千五百人から四千人の赤ちゃんが、奇形児、障碍児、難病、奇病の持ち主だということを御存知ですか」。有吉は続ける。「私（有吉）はびっくり仰天してしまった。身障児が殖えているという知識は漠然と持っていたけれど、こんなすごい数字は聞き始めだ。私は呆気にとられて吉武さんの横顔を見上げていた。……吉武さんの口から、さまざまな公害のデータが数えあげられた。私はただ人寄せをするだけと思ってついてきたが、吉武さんは紀平さんとずっと前から打ち合わせずみだったためだろう、紀平悌子の説く環境汚染と食品公害を敷衍して、吉武輝子は異常出産の現状と子供の健康について縷々として訴え続けた」。まさに、公害「反対」の理由として「奇形児が生まれる」ことが、紀平悌子と吉武輝子という女性（＝産む性）の立場から挙げられているのである。

また、稲場紀久雄編『環境ホルモンと経済社会』[27]は、四肢に様々な先天性障害を負う奇形ザルの写真を数多く示すことで環境ホルモンが持つ人間にとっての危険性を鋭く警告している。その「まとめ」では、先天性四肢障害児父母の会が作成したパンフレットの一文「今こそ――この子供たちのために深いまなざしを――手足の奇形はサルだけの問題ではない――私たちは恐れます。悲しみを背負った子供たちが今以上に増えることを……」を紹介した上で、一九八五年に出版された絵本『さっちゃんのまほうのて』から次のような箇所を引用している。[28]「『お母さん　さちこのては　どうして　みんなとちがうの？／どうして　みんなみたいに　ゆびがないの？　どうしてなの』／お母さんは胸がいっぱいになって、さっちゃんをギュッとだきしめて説明します。でも、さっちゃんは、お母さんの説明の後でこう尋ねるのです。／『しょうがくせいになったら、さっちゃんのゆび、みんなみたいに　はえてくる?』／お母さんは、思い切って答えます。でも、さっちゃんは納得できません。／『いやだ、いやだ、こんなていやだ』」。

そして、「お母さんの、そしてさっちゃんの悲しみが伝わってきませんか」と読者に問いかけるのである。ここには、まさに「悲しみを背負った子供たちが今以上に増えることへの恐れ」に共鳴する視座から、先天性障害者を「環境汚染のバロメーター」と見なす善意の科学者たちの姿が確認されよう。「さっちゃん」は、母親や善意の科学者たちから「深いまなざし」を注がれる「客体」＝「対象」になってしまっている。彼女は、《無化》されるべき「客体」＝「対象」の一段階前に位置する、「生存する権利」すら奪われかねない大変にあやうい存在にされてしまっていると言えよう。

野辺明子の反省

『さっちゃんのまほうのて』の著者の一人である野辺明子は、一九九六年の時点で、次のように反省している。(29)

「環境保護グループや消費者グループを中心とする『いのちと暮らしを守る』運動の中で時に語られたのが『先天異常児や奇形児が生まれると大変』という危機感であった。合成洗剤に催奇形性が、原発が一度事故が起これば流産・死産・奇形児が急増、農作物自由化に伴うポスト・ハーベストでこれだけの健康被害が、といった〝正義の告発〟が時に障害児を社会から排除する力となって機能することに気づいたのも障害児たちであった。障害児が生まれたらどうしよう……、という一般消費者の漠然とした不安感をあおることで環境保護や食品や農産物の保護を訴えるのは、結局のところ障害者の存在そのものを忌避し否定する発想からきているのである。……環境汚染のバロメーターや、汚染のつけのサンプルとして無神経に引き合いに出されるのはいやだ、私は私の手が好きだ、と父母の会で最初に発言したのは小学生の少女であった。親たちが先天性四肢障害の問題を一般社会にアピールするために全国各地で精力的に『奇形ザル』の写真展を開催していた時である。『人類への警告』の統一テーマでニホンザルに急増している手足の欠損の現象と子どもたちの現実を訴えようとシンポジウムや写真展を開き、その会場にサルと子どもたちの写真を展示したことへの子どもからの抗議だった。『異常児』だとか『かわいそうな子』と他人から言われるのはいやだ、という子どもの言葉に私はハッとした。問題提起を急ぐあまり、みんなとはちがう手や足であっても一人のかわいい子どもとして存在している彼らへの配慮を欠いた運動を親たちはしてしまったからである」。

「私は私の手が好きだ」と語る一人の少女の訴え。それは、「肉体＝身体」の奇形を人格の欠陥の表われと見る否定的障害者観——野辺は「たまたま絶対的多数の人間が五本の指の手足をしているために、それが〝正常〟とされているにすぎません。しかし残念なことに五本以外の指の手や足はあたかも怪獣のそれかのように異常視され、蔑視されてきました。たまたまそういう特徴のある体をもった人間は〝かたわ〟だとか〝不具〟だといわれ、人格までが貶しめられてきた歴史があり、それこそが私たちを取り巻く社会なのです」と言う——と環境保護のための〝正義の告発〟の結合が、障害者の存在そのものの否定へと至ってしまったのである。野辺明子自身が、互いに潜在的な緊張・対立・相剋関係にある環境保護運動（公害反対運動）と障害者解放運動の狭間で、それらの運動に向かう姿勢を強く揺さぶられたのである。環境保護運動は、「正しい」運動であろう。そして、「環境汚染を原因とする先天性障害児が誕生することのないよう環境保護に努めよう」というのは「正しい」倫理であるかもしれない。しかし「正しい」運動による「正しい」倫理であっても、それは現実に生きている障害児たちの存在自体を《無化》することを肯定する否定的障害者観を反映する運動であり、倫理でもある。したがって、「正しい」はずの環境保護運動は、ポーリング流のエコ・ファシズムに変質する可能性を持つ。そして、ファシズムが行なったことは、「低価値者」と見なした先天性障害児たちの「安楽死」という名での《無化》だったのである。

「有害な生命」訴訟

ここで、アメリカの司法において新しい局面を迎えつつある「有害な生命」訴訟についても少し触れておきたい。

加藤秀一によれば、それは、「先天性障害などをもって生まれた子供が、出産を回避できるように親に情報を与えなかった医師たちに対して、苦痛にみちた『有害な生命』の損害賠償を求める訴訟」である。[30]

この「有害な生命」訴訟で展開される主張は、①医師たちは、適切な出生前診断を行ない、その結果を親に正確に伝える義務があった。②もし、医師たちが、その義務を履行していれば、親は妊娠を思い留まるか、あるいは中絶していたであろうから、自分が生まれることはなかった。③ところが、医師たちは、その義務の履行を怠ったゆえに、自分が生まれてしまい、苦痛に満ちた〈生〉を課せられてしまった。④したがって、医師たちには、その義務の履行を怠った結果として、自分に与えた損害を償う責任がある――というものである。木村資生は、B・グラスの「健康で生まれることは一つの基本的人権と考えられるときがくるであろう」という予言を紹介していたが、不幸なことに、訴訟社会アメリカで、その「とき」が来てしまったのである。

鵜飼哲は、『償いのアルケオロジー』において、次のように論じている。[31]「負債の根本にあるのは、……要するに〝生まれる〟ということです。フランス語でいうとdonner naissance ――誰々に誕生を与える、誰々に日の光を与えるという言い方をするわけですが、……。これは贈与の場面としては非常に不思議です。贈与される人自身が贈与より前にはいないわけですから。……人を産むということは同時にその人に死を与えることでもある。死すべき存在としてこの世に産み落とすことである。それは文字通り〝産み落とす〟のであって、いわば打ち捨てるということです。この世に生まれたということを、厳密に受動態で生み出されてしまったという意味で〝生まれた〟と考えると、親が子に向かって産んでやったことを感謝しろと言うのは奇妙なことであって、おそらくいちばん感謝されないことであるからこそ感謝しろというふうに、人間的な文化はしてきたのではないかとさえ思えてきます」。

鵜飼の言うように、すべての人間は「死すべき存在としてこの世に産み落とされる」。しかし、「有害な生命」訴訟の原告は、「苦痛に満ちた〈生〉を課せられた後に死すべき存在としてこの世に産み落とされる」ことを、「基本的人権の侵害」と言うべき「不法行為」として訴えるのである。

一九七〇年代後半、アメリカの裁判所は、次々に、医師たちの「適切な出生前診断を行ない、その結果を親に正確に伝える」という義務の不履行は、「五体満足で機能十全な人間として生まれるという、子供の基本的な権利」に対する「不法行為」であるとして損害賠償の支払いを命じる判決を下している。(32)「青い芝の会」のメンバーは、「我々は不幸なのか、生まれてきてはいけないのか」とか「母よ！　殺すな」という怒りの声を上げたが、「有害な生命」訴訟の原告たちは、「我々は不幸である、生まれてきてはいけなかった（しかし、苦痛に満ちた〈生〉を贈与されてしまった）」とか「母よ！　なぜ殺さなかったのか」という怒りの声を上げるのである。両者の「怒り」は完全に逆方向のベクトルを持つ。かつて、様々な「政治化した医学」が展開した障害者・病者の《無化》を目指す「運動」の論理を、原告の「怒り」の声を肯定した裁判所が引き継いでいることになる。「有害な生命」訴訟がたとえ「おぞましい」ものであっても、裁判官がその論理を肯定している場合があるという事実の重みもまた否定できない。したがって、もちろん、「有害な生命」訴訟にも、存在理由らしきものはある。加藤によれば、「本人が幼少に過ぎたり、重度の知的障害があったりして、自ら裁判を起こすことはできない」ゆえに、「有害な生命」訴訟は、実際には、「生まれた子自身ではなく、代理人としての親によって提起される」ことになる。そして、その提訴の理由は、子供自身が「有害な生命」訴訟に勝訴すれば、「子は親による庇護を離れた後でも生涯にわたって生活保障を受けることができる」というプラグマティックなものである。したがって、子供の将来に不安を抱く親たちが、このような訴訟を提起することが必要でなくなる社会福祉の充実こそが、強く求められているのである。しかし、医学の方向は、「有害な生命」訴訟が起きないように、「有害な生命」自体がこの世に生まれて来ないよう「デザイン」する段階に向かっている。

『遺伝子改造』の著者である金森修は、その著書刊行後に発表した論文「遺伝的デザインの文化的制御」で次のように論じている。(33)遺伝病が疑われる場合に関与する手法である「スクリーニング・アウト」は、「出生前診断を通してある種の形質を排除すること」である。そして、新たな段階へと至った「スクリーニング・アウト」は、「子どもに対する新しい見方を成立」させたのだ。すなわち、「その場合、〈生命への認可〉は無条件的なものではなくなる。

子どもは単なる受容から、判断と制御の対象になる。診断とその後の中絶等の行為は、徐々に強制的なものになるかもしれず、重篤な遺伝病患者は〈自然の失敗〉というよりは〈両親の判断ミス〉という扱いになる可能性がある。子どもは、生む（beget）のではなく、作る（make）対象になる」。だからこそ、先天性障害などを持って生まれた子供は、まったく情報がない中で〝産み落とされた〟わけではないとして、自分自身を「作った」ことについての〈両親の判断ミス〉を責め、さらには、「スクリーニング・アウト」を実施することなく、「制御の対象」である自分に誤って〈生命への認可〉を与えたことについての医師の責任を「有害な生命」訴訟で問うことになるのである。

「運動」について

ゴフマンの言う〈パッシング〉と〈カヴァリング〉は、「スティグマを負うもの」が、彼／彼女らの負うスティグマを《無化》するために用いる印象操作の技法であった。また、石井政之や野辺明子たちも、顔の赤アザを化粧で隠したり、娘の障害のある右手が写らないように写真を撮ったりすることにより、「スティグマを負うもの」のスティグマを《無化》するための情報管理を行なった。もちろん、ここでは、「スティグマを負うもの」が存在すべきことは、自明の価値前提となっている。

しかし、「無癩県運動」や「不幸な子どもを生まないための運動」や「環境保護運動」では、「癩」や「先天性障害」等のスティグマを負う人間存在自体が《無化》されることが目指されている。C・シュミットの運動論からも影響を受けた思想史家の藤田省三は、「多様な異質的人格の豊かな相互関係を共に探し求める営み」である「共生」において、いったん「運動」が起こると、その「運動」に巻き込まれて、「実存物はその存在形式の変質を始める」と指摘する。すなわち、例えば、一九世紀には並存していた西洋の諸々のイデオロギーは、それぞれが特定の経験的社会集団を代表する文化体系（希望・価値・歴史認識等々を総合的に表現している世界像）としてともに真理や正義を探し求める共生の営みに参与していたが、やがてそれぞれの集団の勝利や制覇を目指す「運動」の綱領へと各々が変化するに至り、ついには現実の「運動」に巻き込まれることによって各々が「テロルの時代の政治的道具」へとその存在形式を変質させてしまったのである。[34] 新たな「政治化した医学」が登場するのは、まさにその時である。

優生思想が障害者抹殺の「テロルのための道具」へと変質することはナチスの「運動」を見れば明らかであるが、エコ・ファシズムという言葉があるように、環境保護思想も、ポーリングの思想で確認しておいたように、その「エコロジー運動」に巻き込まれれば、「テロルのための道具」へと堕落する可能性を秘めているのだ。

萱野稔人は、C・シュミットやM・ウェーバーの思想に着目しながら、「国家はひとつの運動である、暴力にかかわる運動である」と強調する。[35] 確かに、国家がはっきりと前面に出た「無癩県運動」も、国家が女性＝母親の自己決定権を隠れ蓑に影響を行使した「不幸な子どもを生まないための運動」も、国家が善意のエコロジストの背後に身を隠した「環境保護運動」も、すべてが「異常なもの」を《無化》するための暴力に関わる「運動」である。『国家悪』の著者である大熊信行は見逃したが、障害者・病者の〈生〉の否定こそを、「国家悪」の観点から見なければならないのである。

「参加」と「動員」

「べ平連（『ベトナムに平和を！』市民連合）」による米軍のベトナム攻撃に対抗する反戦・平和「運動」を高く評価する高畠通敏は、「神政政治からスターリニズムに至るまで、運動が対抗権力に留まらないで支配権力に至れば、もっと大きな災厄がくる」ことを認め、「支配権力」の奪取を目論む「運動」では、「理論ならぬイデオロギーがスローガンやシンボルとして乱発され、行動を支える情念のかり立てや狂信が生産されてゆく」と指摘している。もちろん、高畠は、「運動」を単に「象徴を用いる権力者エリート間の争い」と見る「シニシズムの権力論」を斥け、「市民参加」の契機が存在する「運動」を強く支持する。[36]

ここで注目すべきは、「市民参加」と、国家という「暴力にかかわる運動」が求める「市民動員」の本質的相違であろう。例えば、無癩県運動では、「民族浄化」というスローガンや「小川正子」=「白衣の戦士」のようなシンボルが乱用され、医師・看護婦・患者のそれぞれが為すべき行動を支える情念のかり立てや狂信が生産されたが、それは明らかに「市民参加」ではなく、「上」からの「市民動員」の一現象形態であったがゆえに、「支配権力」に利用される「運動」に他ならなかった。

しかし、本来、経済発展を追求するあまり環境悪化をもたらした国家と闘うべき「対抗権力」に留まるはずの環境保護運動も、「環境保護イデオロギー」がいわゆる「奇型児」や「奇型ザル」を環境汚染のシンボルとして利用し、「先天異常」への恐怖の情念をかり立てた結果、そのあくまで「上」からの「市民動員」ではなく「下」からの「市民参加」による「運動」であるはずのものが、環境汚染を原因とする(?)先天性障害者などを《無化》することを目指す「運動」として、結果として、栗原彬や竹内章郎が示唆するように、「支配権力」的に振る舞うという誤ちを犯してしまったのである。すなわち、高畠は、「環境を守れ」と叫ぶ善意の市民が「参加」する「運動」に、否定的障害者観がその「情念のかり立て」の重要な駆動力として潜在している可能性があることを見逃してしまったと言えよう。つまり、政治理論上は、理念型的に「支配権力」と「対抗権力」、「動員」と「参加」の各々のペアを対立するものとして観念することは可能であるが、現実の「運動」実践においては、「対抗権力」はしばしば「支配権力」として機能し、市民「参加」は市民「動員」へと不断に転化し続けるのである。藤田省三の言うように、「環境保護イデオロギー」は、そのイデオロギーによる支配を目指す「運動」に巻き込まれることによって、「エコロジカル・ファシズム」のような「テロルの時代の政治的道具」へと存在形式を容易に変質させかねないのである。「テロルの時代」を特徴づける一つの要素は、もちろん、「上」からの「市民動員」である。障害者・病者という「敵」を《無化》することを目指すという「運動」のテロル化は、「上」=「支配権力」への対抗を出発点とする環境保護運動よりも、「上」=「支配権力」が「市民動員」をはっきりと命じる「無癩県運動」や「不幸な子どもを生まないための運動」においてヨリ顕著であることは言うまでもなかろう。後二者において、国家の「暴力にかかわる運動」としての性格が、くっきりと浮かび上がってくることになる。そのような国家の「運動」こそが、大熊信行が見るべきであった「国家悪」そのものなのである。「健康であることは義務である」と宣言する「国家」＝「暴力にかかわる運動」にとって、障害者・病者という「敵」を《無化》するための第一歩は、その「敵」がこれまで自己所有していた「肉体＝身体」を強制的に剝奪することである。そして、その剝奪する「暴力」はしばしば、愛国心・優生思想・環境保護等に関わる様々なイデオロギーの背後に身を隠し、その「国家悪」を帰結する強制的性格を巧妙に不可視化するのである。しかし、ここで国家は従来の「中性国家」から「全体国家」へと変身する。

「中性国家」から「全体国家」へ

つまり、C・シュミットによれば、これまで国家の「外部」の私的領域とされていた医療・福祉・環境などの分野に国家は「運動」＝「動員」により介入し、それらの分野での中立性を志向していた従来の「中性国家」を、それらの分野における特定の価値判断＝決断へのコミットメントを「内部」に取り込んだ実質的な「全体国家」へと変身させることを試みる。例えば、「健康」という価値を重視したナチスドイツの「健康帝国」がそのような「全体国家」の典型である。その「健康帝国」では、「健康であることは君の義務である」というスローガンの下に、本来国家の「外部」の私的領域に属するゆえに、個人の自己所有の対象とされるべき彼／彼女の「肉体＝身体」は、「全体国家」に剝奪されてしまう。「民族」浄化を目指す「全体国家」では、しばしば診断の医療化ないし予防の医療化が高度に進展した「政治化した医学」を利用して、その「国家」にとってもはやシュミットの言う「私仇」の水準を超えて「〈生〉―政治」における「公敵」の段階に至った「異常なもの」＝「敵」の完全な《無化》を目指す決断が下される。しかし、その「国家」の決断に基づき「テロルの時代の政治的道具」となった「運動」＝「動員」が現実に遂行されているという「国家悪」に関わる事実は、例えば、日本では「皆様の五体をお守りしたい」という「患者感想文」を前面に出した「無癩県運動」・形式的には女性の自己決定権によることを強調する「不幸な子どもを生まないための運動」・善意の母親たちによる「環境保護運動」等々に通底する「市民」の自発的「参加」を標榜する愛国心・優生思想・環境保護という様々なイデオロギーによって、今もなお「中立」であるかのように装う「国家」によって巧みに隠蔽されるのである。

イリイチの言う「診断の帝国主義」において、人々は、「(癩に関して無徴な)スティグマを負わないもの」＝「健常なもの(壮健さん)」＝「正常なもの」と「(癩に関して有徴な)スティグマを負うもの」＝「健康でないもの」＝「異常なもの」に《切断》され、また、「(遺伝的に無徴な)先天性障害というスティグマを負わないもの」＝「幸福である(とされる)もの」＝「正常なもの」と「(遺伝的に有徴な)先天性障害というスティグマを負うもの」＝「不幸である(とされる)もの」＝「異常なもの」に《切断》される。そして、フーコーが指摘するように、「健康な人間」についての規範を含むに至った臨床医学は、「病気ではないもの」を明らかにするのみではなく、「模範的なもの」の定義をも提示するようになる。「異常なもの」を排除するために、臨床医学における予防の医療化は、「模範的なもの」＝「健康・五体満足なもの」＝「子供を産んでよいもの」ないし「子供として生まれてよいもの」＝「正常なもの」と「模範的でないもの」＝「健康・五体満足でないもの」＝「子供を産んではならないもの」ないし「子供として生まれてはいけないもの」＝「異常なもの」を《切断》する。「無癩県運動」「不幸な子どもを生まないための運動」「環境保護運動」のすべてにおいて、それらの運動を展開する「有利な立場の多数者」＝「健康・五体満足なもの」＝「正常なもの」が勝利・制覇すべき「敵」は、「(癩または遺伝という観点について)有徴なもの」＝「健康・五体満足でないもの」＝「子供を産んではならないもの」ないし「子供として生まれてはいけないもの」＝「異常なもの」である。「有利な立場の多数者」＝「正常なもの」は、愛国心イデオロギー・優生イデオロギー・環境保護イデオロギー等々の観点から、これらの各項を等号で結ぶことを当然と考えるが、それは、「子供を産んではならないもの」＝「異常なもの」の人間としての存在自体が《無化》されなければならないこと、および「子供を産んではならないもの」が産む(かもしれない)子供が「子供として生まれてはならないもの」＝「異常なもの」としてその存在自体が《無化》されなければならないことを意味している。

最後の文章を過去形にすると、「その存在自体が《無化》されなければならなかった」となる。この価値判断こそ、「有害な生命」訴訟を提起した原告が、損害賠償請求の前提としたものである。それゆえ、前記の様々な「運動」の論理を、この「有害な生命」訴訟が受け継いでいると考えられるのである。

「世間」の中の病院

そのような「異常なもの」の人間としての存在自体が《無化》されるのは、資格ある専門技術者たる医師が支配する病院においてである。イリイチが示唆するように、医師は多国籍的医療文明の頂点に位置する。「有害な生命」訴訟は、そのような頂点に君臨する医師の責任を追及するものであった。したがって、医師たちは、自分たちを防衛するために、ますます熱心に出生前診断を行ない、必要ならば親たちが出産を回避できるように診断結果を正確に伝えるよう努力することになろう。「妊婦の血液から胎児のＤＮＡを調べ、ダウン症か否か確認できる新型の出生前診断を、国立成育医療研究センター（東京）など国内約一〇施設が始める」という新聞報道において、「ダウン症の胎児」を「子供として生まれてはならないもの」＝「異常なもの」として「スクリーニング・アウト」により《無化》する権限があり、且つ《無化》する責任がある（少なくとも両親が「胎児」を《無化》するか否かを判断するための情報を与える責任がある）のは、国立成育医療研究センターなどの国内約一〇施設＝病院の医師たちなのである。

ところが、例えばサリドマイド児たちは、明らかに「遺伝的に無徴なもの」であるにも拘わらず、病院の医師たちによって《無化》されてきた。優生保護法の制定に尽力した医師の太田典礼は、「兵庫県では、不幸な子どもを生まないための運動が、県立子ども病院を中心に起こっており、厚生省も計画を進めつつあり、世論の高まるのも近いであろう」と述べ、その「運動」に好意的な意見を表明している。太田の考える「不幸な子ども」の典型はサリドマイド児である。太田は、一九六二年、アメリカの女性が妊娠中にサリドマイドを服用したところ、奇形児が生まれる恐れがあるという記事を見て中絶を希望したが、アメリカの医師から断られ、やむなくスウェーデンへ行って中絶したという事実に注目する。太田によれば、この堕胎禁止法の「矛盾」が世論を動かし、一九六七年にはアメリカの三州が法律を改正し、さらにそれが次々と拡大し、ついにはイギリス、オーストラリアにまで及んだのである。このような状況を見て、安楽死推進論者の太田は、「これは前向きの改正だと思った」と率直に記している。この太田の思想は、「不良な子孫の出生を防止する」ことを目的として明言する優生保護法の精神に正確に合致している。(37)

確かに一九六三年に行なわれた「あなたがサリドマイド児の親だったらどうしますか?」というアンケートに対して、回答は、「育てる」が三八パーセント、「殺害する（殺害したい）」が六二パーセントであったという事実は否定できない。(38) しかし、障害児本人を対象とする別のアンケート調査によれば、サリドマイド児の約六〇パーセントが、「自分は不自由だ」とも「自分は障害児だ」とも思っていないという結果が出ているのである。(39) ここには、「子供を産むもの」＝親と「子供として生まれるもの」＝子供が互いに「敵」となる可能性があることが示されている。実際、「子供を産むもの」＝親が、日本社会において「子供として生まれるもの」＝子供の「敵」となってきた歴史があることを、養老孟司は強調している。養老は言う。(40)

「クリントン政権が全米各州でバラバラだった中絶を、連邦政府として自由化した。その結果起こったのは、中絶をしていると見なされる診療所の爆破や、中絶を行なうと見なされる医師の狙撃を含む、テロ行為だった。日本ではそのような事件は生じていない。日本の戦後の急速な人口増加にブレーキをかけたのは、人工妊娠中絶だった。……これは世間の伝統なのである。それを証明すると思われる典型例がある。数字で公にされた例でいうなら、わが国における重症サリドマイド児の死亡率である。記憶の上の数字だが日本では七五パーセント、同じ症例の欧米での死亡率は二五パーセントである。日本は幼児死亡率が低い点では、世界のトップクラスに属する。それならこのサリドマイド児の数字には、あきらかに人為が加わったと見なければならない。これを伝統的に間引きと呼んでいるのである。間引きが日常的だったということは、日本共同体への加入資格が、〔五体満足で〕生まれることによって生じることから、よく説明できる。新生児の段階が、最後の大きな関門なのである。わが国の場合、サリドマイド児に限らず、結合児のような先天性異常を一般に見かけないのも、同じ理由であろう。ただしこうした子どもが外国から来れば、大騒動をする。ヴェトナムから来た子どもの例をご記憶の人も多いはずである。日本人の場合、そうした子どもは『世間に出すものではない』らしい」。

そして、次のように結論づける。「日本の世間では、胎児は母親の一部と見なされているとしてよいと思う。外部から『見えない』ということが、そうした伝統に与かって力があったと思われる。……日本共同体への加入資格とは……まず見かけ上に大きな障害を示さずに生まれてくることである。現在も出生前診断が問題になっている。ここでも実際には、共同体の原則が貫徹しているであろうことは容易に想像がつく。……出生前診断と呼ばれるものの一部は、間引きが出生以前に延長したものと見ることもできよう」。

実際、一九八五年に刊行された吉村典子『お産と出会う』では、内反足の子供を産んだ母親に、医師から「死産として届け出るつもりなら、そのつもりで早急に決定するように」と話があったことが指摘されている[41]。ただし、このような子殺しは、つい「昨日までの」西欧世界でも見られるものであり、日本の「世間」に特有のものと見なすべきではない[42]。J・ダイアモンド『昨日までの世界』は、奇型や先天性虚弱の嬰児殺しは、「伝統的社会」ではごく普通に行なわれていたと強調する。そして、N・ハウエルの次のような指摘を肯定的に引用する。「[例外はあるものの、伝統的社会の多くで人々は]人の人生は出生時に始まるとは考えない。……人としての人生が始まるのは、出生し、名前を与えられ、村の一員として受け入れられた時なのである。それまでのあいだに、嬰児を生かすか否かの判断を下すのは、母親の特権であり、母親としての責任なのである。そして、この特権は、先天異常で生まれた嬰児や、双子の片割れとして生まれた嬰児に対する、文化的な処方箋なのである[43]」。

この言説は、養老の「世間」に関する言説と完全に同型である。つまり、「昨日までの」伝統的社会において、先天異常の奇形として生まれた嬰児を「村」=「共同体」の一員と認めることのない「世間」は、世界の到る所にあったし、それは現在の日本においても存続しているということになる。

「血」＝「遺伝」の観点では「無徴」であるはずのサリドマイド児である辻典子の母親が「もし、無人島に母子二人きりで住めたら、そこは天国だろうと、つくづく思うんです」と語ったことも、養老の言う「世間」の「まなざし」から逃れたいという気持ちの表明として納得することができる。「子供を産むもの」＝親が、日本社会において「子供として生まれるもの」＝子供の「敵」となるのは、「健康・五体満足なもの」＝「正常なもの」からなる「世間」[44]がわれわれの行動を支配しているからであり、「暴力にかかわる運動」である国家が黙示的に示す価値判断を反映するその「世間」において、「正常なもの」を求める人々の間で高まった愛国心イデオロギー・優生イデオロギー・環境保護イデオロギーに基づいて「無癩県運動」「不幸な子どもを生まないための運動」「環境保護運動」が華々しく展開してきたわけである。

この国家の秘められた価値判断と一体化した「世間」が存在する限り、たとえ癩予防法が廃止され且つ優生保護法の「不良な子孫の出生を防止する」云々という文言が削除されたとしても、「有利な立場の多数者」＝「健康・五体満足なもの」＝「無徴者」＝「正常なもの」から「不利な立場の少数者」＝「健康・五体満足でないもの」＝「有徴者」＝「異常なもの」を《切断》し、後者に属するものの人間としての存在自体を《無化》しようとする誘惑は消え去ることがないであろう。

B・グラスは、「健康で生まれることは一つの基本的人権と考えられるときがくるであろう」と語っていた。しかし、R・N・プロクターによれば、ナチスはヒトラー・ユーゲントに出した「十戒」で「健康であることは君の義務である」と命じたのであった。[45]「健康である（健康で生まれる）ことは権利である」という言説は、「健康・五体満足でないもの」＝「異常なもの」を《無化》しようとする誘惑が「世間」に存在する限り、容易に「健康である（健康で生まれる）ことは義務である」という悪夢のような言説に転化するのである。

どんぐりの家

このような悪夢は、もはや「夢」ではなく、「現実」のものとなった。二〇〇三年に施行された「健康増進法」は、「国民の責務」という条項で、「国民は……自らの健康状態を自覚するとともに、健康の増進に努めなければならない」と規定している。「生存権」を規定する憲法第二五条で国民の権利として保障されていたはずの「健康」は、今や国民の「責務」へと転化した。健康の増進に努められない重度障害者等は、かつてのナチスドイツと同様、現代日本でも、「国民の責務」を果たせない「非国民」とされてしまうのだ。尊厳死の法制化推進「運動」は、そのような「非国民」を《無化》することを目標としている。「健康である（健康で生まれる）ことは権利である」（日本国憲法第二五条、B・グラス）→「健康である（健康で生まれる）ことは義務である」（健康増進法、ナチスがヒトラー・ユーゲントに出した「十戒」）→「健康でない（健康でなく生まれる）ものは死ぬことが義務である」――小松美彦が危惧するように、今や、論理はこのように展開しつつある。(46)

それでは、このような《無化》の誘惑に抵抗することはできないのか。山本おさむは問いかける。「『風疹聴覚障害児教育終了記念誌』のなかにも収録された手記に、母親が聴こえない自分の子供に対して、『生まれてきてよかったと思うか』と問う場面が描かれている。何ということだろう。母親が我が子にそのような問いを発する……そうさせるものは一体何なのだろう」。その問いに答えるのは簡単なことではないが、アメリカでは、そう問いながら「有害な生命」訴訟を提起する母親の心には、「金銭」、つまり「両親の死後も重篤な障害のある我が子が生きていけるような経済的保障を確保しておくこと」が大きなウエイトを占めていることは否定できない。しかし、日本では、「金銭」のみを《無化》の誘惑に抵抗する手段と見ることはできない。重要なのは、障害者が自分自身の障害を受容した上で、彼／彼女がそのような抵抗を行なうのは可能だということである。その一つのヒントを、「どんぐりの家」の実践から学ぶことができる。ろう重複障害者の共同作業所である「どんぐりの家」は、一九八六年、埼玉県大宮市で障害者の親たちが互いに助け合うことで発足にこぎつけた。共同作業所の建設・維持に努める障害者とその家族たちの姿をコミック作家の山本おさむが注目し、彼／彼女たちの歩みを『どんぐりの家』という作品に描き出した。そして、山本は、『どんぐりの家』を描き続けるうちに「障害受容」という重いテーマと出会う。

「小さな身体に障害という大きな荷物を背負ったこの子は何を私たちに示そうとしているのか?」――そう山本は問い、そして次のように答える。[47]「……いろいろと悩んだ末にいちばん単純なところに行き着いたのだった。それは、生きているということ、障害を持つその子の生命、存在そのものをそのまま丸ごと受け入れるということ、それが、『障害受容』ではないか、ということだった。この世に誕生した生命は、どんなに重い障害を持っていようとも育ち、発育する力、すなわち、『生きようとする意志』を持っている。生命とは、人間という形、物体であると同時に生きようとする『意志』を内包している。この意志を発見し肯定するということが『障害受容』であり、『人権』の根本なのではないだろうか」。

同じ「人権」という言葉が使われていても、「障害受容」を前提とする山本の言う「人権」は、「障害拒否」を当然視するグラスの言う「人権」と一八〇度反対方向を目指している。グラスの言う「人権」は優生思想を肯定するものであったから、簡単に「健康であることは義務である」という言説に転化したが、山本の言う「人権」は決してそのような「義務」へと堕落することはない。

山本の言葉に注目する宗教学者の島薗進は次のように述べる。「……『どんぐりの家』でつかみとられているスピリチュアルなものは、『いのち』の『つながり』といった言葉で表現されることもある。死や危機に直面しながら、自己を超えたものに生きる根拠を見いだしていく経験を、『生命』や『関係』という事実性になにがしかの超越性を盛り込んだ、『いのち』や『つながり』という語でとらえようとするものである[48]」。

留萌訴訟を闘った原告の女子中学生は、身体障害者という「人間」と知的障害者という「人間」の〝つながり〟を保つことを重視した。「どんぐりの家」でも、「いのち」の「つながり」が目指される。《切断》や《無化》の誘惑に抵抗するための橋頭堡は、「人間」と「人間」との〝つながり〟、「いのち」から「いのち」への〝つながり〟の上に築かれることになろう。〝つながり〟を強調することは、甘ったるいヒューマニズムにすぎないと言われるかもしれない。しかし、「甘ったるさ」とは無縁の人生を歩んできた盲ろうの大学教授である福島智の著作は、『生きるって人とつながることだ！』というタイトルなのである。(49)

そのような〝つながり〟を重視する立場からすれば、本当に重要なのは、木村資生の言う「健康・五体満足でいる（生まれる）権利」ではなく、むしろ「病者でいる権利」「障害者でいる権利」（米本昌平）であると考えられる。(50)「人間」と「人間」との〝つながり〟が存在してこそ、「病者でいる権利」や「障害者でいる権利」は《無化》を目指す様々な「運動」や「訴訟」が「世間」で展開されることの圧力に抗して、保障されることになるからである。(51)

第四章　ゴフマン／フーコー

一　E・ゴフマン

《b　精神病院――病者にとって〈役割距離〉はヒューマニズムである》

全制的施設について

アーヴィング・ゴフマンは、精神障害的行為を「自分の面前にいる人々と不適切な形で関わりあうこと」と捉え、したがって、この「違反」は「結びつきのルールに対する違反」であると考える。その「違反」すなわち、「精神障害」の程度は、それゆえ、「病者が社会的交際の儀礼的ルールを破る度合いに従って、区分される」ことになる。そして、その儀礼的ルールからの逸脱を「精神障害」によるものと考えることで、「社会的場面の神聖さとその参加者の感情を保護する機能」が果たされるのである。(1) このように考えるゴフマンは、精神病院に参与観察を行なって著した『アサイラム』において、生活全面統制型施設＝全制的施設について分析を試みている。「全制的施設とは、多数の類似の境遇にある個人が、一緒に、相当長期間にわたって、一般社会から遮断されて、閉鎖的で形式的に管理された日常生活をおくる居住と仕事の場所」と定義される。[2] そのような全制的施設は、大きく五つに分類される。すなわち、①盲人・老人・孤児・障害者のような、一定の日常生活に不可欠な能力を欠き、社会にとって無害と判断される人々を収容する施設、②結核療養所・癩療養所・精神病院のような、自分の身のまわりの世話ができず、自己の意思とは関係なく社会に脅威を与えると判断される人々を世話するための施設、③刑務所（監獄）・矯正施設・捕虜収容所・強制収容所のような、社会に対して意図的危害を加えることがあると不安視されている人々から社会を防衛するために組織された施設、④兵営・寄宿学校・合宿訓練所のような、何らかの仕事を効果的に遂行することを意図して設置され、この目的遂行に適切であるという理由に基づいて設置された施設、⑤僧院・修道院・隠棲所のような、（宗教人を養成・訓練する機能を持つものも含む）広義の隠棲する場所としての性格を持つ施設――以上である。この中で、①②③の被収容者が一般に、「スティグマを負うもの」と考えられよう。

ゴフマンによれば、現代社会における基本的な取り決めの一つは、「正常なもの」＝「無徴者」である個人は、原則として、異なる場所で、異なる他者たちと、異なる権威の下で、単一の合理的なプランなしに、睡眠を取り、寛ろぎ、仕事をするのが普通だということである。全制的施設の中心的特徴は、通常、これら睡眠・寛ろぎ・仕事を区画する隔壁がないことである。すなわち、①被収容者は、その生活の全局面が、同一の場所で、同一の権威の下で送られる、②被収容者の日常活動の各局面が、同様の扱いを受け、同一の事を一緒にするよう要求されている多くの他人の面前で進行する、③被収容者の毎日の諸活動の全局面が整然と計画され、諸活動は明示的な規則体系および施設職員の指示によって強制される、④被収容者が強制される諸活動は、その施設の公式目的を果たすように意図的に設計された単一の合理的なプランにまとめ上げられている――以上の特徴を持つ。

無力化と規格化

新来の被収容者は、かつて彼／彼女が内属していたゆえに親しい〈家郷世界〉において作り出された自分自身についての観念像を持って特定の全制的施設に来る。しかし、その施設に収容されると直ちに、彼／彼女は、そのような観念像を剝奪される。被収容者の自己は、一連の貶め・降格・辱め・非聖化を受け始める。かくして、被収容者の自己は、たとえ非意図的である場合においても、組織的に屈辱を経験し、無力化させられる。施設職員が規格的操作を円滑に遂行するために、無力化させられた被収容者は、入所手続や従順性テストによって施設の管理機構に組み込まれる客体に仕上げられ、符号化されることになる。

ゴフマンは、「無力化」の具体例として、情報の聖域侵犯を挙げる。「入所の手続の行なわれる間、被収容者の社会的地位とか過去の行動に関する事実――とりわけ彼／彼女に対する不信の原因となる事実――が収集され、施設職員に利用できる一件書類に記録される。その後、全制的施設が、被収容者の自己調節的内部傾向を変えようと期待する場合、告白――この告白は、施設の形態に応じて、精神医学的、政治的、軍事的、宗教的であったりする――が行なわれる」。この告白の機会に、被収容者は、施設職員という新しい「オーディエンス」＝「呈示されるもの」を前に、自己に関する事実ならびに感情を露呈してみせなければならない。この種の露呈の中でも、特に際立った具体例は、共産主義国における告白キャンプおよび修道院で日課の一つとされている告解がある。施設職員は、被収容者の自己について通常は秘匿されていて露呈されれば不信を招くことになるような事実を知り、他方、囚人や精神障害者のような被収容者は、彼／彼女たちが屈辱的な環境にあることを訪問者たちに隠すことはできなくなる。

次いで、ゴフマンは、被収容者に加えられる侵襲として、「規格化」を挙げる。市民社会においては、「正常なもの」＝「無徴者」は、一人前になるまでに、ほとんどの領域で自己の行動の遂行に必要な社会的に許容される基準を自分のものとしている。ごく例外的な場合を除いて、「正常なもの」＝「無徴者」は、自分独自のペースで様々な事柄に対処することが許容されており、批判や制裁が課されないか気にする必要はない。多くの行為は、個人の好みの問題と定義され、一定範囲の可能な選択肢の中から自由に選択することができる。例えば、食事や着替えという行為に関して、他者の干渉は停止されており、その行為の進め方は「正常なもの」＝「無徴者」である彼／彼女自身の権威に基づいている。ところが、全制的施設においては、被収容者の活動は、施設職員による規制・判断に従わなければならない。施設の管理規則は、被収容者から効率的な仕方で、彼／彼女の必要と目標を自分自身で均衡させる機会を剝奪し、さらに彼／彼女に独自の食事や着替えなどの行為の進め方をムリヤリ規制に従わせてしまうのである。

全制的施設とは、市民社会においては、行為者はその面前にいる人々に自分は自分の世界を自分の意のままに制御している——すなわち「一人前の人間として」自己決定権・自律性・行為の自由を持つ人間である——ということを立証する・まさにその行為を攪乱したり、汚したりするものである。そのような全制的施設においては、被収容者の自己への侵襲を正当化するために利用される理由が注目されなければならない。「施設職員が被収容者の自己を積極的に掣肘しようとするのは言うまでもないが、被収容者自身も自己を掣肘しようとするので、他者による無力化は自己無力化によって、制約は自己放棄によって、殴打は自己答責によって、糺明は自主的告白によって、補完されるのである」。特に、フーコーも「牧人＝司祭型権力」の観点から注目する修道院などの宗教的施設は、この「無力化」の過程に積極的な関心を持っているので、「自己掣肘」の機能は重大である。

〈第二次的調整〉

被収容者が、個人として彼／彼女自身の適応を示す場合がある。まず、①被収容者が、自分のすぐ身辺の出来事以外の事には注意を向けることを控えるという「状況からの引き籠もり」がある。また、②被収容者が、意識的に施設の規則に挑戦し、施設職員との協力をこれ見よがしな態度で拒絶する「妥協の限界線」がある。そして、③被収容者が、施設が提供する外部世界のサンプルを受容し、施設内で入手できるものから最大限の満足を得ることで安定的で充実した生活を確立する「植民地化」がある。さらに、④被収容者が、自己自身に関する施設職員の見解を受容するように見せ、非の打ちどころのない被収容者としての役割を遂行しようと努める「転向」がある。朝鮮戦争時に、中国の捕虜収容者にいた、完全に中国の共産主義的世界観を信奉するに至ったアメリカ兵捕虜がその具体例である。

全制的施設が公表している目標は、経済的目標の達成・教育および訓練・（精神）医学的治療・宗教的純化・外部社会の防衛・無資格化・懲罰・抑止・再教育等々であるが、それらの目標を実現するために必要な仕事の一つは、二つに構成された人間の間にある差異——社会的資質ならびに道徳的性格の差異・自己と他者の知覚の差異——を演出することである。すなわち、全制的施設におけるアレンジメントは、例えば精神病院においては施設職員＝医師と被収容者＝病者の間の差異を、刑務所においては施設職員＝看守と被収容者＝受刑者の間の差異をそれぞれ儀礼的に確立することによって、前記の様々な目標の幾つかの実現が企てられているのだ。

ある全制的施設において要請された活動を、指定の条件——例えば、厚生が制度化された基準の支持・誘因や共同価値により生じる動因や明示された罰による強制など——の下で、被収容者が施設に協調的に寄与する場合、彼／彼女は協力者となる。被収容者である彼／彼女が、そうあるように予定されている存在様態に過不足ない在り様をするように公式に要求されており、かつ、彼／彼女が事実上親和的な世界に住むことを余儀なくされていることを認める場合、施設という組織と被収容者は〈第一次的調整〉を保っていると言うことができる。他方、〈第二次的調整〉とは、特定の施設という組織内において、被収容者である彼／彼女が、「非公認の手段を用いるか、あるいは非公認の目的を達するか、ないし双方を同時にするかして、彼／彼女のためにすべきこと・得るべきもの・本来の存在様態であるべきとされているもの等をめぐる施設の非明示的仮定を回避すること」と定義づけられる。つまり、「〈第二次的調整〉とは、施設が被収容者に対して自明としている役割から距離をおくように用いられる様々の手立て」のことであるから、それは〈役割距離〉の一種となる。その〈役割距離〉の一種である〈第二次的調整〉のプラクティス——職員に向かって真正面から挑戦することはないが、被収容者には本来禁じられている手段によって許容されている満足を得させる実際的便法——は、集合的行為として実現される。(3)

例えば、受刑者には、読書活動が正当とされている場合、自己啓発のために本を注文して読書することは〈第一次的調整〉であるが、仮釈放委員会に好印象を与えるため、あるいは気にくわない司書の手を煩わすために本を注文して読書をする（「演技」を行なう）のは、典型的な〈第二次的調整〉となる。

〈第一次的調整〉と〈第二次的調整〉の区別が疑わしい事例もあり、また、「教区民が必要以上に教会に帰依して全財産を寄付して教会のために生きようとしたり、海軍士官が沈みゆく艦と運命を共にしたいと強硬に主張したりする」場合は、〈第一次的調整〉と〈第二次的調整〉のいずれとも異なる第三のカテゴリーが必要となろう。

〈第二次的調整〉で注意しなければならないのは、組織としての全制的施設は、被収容者の〈第二次的調整〉に規律を強めてそのすべてを禁圧するという対応を取るばかりではなく、そのようなプラクティスから幾つかを選択して正当性を認め、義務の若干を彼／彼女から免除しても、支配と主権を回復しようとすることである。それは、施設の裏面生活（underlife）が、暗黙裡に肯定されていることを意味する。

「［セントラル病院では］酒の売買は固く禁じられた行為であったが、病院内に密かに持ち込まれていた。患者たちの話では、酒は相応の価格で定期的に入手することができるということであった。私（ゴフマン）は何回か患者たちと病院内で酒を飲んだことがあるが、自分ではこの商品の市場を見つけることはできなかった。……一定の額で入手できるほかの様々なサービスは、タブー視される程度も弱かった。患者の話では、二五セントでスラックスにアイロンをかけてもらうことができるということであった。元理容師が数人いて、紙巻きタバコあるいは現金で『上手に』散髪してくれた。この市場は、通常、患者がひどく『ぞんざいに』散髪されることから生じたものだった(4)」。

〈第二次的調整〉とヒューマニズム

〈第一次的調整〉の重要な特徴は、組織である施設の安定性への寄与であるが、そこから二種類の〈第二次的調整〉を区別することができる。第一の〈攪乱的調整〉の場合、行為者の意図は、その組織全体を見捨てるか、組織構造を根本的に変更することであり、他方第二の〈自足的調整〉の場合、行為者の意図は、根本的変更をもたらすような圧力を導入することなく、既存の組織構造への適否をテストするという性質を、〈第一次的調整〉と共有している。〈自足的調整〉の努力がなければ、惹き起こされてしまう撹乱を回避するための努力という明白な機能を有しているゆえに、ゴフマンが注目する施設の裏面生活の定着・確立した部分は、主に〈撹乱的調整〉ではなく〈自足的調整〉から成り立っている。それゆえ、「人間の生活が行なわれている社会は、どのように見ても人間の社会である。そこに属さない者には異様なことも、そこに属し、その社会を生きている者にとっては、たとえ不本意であっても、自然のものなのである」という帰結が導出される

「施設の掌中から自己自身を何程かでも確保しておこうとする試みは、精神病院や刑務所においてよく観察されるばかりでなく、それらの施設よりも一層寛大で全制の程度の低い施設においてすら認められる」ゆえに、「〈第二次的調整〉という頑強な抵抗は、防衛という個々の事態に対応した機制ではなく、むしろ自己に本質的な構成要素をなしている」と考えられる(5)。

冷静に手術を行なう主任外科医であれ、精神病院に収容された患者であれ、刑務所（監獄）に監禁された囚人であれ、「構える主体」である人間は、誰しも、自分らしさを守ろうとして、多かれ少なかれ、制度＝組織＝装置により与えられた「役割」から自分自身をずらそうとする。ゴフマンは、「障害が突然除去されたならば自己自身が虚空のうちにあることに気づき、そのことは恐らく障害に遭遇している状態よりも、遥かに苦痛であることが分かろう。内面的反逆は、時に精神の健康にとっては本質的に不可欠のものであり、しかも特別な形態の幸福を生み出すのだ」という言葉を引用しながら、その事態は生活全面統制型施設＝全制的施設においても確認できると指摘する。

「われわれは、人々が多様なやり方で、自分と他者によって規定される自分との間に、いかほどかの距離や隙間を設けようと、いつも心掛けていることに気づく。……帰属するものを何も持たなければ、われわれは確固たる自己を所持できない。しかし、何らかの社会組織への完全な関与や没頭は一種の自己喪失を意味する。一個の人間であると

いうわれわれの意識が、大規模な社会組織に帰属することに由来するのであるならば、われわれが自己を所持しているという意識は、その引力に抵抗する時の様々な坐々たる仕方に由来するのである。われわれの社会的地位が世界の様々の堅固な構築物に裏付けられているとすれば、われわれの個人的アイデンティティの意識は往々にして、その世界の様々な亀裂を住処としているのである(6)」。

このように、ゴフマンの『アサイラム』がヒューマニズムの著作であることは、その影響を受けて制作された映画『カッコーの巣の上で』(一九七五年)が全制的施設による精神障害者の収容主義を告発し、ロボトミーをはじめとする非人道的治療に対する批判を展開することにより、精神病院のあり方に深刻な反省の契機を与えたことからも明らかであろう。

二　M・フーコー

《C　癲療養所――医師という「牧人」が羊たちの〈内面〉を監視する》

「告白」ということ

ミシェル・フーコーは、『知への意志』において、日本・中国・インド・アラブが「性愛の術」を所有しているのに対し、西洋では「性の科学」が実践されたと指摘する(7)。この単純な二分法には、確かに酒井直樹が強調するように「オクシデンタリズム」ないし「オリエンタリズム」の臭みが漂っているが(8)、フーコーが後者で特に注目するのは、「自己掣肘」の一種としてゴフマンも重視していた「告白」である。「中世以来、西洋社会は、告白というものを、そこから真理の産出が期待されている主要な儀式の一つに組み入れていた。……われわれの西洋社会は、異常なほど告白を好む社会となった。……裁判において、医学において、教育において、家族関係において、愛情関係において、最も日常的な次元から最も厳かな儀式に至るまでである。自分の犯した罪を告白する。自分の宗教上の罪を告白する。自分の考えと欲望を告白する。自分の過去と将来の夢を告白する。自分の幼児期を告白する。自分の病いと悲惨を告白する。人々は懸命に、できるだけ厳密に、最も語るのが難しいことを語ろうと努める。公の場で、私の場で、両親に、教師に、医師に、愛する者たちに告白する」。

「人は告白する」、否、「人は告白するように強いられているのだ」——西洋世界において真理の産出には権力の関係が貫いているが、その一例が「告白」なのである。「真理が本来的に自由なのでも、誤謬が隷属状態であるのでもなく、真理の産出にはことごとく権力の関係が貫いている。……告白がその一つの例なのだ。……そこに生み出されたのは、人間の服従化＝主体化に他ならなかった。人間は語の二重の意味において臣下（服従者）＝主体として成立させるという意味においてである(9)」。ここから、権力こそが「世界の中に実在する主人公で世界を支配している」というイメージが作り出される。権力とは、様々な仕方において「個人を作る」ものである。「告白は、……権力との関係において展開される儀式である。というのも、人々は少なくとも潜在的にそこに相手がいなければ、告白しないものであり、その相手とは常に問いかけ、聴き取る者であるだけでなく、告白を要請し、評価すると同時に、裁き、罰し、許し、慰め、和解させるために介入してくる裁決機関なのである(10)」。

「世界をみる見方、世界の中にどのような欲すべきものがありうるのか、世界の中でどう振る舞うべきか、己は世界の中で如何なる存在であるのか……等々を規定」することにより、個人を形成するとされる権力は、「真理」「言説」「知」を主要な存在形態としている。

「真理という概念は、知識を世界へと結合させ、世界そのものを前面に開示する。個人はその世界に取り込まれる。もちろん、実際に外的な世界がそうするのではない。知識と、知識の外側に世界を存在させる『真理』とが実際にそうするのである。知識と真理とは、世界——それは知識と真理とによって捏造された想像上の神にすぎないかもしれないのだが——に代わって、その代理として個人を支配するのである」。かくして、「彼／彼女が自らの知識に支配されるということは、とりもなおさずその固有の一次理論のもとで固有の欲望と意志をもって振る舞う一個の個人となることである。それが個人を『主体―化』つまり『主体にする』という意味である」ことになるが、個人の自立性の領域にあるものを権力と名づけることにより、「権力＝知」という定式化が完成される。(11)

「告白」が「権力」との関係において展開される儀式であるのならば、それは同時に、「知」や「真理」との関係において展開される儀式でもあることになる。「真理」の産出には「権力」が貫いている以上、「告白」によって産み出されたのは、「服従化＝主体化」に他ならず、人間を二重の意味において「臣下（服従者）＝主体」とすることである。

「告白するもの」―「告白を聴くもの」の関係にはもちろん、例えば、J・ハーバーマスの言う「コミュニケーション的行為」における「語るもの」と「聴くもの」の互換性・対称性は欠如している。(12)「コミュニケーション的行為」は、ゴフマンも注目していた修道院のような全制的施設で行なわれる「告白」と異なり、その定義上、「権力」が不在であるという「理想」が前提とされているのだ。一八世紀の教育学や一九世紀の医学が登場するにつれて、告解者と告解聴聞僧からなる「教会」や「修道院」という場における非対称的なコミュニケーション儀式以外にも、生徒と教師あるいは患者と精神科医というように「告白」の場は広まっていった。教師や精神科医は、学校や病院という場において生徒や患者に「告白」を求め、評価すると同時に、裁き、罰し、許し、慰めることにより、生徒や患者が「正しい道」＝「救いの道」を歩めるように配慮したのである。教育学や精神医学の「知」や「真理」という「権力」の下で、イリイチも示唆するように、生徒や患者は、二重の意味で「臣下（服従者）＝主体」となったのである。

「牧人＝司祭型権力」

フーコーは、ホメイニのイラン革命やポーランドの「連帯」労組の運動にも関心を払いながら、「いかなる権力によって、人々は、自発的に服従する『臣下＝主体』となるのか」を問い続けた。そして、その自発的に服従する「臣下＝主体」をつくる権力は、「告白」を典型とする非対称的なコミュニケーションの元型として、古く牧人（羊飼い）

と羊の群れの間に存在していた。

稲作社会たる日本では、古くから、人々の増える様子を青草の生い茂るのに喩えて青人草と言ったのに対して、『聖書』の世界たる牧畜社会では、人々の増えることは家畜とりわけ牧人に導かれる羊の群れの繁殖に喩えられてきた。一九七八年に来日したフーコーを囲んで、『知への意志』とその展開について講演会や対談が計画されたが、その席でフーコーは、「キリスト教的身体」の命題を貫く「牧人＝司祭型権力」について熱っぽく語ったのであった。(13)したがって、フーコーが「牧人＝司祭型権力」を分析した論文「全体的なものと個別的なもの」と『知への意志』を結びつけるのは、まさに「告白」であると考えられるのである。

フーコーは、「全体的なものと個別的なもの」において、集権化に向かう国家権力に対して、個別化に向かう「牧人＝司祭型権力」が存在することを強調している。(14)すなわち、ギリシャ・ローマとは異なり、エジプト・アッシリア・ユダヤ等の古代オリエントの社会では、王である牧人が自ら創造した家畜の群れの世話をするというイメージが広く普及していた。しかし、神だけが人間たち＝羊たちの羊飼いであるとして、牧人のテーマを発展させたのは、ヘブライ人たちであった。

すなわち、牧人は、①領土に対してではなく、家畜の群れに対して権力を行使し、②自らの家畜の群れを呼び集め、導き、引き連れながら、③自らの家畜の群れの安全を確保し、④自らの家畜の群れの利益のために献身しなければならない、とされたのである。牧人はかくして、すべての羊たちが満腹し、救われるように心を配らなければならないゆえに、群れ全体の運命のみではなく、羊たち一頭一頭の運命についても責任を負わねばならないのである。

この牧人―羊という関係は、キリスト教文献の中で次のように変容する。

①キリスト教の考えでは、牧人は、常に各々の羊に心を配るというばかりではなく、羊たちのすべての行動について、羊たちが行なう可能性のあるすべての善と悪について、羊たちの身に起こりうるすべての事柄についても心を配らなければならないゆえに、羊の罪は牧人の責任に帰せられる。最後の審判の日に、牧人は、その罪に対して返答し

なければならないのである。また逆に、自らの羊の群れが救いの途に至るのに手を貸すことを通して、牧人は自分自身の救いを見出すことになる。

②キリスト教においては、牧人と羊たちを結びつけるのは、それぞれの個別的な絆、すなわち個人的服従・依存の絆となる。ここでは、何らかの目的のために服従・依存するのではなく、服従・依存自体が徳となる。

③キリスト教においては、牧人と一頭一頭の羊たちの間に個別的な面識関係が想定される。牧人は、まずⓐ群れの各構成員の物質的要求について知っていなければならず、次いでⓑ群れの中で何が起こり、群れの各構成員が何をしているかを知っていなければならず、最後にⓒ群れの各構成員の頭の中で起こっていることを知り、隠された罪を探りあて、聖性への道をキチンと歩んでいるかを知らなければならない。そのため、良心の究明と良心の指導が必要となる。既にギリシャ・ローマの文化では、全面服従と自己認識および他者への「告白」との間にある種の関係が成立していたが、キリスト教の文献は、良心の究明と良心の指導の技術にそれを用いたのである。

④良心の究明と良心の指導のための「告白」というキリスト教の技術は、群れの各個人が現世において自らの「抑制」に向けて努力するよう導くという目的を持っていた。「抑制」とは、もちろん、生物学的＝医学的な死を指すものではなく、現世と自己の放棄を意味する。それは、ゴフマンの言う〈第二次的調整〉すらも認められることのない一種の「日常的な死」と言うこともできる。もう一つ別の世界での〈生〉に道を与えるとされる象徴的な意味での「死」のことである。(15)

「牧人＝司祭型権力」を主題とするフーコーの関心は、様々な「経験」（狂気・病気・違法・性・アイデンティティなど）と様々な「知」（精神医学・臨床医学・犯罪学・セクソロジー・心理学など）と「権力」（精神病院・刑務所など個人の統制に関わるすべての制度の中で行使される権力）との間に向けられる。フーコーによれば、「牧人＝司祭型権力」による魂の支配は、すぐれて都市的な経験である。経済的に言えば、それは、中世初期の貧しい農村経済とは容易に相容れず、また文化的に言えば、それは複雑な技術であるゆえに、一定の文化水準が牧人の側および群れの側の双方に必要となる。

したがって、フーコーは、「狂気」（経験）―「精神医学」（知）―「精神病院」（権力）の結びつきをその具体例として第一に挙げることになる。[16] フーコーによれば、その「精神病院」の前身ないし元型と見なすことができるものが「癩施療院」なのである。

牧人とは、日本においては、国立癩療養所の医師であった光田健輔と光田イズムを信奉した神谷美恵子がその典型であると考えられる。

三　《内閉》の方へ

《内閉》という生きがい

イリイチの言う「学校化」や「病院化」が高度に進んだ現代社会において、学校による教育サービスの根源的独占および病院による医療サービスの根源的独占が実現される結果、それらのサービスの受動的な消費者となったわれわれは、コンヴィヴィアルな〈生〉の形式を喪失し、自律的な「学ぶ」力や「癒える（癒やす）」力を奪われてしまう。そのように「無力化」されたわれわれが、例えば生活全面統制型施設＝全制的施設の典型である癩療養所に収容されたとしよう。癩療養所という病院＝施設の外部でイリイチの言うように既に「無力化」されていたわれわれの「肉体＝身体」は、資格ある専門技術者たる医師が行なう規律・訓練によって、容易に「規格化」されてしまう。その「無力化」＝「規格化」されたわれわれの「肉体＝身体」に、牧人としての医師たちが「牧人＝司祭型権力」を行使するならば、恐らくわれわれは「病院＝施設のために生命が尽き肉体が滅びるまで奉仕する」ことを「生きがい」と錯覚することになろう。その時、もちろん、われわれは、「肉体＝身体」をもはや所有していない。「肉体＝身体」を病院＝施設の医師によって剝奪されたわれわれは、既に象徴的な意味で「日常的な死」を迎えているのだ。「肉体＝身体」は剝奪されているものの、精神は病院＝施設に生命が尽きるまで奉仕しようとするほど純粋化している〈生〉の形式を、《内閉》と呼ぶことにしよう。

精神の純粋化を可能にする《内閉》は、自己掣肘ないし自己規制の一形態と考えることができるが、《内閉》している個人は、自分が自己掣肘・自己規制していることすら意識することができない。牧人である医師たちが、患者の〈内面〉に監視の「まなざし」を注ぐ癩療養所のような病院＝施設においては、そのような《内閉》という自己掣肘・自己規制こそが理想とされる[17]。すなわち、牧人たちが絶賛するであろう病院＝施設のために「身も魂もささげた」患者たちが、自己掣肘により黙々と自己規制しつつ療養所内の秩序に順応している間は、例えば園長による懲戒検索権の行使等という権力的統制の発動はまったく必要ないから、患者集団はあたかも牧人に導かれた羊たちのように、まるで自然に調和が保たれているように見えることになる。したがって、「牧人＝司祭型権力」の行使者にとって、《内閉》こそが統制の理想となる。

神谷美恵子は、そのベストセラーとなった著書『生きがいについて』において、「生きがい」を、①「『生きがい感』を与えるもの」、②「実利実益とは必ずしも関係がない」もの、③「自発性をもつ」もの、④「個性的なもの」、⑤「それを持つひとの心に一つの価値体系をつくる性質を持つ」もの、⑥その人独自の『心の世界』をつくる」もの等と特徴づけた[18]。そして、癩療養所という病院＝施設において、そのような「生きがい」を見出すことに成功した患者として、一方で「精神力も体力もすぐれ、困難な創始期を鍬をふるい、もっこをかついで、島に道をつくり、家をたて、樹木をうえ、園の礎を築」いた人々を、他方で「園内の組織を批判し、患者の人権のために大いに闘争」する「年齢も比較的若く、身体も不自由でない」人々を挙げている。しかし、問題は、「園の礎を築いた人々」と「患者の人権のために闘争する人々」は、園の礎を築くために病に苦しむ患者たちが労働することはその人権に反すると考えられるゆえに、互いに対立する関係にあったと思われることである。そして、神谷が、「この世からはじき出された」患者も、その「行く先がやはり人間の集団であるかぎり、そこでまた他人と一緒にやって行かなくてはならない。そのためには皆と同じ価値体系をうけ入れ、そこの規律や習慣に服し、集団の一員としての責任を果たしていかなくてはならない」と断言する時、後者の「人権のために闘争する人々」の「生きがい」が療養所内の規律・習慣に反するものとして全否定され、前者の「〔光田健輔〕園長に身も魂も捧げた人たち」（神谷）の「生きがい」のみが無条件に肯定されることになる。

しかし、癩療養所という病院＝施設やその園長のために、「身も魂もささげる」ためには、被収容者である患者の「肉体＝身体」が完全に病院＝施設によって剝奪されていることが前提とされる。そして、「肉体＝身体」を自分自身で所有していない患者は、フーコーの言う「日常的な死」を迎えたものであるから、競馬で勝たせた看守から「水虫の薬」を入手した安部譲二のように自己が所有する「肉体＝身体」を駆使して〈第二次的調整〉を行なうことは、当然ながらできない。

ゴフマンは、〈第二次的調整〉とは異なる〈生〉の形式として、「教区民が必要以上に教会に帰依して全財産を寄付して教会のために生きようとする」こと等を挙げていた。神谷の肯定する「生きがい」も、「患者が必要以上に療養所（やその園長）に帰依して身も魂も捧げてまで療養所（やその園長）のために尽くそうとする」ことと考えられるから、その「身も魂も捧げた」人々が〈第二次的調整〉を行なうことは、定義上、不可能かつ不必要となる。「身も魂も捧げた」患者たちは、彼／彼女らの迷いや悩みや苦しみの告白を聴く牧人である光田健輔や神谷美恵子が、療養所という病院＝施設において羊たちが行なうべきこととして期待する「役割」を、まさにその期待された通りに演じようとする。精神を純粋化して「肉体＝身体」を病院＝施設内の規律や習慣に順応させる――羊たちに慈愛の籠もった監視の「まなざし」を注ぐ牧人たちが理想とする、この《内閉》という〈生〉の形式では、〈第二次的調整〉のように、病院＝施設の医師たちが期待する「役割」から被収容者がほんの少し距離を取ることすら認められない。牧人にとって、〈第二次的調整〉を行なうことは、羊たちが「救いへの道」＝「聖性への道」を踏み外すことになるからである。それは、服従・依存自体を「徳」と見なす牧人たちにとって、許すことができない「不服従」であり、禁圧すべき「抵抗」なのである。

「まなざし」に抗して

しかし、ゴフマンは、「〈第二次的調整〉は、防衛という個々の事態に対応した機制ではなく、むしろ自己に本質的な構成要素をなしている」と指摘していた。〈第二次的調整〉を行なうことは、牧人が被収容者の〈内面〉に慈愛の「まなざし」を注ぐ癩療養所という病院＝施設のような全制的施設では、その「まなざし」に抵抗して「自己に本質的な構成要素」を保つために、被収容者が自己の「肉体＝身体」を所有していることが必要となる。「肉体＝身体」を所有して初めて、「構える主体」である人間が、自分らしさを守るために、癩療養所という病院＝施設における牧人たちにより与えられた「役割」から自分自身をずらすことが可能となる。ゴフマンの言うように、〈第二次的調整〉による内面的反抗は、時にわれわれの「精神の健康にとって不可欠」なものとなる。もちろん、神谷の強調するように、われわれは確かに「帰属するものを何も持たなければ、確固たる自己を所持できない」かもしれない。しかし、ゴフマンによれば、「［光田園長に］身も魂も捧げる」というような「社会組織への完全な関与や没頭は一種の自己喪失を意味する」のである。「身も魂も捧げる」ことにより純粋な精神となるという患者の告白を聴く神谷によって肯定される《内閉》という〈生〉の形式では、「肉体＝身体」を所持しているわれわれが、病院＝施設がわれわれに期待している「役割」から、その「肉体＝身体」を駆使してほんの少しでも距離を取ることは「不服従」ないし「抵抗」として拒絶される。しかし、《内閉》は、「日常的な死」（フーコー）であると同時に、「自己喪失」（ゴフマン）でもある。われわれが自己の「肉体＝身体」を所有しているという意識は、大規模な施設＝制度＝組織＝装置に帰属することによる引力に、われわれが「抵抗」する時にのみ得られるものである。われわれの社会的地位がたとえ世界の様々な堅固な構築物に裏づけられているとしても、ゴフマンが強調するように、「われわれの個人的アイデンティティの意識は往々にして、その世界の様々な亀裂を住処としているのである」。

《内閉》を理想の〈生〉の形式と見なす牧人たちは、自己の「肉体＝身体」を所有するものとしてのわれわれが「世界の様々な亀裂を住処とする」ことがないように、監視の「まなざし」をわれわれの〈内面〉に注ぐことになる。牧人である医師たちは、彼らが命じた洗濯作業を安全に行なうために患者が長靴の支給を求めたことを、病院＝施設が期待している「役割」と合致しないものと判断して、すなわち園内の規律・習慣に違反する許しがたい「不服従」ないし「抵抗」と見なして、その患者を「特別病室」＝「重監房」送りとしたのである。牧人たちは、いったいどのような「罪」を、長靴の支給を求めた患者の〈内面〉に見出したのであろうか。(19)

「知ってるつもり？」

ところで、フーコーは、《内閉》を可能にする「牧人＝司祭型権力」で用いられる技術は複雑なものであるゆえに、一定の文化水準が牧人の側および羊の群れの側の双方に必要となると指摘し、「狂気」（経験）―「精神医学」（知）―「精神病院」（権力）の結びつきを、その具体例として挙げていた。われわれは、以下で論じるように、明治以降の近代日本の文化水準における、ハンセン病（経験）―「ハンセン病医学＝ハンセン病精神医学」（知）―「癩療養所」の結びつきも、「牧人＝司祭型権力」によってもたらされる《内閉》を批判的に検討するために必要な条件をすべて充足していると考える。奴隷が「従順」という倒錯した形で内面化している、主人に支配される受動的な「肉体＝身体」を、自己が所有する「肉体＝身体」として奪回しなければならない(20)ように、そして女性が「女らしさ」という倒錯した形で内面化している、男性に犯される受動的な「肉体＝身体」を、自己が所有する「肉体＝身体」として奪回しなければならない(21)ように、ハンセン病患者が《内閉》という倒錯した形で内面化している、医師＝牧人の「まなざし」を受ける受動的な「肉体＝身体」を、患者である彼／彼女たちは自己が所有する「肉体＝身体」として奪回しなければならないのである。奴隷解放・女性解放・ハンセン病患者解放はすべて、「他者」に奪われていた「肉体＝身体」の自分自身への取り戻しから始まる。

「癩」あるいはハンセン病は、光田健輔らの「政治化した医学」が生み出した典型的な社会的医原病であり、「（癩患者の多い）野蛮国」に注がれる外国からの「まなざし」に怯えながら文明開化を始めた近代日本における文明的医原病でもあった。「牧人＝司祭型権力」は、そのような医原病が、医原病として正しく認識されることを回避させるために、行使され続けたのである。

荒井英子は、一九九六年にテレビ放映された「知ってるつもり？・『神谷美恵子』」に対して、全国ハンセン病療養所入所者協議会が、「番組のベースが、古い疾病観といわれる『救らい思想』に基づいて作成されている」として、抗議文をテレビ局宛に送っていることを指摘している。(22)《内閉》を否定するゴフマンの『アサイラム』→『カッコーの巣の上で』が、全制的施設＝精神病院のマニュプレイティブ（操作的）な在り方を鋭く告発するものであったのに対し、逆に《内閉》を肯定する神谷美恵子『生きがいについて』→「知ってるつもり？・」は、全制的施設＝癩療養所における「牧人＝司祭型権力」の行使を強く支持するものであった。

第五章　《内閉》
――聖なる〈内面〉に閉じ籠もる

一　病院における《内閉》
――「浦河べてるの家」の人々

パスカルの祈り

Ｂ・パスカルは、少年時代から病弱であったが、特に晩年は、頭痛・歯痛・腹痛・目眩い・痙攣等に絶えず苦しめられ続けた。その中で、彼は、「病の善用を神に願う祈り」を書き、「肉体の病を魂の病の良薬として下さい」と神に祈った。パスカルは、自らを苦しめる病をイエスの受難に連なるものと考え、病だけが神の愛を受けるに値するものであり、神からの恵みであると信じたのだった。(1) 一般に、近代的自我は、「外部に対して閉じた領分」をつくり、「この外部からの隔離がさらにすすむとき、それは自己に対する関係だけを深めるとともに、他者たちとの関係に違和をつよめる」ことになるが、この自我の研ぎ澄まされた意識において、Ｍ・プルーストは喘息を「（才能の一部としての）愛すべき伴侶」と語り、Ｆ・カフカは「結核の助けを得て文学作品を生み出している」と述べている。(2) これらの事実からも明らかなように、病気や身体障害は、しばしば創作の源泉としての《内閉》を可能にする。「昭和に甦った万葉歌人」と称された明石海人に短歌を指導した長島愛生園の医官内田守人が言うように、「〔病気や身体障害による〕肉体的欲望の閉鎖が、精神に飛躍を与え、文学と宗教が栄えることは昔からの習い」であった。(3)

竹田青嗣の評論集『〈在日〉という根拠』は、金鶴泳の文学について次のように論じている。(4)「朝鮮人であること」が民族の誇りや民族文化の美しさのような形でポジティヴな原理として所有できるのに反して、生の端緒に現われた不遇の意識として置き換えのきかない性質を持っている「吃音者であること」は、金にとって、吃音者としての誇りとか吃音者の美しさというものが想像できない以上、「閉じられており、社会的な回路によってそれを了解することは不可能」である。したがって、金は、「朝鮮民族とは何か」とか「在日とは何か」という真理をめぐる言説世界を拒絶して、〈内面〉という「もう一つの言説の世界をほとんど独力で立てようとしている」と言える。

また、天野義智『繭の中のユートピア』は次のように語る。(5)自己の特殊な関係意識から生成する「自閉化」とは、「他者たちとの関わりを避けて、自己を内に閉ざすアイデンティティを示す」。それは「つねに親密で同質的な閉域を求め、この思いの純粋さのため、他者との関係の不協和音を鋭敏に感じとる。自己はその苦痛を逃れて人々から遠ざかり、限られた領域へ退く。そして想像的な関係の繭糸を紡ぎだし、つぼみを閉じるように自己を包んでいく。するとこの繭のような閉域は、想像の力によって自己のユートピアになる」。「自己」が「人々の世界からこぼれ落ちることを望み、一人だけの閉ざされた世界に、私の歓びと真実を求めていく」繭の中のユートピアでは、労働の場での他者たちとの関係が回避され、たとえ労働が必要な時も、「著述家」のような「他者との直接的な協働を必要としない職」が求められることになる。天野は、J・J・ルソーの『告白』と『孤独な散歩者の夢想』に、繭の中のユートピアという閉域で「書くこと／隠れること」の同時戦略が試みられていることを確認する。

《内閉》とは何か

ここで、竹田や天野の議論からは少し離れて、彼らが提示した〈内面〉と「立て籠もり」あるいは「閉域」と「ユートピア」という鍵概念を借用して、《内閉》を定義し直してみよう。「スティグマを負うもの」としての吃音者ないしハンセン病患者の自我意識は、例えばそれを生み出した母胎である吃音ないしハンセン病としての自分を自己自身から取り除くことにおいて、本当の自分という〈内面〉の意識へと到達する。《内閉》とは、スティグマを押された嫌悪すべき「肉体＝身体」を所有する吃音者ないしハンセン病患者である自分と、そのような「肉体＝身体」を〈内面〉に関わらないものとして捨象した本当の自分に分割し、前者から切離した本当の自分というユートピアに自己意識の根拠を求めて、その精神世界という閉域に立て籠もることである。

「自我の〈自己のみに対する〉関係の意識を研ぎ澄ますこと」＝「〈内面〉という精神世界を独力で立ち上げること」＝「『繭』というユートピアの中の歓びだけを追求すること」――これらを可能にするのが《内閉》である。「在日朝鮮人やハンセン病患者の権利を保障せよ」と主張する批判が〈内面〉や「繭」の外部の「他者」との共同・連帯に開かれているのに対し、《内閉》ではそのような「他者」へと通じる回路は完全に閉ざされている。つまり、社会的回路の閉鎖ないし肉体的欲望の閉鎖が、《内閉》による精神の純粋化を可能にし、そのように純粋化した「〈内面〉＝精神世界」に独力で飛躍できた患者の「生きがい」のみが、神谷美恵子によって清く「正しい」ものとして肯定されることになる。まさに、この「〈内面〉＝精神世界」こそが、光田健輔や光田イズムを信奉した神谷美恵子により「牧人＝司祭型権力」が行使される対象なのである。

柄谷行人は言う。「〈『姦淫するなかれ』と云えることあるを汝等きけり。されど我は汝らに告ぐ、すべて色情を懐きて女を見るものは、既に心のうちに姦淫したるなり〉（『マタイ伝』）。ここには恐るべき転倒がある。姦淫するというのはユダヤ教ばかりでなくどの宗教にもある戒律であるが、姦淫という『事』ではなく『心』を問題にしたところに、キリスト教の比類のない倒錯性がある。もしこのような意識をもてば、絶えず色情を看視しているようなものである。彼らはいつも『内面』を注視しなければならない。『内面』にどこからか湧いてくる色情を見つけつづけねばならない。しかし、『内面』こそそのような注視によって存在させられたのである」[6]。

規律・訓練による「規格化」が目指された癩療養所において、光田や神谷の慈愛に満ちた監視の「まなざし」は、そのような羊たちの〈内面〉に向けられる。そして、もちろん、《内閉》の境位に到達して「〈内面〉＝精神世界」の聖なる高みにまで飛躍できたものたちが、牧人により称賛されることになる。しかし、テュークやピネルの患者たちが医師の注ぐ「まなざし」で自己疎外させられたように、羊たちは牧人が注ぐ「まなざし」で自己疎外させられる。なぜなら、柄谷も示唆するように、〈内面〉の監視は、同時に、「『肉体＝身体』の抑圧」であり、「『肉体＝身体』の剝奪」でもあるからである。

三人の障害者

ここで、乙武洋匡（先天性四肢切断）・川口武久（筋委縮性側索硬化症＝ＡＬＳ）・塔和子（ハンセン病）のそれぞれの言説を《内閉》という観点から比較したい。

乙武は、ベストセラーになった著書『五体不満足』で次のように告白している[7]。「どうしてボクは障害者なのだろう。多くの人が健常者として生まれてくるなか、どうしてボクは身体に障害を持って生まれてきたのだろう。そこには、きっと何か意味があるのではないだろうか。……実際に車椅子に乗っているボクのような人間が、一段の段差を前に、『ボクたちにとっては、この一段の段差が何より壁なんです』と訴えた方が、影響力は強いように思う。……〔しかし、ボクは〕せっかく与えてもらった障害を活かしきれていない。……ただ、障害を持っているというだけではダメだ。それでは、お門違いの特権意識になってしまう」。

また、Ｃ・ロスの『死ぬ瞬間』を読んで「大いに感動した」と言う川口武久は、その著書『続しんぼう』において、次のように告白する[8]。「ただ言えることは、どんな処置をもってしても、もはや人間として生きることは望めないのに、人間のあみ出した機械でやみくもに生かされ続けるのは、ご免こうむりたい。／私の場合は、植物人間のようになっても、おそらく最後まで意識があると思われる。人間としての意識がある限り、神から与えられた生命は大切にしたい。使命を果たしたい。その使命を果たし終えるのは、いつか。それは誰にもわからない。神のみの知り給うところだ」。

さらに、塔和子は、詩集『聖なるものは木』に収められた同名の詩で次のように語りかける。[9]「それは／たわわに実ったその実を与え／ねぐらを求める鳥には／その腕のような枝を与え／その幹には疲れた人をもたれさせ／うっぷんを晴らしたい人には傷つけさせ／爪を磨きたい猫にはひっかかせ／小利口そうな人間の／はきかける唾や小便をするままにさせ／さゆるぎもせず立っている／自らの威信を失うこともなく／どっぷりと広いその愛は／すべての生の重さを支えて／洋々と立ち／なおも大きく枝を振る／ああ／あなたは木／人の奥の奥／聖なるものは木／木がただ／木であること／それは／何でもないことのようで／こんなにも美しいものか」。

「〔障害を持っている〕乙武洋匡にしかできないことは何だろうか」と問う乙武、「死によって肉体は朽ち果てるが、霊魂は昇華されて新しい世界に導かれることを、キューブラー・ロス女史は語る」と言う川口、「〔『聖なるものは木』という一篇の詩の〕旧約の『創世記』と新約の神の国の比喩としての木のイメージを指摘することは易しい」と評せられている塔――この三者のそれぞれの言葉は、明らかに《内閉》によるものであるような印象を強く読者に与えるのである。

乙武洋匡

乙武は、「乙武洋匡にしかできない」使命を、スポーツライターになること、そして小学校の教師になることに見出す。どちらも本来、「肉体＝身体」によって、スポーツ選手や子供たちと交流するための社会的回路が開かれていることを前提とする仕事である。しかし、そこに矛盾はないのか。小浜逸郎は次のように乙武を批判する。「私が〔『五体不満足』のような〕戦略的なネアカ志向の本に感ずる違和感のうち最大のものは、著者が再三にわたって、自分は親や教師や友人など、周囲の環境に恵まれたので、大人になるまで自分を障害者として意識する機会がなかったと述懐している点についてである。それは、やっぱり、ウソではないでしょうか」[10]。そして、小浜は、『五体不満足』から、乙武が子供たちの「まなざし」に取り囲まれた様子を告白した以下の一文に注目する。「向こうから、やはり学校帰りとみられる小学校低学年の男の子五～六人がやってきた。彼らは、ボクの姿を見つけると、口々に『何だあれ』『気持ち悪い』と叫んだ。こんなことは日常茶飯事」である、と。そして、その告白を根拠に、小浜は、乙武の「〔ネアカ〕戦略はこの情景描写でほころびを見せている」と断定している[11]。

「スティグマを負うもの」である乙武の先天性四肢切断の「肉体＝身体」は、もちろんゴフマンの言う〈パッシング〉や〈カヴァリング〉等によって印象操作できるものではなく、どうしても子供たちから「気持ち悪い」と言われてしまうものである。しかし、乙武が、「障害者ということを意識する機会がなかった」と語るのは、その「気持ち悪い」と言われた「肉体＝身体」を〈内面〉とは関わらないものとして切離して、立ち上げられた〈内面〉という本当の自分という視座から「障害者」という意識を閉め出したからである。少なくとも、その意識を閉め出したかったからである。〈内面〉は、「気持ち悪い」という子供たちとの社会的回路が閉鎖された「繭」のようなユートピアであるから、そこでは「障害者として意識することがなかった（はずの）自分自身だけの歓びを追求すること」が可能となる。

しかし、正確に言えば、乙武は、完全には《内閉》していない。乙武の二冊の著書『五体不満足』と『だから、僕は学校へ行く！』の表紙には、先天性四肢切断の「肉体＝身体」をまるで誇示するかのような写真が用いられている。乙武の負うスティグマは、ゴフマンの言う「自明なスティグマ」である。したがって、乙武において、「実効の＝対他的な社会的アイデンティティ」と「実際の＝即自的な社会的アイデンティティ」は常に合致する。それゆえ、乙武は、例えば〈パッシング〉や〈カヴァリング〉等の印象操作を行なって、彼の「肉体＝身体」を「気持ち悪い」という

「オーディエンス」＝「呈示されるもの」に対して《無化》することはできない。そこで、乙武はそのことを逆手に取り、「闘い」という戦略を選択する。〈パッシング〉等において《無化》されるべきであったスティグマは、この「闘い」においては、逆に一つの武器となる。その武器としてのスティグマが写されている写真により、乙武は読者という「他者」と、社会的回路によって結びついている。それは、いわば彼のスティグマを負う「肉体＝身体」を「気持ち悪い」と言う人々と、そのスティグマ自体を武器に正々堂々と闘うことの宣言である。その「肉体＝身体」を取り戻すための闘いにおける最強の「敵」が、乙武の姿を見て実際に「気持ち悪い」と正直に言った子供たちであることは、彼がその最強の「敵」との闘いを求めて敢えて小学校の教師になったことからも明らかである。

その闘いには同時に、《内閉》によって精神世界という閉域に立て籠もろうとする彼自身の秘められた欲望との闘いでもある。その闘いは、彼の「肉体＝身体」を「気持ち悪い」と言う「他者」の「まなざし」から保護していた「繭」のようなユートピアを打破するための闘いであるから、その「肉体＝身体」を再び自分自身に取り戻すためには、〈パッシング〉等の「まなざし」から逃げるための姑息な印象操作をすることなく、その「肉体＝身体」が負う先天性四肢切断というスティグマを、これ見よがしに他者の「まなざし」に見せつけることから開始しなければならなかったのである。

川口武久

高校卒業後、会社勤めを経て喫茶店を営んでいた川口武久は、一九七三年に発症した。彼は、病院を転々とし、医師たちから様々な病名を告げられたが、一九七七年、筋委縮性側索硬化症（ＡＬＳ）と診断される。一九八一年、ルター派の教会で洗礼を受けキリスト者となり、翌八二年、愛媛県松山ベテル病院に入院する。そして、一九九四年、同病院にて死去。

一九八三年に「アミトロの会」（アミトロ＝ＡＬＳ）を作る活動を開始した川口は、同年『しんぼう』を、八五年に

『続しんぼう』を刊行する。それらに全国から大きな反響があったこともあり、一九八六年に「日本ALS協会」を設立し、その会長に就任する。川口について、立岩真也は、次のように記す。[12]

「ALSのことがすこしは人に知られ、呼吸器を使って生きる人も増えている。川口武久はその変化をずっと見てきた人だった。そして自身がその変化を促した人だった。彼は八〇年代、ALSの人の中で一番有名な人だっただろうし、ALSを有名にした人でもある。なにより、全国のALSの人が彼の著書や彼についての報道を媒介に繋がりを持ち始め、病院の中での孤独、情報からの遮断から脱し、流布されている情報の間違いや偏りを知り、組織を作り行動し始めた」。

ロスの『死ぬ瞬間』から「肉体は朽ち果てるが、霊魂は昇華されて新しい世界に導かれる」ことを学んだという川口は、「我々より先に死んだ親愛なる人たちに死によって再会できる希望は何にもまして大きな歓びになるはずである」と主張する。また、「死ぬ瞬間とは、このようなものではないだろうか／だから決して恐れることはない。残された日々を悔いのないものにせよと、神が暗示を与えられたのではないか」とも記すキリスト者の川口は、一見、明らかに《内閉》を志向しているかのような印象を与える。しかし、その印象は誤っている。

川口は、「これから、どう生きたいですか」と尋ねられると、「……人とのつながりのなかに、なお生きる喜びを見つけていきたいです」と答え、「身体の機能上、川口さんが、一番恐れていることはなんですか」という問いに、「人とのコミュニケーションがとれなくなってしまう身体になることです」と告白している。[13] 川口の言う「残された日々を悔いのないもの」とすることとは、「他者」との〝つながり〟が断たれた《内閉》の境位を目指すことではなく、自分自身が持つ「肉体＝身体」によって「他者」とのコミュニケーションを行なうための社会的回路を開け続けておくことであった。「他者」との〝つながり〟の回路が保たれることで、日本ALS協会設立のための活動を行なうことを、川口は強く望んだ。「……一人、名乗り出てくれた。周囲の人が臆病でありすぎる。本人は、同じ病気の人の消息を求めている。ともに力を合わせて闘いたいと願っているのだ。／……会はきっとできる。必ずつくってみせる」

——川口はそう決意する。[14]

川口は、確かに、しっかりと「肉体＝身体」を所有している。彼は、自分自身の不動の「肉体＝身体」を〈内面〉に関わらないものとして捨象した上で、「肉体＝身体」の欠如した本当の自分という「繭」のようなユートピアに立て籠もることを断固として拒絶する。なぜなら、「肉体＝身体」を所有することによってのみ「他者」との社会的回路は開かれ、日本ＡＬＳ協会を設立するための活動を行なう前提となる〝つながり〟を獲得することができるからである。《内閉》を拒否した川口は、日本ＡＬＳ協会を設立するための「他者」との協働を求め続け、その結果、全国のＡＬＳ患者が、彼の著書等を媒介に〝つながり〟を持ち始め、病院の中での孤独から解放されたのである。川口の所有する「肉体＝身体」は物理的あるいは医学的には不動であったかもしれないが、その「肉体＝身体」はＡＬＳ協会の設立を目指す活動の中で「他者」と〝つながり〟ながら社会的には活発に動き続けたのである。

塔和子

一九四四年にハンセン病を発症した塔和子は、国立癩療養所の大島青松園に入園する。彼女は、詩誌『無限』『黄薔薇』『樫』に次々と詩を発表する一方、ＮＨＫラジオの『療養文芸』にも投稿を続け、村野四郎の薫陶を受ける。そして、一九六一年、処女詩集『はだか木』を、六九年、第二詩集『分身』を発表する。その後、『エバの裔』（第三詩集）、『第一日の孤独』（第四詩集）を経て、『聖なるものは木』（第五詩集）が一九七八年に刊行される。『エバの裔』に収められた同名の詩は次のように語りかける。

「泉の目／苺の唇／杏の頬／風に吹かれる五月の草のやわらかい髪／雌鹿の足／鬼百合の雌蕊の細い指／新鮮な野生のにおいに包まれた女の／持って来たものは一匹の蛇／ひとりの天使／女は／いつも愛らしく清らかで／誇りにみちていたが／蛇の暗示から抜け出すことができず／疑惑や悔恨や欲望の間をさまよいつづけた／女は昼と夜とを共に抱き／知性と本能に身をほてらして／不可解な魅力に輝く／咲き乱れた矛盾の花園／女／その優しいもの／強いもの

／罪深さの故に魅力あるもの／私は／この美しいひとりの女を住まわせている／住居」

この「エバの裔」などの詩を収めている第三詩集について、H氏賞の選考を終えた審査員の一人である磯村英樹は、「塔和子『エバの裔』は、受賞に値する高潔な詩集であるが、整い過ぎている点が多くの不満をかったのではなかろうか」と語り、また、滝口正子も、「私はこの詩集の完成度の高さ、精神の美しさなどに感動しながらも、やはり郷原／長田氏の詩を高位におこうとしている自分に絶望的な気持ちになりました」と述べている。これらの辛口の批評を読んで、詩人の大岡信は言う。

「塔和子さんの『エバの裔』には、詩をかくことが、痛切に、生きることの同義であるひとつの生のあり方が示されている。私はこの詩集を好ましく思い、塔さんの詩作態度に敬意を表わしたい。……〔塔さんの詩に欠けているとされる技法上の斬新な試みは〕あまり必要なものではないのだと思う。私は、塔さんの詩が不運な病の中で書きつがれていながら、決して甲高く絶叫もしなければ絶望もせず、ほのかな明るみへたえず向おうとし、事実それを言葉の中に捉え得ていることを重視したい」[15]。

このように、塔の詩は、それに批判的なものにも好意的なものにも、「高潔さ」や「精神の美しさ」を賞讃されているが、その「高潔さ」や「精神の美しさ」をもたらしたのは、まさに《内閉》である。大岡によれば、塔の「生のあり方」では、「詩をかくこと」と「生きること」が等号で結ばれるが、その「生のあり方」こそが《内閉》なのである。天野義智は、《内閉》という〈生〉の形式では、「著述家」のような「他者との直接的な協働を必要としない職」が求められると指摘していたが、詩人こそ、まさにそのような「職」の典型である。他者との協働が必要でない「詩をつくる」という活動においては、その詩人が「肉体＝身体」を所有する必要はまったくない。「詩をつくる」ための〈内面〉のみがあれば、「肉体＝身体」を所有することによって、「他者」と結びつく社会的回路を開けておく必要などない。

塔は、第三詩集に収められた「ある姿勢」と題された作品で、「雨が降れば雨に降られ／風が吹けば風に吹かれるまま／私は黙って立っている木だった／……」と記し、また、第四詩集に収められた「目差し」と題された作品で、「裸木は／自ら葉を捨てた故に／初々しく芽ぐんで／……」と記して、大地に立つ「木」のイメージを、「死からの復活の救済観念」として捉えた。このような大地に立つ「木」への信頼が、第五詩集『聖なるものは木』に収められた前記の同名の詩において結実したのである。

詩人の森田進は、『聖なるものは木』について次のように論じている。「塔和子は、キリスト教を媒介して、日本の自然を見つめつづけ、そこから東洋人らしい木の聖化にまで到ったのだといえる。『樫』の主宰者・三木昇はここに〈仮象の木〉を読みとっている。……自らを与えつづけ、〈なおも大きく枝を張る〉木である。それは、イエスを一本の緑の木と見たかった八木重吉の感性にも似ている……。楽園にあった形のないリンゴの木をも包み込んで十全に生きようとする新しい木に、〈聖なるもの〉という冠詞を与える時、塔和子の秘かな自己肯定を貫く自己聖化へのモチーフがその底にあることを見落としてはならない」。

このように評する森田は、幾つか塔への要求を行なっている。[16] ここでは、その中の次の二点に注目したい。すなわち、「一般社会がほとんど登場してこない。もっと庶民の人生の底の方へと出張してほしい」という点、そして「病者であることを……正面切ってとりあげる気はないか」という点――である。しかし、塔にとって、この森田の要求に応えることは、不可能である。それは、「高潔さ」や「精神の美しさ」を賞讃されている塔のすべての詩が、彼女がそのハンセン病を罹患する「肉体＝身体」を取り除くことによって、「肉体＝身体」から切離した本当の自分に自意識の根拠を求めて、「〈内面〉という詩的世界を独力で立ち上げる」ことを可能にする《内閉》という〈生〉の形式から出発しているからである。大岡信は、「詩をかくこと」と「生きること」が等号で結ばれることこそが、塔の「生のあり方」であると強調していた。森田もまた、「木」に〈聖なるもの〉という冠詞を与える時、塔和子に「秘かな自己肯定を貫く自己聖化へのモチーフ」を見出している。《内閉》による「自己肯定を貫く自己聖化」こそが、「詩をかくこと」と「生きること」が等号で結ばれる塔の〈生〉の形式なのである。

《内閉》においては、森田の言う「一般社会」あるいは「庶民の人生」へと至る社会的回路は完全に閉鎖されている。また、森田の言う「病者であること」は、病に罹患した「肉体＝身体」を所有することであるが、本当の自分として「肉体＝身体」を所有することは、「肉体＝身体」の捨象を前提とする《内閉》を不可能にする。もし、森田の要求を受け入れれば、塔の詩は《内閉》がもたらした「高潔さ」や「精神の美しさ」という魅力を完全に喪失することになろう。それは、詩人としての塔にとって「死」を意味するとすら言えよう。

乙武洋匡の小学校教師となる活動と川口武久の日本ＡＬＳ協会を設立するという活動が《内閉》を否定することを前提とするものであるのとは逆に、塔和子の詩をつくるという活動は《内閉》を肯定することで初めて可能になるものなのである。一九九九年に詩集『記憶の川で』で高見順賞を受賞したのも、彼女がその《内閉》という姿勢を貫き通したからであろう。《内閉》という〈生〉の形式から、優れた詩を次々と創作していった塔は、まさに彼女と同じく敬虔なキリスト者であったパスカルが願った「病の善用」を見事になしとげたと言うこともできよう。

北条民雄からのバトン

安宅温は、「塔和子はハンセン病を経験して、人間の本質的な弱さ、当てのなさを歌い、同時に、どん底から命の賛歌を歌い、愛を歌っている。人間の本質をここまで問い詰めた文学は、時代を超えて常に新しい」と指摘する。[17]安宅も注目するように、塔は「『らい予防法廃止』の運動」や「国家賠償訴訟」には何ら関心を示さなかったが、そのような無関心こそ彼女の〈生〉の形式が《内閉》であったことの有力な証拠である。彼女自身がペンネームとした「塔」のように、「天」を目指して高く、高く精神を純化していったからこそ、《内閉》は可能になった。そして、「天」を志向して大地に立つ「木」のように、繰り返し「死からの復活」＝「救済」を行ないながら、「自己聖化」を完成させていったのである。

ところで、塔と同じハンセン病で苦しみ続けた北条民雄から『いのちの初夜』の原稿を送られた川端康成は、「実に態度も立派で、凄い小説です。この心を成長させて行けば、第一流の文学になります」と認めた返書を送り、それに「今私はバイブルを読んでいますが実に面白い。お読みになるとよいと思います。感傷的な宗教書としてではなく、強烈な精神の書として。病院になければ送ります」という文章を添えた。北条の死後、川端は、北条が「精神の書」から「宗教の心」に進んで欲しいと願っていた旨の言葉を記しているが、あまりに若くして亡くなった北条は、「宗教の心」とはまともに向き合わずに終わった。川端は北条をモデルとした小説『寒風』に次のように記している。「〔北条は〕強い自我を曳きずり廻して、いかに生くべきかと探りよろめく人間であった。……安住とか、円熟とかには、縁の遠い、僻み小僧だったのだ」と。だからこそ、『聖書』を送ろうとした川端はまさに、「僻み小僧」の北条が、天を目指す「塔」のように、高く精神を純化して《内閉》の境地に至り、その「宗教の心」から作品が創作されることを強く願っていたと考えられる。光岡良二は、夭逝した北条の若さが、その《内閉》への到達を不可能にしたと判断しているが[18]、「宗教の心」からの作品創作という川端の期待に、後になって見事に応えたのが、『聖書』から学んだ「命と愛の賛歌」を「宗教の心」によって高らかに歌った塔和子だったのである。

しかし、塔が到達した《内閉》の境地では、「他者」と〝つながる〟ための社会的回路は閉鎖されてしまう。

青年の二編の詩

神谷美恵子は、『生きがいについて』において、塔和子と同じハンセン病患者であった一青年の二編の詩を紹介している[19]。まず「宣告の記」と題された第一の詩。「――あなたはレプラです／といわれたその一瞬／硝酸をあびせられたように思った／……／ああいやだ！／私一人レプラなんて　とても耐えられない／みんなレプラになれ　みんな／……／ああそれでも私は／この肉体のなかに／自分をゆだねて／深淵のなかで呼吸しなければならないのか」

次いで「待望の詩」と題された第二の詩。「何時の間にか僕は／人生の片隅を　愛するようになった／ここには子供も青年も老人もいる／元気なものは　倒れたものを背負い／僕らは相愛の軌道を歩むのだ／……／片隅の人には片隅の価値しかないという人たちに抵抗しよう／僕たちは待望の日のために／片隅を愛し／人間性の香り高い生活を創ってゆこう」

神谷は、青年が残した二編の詩を比較して、「〔後者は〕以前レプラの宣告を受けたとき『いやだ！／……／みんなレプラになれ　みんな』と叫んだ青年が、その後、療養生活を送るうちに到達した心境を歌ったものである。これを題して『待望の詩』という。彼にとっては、『相愛の軌道』を歩むことが新しい待望の目標となり、生きがいとなったわけである」と述べている[20]。ちなみに、愛生園には「汝らは互いに相愛せよ、神は愛なればなり」という御言葉が患者の守るべきものとして伝わっており、それが園内に存在する様々な宗派の間に争いが発生することを防いでいたと言われる[21]。

神谷は、「宣告の記」において「呪い」の気持ちを告白した青年が、「待望の詩」において「相愛」および「片隅を愛する」気持ちを告白するに至ったという事実に注目する。すなわち、神谷によれば、「待望の詩」で確認される精神の純粋化にとって「宗教的なものの占める位置が大きいことはいまさら言うまでもない」ことであるため、「生きがいをうしなったひとが宗教の世界に新しい生きがいをみいだす」ことは「宗教はひとに非合理的な方法で気休めと慰めを与える、という消極的な意味しかもたない」と考えられがちとなる。だが、いわゆる「代償と自己防衛」を超えて「積極的な生きがいをひとにあたえうる」ものとしての宗教は、「人間の心を内部から作りかえ、価値基準を変革し、もののみかたのみならずみえかたまで変え、世界に対する意味づけまで変える」のである。もちろん、精神科医にしてキリスト者である神谷にとって、「呪い」は羊〔患者〕たちが進むべき「救いの道」ではなく、フーコーの言う現世での抑制、すなわち「片隅を愛する」ことこそが彼／彼女らが進むべき「聖性への道」なのである。かくして、神谷は、「宣告の記」における「呪い」から「待望の詩」における「相愛」へと移行した青年に、「人生そのもの、世界そのものに対する心の根本的な構えの変容」を見て取る[22]。そして、その変容には、患者の〈内面〉の告白を聴く神谷により、それを無条件的に肯定するという「牧人＝司祭型救力」が行使されるのだ[23]。

しかし、神谷は、その「心の根本的なかまえの変容」が、「肉体＝身体」の剝奪という大きな代償を払って初めて可能となることを看過している。「宣告の記」と題された第一の詩の段階では「肉体を戦慄する」というネガティヴな形においてではあれ、「肉体＝身体」は明らかに青年自身が所有していた。また、この青年は、「みんなレプラになれ　みんな」と叫ぶことにおいて、「他者」との関係で「生きがい」を求める「肉体を所有するもの（some-body）」＝「何ものかであるもの（some-body）」として、やはり「呪い」というネガティヴな〈生〉の形式においてではあれ、「みんな」すなわち「社会」とのギリギリの回路を開いていたのである。

「呪い」の肯定

「呪い」がわれわれの社会で批評的な言葉づかいをする時の公用語になりつつあると言う内田樹は、その著書『呪いの時代』で次のように論じている。[24]「『弱者』たちは救済を求めて呪いの言葉を吐き、『被害者』たちは償いを求めて呪いの言葉を吐き、『正義の人』たちは公正な社会の実現を求めて呪いの言葉を吐く。けれども、彼らはそれらの言葉が他者のみならず、おのれ自身へ向かう呪いとしても機能していることにあまりに無自覚のように思われ」る、と。内田によると、破壊することを目指す「呪い」は、何かを創り出すことはない。「どうして破壊することが優先的に選択されるかというと、創り出すことより破壊する方が簡単だから」だというわけである。

しかし、内田による「呪い」批判は、あまりに一面的である。「『呪い』とは凶暴な敵意に満ちた至高性の世界であると同時に、贖罪の世界でもある」ゆえに、「呪いこそが最も確実な祝福への道だ」というG・バタイユ流のパラドクシカルな「霊的交通論」を引き合いに出すまでもない。単純に考えても、ハンセン病患者という絶対孤独の「弱者」が救済を求めて「呪い」の言葉を吐き、癩予防法の「被害者」たちが償いを求めて「呪い」の言葉を発することは不当なのだろうか。たとえ「呪い」が最後には「おのれ自身に向かう」ことが事実であるとしても、それは例えばいったんは癩予防法を支持ないし黙認していた「他者」たちに向かうのではないか。「呪い」の言葉によってハンセン病への誤った恐怖により構築されているわれわれの世界をまず「破壊」することこそが、必要なのではないか。内田は、コミュニケーションの一形態である「呪い」が、「他者」との〝つながり〟を維持する社会的回路を開けておくために「弱者」に残された最後の手段であることの意義を、まったく理解していない。「有利な立場の多数者」=「ハンセン病に罹患していないもの」=「正常なもの」=「他者」から「ハンセン病に罹患しているもの」=「異常なもの」を《切断》することで維持されてきたわれわれの世界を変革できたのは、《内閉》という〈生〉の形式ではなく、癩予防法の非人間性を訴える「呪い」の言葉によってなのである。それゆえ、「弱者」の苦悩に驚くほど冷淡な内田の一面的な「呪い」の見方では、「片隅を愛する」と宣言するに至った青年の「日常的な死」とも言うべき〈生〉の形式を高く評価する神谷の場合と同様、青年の二編の詩の価値を正しく判断することは不可能である。

「顔面のキズ」=スティグマがある殺人犯の永山則夫は、『無知の涙』に次のように記す。「これからあなた達は傷のある人間の苦患を味わうことでしょう。そして、あなた達が私に一切タッチしなかったように、世間は、必然の救助をして欲しいとあなた達が思う時、誰も助けてはくれないでしょう」。

見田宗介によれば、〈怒りの陥穽〉は、〈怒らないことの陥穽〉の裏であり、「怒らない人びとの無関心さ」こそが、たくさんの永山則夫たちを、「絶望的な孤独のうちにそこに追い込んでしまう」。見田は、前記の永山の言葉を、「呪い」の言葉と捉える。それは直接には、「一切タッチしかった」永山の肉親たちへの「呪い」であるが、しかしその「呪い」を、どうしてわれわれすべてへの「呪い」として聞かずにおれようか――そう見田は問いかけるのだ(25)。

「みんなレプラになれ　みんな」と記した青年の「呪い」も、永山のそれと同様、「怒らない人びとの無関心さ」に向けられている以上、その「呪い」を、どうしてわれわれすべてへの「呪い」として聞かずにおれようか――見田の顰に倣って、「呪い」の意義を全否定する内田にそう問いかけたい。内田も、「必然の救助をして欲しい」と願った青年を、「無関心さ」から黙殺したのではなかったか。「救助して欲しい」と必死に願う青年の「呪い」の言葉と較べて、後に論じる「低能」という論敵を罵倒するだけの加藤典洋の「呪い」の言葉がいかに悪質であるかは、加藤の思想を高く評価する内田も容易に見抜くことができるであろう。

「肉体＝身体」の剝奪

「待望の詩」からも明らかなように、「何時の間にか」に相当する期間、癩療養所において行使された「牧人＝司祭型権力」によって心の根本的なかまえが変容すると同時に、「肉体＝身体」を剝奪された青年は、「人間性の香り高い生活」を創ることに「生きがい」を見出す《内閉》の境位にまで、その精神の純粋化が高められた。しかし、「待望の詩」においては、友として連帯・共闘すべき「他者」はもちろん、敵として呪うべき「他者」もまた存在しない。青年とともに「相愛の軌道を歩む」ことが呼びかけられているのは、社会的回路を通じて連帯・共闘が求められる癩療養所の「外部」の「肉体＝身体」を所有する「他者」ではなく、「宣告の記」を記した時点では自ら「肉体＝身体」を所有していたがゆえに「片隅」を嫌悪していたけれども、癩療養所における医師たちが行使した「牧人＝司祭型権力」によって「肉体＝身体」を剝奪された結果、「片隅を愛する」と告白することができるまで精神の純粋化をなしえた青年自身である。つまり、青年が「抵抗」すべきと言う「片隅の人は片隅の価値しかないという人」とは、「宣告の記」を記して「呪い」の気持ちを告白した時点のいまだ純粋化できていない「世俗的な精神」と透明化できていない嫌悪すべき「肉体＝身体」の両者をともに所有していた青年自身の過去を、自己の観念の中に想起した形象であり、「片隅を愛する」ことができる精神の純粋化の境位まで到達しえた自分自身の現在の「相愛」という〈生〉の形式の価値を自ら確証するために要請された（反転した形での）「合わせ鏡としての自我」＝「もう一人の自分自身」に他ならないのである。この《内閉》という〈生〉の形式においては、「自己肯定を貫く自己聖化」を実現した塔和子の場合もそうであったように、「他者」が欠如しているから、そもそも〝つながり〟を求めて社会的回路を開けておく必要はなくなる。

社会における「スティグマを負うもの」＝「有徴者」としての特性は、そのスティグマを《無化》するために「有徴者」自身が透明に変身することを促す場合があるが、青年は嫌悪すべき「肉体＝身体」を所有するゆえに、その「相愛」という「生きがい」を否定する言葉を発する危険性を持つ現実の「他者」の濃密な「まなざし」、すなわち「まなざしの地獄」から逃れるために、自己の「肉体＝身体」の透明化への強い強迫を感じていた。自分の色を消す。臭いを消す。嫌悪すべき「肉体＝身体」を消す。「肉体＝身体」を消すことによって、「私たちは誰からも抵抗なく受け入れられる存在になる[26]」。

天野義智の言う「繭」というユートピアでは、自己は「繭」の中でのみ歓びを得ることになるゆえに、その「繭」の中には親密で同質的なもののしか存在していない。親密で同質的なものの中では、それと同質である自己の「肉体＝身体」は周囲と同化することによって透明化し、「繭」の外の異質な「他者」が注ぐであろう冷ややかな「まなざし」から逃れることができる。すなわち、「繭」の中のユートピアで「透明人間たちは交換可能」である以上、「相愛」という「生きがい」を宣言する青年にとって「相愛」の対象としての「他者」はもはや存在しないのである。

皇民家族主義という光田イズムが支配していた癩療養所内でいわゆる「家族」＝「親密で同質的なもの」のみに囲まれて「他者」が欠如した（かのような）状態での「まなざし」の不在に直面することにより、青年は「肉体＝身体」の透明化と精神の純粋化を同時に独力で自律的に実現しえたと確信（錯覚）したのである。

しかし、自律的な（と信じた）「肉体＝身体」の透明化とは、実は癩療養所における医師たちによって行使された「牧人＝司祭型権力」による他律的な「肉体＝身体」の剝奪に他ならなかった。したがって、R・D・レインの表現[27]を借用して言えば、「宣告の記」を記した時点での「肉体＝身体を所有するもの（some-body）」＝「何ものかであるもの（some-body）」から「待望の詩」を記した時点での「肉体＝身体を所有しないもの（no-body）」＝「何ものでもないもの（no-body）」へと変身した青年の〈生〉の形式は、「繭」のような癩療養所という疑似家族共同体の外部で健康な「肉体＝身体」を所有するがゆえに青年の《内閉》に冷ややかな「まなざし」を向ける危険性を持つ現実の「他者」＝「無徴者」＝「正常なもの」と出会うための社会的回路を断ち切られた「日常的な死」（フーコー）と呼ばなければならないであろう。もちろん、この現世と自己の放棄を意味する「日常的な死」からは、「スティグマを負うもの」=「有徴者」としてのハンセン病患者の解放への展望は拓かれることはない。

この青年が、ハンセン病の宣告に絶望して自殺することなく生き続けるための戦略として《内閉》という〈生〉の形式を意識的ないし無意識的に選択したことを、非難できるものは誰もいない。また、「相愛の軌道を歩む」という純粋化した精神の境位の崇高さを否定できるものも、誰もいない。しかし、他方、青年の言う「片隅を愛すること」――これこそ癩療養所の強制隔離政策の非人間性を告発しつつ《内閉》を峻拒した島比呂志の著した作品が『片居からの解放』と題されている事実が象徴するように、「片居（片隅にいるもの）」という蔑称を中世以降与えられ続けてきたハンセン病患者が、自らの「肉体=身体」を取り戻すために、癩療養所すなわち「繭」のようなユートピアの外部に存在する「他者」と連帯・共闘してまず打ち破らなければならなかったものであることも、疑問の余地はない(28)。奴隷は「肉体=身体」を所有しない。それゆえ、「繭」の中の「片隅を愛する」というのは、いわば「肉体=身体」を剝奪された「奴隷の言葉」なのである。青年が告白した「呪い」こそが、その「繭」を内部から食い破るためにどうしても必要な言葉だったのである。

島比呂志は語る。「赤瀬さん〔薬害エイズ訴訟の第一号原告の赤瀬範保〕……が初めてくれた手紙の中で、らい患者はなんで怒らないのか、なぜ起ちあがらないのかって問われたんだ。長い強制的隔離によって僕らは、人権が奪われている意識さえも奪われてきたんだと、赤瀬さんの手紙でそう感じたんだ。……なぜ、らい患者が怒らないのか、そのわけが分かったって書いてあるんだ。長い隔離の歴史の中で、飼いならされてしまったんだと、赤瀬さんは感じたんだ」。まさに、牧人が目指す《内閉》とは、羊たちを「飼いならす」ことであった。「赤瀬さんの、なぜ怒らないのか、という問いが澱のように残った」と語る島は、「呪い」の言葉を堂々と裁判で発することにより、「繭」の中で「飼いならされてきた」自分自身とはっきりと訣別したのである。「呪い」がハンセン病患者にとって最後に残された〝つながり〟への希望である以上、その「呪い」という〝つながり〟を求める言葉を発しなければならない状態にまで追い込まれた「弱者」を内田のように非難したり、あるいは、その「呪い」という〝つながり〟を求める言葉を発することを可能にする「肉体＝身体」を奪われて《内閉》せざるをえなかった「弱者」を神谷のように称賛することは、あまりに残酷な仕打ちであると言わなければならない。繰り返すが、神谷の信奉する光田イズム＝皇民家族主義に支配された癩療養所こそが、その被収容者の「肉体＝身体」を奪ったものなのである。

宇都宮病院

この「肉体＝身体」の他律的な剝奪と「肉体＝身体」の自律的な取り戻しという観念から、精神医学の地平でわれわれが想起すべきは、最悪の精神病院の一つであった宇都宮病院と「浦河べてるの家」の対称的な在り方である。

その病院に関わった医師が「(治療する施設ではなく)閉じ込めるだけになっちゃった」と認める宇都宮病院について、大熊一夫は次のように書いている。[29]「きっかけは、二人の患者の奇怪な死であった。どちらの死者も、死の直前に職員から木刀などでメッタ打ちにされていた。しかもそのリンチは、大勢の入院者の眼の前で何十分にもわたって行なわれた。……保護室とは、その名の通り、患者を保護する部屋のことで、精神病院には例外なくある。患者を一人にしておいた方が心の平安が得られて治療にプラスになると判断された時に、この鍵のかかった個室が使われる。ところが暴力的な病院は、決まって本来の使用法を逸脱して、この密室を懲罰房として使う。……実際、私は、『保護室で看護人にリンチされた』と訴える宇都宮病院の退院者に十何人もあった。……怪死した二人は、『何十人もの目撃者の前』でなぶり者にされた」。

宇都宮病院では、「牧人＝司祭型権力」による規律・訓練というソフトな形によってではなく、患者の「肉体＝身体」は物理的暴力により文字通り強奪されていたのである。

浦河べてるの家

他方、社会福祉法人「浦河べてるの家」は、日高昆布の産地直送や出版事業等の就労支援とグループホーム等の住居の提供と有限会社「福祉ショップべてる」からなる共同体である。統合失調症など様々な精神障害を持つ人々の社会参加・社会進出のための事業を展開している。「浦河べてるの家」では、患者たちは「治りませんように」と口々に語り合う。「浦河べてるの家」の人々との関わりについて、精神科医の川村敏明は、「長くかかわっていると、だんだん自然体になってこれるところだなあと。だから、ただつきあってればいいですよ、治すっていうよりは」と言う。「そんな川村先生に、べてるの家のメンバーは鍛えられている。ちゃんと苦労するように、悩みを増すように、『ひとこと俺にもいわせろ』といえるように。その期待に応えて、メンバーの松本寛さんは『分裂病は友達ができる病気です』といった。林園子さんは『もう治さないでください』といった。山本賀代さんは『むなしさを絆に』といい、木林美枝子さんは『病気は宝だ』といっている。そして早坂潔さんは、……こういったことがある。『ぼくたちは、先生の失敗作です』／治っていないし、治せていない。とはいえ、それがちょうどいいかげん、なのだ[30]」。

「浦河べてるの家」の人々にとって、これまで「病院」に剝奪されていた「肉体＝身体」は、たとえそれが病に冒された「肉体＝身体」であっても、「当事者」である自己に取り戻さなければならない。「浦河べてるの家」にソーシャルワーカーとして関わる向谷地生良は、統合失調症など精神障害を抱えて苦しむ当事者の多くが、「肉体＝身体」に振り回され、当事者である彼／彼女が「肉体＝身体」の扱い方に困難を抱えているゆえに、「肉体＝身体を取り戻していく」ことが重大であるという。そこで、向谷地が注目するのが、手塚治虫の漫画『どろろ』である。

漫画『どろろ』の主人公は百鬼丸という若者である。戦乱の世、武士であった父親が、この世の権力を手に入れようとして、生まれてくる子供の「肉体＝身体」を四八の魔物に捧げてしまったために、百鬼丸は「肉体＝身体」に大きなハンディを抱えて誕生することになる。すべての「肉体＝身体」の機能を失い、単なる肉の塊りのようになって生まれた赤ん坊を見て、父親はその「肉体＝身体」のあまりの異様さに驚き、育てることを諦めて川に流す。その百鬼丸を川から拾い上げた町医者が彼のために義足や義眼を作り、愛情を持って育て上げていく。向谷地は言う。「面白いのが、旅の中で、〔百鬼丸が〕自分の身体を奪った様々な魔物と遭遇し、その魔物との闘いに勝利するごとに、魔物に持ち去られた本来の身体の部分が蘇えることである。私は、そこに、身体の発するサインを読み違え、幻聴や爆発という困難にあえいでいた当事者が、さまざまな困難を乗り越え、身体との穏やかな関係を取り戻していく旅の風景を見たのである(31)」。

実際、「三度の飯よりミーティング」という標語が掲げられている「浦河べてるの家」では、幻覚や妄想を持つ病者である当事者が自分自身の「肉体＝身体」に関する弱さについて語る「当事者研究」を行なうことによって、医師や病者仲間たちとことん話し合う試みがなされている。医師は、幻聴や妄想を、否定したり治そうとはしない。幻聴や妄想も、それがみんなの中で語られた時には一つの尊重すべき文化となり、「豊かなコミュニケーションや豊かな関係を作っていくうえで大事な世界」となるからである。毎年行なわれている「幻聴＆妄想大会」では、ユニークな妄想や幻聴が競い合われ、「幻聴さん」の小泉総理からプロポーズされた女性などにグランプリが授与される。そうした中、「幻聴さんがいてくれるおかげで一人でも寂しくない」と語るようになった病者は、病を「飼いならし(32)」つつ、向谷地の言うように、「肉体＝身体」を少しずつ取り戻していく。ここで次のことに注意してほしい。すなわち、言うまでもなく、島比呂志が告発した癩療養所の医師たちによる患者の「飼いならし」と「浦河べてるの家」における患者による病の「飼いならし」では、病者の人間としての解放という観点において、正反対のベクトルを持つということである。前者においては「飼いならし」＝規律・訓練の客体が「羊」＝病者たちであるが、後者における「飼いならし」の主体は「当事者」＝病者たち自身である。

ちなみに、当事者＝病者が主体となる「当事者研究」とは、「問題と人を切り離す」「自己病名をつける」「苦労のパターン・プロセス・構造を解明する」「自分の守り方、助け方の具体的な方法を考え、場面を作って練習する」「結果の検証を行なう」という五つのステップから成り、医師やソーシャルワーカーに相談するのではなく、当事者自身が「自分の苦労の主人公になる」ための研究である。「自分の苦労の主人公になる」ためには、百鬼丸のように、病気や病院や医師という魔物に奪われていた自分自身の「肉体＝身体」を取り戻さなければならない。ペットの犬を「ポチ」とか「シロ」などと名づけて飼いならしていくように、自己の病気を「統合失調症・九官鳥型」とか「爆発型エンターティナー症候群」等と当事者＝病者自身が名づけて「飼いならし」ていくことが試みられる。しかし、「苦労の主人公」になれればよく、病気が治って「苦労をなくす」ことが目標ではないから、「飼いならし」のために頑張る必要はない。何かの目標を達成するために「頑張る」生き方は、「浦河べてるの家」での生き方ではない。

精神病理学者の宮本忠雄によれば、統合失調症においては、「事物はすべて日常的な意味を失って、〝もの〟それ自体と化し、不気味な相貌を帯びてせりだして」くるが、その極期では「世界の変化に対して相応する名前を与えたり、明確に言語化したりできないような状態に陥」いることになる。(33) だからこそ、「飼いならし」のために「自己病名をつける」等のステップが重要となるわけであるが、そのステップ達成という目標のために「頑張る」ことは生き方として求められていない。病を完治して、「右肩上がり」の生き方を実現することがゴールなのではない。だから、たとえ魔物から「肉体＝身体」を首尾よく取り戻したとしても、そこで目指されているのは、「昇り続ける」ことを至上とする生き方ではない。「その生き方の中では、病気になることも、障害を得ることも、それは不幸であり予想外の出来事になってしまう。しかし、人間は誰もが生まれた瞬間の高さから、ひたすら毎日『死』という終わりの低さに向かって等しく降り続けると考えたならば、人生の風景はまったく違ったものとなり、生きる上での謙虚さが与えられる」(34)。だからこそ、「浦河べてるの家」では、この「降りていく生き方」の中で、病者＝当事者自身がゆっくりと病を「飼いならし」ていくのである。

『どろろ』に注目する向谷地にとって、「肉体＝身体」を奪う魔物とは、第一に統合失調症やハンセン病のような病気であろう。しかし、魔物とは、暴力で患者を目撃者の前でなぶりものにしつつ死亡させる宇都宮病院の精神科医でもあれば、光田健輔のような牧人が患者を家父長的温情主義により支配する癩療養所の医師でもある。実際、向谷地は、病院の精神科病棟の現場に新米のソーシャルワーカーとして初めて足を踏み入れた時、彼の脳裏に浮かんだのは、「医学＝〝囲〟学」「看護＝〝管〟護」「福祉＝〝服〟祉」という言葉であったと繰り返し回想している。「私の目には、精神科への入院患者は、『囲』い込まれて、『管』理され、『服』従を余儀なくされる人として映った」[35]。もちろん、「医学＝〝囲〟学」「看護＝〝管〟護」「福祉＝〝服〟祉」とは、それゆえ、「浦河べてるの家」との対称点に位置する、宇都宮病院を形容するに相応しい言葉である。

哲学者の鷲田清一は、「浦河べてるの家」に関して、「『発病』は……病者でないひとたちの、発病しないでいるというもっと深い『発病』を知らせるのだ。『がんばる』という無理、ひとを『選ぶ』という不遜、『治る』と言うかたちでの苦労のいたずらな倍加……。『苦労』は超えたり、克服してはならないという思想から生まれたべてるの家の試みは、ここ数百年の文化をそっくり裏返すような問題を提起しているとおもう」と述べる[36]。

「浦河べてるの家」に集う病者たちは、病に冒されて治っていない「肉体＝身体」にも拘わらず、否、病に冒されて治っていない「肉体＝身体」であるからこそ、それを「当事者」である自分自身に取り戻さなければならないと考える。だから、《内閉》という形で、病者としての「苦労」を超えたり、克服したりしてはならないのだ。「相愛の軌道を歩む」ために、あるいは「片隅を愛する」ために頑張ってはいけないのだ。「生きがい」を見出せなくてもいいのだ。「絶望」してもいいのだ。それが「安心して絶望できる人生」であるならば。つまり、「降りていく生き方」でいいのである。だからこそ、ハンセン病患者との出会いで「なぜ私たちでなくあなたが？　あなたは代って下さったのだ」という言葉が響いてくると繰り返し述べる神谷が《内閉》を「生きがい」として追求するのに対して、意外と思われるかもしれないが、向谷地はむしろ、「この仕事に人生をかけない。やりがいや生き甲斐を求めない」ことを「自分のわきまえとして常々持っている」と繰り返し語る。病者にも、そして自分自身にも、《内閉》による「生きがい」再発見を求めない。それは、「生きがい」再発見が右肩上がりの上昇を志向する「正しい」生き方を強いる可能性があり、「浦河べてるの家」の「安心して絶望できる人生」を求めて「降りていく生き方」と合致しないからであろう。「安心して絶望できる」人々にとって、「生きがい」は不要である。

イリイチの言う「制度スペクトル」において、病者の「肉体＝身体」を暴力的に強奪する宇都宮病院は明らかにその最も右側に位置するマニュプレイティヴ（操作的）なものであり、病者の「肉体＝身体」を「当事者」である病者自身が取り戻すことを促す「浦河べてるの家」は、おそらくその最も左側に位置するコンヴィヴィアル（自律共生的）なものであろう。また、監視の「まなざし」に満ちみちた宇都宮病院が、ゴフマンの言う生活全面統制型施設＝全制的施設の最も抑圧的な形態であるのに対し、「浦河べてるの家」には病者を規律・訓練により「無力化」＝「規格化」させるという全制的施設の特徴はまったく見出せない。後者には、病者を《内閉》させるために牧人が注ぐべき「まなざし」も一切存在しない。そこでの〈生〉の形式は、《内閉（内に閉ざされていること）》とは逆の、「外開（外に開かれていること）」とでも言うべきものとなる。「浦河べてるの家」では、資格ある専門技術者たる医師が病者を治療することの限界が明確に認識された上で、「当事者」である病者たちが「当事者研究」のためのミーティング等を通じて互いに〝つながり〟ながら自律的に「癒える（癒やす）」ことができるように静かに見守られているのである。教育哲学者の岡田敬司の言うように、「浦河べてるの家」は、「弱さを絆に」しつつ病者の自立を育む「生活共同体」＝「労働共同体」＝「治療共同体」なのである。その「共同体」では、病者たちは、働ける時には働き、時には堂々と仕事を「サボリ」ながら、「当事者研究」により「肉体＝身体」について自律的に「学び」かつ「肉体＝身体」を「飼いならし」て自律的に「癒えていく」のである。ゴフマンの言う〈第二次的調整〉と同様、安心して「サボレル」ことは彼／彼女たちの「人間らしさ」の現われでもあるのだ。

二つの精神医学

医療社会学者の高橋涼子は、「一九八〇年代前半に起きた栃木県の宇都宮病院事件は、日本の精神医療に対する国際的な批判を呼」んだが、一九九〇年代半ばを過ぎても、「長野県の栗田病院、大阪府の大和川病院、新潟県の国立犀潟療養所での患者の人権侵害があいついで社会問題化した」と指摘し、精神科医の斎藤環も、二〇〇三年の時点で、「あの著作〔大熊一夫著『新ルポ・精神病棟』〕に描かれた状況は完全には過去のものになっていない」と証言している。(37)

他方、浦河赤十字病院精神科を利用する回復者でつくった「回復者クラブどんぐりの会」のメンバーを中心とする生活拠点＝事業拠点である「べてる」は、既に一九八四年に成立している。そして、一九九三年、「べてる」は、「福祉ショップべてる」という会社を設立する。したがって、大熊・高橋・斎藤等がこぞって告発する人権侵害を行なう精神病院の存在と、向谷地が紹介する「べてる」の活動は時期的に完全に重なっているのだ。そこに、この問題の病根の深さを見ることができよう。

中井久夫は、精神医学の世界では、今、「オレハナラナイゾ（オレトハチガウゾ）」の精神医学と、「自分もひょっとしたらなるかもしれない」の精神医学との「パラダイム間の闘争」がなされつつあると言う。(38) それは《切断》の精神医学と〝つながり〟の精神医学の闘争と言い換えることもできよう。もちろん、大熊が描いた宇都宮病院は、「オレハナラナイゾ（オレトハチガウゾ）」の精神医学の最悪の一現象形態であり、向谷地が「降りていく生き方」を語る「浦河べてるの家」は「自分もひょっとしたらなるかもしれない」の精神医学が具体化した最良の姿の一つであろう。患者が《内閉》することを統制の理想とした宇都宮病院では、その病院という施設＝装置＝制度のシステムに明らかに無理が生じた。他方、「浦河べてるの家」は、「友だちができる病気」である精神病が「治る」ことを目指さなかったゆえに、患者の《内閉》を統制の理想とすることなく、その施設＝装置＝制度のシステムに綻びが生じることがなかった。後者では、患者たちは、「浦河べてるの家」の「片隅を愛する」ことなく、街の中心で堂々と、仕事ができる時には仕事をしながら、仕事ができない時には安心してサボりながら、生きているのである。

二　監獄における《内閉》
――レッサーパンダ帽男の罪と罰

タッ君の裁判

かつてビートたけしは、「……身障者の人がいい人であってほしいと思うのが一番悪いってことだよ。『身障者は心優しく他人に親切だ』なんてことを願っちゃいけないよ。できることなら、健常者にもいるように、悪いやつでもあってほしいわけでさ。……身障者の人は清くなくってもいいし、貧しくなくてもいいし、美しくなくてもいいんだ。どこにでもいるくだらない人間と同じようにやってほしいんだ」と語ったという(39)。たけしの指摘は、「待望の詩」の中で「片隅を愛する」ことや「人間性の香り高い生活を創る」ことを宣言した青年には文句なしに妥当するかもしれない。《内閉》という〈生〉の形式を選んだ彼は、その「肉体＝身体」を全制的施設である癩療養所の医師たちによって剝奪されたにも拘わらず、その医師たちが行使した「牧人＝司祭型権力」により清く「正しく」美しく生きるように「無力化」＝「規格化」されたことを、「生きがい」の再発見と錯覚しているからである。しかし、ビートたけしの言葉は、山本譲司が『獄窓記』で問題提起した知的障害や精神障害のある犯罪者には妥当しないと思われる。

元衆議院議員の山本譲司は、いわゆる秘書給与事件で実刑判決を受け、四三三日間の服役生活を送った。山本の配役先は、栃木県内の刑務所にある「寮内工場」であった。山本は記す(40)。「痴呆症はもちろんのこと、自閉症、知的障害、精神障害、聴覚障害、視覚障害、肢体不自由など、収容者が抱える障害は、実に様々だった。それだけではない。寮内工場には、目に一丁字もない非識字者、覚醒剤後遺症で廃人同様な者、懲罰常習者、自殺未遂常習者、といった人たち、それに、同性愛者もいた」。フーコーの『狂気の歴史』の内容を想起させる一文である。

当然ながら、彼／彼女たちの裁判は、「異様な風景」を呈することになる。「タッ君と同い年くらいの裁判官は、初めっから緊張しっぱなしだったよ。なんせ、言葉が通じないんだからね。『被疑者は前に』って証言台に立つよう命じても、全然タッ君は動いてくれないし、もう一度『前に来なさい』って言ったら、今度は裁判官のすぐそばまで近づいてくる。裁判官は、慌てふためいて『そっちそっち』って声をあげたりして、本当に取り乱していたよ……」。

そうした中、「タッ君は、傍聴席にいる母親を見つけ、『おかーさん、いっしょに帰る』などと大声を上げ始めたという。そんな息子を前に、涙を流す母親。すると、『ボク、おかーさん助ける』と言い出すタッ君」——埼玉県精神医療センターの医師が行なった起訴前のタッ君の精神鑑定では「被疑者には訴訟能力なし」という判断が示されていたが、検察は「責任能力あり」として、タッ君を起訴したのであった。山本は、「——訴訟能力なし。果たして、そういう人間を裁判にかけて刑務所に収監することが、『適切な法的処置』といえるのであろうか」と問いかける。[41]

刑務所に知的障害者や精神障害者などが多数収監されていることは、例えば、一九八六年に刊行された安部譲二の『塀の中の懲りない面々』からも明らかとなるはずであった。[42] 府中刑務所に収監された安部は、「ホクゴ」と呼ばれる北部第五工場＝木工場に配役される。「ホクゴには仕事の性質上、そこいらじゅうに刃物や玄翁があるのですから、阿呆と呼ばれる頭の薄いのはまだよくても、馬鹿とか厄種とか呼ばれる、情緒不安定な懲役や兇暴なのは、これはマズイのです」。この文章で、安部は、「阿呆」には「ナイタリ」、「馬鹿」には「パープー」、「厄種」には「ヤクタネ」とそれぞれにルビを振っている。つまり、刑務所に知的障害者などが多数収監されていたからこそ、「ナイタリ」や「パープー」等という隠語が堂々と使用されていたと考えられるのである。

医療刑務所は確かに存在している。しかし、山本が告発したように、本来、「(健常者である) 犯罪を犯したもの」と「(病気・障害のある) 犯罪を犯したもの」は《切断》された上で、前者は司法・行刑の領域へ、後者は医療・福祉の領域へそれぞれ配置されるのが当然であろう。しかし、タッ君の裁判を見ても明らかなように、いわゆる触法障害者の処置をめぐって、司法・行刑と医療・福祉は、「犯罪者」と「障害者」という二つのスティグマを負った人々への責任を互いに押しつけ合うという醜態を繰り返し演じてきたのである。

もちろん、触法障害者の多くに、「人間性の香り高い生活を創る」ことを宣言するというような《内閉》を期待することはできない。

アスペルガー症候群

かつてフーコーは、監獄は「非行者」をめぐって困難に直面すると論じていた。今、司法・行刑そして医療・福祉は、規律・訓練によって「無力化」＝「規格化」することができない（とされる）アスペルガー障害や広汎性発達障害を持つ「自閉症者」が犯した犯罪に直面して激しく動揺している。ちなみに、アスペルガー症候群は、分裂病型人格障害の危険因子ないし一類型であるという学説も有力に唱えられている。

フーコーは、「非行者」をめぐって、その処分を決定する権力が、裁判官のみでなく、（精神科）医師、教育者、社会福祉施設職員等にまで拡散してしまう事態に注意を促していた。同様の事態は、犯罪を犯した自閉症者の〈内面〉をめぐっても展開されるのだ。

二〇一二年七月三一日付『毎日新聞』は、「求刑超す懲役二〇年」という見出しの下、大略、次のように報じている。「姉を殺害したとして殺人罪に問われた……被告（四二）の裁判員裁判で、大阪地裁は、三〇日、懲役一六年の求刑を超える懲役二〇年を言い渡した。判決は……被告が広汎性発達障害の一種、アスペルガー症候群と認定。母親が被告との同居を断り、被告の障害に対応できる受け皿が社会にないとして、『再犯の恐れがあり、許される限り長期間内省を深めさせることが社会秩序のためになる』と述べ、殺人罪の有期刑の上限が相当とした」。弁護側は、「姉への殺意を抱くようになったのはアスペルガー症候群のためで量刑上考慮すべきだ」として執行猶予付きの判決を求めたのに対し、大阪地裁は「（アスペルガー障害の）影響があるとはいえ、十分な反省がないまま社会復帰すれば、同様の犯行に及ぶことが心配される」と指摘した上で、求刑を上回る懲役二〇年を言い渡したのである。この判決には、児童青年精神医学を専攻する高岡健が「耳を疑う判決であり、アスペルガー症候群に対する支援体制の問題を個人の責任の追及に転嫁している。刑務所に長期間入っても支援を受けられない状態では反省は生まれず、（判決の）実効性がないのではないか」と批判している。また、刑事法を専攻する後藤弘子も、「本来は、より人道的な施策があるべきだが、刑務所以外で対応できないという逆説的な問題提起だ。社会の無策を判決で補わざるを得ない状況を表わしている」と指摘している。〈犯罪者〉の処罰のために注がれるべき司法・行刑の「まなざし」と〈病者〉の保護のために注がれるべき医療・福祉の「まなざし」が交わることなく互いにずれてしまっているのである。

山本譲司や佐藤幹夫が注目した「レッサーパンダ帽男」も、同様に、自閉症であった。[43] 佐藤は、その著書『自閉症裁判』において、①「自閉症という障害をもつ人が犯罪を犯した場合、障害の特質を理解した上で、例えば福祉関係者を立ち会わせた取り調べや裁判を行なうべきだ」ということ、②「事件を未然に防ぐために、また不幸にして事件が起きた場合も、出所後の加害者が福祉の網の目から抜け落ちることのないように社会が支援しなければならない」ということを強調した。しかし、佐藤は、その『自閉症裁判』を読んだ一人の読者から、「あの男は一生反省しない。無期の判決は妥当だ」という感想を突きつけられる。[44]

このような感想を持つ人が増えると、ビートたけしの言葉とは逆に、ごく少数の自閉症者が犯罪を犯すことによって、前述の裁判員裁判の事例のようにステレオタイプ化された自閉症患者に「危険なもの」というラベルが貼られてしまい、その結果、「自閉症の障害を持つもの」のほとんどが「悪いやつ」＝「繰り返し犯罪を犯す危険なもの」ではなく、「いい人」＝「犯罪を犯すことのないもの」であるという真実が見失われてしまう。酒井隆史の議論に即して確認しておいた、「ノルム」の逆転という事態である。

刑法第三九条

タッ君の裁判に関して司法・行刑と医療・福祉は互いに責任を押しつけ合うという醜態を演じたのであったが、このレッサーパンダ帽男の裁判をめぐっては、刑法第三九条の存在自体に疑問が投じられることになる。問題が、「司法」段階から「立法」段階へとヨリ深刻化するわけである。すなわち、刑法第三九条は、「心神喪失者の行為は、罪しない」および「心神耗弱者の行為は、その刑を減軽する」と規定する。この刑法第三九条の規定に関して、特にレッサーパンダ帽男の裁判を一つの切っ掛けとして、呉智英＝佐藤幹夫編『刑法三九条は削除せよ！　是か非か』[45]が刊行され、そこには「刑法三九条はきれいさっぱり削除されるべきだ」（佐藤直樹ら）という主張と、「刑法三九条を削除する理由はどこにもない」（橋爪大三郎ら）という主張がともに収められている。まさに、犯罪を犯した自閉症者の処分について、検察官や弁護士のような法律家のみでなく、精神科医師、教育学者、社会学者、福祉関係者等々が、それぞれの立場から、「是」あるいは「非」という見解を提示しているのである[46]。

これまで、精神病と人格障害は次のように区別されていたと言われる。すなわち、ごく単純化して言えば、「精神病者の犯罪というのは、人格という土台に寄生した異物としての『精神病』がひき起こした犯罪である」から、その責任のある「寄生体」の除去すなわち治療こそが唯一の解決策となる。他方、人格障害の場合、そのような「寄生体」が犯罪を犯したわけではなく、「土台である人格そのものがいびつであるゆえに犯罪が起こった」と考えられるゆえに、「その人格には、処罰による矯正あるいは存在の抹消（＝死刑）こそがふさわしい」ことになる[47]。美馬達哉の表現を借りれば、自分の責任ではなく逸脱した人々は精神病の「患者」として精神病院という社会統制の下に置かれるが、自分の意思で逸脱した人々（人格障害者を含む）は「犯罪者」として監獄という社会統制の対象となるのだ[48]。もちろん、複数の精神科医の鑑定が対立することが珍しくないという事実からも窺われるように、この二分法自体が必ずしも万能であったわけではないが、アスペルガーのような自分の責任ではない障害を持つ犯罪者に注目が集まることにより、いわゆる従来の「司法福祉」の枠組みで適切に対処することが不可能な現実が明らかになったことで、それが根本的にチャレンジを受けるに至ったことは疑問の余地がない。

被告人が「自閉症という障害を持つもの」であることを共通の前提としても、「（本人にその障害の責任を問うことができない）障害を持つものであるゆえに、その刑を軽減すべきである」という言説と、「（本人がその障害のために犯罪を繰り返す恐れのある）障害を持つものであるゆえに、厳罰に処すべきである」という言説が、実質的内容において互いに矛盾するにも拘わらず、ともに形式論理的には成立してしまう。つまり、「心神喪失者でも心神耗弱者でもないもの」と「心神喪失者または心神耗弱者であるもの」との《切断》は、このレッサーパンダ帽男を前にその《切断》の根拠となる論理が根底から疑問化されるに至ったのである。被告人の人格という「土台」から「寄生体」を除去しうるのか――被告人の〈内面〉が見えない――それは臨床精神医学の「診断」の敗北なのかもしれない。

監獄の失敗

刑務所という全制的施設では、収監された受刑者が真摯に反省して《内閉》の境位にまで到達することが目標とされている。あるいは、少なくとも、規律・訓練により受刑者の〈内面〉に働きかけ、その「肉体＝身体」を「規格化」することが目指されている。しかし、レッサーパンダ帽男のような自閉症者は、現実にそのような《内閉》の高みに到達することはもちろん、規律・訓練によりその「肉体＝身体」を再び犯罪を繰り返さないように「規格化」することも不可能であると考えられている。だからこそ、刑法第三九条が自明の前提としてきた《切断》の是非に関して、これまでの「司法福祉」が瓦解して分裂してしまった司法・行刑と医療・福祉が、「アスペルガー障害のような自閉症による触法障害者」＝「社会的な規範や規則に合致するように絶えず問い直す『まなざし』をその〈内面〉に植え付けることが困難な（とされる）もの」の処遇について、激しく対立しつつ、互いに責任の押しつけ合いをすることになる。

しかし、そのような責任の押しつけ合いによっては、山本譲司や佐藤幹夫が危惧する「孤立―犯罪―有罪判決―受刑―出所―孤立……」という繰り返し＝悪循環から触法障害者を脱出させる糸口を見出すことはできない。つまり、その司法・行刑と医療・福祉の境界づけを行なうべき精神医学が、被告人の〈内面〉が見えない「不可解な少年犯罪」の前に敗北してしまっている。斎藤環は言う。「少年犯罪の『専門家』を自認する精神科医や心理学者は、『性的サディズム』『小児性愛』『アスペルガー症候群』などの診断名を列挙してみせ、彼の過去の行動についてさまざまな解釈がほどこされる。……人々が一番関心を寄せるのは、ほぼ決って『原因』と『予防』についてである。……議論の行き着く果ては、決って『厳罰化』である。……ここで浮上してくるのが、事件の分析、あるいは解釈の問題である。この種の事件でコメントを求められる頻度が最も高いのは、何と言っても精神科医だ」。しかし、宮﨑勤の「連続幼女殺害事件」は、「精神医学がいかに曖昧かつあてにならない学問であるか」を、容赦なく暴いてしまった(49)。すなわち、宮﨑の精神鑑定の結果を簡単に整理すると、「人格障害」「多重人格」「統合失調症」の三通りに分かれるが、最終的に「人格障害」説が採用されることにより「精神病」という「寄生体」が犯罪を起こしたという見解が否定されて、「厳罰化」の要請とも合致しつつ、宮﨑に極刑が科せられたのである。また、実際、このレッサーパンダ帽男の裁判でも、証言台に立った二人の精神科医が、「被告人は、自閉症である」、「いや、被告人は自閉傾向のある精神遅滞ではあるが、自閉症ではない」云々という論争を法廷で繰り広げたのである。

ただし、同じ精神科医の鈴木茂は、「〔永山則夫や酒鬼薔薇聖斗や宮﨑勤や麻原彰晃やレッサーパンダ帽男を〕人格障害に属せしめたところで、いったい何が分ったことになるのだろうか。真の問題は、その種の人格障害であることが彼らの犯罪の主たる『原因』になっているかどうか、この種の人格障害の多くがそのような重大犯罪を起こす危険性が著しく高いのかどうか、共同体は彼らにどれだけの自己責任能力を期待できるのか、といった点にある」が、「人格障害概念がこの種の問題に対して意味のある解答を与えているようには思われない」と指摘している(50)。「精神病」と「人格障害」を切離する「寄生体」説も、それほど説得力があるものとは言えないらしい。

他方、社会における「厳罰化」の要請と臨床精神医学の「あてにならなさ」を背景にして、二〇〇五年の時点で、佐藤幹夫は次のように問題点を記している。「障害をもつ人びとの地域開放を謳うその一方で、法務省は、心神喪失者等医療観察法と、厳罰化を目的とした刑法改正の準備を進めてきたという事実がある。二〇〇一年一月には、法務省と厚生労働省が合同で、『触法精神障害者対策の合同検討会』を発足させているのである。／心神喪失者等医療観察法とは、これまでの精神保健福祉法による（つまりは厚生労働省管轄による）措置入院制度の『不備』を補うという名目で、司法の介入による、『責任能力なし』とされた人びとへの治療的拘束を立法化したものである。……精神障害者や知的障害者に対して、予防拘禁への道を開くものだという批判、治療処置の名のもと、新たな長期拘束者を生むという批判などが寄せられている」[51]。

ここでフーコーの言う「監獄の失敗」について、重田園江の読解を聞く必要が生じる。「恐れられたのは、誰を犯罪者と定め、どのような刑に服せられるのかの決定が、はじめから終わりまで政治的な意図でなされていることが白日の下に晒されることだった。さらには、政治的なのだからその政治をひっくり返してしまえば、犯罪と刑罰の根拠そのものも崩壊するという認識が広がり、それが実際の政治運動へとつながってしまうことだった。犯罪者を犯罪者集団として囲い込むこと。彼らを裏社会に閉じ込め、犯罪者は違う人種だというイメージを流布させ、一般人と切り離すこと。許される犯罪と許されざる犯罪を区別し、罪と罰の体制を通じて、犯罪者にその区別を叩き込むこと。要するに、犯罪者のエネルギーをできるかぎり矮小化しながら利用すること。これが『監獄の失敗』が容認され、放置された理由である。……権力は人の相互行為を通じて、戦略的に作用する。そして日々新たに犯罪者とそうでない人の境界線を引き直し、被害者意識を醸成し、安全への際限のない欲望を煽る。家族のため、わが子のために安全で安心な街が必要だ。犯罪者集団を刑務所に送り、『頭のおかしいやつら』を病院に入れることは大切だ。彼らは私たちとは違う『危険人物』なのだから」[52]。

これが「監獄の逆説」、すなわち「警察―監獄―非行性の相互に依存する機構」なのであり、かつてはフーコーの言う「非行者」が、今ではレッサーパンダ帽男のような「自閉症者」が「危険人物」として「正常なもの」から《切断》されつつ、政治的意図を隠そうとする権力により利用されるのである。

一方で、医療・福祉のためのコスト削減を図りつつ、精神障害者の地域開放を進める権力は、「非行者」ないし「自閉症者」の存在を逆手に取って、他方で、周辺地域社会におけるトラブル発生への不安を、予防拘禁等の社会防衛的施策によって鎮めようとしているわけである。もちろん、C・ロンブローゾ流の「生来犯罪者」説に与する大江健三郎の記す「『気ちがいのような犯罪者』への対応をどうするか考えるべきだ」という差別的言説に応える岩波明のように、触法精神障害者自身のためにも、「司法と医療の密接な協力」の上で、原則的にかつて東京都世田谷区にある松沢病院に建築される予定であった「精神科集中治療病棟」のような「保安施設」が必要であるという意見もある。[53] しかし、社会全体をこのような監視する「まなざし」に支配された「管理社会」(フーコー)＝「マニュプレイティヴ(操作的)社会」(イリイチ)＝「全制的施設型社会」(ゴフマン)としてはならない。ゆえに、精神障害者の地域開放については、「浦河べてるの家」のように華々しいコンヴィヴィアル(自律共生的)な実践が行なわれている一方、地域開放を進めることのリスクを予防拘禁等の社会防衛的施策の強化によって回収しようとする動きも存在することを見逃してはならないであろう。われわれは、ここで、フーコーが明らかにした、ピネルやテュークによる患者たちの「肉体＝身体」の鎖からの「解放」が、監視する「まなざし」によって彼／彼女たちの心を鎖で縛りつけることになったという逆説を、想起しなければならない。「監獄の逆説」と「まなざしの逆説」は、互いに連動しているのだ。

《内閉》という形で心を鎖で縛りつけられないと見なされた触法障害者をめぐる司法・行刑と医療・福祉の責任の押しつけ合いから、「非行者」ないし「自閉症者」の存在を梃子とした法務省(司法・行刑)と厚生労働省(医療・福祉)の合体による「治療的拘束」の強化へという展開に対しては、二つの逆説の連動をしっかりと見すえながら、常に批判的なスタンスでのぞまなければならないであろう。

イエスの言葉

「罪」とは何か?　「罰する」とはどういうことか?　「赦す」とはどういうことか?　罪を犯し、罰し、あるいは赦す「人間」とはそもそも何ものなのか?——われわれの問いはそこへ行き着く。[54] C・B・ベッカリーアの『犯罪と刑罰』、およびF・M・ドストエフスキーの『罪と罰』、そしてイエスへという遡行。

「……律法学者たちやファリサイ派の人々が、姦通の現場で捕らえられた女を連れて来て、真ん中に立たせ、イエスに言った。『先生、この女は姦通をしているときに捕まりました。こういう女は石で打ち殺せと、モーセは律法の中で命じています。ところで、あなたはどうお考えになりますか。』……イエスはかがみ込み、指で地面に何か書き始められた。しかし、彼らがしつこく問い続けるので、イエスは身を起こして言われた。『あなたたちの中で罪を犯したことのない者が、まず、この女に石を投げなさい。』そしてまた、身をかがめて地面に書き続けられた。これを聞いた者は、年長者から始まって、一人また一人と立ち去ってしまい、イエスひとりと、真ん中にいた女が残った。イエスは、身を起こして言われた。『婦人よ、あの人たちはどこにいるのか。だれもあなたを罪に定めなかったのか。』女が、『主よ、だれも』というと、イエスは言われた。『わたしもあなたを罪に定めない。行きなさい。……』」
――「ヨハネによる福音書」より。

「地面に〔イエスが〕何か字を書くこと」を、精神科医の中井久夫は、「問いかけに対決するのでもなく、屈従するのでもない、第三の姿勢である」と言う。その「第三の姿勢」は、「聞くという態度を端的に示しつつ、問いかける者をおのずと再考と鎮静に導く行為でありうる。困難な治療の相談を受けている私は、しばしば、それととりたてて意識せずにうつむいてペンを遊ばせつつ聴くようである」(55)。

司法・行刑と医療・福祉に携わる人々に求められるのは、この「第三の姿勢」であろう。その「第三の姿勢」は、触法障害者の「罪」と「罰」について公正に考えるための十分条件とはならないであろうが、少なくとも必要条件と見なすべきものである。

そして、われわれに求められているのは、その「第三の姿勢」を維持しつつ、「(本人にその障害の責任を問うことのできない)障害を持つものであるゆえに、その刑を軽減するべきである」＝「決して石を投げつけるべきでない」という言説と「(本人がその障害のために犯罪を繰り返す恐れのある)障害を持つものであるゆえに、厳罰に処すべきである」＝「力いっぱい石を投げつけるべきである」という言説の両者を、障害を持つ加害者(＝被告人)の苦しみやその加害者(＝

被告人）に殺傷された被害者（の親族）の苦しみを真正面から見詰めつつ、司法・行刑と医療・福祉という二つの観点から複眼的に慎重に検討し、自分自身の〈内面〉＝〈良心〉に照らして、どちらを支持すべきかを決定することであろう。[56] ここでも、大事なのは対決することなく且つ屈従することなく問いかけるものとの〝つながり〟を維持することである。精神科医の高岡健は、レッサーパンダ帽男のようなアスペルガー症候群では、侵害されているのは、人格でなく、コミュニケーションの回路であると強調している。[57] そのことを踏まえて、「わたしもあなたを罪に定めない」というイエスのコミュニケーションの回路を開きつつ人々を再考と鎮静に導こうとする言葉が、おそらくその言葉で《内閉》したであろう「姦通の女」の事例と異なり、〝つながる〟ことが不可能な（と判断されてしまった）レッサーパンダ帽男の前で失効してしまっているか否かが、問われることになる。

第六章　《弛緩》

——思考の緊張が緩む

被差別部落の人々

既に見てきたように、「被差別部落出身のもの」は、しばしば「血」=「遺伝」による「先天性身体障害を持つもの」というスティグマを誤って負わされてきた。「『ぶらくみん』のお尻には、しっ尾がある」(中山英二)、「『チョオリンボ』のキンタマは四つある」(柴田道子)、「カネ持ちの太鼓屋さんの娘といっしょになると指が一本足りない子供が生まれる」(塩見鮮一郎)、「屠殺した獣の血を浴び過ぎたせいか、何人も獣の手足を持った子が産まれた」(中上健次)等々である。

また、若宮啓文は、「部落のものは近親結婚が多いから遺伝的に問題が多」く、「先天的に知能が劣る」というようなことも「あるかもしれない」と一時的かんぐった、と告白していた。もちろん、若宮は、歴史学者や遺伝学者から、それが「まったく根拠のない偏見」であることを教えられる。すなわち、長野県史編集委員の青木孝寿によれば、「様々な資料を調べてみると、信州各地に点在する被差別部落相互の間で、非常に広範囲の縁組みが行なわれていた」ことが分かるが、「被差別部落どうしの情報交換はゆきとどいていた」ゆえに、「同じ『部落』内での縁組みは珍しく、いわゆる近親結婚はまれ」であった。ただ、「圧迫され続けてきた『部落』の人びとには運命共同体的な同族意識（仲間意識）が強」く、これが誤って「血族的な同族と混同されてしまった」と考えられるのである。

また、人類遺伝学を専攻する大蔵興司は、若宮に次のように語る。「近親結婚によって肉体や精神に異常の現われた子供が生まれる確率はたしかに普通より高い」が、「近親結婚によって生まれた子供の能力が全体に低下するようなことは、絶対にありえ」ず、「ある地域集団で近親結婚をくり返したとしても、異常の出る確率がだんだん高くなる」というわけではない。さらに、「生物学的に冷徹な言い方をするなら、近親結婚によって生まれた異常児には生命力、繁殖力が乏しいため、そこで悪い遺伝子が途絶えることが多く、近親結婚をくり返すことは悪い遺伝子を自然淘汰することになる、とさえいえる」のである。青木と大蔵の話を聞いた若宮は、「胸のつかえがいっぺんにおりる気がした」と回想している。(1)

他方、「被差別部落出身のもの」は、「『ちょうり』とは外国から来た者で、背が高い」（中山英一）という言葉が象徴するように、「異民族（とりわけ朝鮮人）であるもの」というスティグマも誤って負わされてきた。小熊英二は、「現代では、被差別部落は民族問題ではないという理解が一般に成立している」が、「〔喜田貞吉や柳田国男が〕生きた時代はそうではなかった。朝鮮・台湾は外国ではなく大日本帝国の一部だったし、被差別部落を異民族と見る視線も広範だった」と指摘し、被差別部落出身の人々が「民族的特殊性というあいまいさ」＝「スティグマ」を負わされていたことを示唆している。(2) 実際、喜田と論争中の柳田国男や山路愛山は、被差別部落の人々を日本人（ヤマト民族）とは異なる「異人種・異民族」と捉えていた。すなわち、柳田は、その著作『農業政策学』において、「〔被差別部落民ハ〕恐クハ牧畜ヲ常習トセル別ノ民族ナルベシ」と論じ、愛山は、その著書『日本人民史』において、「〔被差別部落民ハ〕並ノ日本人トハ人種ヲ異ニシタル遊牧民、及ビ其ノ子孫ナリシトイフベキ」と述べていたのである。(3)

ひろたまさきによれば、被差別部落民の出自については、「三韓征伐」あるいは豊臣秀吉の「朝鮮征伐」の際の朝鮮からの渡来人の系譜を持つという虚説が、明治十年代から有力になっていた。(4) この被差別部落出身の人々の「民族的特殊性というあいまいさ」を肯定する言説については、「被差別部落民の朝鮮人起源論が、明治以降の朝鮮人蔑視政策の反映であることは今や完全に証明されつくしている」。つまり、「征韓論」以降の朝鮮侵略政策を合理化するために、支配権力は、「政治」の水準で朝鮮民族を劣等と決めつけ、日本の保護なしには自立しえない存在であるとの差別イデオロギーを流し続けた。「この際、日本の被差別民衆の朝鮮人起源論は極めて好都合とされ、朝鮮人蔑視を部落差別によって合理化し、部落差別を朝鮮人蔑視で合理化するという〝一石二鳥〟の効果が期待されたのである」(5)。八木晃介は、被差別部落民の「民族的特殊性というあいまいさ」を肯定する説が誤りであることは「完全に証明されつくしている」と断定するが、網野善彦は、日本法制史家の滝川政次郎が「遊女や傀儡は朝鮮半島から日本に渡ってきた人びとで、最初から『化外の民』として賤しまれ、差別されてきた」という学説を提示していることに注意を促し、このような「〔日本〕列島西部の後年の被差別部落民を朝鮮半島からの移住民とする全く誤ったとらえ方」は、今日もなお批判すべきであると強調しているのだ(6)。

被差別部落民と朝鮮人は、「有利な立場の多数者」＝「無徴者」が持つ「共通感覚」において「穢れたもの」としても結合していた。『「癩者」の息子として』の著者である林力は、差別問題を引き起こした福岡県のある自治体職員が、「部落の人は加藤清正がつれてきた朝鮮人の捕虜で、彼らが癩病と梅毒をもってきた」と述べたことを紹介している(7)。在日の作家である梁石白も、次のように指摘している。すなわち、『猪飼野詩集』の作者である金時鐘を高く評価する梁は、大阪市生野区にかつてあった猪飼野という地名に着目し、「新平野川の河川工事に従事していた朝鮮人が、そこで豚を飼っていたので猪飼野と呼ばれるようになった」と金が論じている(8)ことを確認した上で、「四ツ足の動物と『エタ』『非人』『朝鮮人』のイメージが〈汚れ〉として連動していくのだ。日本人の中には部落民と朝鮮人を同一視しているものが多いのもこのためであろう。ホルモン焼きのホルモンという語源も、内臓のホルモンという意味ではなく、大阪弁の放る物（捨てるもの）という意味である。牛や豚を屠殺した場合、昔の日本人は内臓を捨てていたが、その捨てたものを朝鮮人は拾って食べていたのがそもそものはじまりなのだそうだ。……昔、西成に住んでいた私の従兄は、屠殺場に勤めていたとき、捨てられた内臓を拾ってきて食していたし、その後、自分で養豚場を営んでいた」と述べている[9]。

このように、被差別部落出身の人々は、様々な意味で「民族的特殊性というあいまいさ」＝スティグマを負わされてきた。『水平運動史研究』の著者である金静美は、一九六〇年に、部落解放同盟の人々が大阪府八尾市の教育委員会と「交渉」した際に、「われわれの祖先が朝鮮人（百済からの帰化人）であるかのごとき記述をしたことは許せない」旨の抗議を行なった事実を、川内俊彦編著『西郡部落解放運動史』（部落解放同盟大阪府連合会西郡支部、一九七三年）から確認し、同書に「同和地区住民は疑いもなく、まぎれもなく日本民族、日本国民である」と書かれている内容が、「同和対策審議会答申」（一九六五年八月一一日付）の「同和地区の住民は異人種でも異民族でもなく、疑いもなく日本民族、日本国民である」という言葉の追認であることに注意を促す。しかし、金によれば、この「答申」の文言は、朝鮮人に対する民族差別のあからさまな肯定を意味するのだ[10]。

胸のつかえ

ここで、被差別部落出身ではないが遺伝性の先天性身体障害者であるO氏が、若宮啓文の著書を読み進むうちに、その「胸のつかえがいっぺんにおりる気がした」という言葉に出会った状況を想像してみよう。O氏は次のように思うかもしれない。「部落差別は明らかに悪い。若宮が、被差別部落の人々の身体的特殊性を否定する見解をキッパリと提示したことは、実に立派なことである。しかし、著者の『胸のつかえがいっぺんにおりる気がした』という言葉には、私には少しひっかかるものがある。私はかえって、『胸のつかえが少し強くなった』ような気さえする」と。

また、在日朝鮮人で部落問題にも関心を持つP氏が、「答申」を読み進むうちに、「同和地区の住民は、……疑いもなく日本民族、日本国民である」という言葉に出会った状況を想像してみよう。P氏は次のように考えるかもしれない。「部落差別は明らかに悪い。『答申』が、被差別部落の人々の民族的特殊性を否定する宣言をキッパリと行なったことは、全く正しいことである。もちろん、部落の人々の中には、『胸のつかえがいっぺんにおりる気がした』人もいるだろうが、私には少しひっかかるものがある。私はかえって、『胸のつかえが少し強くなった』ような気さえする」と。

O氏とP氏がともに「胸のつかえが少し強くなった」ように感じたのは、若宮の主張と「答申」の宣言がそれぞれ、直接的＝意図的に「被差別部落民の身体的特殊性というあいまいさ＝『スティグマ』を否定する」および「被差別部落民の民族的特殊性というあいまいさ＝『スティグマ』を否定する」という行為を遂行すると同時に、間接的＝非意図的に「（遺伝性の先天性身体障害者でない）有利な立場の多数者」＝「健常者」と「（身体的特殊性がないことを証明された）被差別部落出身の人々」を「（健常者中心の日本社会における遺伝性の障害を持つO氏を含む）先天性身体障害者」から《切断》する、および、「（民族的少数者でない）有利な立場の多数者」＝「日本人」と「（民族的特殊性がないことが宣言された）被差別部落出身の人々」を「（単一民族神話の強い日本社会において朝鮮人であるという民族的特殊性を持つP氏を含む）在日韓国・朝鮮人」から《切断》するという行為をも遂行することになるからである。すなわち、若宮は、新たに《切断》した「（O氏を含む）遺伝性の先天性身体障害者」＝「有徴者」を下方に踏みつけることにより、その踏みつけの反発力によって、「血」＝「遺伝」の観点からともに「無徴」であることを根拠に、上方に位置する「無徴者」＝「健常者」＝「正常なもの」と「（遺伝的に無徴であることが証明された）被差別部落出身のもの」を合体させようとしたが、下方に踏みつけられた「（O氏を含む）有徴者」の強まった胸のつかえを感じ取ることには《弛緩》してしまった。同時に、「答申」は、新たに《切断》した「（P氏を含む）在日韓国・朝鮮人」＝「有徴者」を下方に踏みつけることにより、その踏みつけの反発力によって、「民族」の観点からともに「無徴」であることを根拠に、上方に位置する「無徴者」＝「日本人」＝「正常なもの」と「（民族的に無徴であることが宣言された）被差別部落出身のもの」を合体させようとしたが、下方に踏みつけられた「（P氏を含む）有徴者」の強まった胸のつかえを感じ取ることには《弛緩》してしまったのである。

もちろん、若宮は、部落差別のみならず、身体障害者や精神障害者に対する差別の現実とも「本気で取り組んでいかなければならない」という決意を緊張感を持って語ってはいる。しかし、部落差別と近親結婚（の結果としての先天性障害児の誕生）の関連という問題について緊張していた若宮の思考は、差別の複合性の重要さを認識するまで緊張し続けることなく「胸のつかえがいっぺんにおりる気がした」時点で《弛緩》し、部落差別と同様に深刻な障害者差別の問題はその意識の後景に退いてしまっている。同様に、部落差別と被差別部落民を異人種・異民族と見る偏見の関連という問題について緊張していた「答申」に見出せる思考は、差別の複合性の重要さを認識するまで緊張し続けることなく、被差別部落出身の人々が「胸のつかえがいっぺんにおりる気がした」であろうと考えた時点で《弛緩》し、部落差別と同様に深刻な在日朝鮮人差別の問題はその意義の後景に退いてしまうことになる。

「同和」ということ

「〔娘の障害〕が遺伝ではないことをはっきり専門医から告げられたことで、正直いってほっとした」という野辺明子が、「『遺伝だったらどうしよう』という不安は、とりもなおさず、私のなかに遺伝性の病気や障害を、代々、子どもに伝わっていく忌わしい疾病だとする偏見が……植えつけられていた証拠でもあった」とわざわざ付言しているのは、彼女が産んだ娘・麻衣子の先天性四肢障害が「血」＝「遺伝」の観点から「無徴」であることを告げられて「ほっとした」時点で《弛緩》することなく、「遺伝性の病気や障害を持つもの」への差別や偏見というヨリ深刻な問題とも取り組んでいくという気持ちでいることを示唆するものであったと考えられよう。野辺の文章は、既述のように、確かに結果としては《切断》の下方展開をもたらすものではあったが、下方に踏みつけられるものにとって《切断》が残酷なものであることを認識していると述べる彼女自身は、《弛緩》したために《切断》の下方展開を許したわけでは決してないことを懸命に弁明しているのである。

最後に、部落差別克服の一つの方法としての「同和」と《弛緩》の関係について、牧口一二の文章が注目されると思われるので紹介しておこう。牧口は言う。「……障害者の立場からすると『同和』では取り残される気がする。それどころか、かえって困難な状況に追い込まれる場合もありうる。同じ方向で人間解放をめざしているのに、ボクには『同和』という言葉がどうしてもなじめなかった。一般的には『同和』という文字づらから〈同じ扱いにすることで差別がなくなり、和合できる〉と解釈されているのではないだろうか。『同和・平等・公平』という、それ自体、なんのまちがいも異論もない言葉だけれど、どうもうさん臭い。……いまの時代、障害者が求めているのは『同じ』であることより、『違う・異なる』ことなのだ。そして、それは同時に、一般社会においてもいまこそ『違う・異なる』ということが重要な意味をもつように思えてならない」[11]。この牧口の指摘は、「同和」を推進する行政が障害者差別については《弛緩》してしまうのではないかという不安を表明しているものであるが、それは既に見た障害者プロレス団体「ドッグレッグス」や劇団「態変」が取った「差異化」の戦略へと通じるものでもあると言えよう。

柴谷篤弘も次のように言う。[12]「〔部落解放運動では〕根拠もないのに差別するのはけしからん、ゆえなき差別を除去しなければいけない」と言うが、「では逆に、理由があれば差別してもいいのか、障害者は仕事の能率が悪いから差別する理由がちゃんとある……〔と〕いうことにもなりかねない」。

牧口は柴谷が示唆するように、「同和」が達成されれば、若宮の言説や「答申」の文言のように、「同じ」を主張する人々の「胸のつかえがおりる」ことになり、「同じ」になれない「肉体＝身体」に関して異質な障害者や「民族」に関して異質な在日韓国・朝鮮人は「同じ」を主張する人々の《弛緩》した思考により、「違う・異なる」ものとして牧口が希望するように尊重されるのではなく、逆に「同じ」でないものとして、人間としての尊厳が認められなくなってしまうことを危惧するのである。

第七章　《比喩》
――障害者を「愚かなもの」の喩えとする

「隠喩」としての病

《弛緩》は、《切断》との関連で起こることもあれば、《比喩》との関連で起こることもある。ただし、以下で言う《比喩》とは、「換喩」や「隠喩」等をもちろん含み、いわゆる「象徴的形容」や「象徴的記号」をも含む広義の意味で用いられる。S・ソンタグは、『隠喩としての病』において、Ch・ボードレールの「われわれの誰もの血管の中に共和主義の精神が流れている。ちょうど梅毒が骨の中まで侵入しているのと同じで――われわれは民主化され、性病にかかった」という文章を引用した上で、「道徳的に堕落させ、肉体を虚弱にさせる伝染病としての梅毒は、一九世紀末から二〇世紀初めにかけての反ユダヤ主義の標準的な比喩にまでなってゆくのである。一九三三年、ヴィルヘルム・ライヒは、『梅毒に対する非合理的な恐怖感こそ、ナチスの政治観及びその反ユダヤ主義の大きな源泉となったもののひとつであった』と論じている。『わが闘争』のなかに梅毒の話が気味の悪いほど繰り返しでてくるのは、性的恐怖と政治的恐怖とがこの病気に投影されたものであることには気づいていたライヒも、今度は自分自身が癌を現代の諸悪の隠喩として執拗に使うだんになると、そこにいかに多くのものが投影されているかに想い及ばなかった。実のところ、隠喩としては、梅毒より癌の方がはるかに拡大の幅が広いのである」と指摘している。(1)すなわち、ソンタグによれば、「梅毒に対する非合理的な恐怖感」とナチスの反ユダヤ主義の結びつきを解明するという問題意識について緊張していたライヒの思考は、彼自身が現代の諸悪の《比喩》として癌を用いるという点において「隠喩としての癌」にいかに多くのものが投影されているかを確認することができずに《弛緩》してしまったのである。

林達夫について

このような否定的障害者（病者）観と結びついた《比喩》は、日本の著名な思想家の文章にも数多く見出すことができる。例えば、大江健三郎や山口昌男にも絶大な影響を与えた林達夫は、「ちぬらざる革命」というエッセーで、「どのように思想史を学んだらよいか」という質問に答える形で、次のように述べている。(2)「……マリサックとベネッシユ、ここにもゴットワルトが横合いからとび出して、情勢は中国同様大分変わったがね……。これらの政治的指導者はみなひとかどの思想家か学者で馬鹿にならないよ。サルトルなんぞに憂身をやつす余裕があるなら、それらの人々の書いたものを少しでも読んで見給え。／……／この意味でも、階級戦は世界的規模における国家戦の段階に這入っているといい得るだろう。……／どうだ、わかったかね。義眼のように薄気味悪い目つきをしたサルトルの小説ばかり読み耽っていると、これが君の問いに対する最良の答えだということがさっぱり見えないだろう」。ここで、林は、J・P・サルトルを「二〇世紀思想の研究をどうやったらよいかという問いに関して、その小説を読んでも価値のないもの」と断定しているが、サルトルが「義眼のように薄気味悪い目つきをした」と形容されることによって、視覚障害者を「価値のないもの」とする否定的障害者観を反映する《比喩》が成立し、その《比喩》に基づいて、「サルトル」＝「義眼のように薄気味悪い目つきをしたもの」＝「有徴者」＝「思想家として存在する価値のないもの」＝「異常なもの」＝「愚かなもの」という等号が成立するのだ。大江をはじめとして、林達夫の「文体」＝「語り口」の美質を「声低く語れ」という点に求めるものは少なくないが、サルトルに向けられた《比喩》は、なぜか「声高く」語られてしまっているのである。もちろん、《比喩》のような「細かいことにこだわるな」と叱責されるかもしれない。しかし、林達夫の好んだ言葉がA・ワールブルクの「神は細部に宿り給う」である以上、われわれは林によるサルトル批判の「細部」=《比喩》に注目せざるをえない。ここでは、「悪魔は『細部』=《比喩》に宿ってしまう」と変更しなければならないかもしれないが。ともあれ、以下で続いて分析する大熊信行や加藤典洋等の言説でも、その「細部」=《比喩》に宿る「悪魔」に光が照射されることになる。

大熊信行について(1)

否定的障害者観は、「国家悪」を告発した思想家の大熊信行の文章にも確認される。すなわち、「人間的我慾の表現としての国家の本質は、それ自体が兇暴なもの」であり、「戦争がその兇暴性の表現である」と断言する大熊は、その主著『新版・国家悪』において、「国家は、国内的な政治関係として、悪であり、国際的な政治関係として、ふたたび悪である」と結論づける。(3) 大沼保昭は、「〈共感〉を媒介とする思想の普遍化」において失敗しているという大熊の思想の持つ限界を指摘しつつも、大熊が「厳しい道徳的・倫理的視座から自己の戦争への加担を凝視」し、「戦争こそは国家の業であること、したがって、戦争のなかにおいてこそ国家の本質がのこりなく露出してくるものであること」の認識を得た事実を高く評価する。(4)

「大熊が、戦争体験を通してゆきついた問題は、とりあえず国家であった」という佐伯啓思も、その「国家悪」の思想に注目し、「われわれは実に戦争をとおして国家なるものを体験した。これはしたたかな体験であった。おそらく戦争と国家とは別々のものではあるまい」という大熊の言葉を引用しながら、「戦争において、国家と個人の緊張が極限に達する。この極限で、個人は国家に飲み込まれるというより、なぜ国家を全面的に引き受けるのか」が大熊が問題にした点であったと論じている。つまり、佐伯は、例えば丸山真男が「国家」の外部に立とうとするのに対して、大熊は「国家を背負いつつ、国家悪を自己の内部に掘り起こす」姿勢を取っていることを評価するのだ。(5)

だからこそ、「国家とは何か」および「国家と人間の基本関係はいかなるものか」という二つの問題は、すべての平和主義者が正面から取り組まなければならないものであると考える大熊は、一方で、「『戦争』という一つの観念が、不思議にも『国家』の観念から独立して、日本の代表的な知識人〔平和論者〕の思考さえも支配しているらしい状況」が随所に見られること、他方で、「国家を問題とすること自体が、危険で不都合だとする考え方」つまり「国家と人間との基本関係を問題とすること自体が、戦前の『国家主義』に逆もどりすることだとするような、他愛もない考え方」さえ生まれつつあること、を厳しく論難することになる。例えば、大熊が、平和論者の典型と見なす星野安三郎を批判する文脈で、次のような論述がなされている。「〔国家というものを意識に上らせることに耐えられなくなったことは〕占領政策における『民主化』の作用が生んだ精神のサリドマイド禍とでもいうよりほかないものである。そのような精神的奇形児の発生は、これを占領政策そのものの責めだけに帰することはできないにしろ、これを『国家意識の喪失』という大状況のなかの一環とみることは、やはり必要であろう。戦後の日本にその平和主義の形成をさまたげている状況の底辺には、そのような精神のサリドマイド禍があるのであって、そういった奇形児がアザラシ状の手で、わたしの国家論に飛びかかってくるときほど、肌に粟を生じさせるものはない(6)」。

大熊信行について(2)

大熊の思考は、「占領政策における『民主化』」批判という観点から「戦後」＝「虚妄」論を展開しつつ、星野安三郎のような平和論者を批判するという文脈においては緊張していたものの、「身体の奇形を人間性の欠陥の比喩とする」否定的障害者観を受け入れて、論敵を「精神のサリドマイド禍を蒙ったもの」と記した時点で《弛緩》した結果、「国家悪」の典型である優生政策によりその存在自体を《無化》されかねないサリドマイド児たちの苦悩を認識することができなくなった。それゆえ、否定的障害者観を露骨に反映する「アザラシ状の手を持つサリドマイド奇形児」を「平和論・国家論の領域において価値のない見解を示すもの」の《比喩》とすることによって、「星野安三郎」＝「アザラシ状の手を持つサリドマイド奇形児」＝「有徴者」＝「異常なもの」＝「思想家として存在する価値のないもの」＝「愚かなもの」という等号を成立させてしまうのだ。

しかし、大熊の「国家悪」の思想を論理的に展開していく限り、大熊の使用した《比喩》に反映されている否定的障害者観こそ、厳しく断罪されるべきものとなるはずなのである。その点を、少し説明しておこう。

すなわち、明治政府は、近代国民国家の形成過程で意図的に否定的障害者観を形成してきたが、その際、生物の進化と国家の繁栄をパラレルに捉え、「後天的素質」=「国民の生活環境の改善」よりも「国民の（先天的）質の水準の向上」を重視する社会進化論が声高く唱えられた。この社会進化論は、「人間の智力は遺伝する」と信じた（中期以降の）福沢諭吉の人種改良論等と結びつき、優生思想へと展開していく。かくして、木村資生や江崎玲於奈の言説で確認できるように現在も根強く生き延びている優生思想は、近代日本が国民国家建設にあたり、国民優生法（＝優生保護法の前身）を制定し、「国家の繁栄」＝「富国強兵」に役立つ戦闘能力の高い五体健全な人間を「価値あるもの」と措定したナショナリズムに由来するものである。その国民優生法は、当然、「障害者の存在を《無化》するための法律」であるから、「遺伝的障害への恐怖を国民に植えつける」ことを目的としている。この法律において、大熊流に言えば「国家と（障害者である）個人の緊張」はまさに「極限に達する」のだ。大熊は、知らなかったのかもしれないが、サリドマイドによる障害は、もちろん「遺伝」によるものではない。しかし、「戦争こそは国家の業である」と断言する大熊の論理に形式的に従えば、健常者と比較して戦争における戦闘能力の劣る（サリドマイド児を含む）先天性身体障害者を「価値なきもの」と見なす否定的障害者観こそが、「戦争悪」と別々のものではないはずの「国家悪」の最も明白な表われとしてまっさきに批判されるべきであるという結論が導かれて当然であったと考えられる。具体例で確認しておこう。

一九四〇年、厚生省（当時）は、戦時における人的資源増強のために、一〇人以上の子供を持つ一万余の家族を「優良子宝部隊」として表彰しているが、その「多子」には厳しい条件が付されていた。すなわち、その表彰が行なわれた際、条件の一つとして、「子供は何れも現在健康で、しかも世間に恥ぢない善良な者であること。但し戦災事変や天災事変の止むを得ない事故で健康を害した場合はこれを健全な者と看做す」が挙げてあったが、ここで言われる「現在健康」は、明らかにサリドマイド児のような先天性身体障害児の排除を意味している。国家が戦争に勝利するためには、障害のため銃を撃つこともできないサリドマイド児(のような存在)は、祖国を守るための闘いで足手まといになるだけで、「敵」を倒すこともできない何の価値もない穀つぶしである——皮肉なことに、この「国家悪」の論理に反映された否定的障害者観と「国家悪」を批判する大熊の持つ否定的障害者観は、正確に合致してしまうのだ。

したがって、《弛緩》しきった大熊の思考からは、そのような「国家悪」の一つの表われとしての「優良子宝部隊」の論理を否定するような結論が導出されることはなかった。したがって、大沼による高い評価とは異なり、われわれは大熊の「国家悪」追及の試みは、まったく満足できない不完全なものであったと結論づけざるをえない。国際法学者である大沼は、在日韓国・朝鮮人というマイノリティの人権問題には重大な関心を向けるが、障害者・病者というカテゴリーを異にするマイノリティの人権問題には何ら関心を示さないために、大熊の思想の評価において、大きな誤謬を犯したものと思われる。なぜなら、例えば丸山真男の思想にフェミニズムや地球環境汚染についての問題意識が見出せないという類の不毛な欠如論的批判の次元とは異なり、障害者・病者を戦争で勝利すべき「国家」にとっての「敵」と見なす優生思想についての問題関心が存在しないことは、大熊の「国家悪」の思想の本質的限界を露呈するものであるからである。大沼は大熊の「戦後」=「虚妄」論すら評価しているが、むしろ否定的障害者観を反映する《比喩》を大熊が使用し、それを大沼を含む誰もがこれまで問題視してこなかったという現実にこそ、「戦後」=「虚妄」論の現われを見出すべきではないだろうか。それは「国民の平等」を高らかに謳う日本国憲法の下でも、障害者・病者の《無化》を目指す様々な政策の根拠となった優生保護法やらい予防法が長期間、生き延びてきた事実に反映されている。したがって、逆説的であるが、大沼は、大熊の「国家悪」の思想の持つ重大な限界にこそ、「戦後」=「虚妄」論を見出すべきであったのである。「国際」障害者年が定められたという事実は、障害者・病者の〈生〉

が優生保護法やらい予防法による《無化》の圧力に晒されていた現実をこそ、「国際」法学者である大沼がヨリ真剣に捉えねばならなかったことを意味する。もし、その障害者・病者が「異常なもの」として「健常者」=「正常なもの」から《切断》されることを肯定する前記の法律が堂々と妥当しているという差別的現実に大沼が真剣に取り組んでいたならば、「国家悪」の中核に位置する否定的障害者観を完全に見逃してしまった大熊の「国家悪」の思想をそれほど高く評価することはできなかったであろう。

加藤典洋について(1)

大熊の『新版・国家悪』に見出されるような否定的障害者観を反映する露骨な《比喩》は、残念なことに決して過去のものではない。例えば、加藤典洋の問題作『敗戦後論』を見てみよう。

「……事実として、わたし達はセンスを云々する遥か手前で、口悪くいえば低能、言葉を改めれば、何かを激しく欠落させた国民なのである。／その証拠となる事例には事欠かない。／三年前(一九九一年)、湾岸戦争が起こった時、この国にはさまざまな『反戦』の声があがったが、わたしが最も強く違和感をもったのは、その〔柄谷行人らの〕言説が、いずれの場合にも、多かれ少なかれ、『反戦』の理由を平和憲法の存在に求める形になっていたことだった。／……／そうかそうか。では平和憲法がなかったら反対しないわけか。／わたしは、こういう時、一抹の含羞(?)なしに『平和憲法』を掲げる論者たちの感覚に、事態の深刻さを知らされる思いがした(7)」。

加藤の『敗戦後論』は高橋哲哉や大西巨人らによって批判されたが、内田樹はそれを支持して次のように語る。内田は、「敗戦後の『ねじれ』は、それぞれに『無垢』と『純潔』を自認する二つの自己に分裂したことによって生じた。これを『対立者を含む形で』、ねじれていることを常態とする厚みのある人格に再統合すること、それが加藤の国民主体構想である。対話を拒絶し、合意形成を求めないというかたちで『予定調和的な分裂』を享受しているふたつの党派を『国民というナショナルなもの』のうちに再統合することなしには、日本は、『敗戦後』の欺瞞と退廃から抜け出すことができない」というように要約した加藤の見解を支持しつつ、その論敵である高橋哲哉の思想を批判するのだ(8)。

ここでは、大西巨人による加藤批判を見ておくことにしよう。大西は、『群像』一九九八年七月号に収められた小説「現代百鬼夜行の図」において、作中人物の真田修冊に加藤の『敗戦後論』を批判させている。真田の批判は、大西自身の批判と見なすことができる。批判の論点は幾つかあるが、ここでは真田＝大西が、「一部、加藤の言葉遣いが『下品』ではないか」と論難していることに注目したい。加藤はこの批判に対して、「わたしからいえば揚げ足とりの類いである」と応じて、軽くいなしているが、加藤は、真田＝大西が「下品だ」と言ったことの重要性をまったく認識できていない(9)。

「下品だ」という批判の本質を理解するためには、かつて渡部昇一が行なった大西巨人への「下品」な攻撃を想起する必要がある。

渡部昇一について

渡部がその著作を「私の恩書」とまで呼ぶA・カレルの『人間　この未知なるもの』には、次のような記述がある。「きわめて多数の欠陥者と犯罪者の問題が解決されないままである。彼らは、正常な状態にとどまっている一般人にとって、非常に大きな負担となっている。……刑務所と精神病院を維持し、大衆を悪党と精神異常者から守るために、巨額の金が必要とされる。……犯罪と精神異常は、人間に関する一層深い知識、優生学、教育と社会環境の改変によってのみ防止できる。……殺人を犯した者、自動拳銃や機関銃で武装して強盗を働いた者、子供を誘拐した者、貧しい人からその貯えを奪った者、重大な事柄で大衆を誤った方向へ導いた者などは、人道的かつ経済的に、適当な毒ガスの設備をそなえた小さな安楽死用の機関で処置すべきである。犯罪行為で有罪となった精神異常者にも、同様の処置を施せばよいであろう(10)」。

優生思想が障害者や病者の基本的人権を侵害しかねないという認識を広めたのは、カレルの著作の訳者である渡部のエッセー「神聖な義務」が、大西巨人への批判を展開している文脈において、A・ヒトラーの『わが闘争』を想起させたことである。周知のように、ヒトラーは『わが闘争』において、「欠陥のある人間が同じように欠陥のある子孫を残すことを不可能にしてしまおうという要求は、最も明晰な理性の要求である」ゆえに、「肉体的にも精神的にも不健康で無価値なものは、その苦悩を自分の子孫に伝えてはならない」と述べていた。ヒトラーやカレルの思想を踏まえて、渡部は次のように論じる。

「……ヒトラーとは逆の立場の人であるが、アレクシス・カレル……も、異常者や劣弱者が、ある比率以上に社会に存在すると、社会全体がおかしくなるのではないか、ということを指摘している。カレルは敬虔なキリスト教徒であったから、ヒトラーのように異常者や劣弱者を国家の手で一掃することには大反対である。しかし、悪質な犯罪者や、犯罪を繰り返す異常者からは社会は断乎として守らなければならないとする。また劣悪な遺伝子があると自覚した人は、犠牲と克己の精神によって自発的にその遺伝子を残さないようにすべきであると強くすすめる。……生活保護家庭である大西巨人氏の家庭で、一ヶ月の医療費扶助費が一千五百万円だというのである。しかも同氏は家賃七万円の借家に住み、公営住宅への移転も拒否しているとのこと。……血友病の子供を持つということは大変に不幸なことである。今のところ不治の病気だという。しかし遺伝性であることがわかったら、第二子はあきらめるというのが多くの人の取っている道である。大西氏は敢えて次の子を持ったのである。そのお子さんも血友病でテンカン症状があると報じられている。既に生まれた子供のために、一ヶ月千五百万もの治療費を税金から使うというのは、日本の富裕度と文明度を示すものとして、むしろ慶賀すべきことがらである。既に生まれた生命は神の意志であり、その生命の尊さは、常人と変わらない、というのが私の生命観である。しかし未然に避けうるものは避けるようにするのは、理性のある人間としての社会に対する神聖な義務である。現在では治癒不可能な悪性の遺伝病をもつ子供を作るような試みは慎んだ方が人間の尊厳にふさわしいものだと思う。……」[11]。

木村資生の文章と同様、今回も少し長く引用したが、その理由はこれらの文章が様々な意味で示唆的であることと、断片的な引用は誤解を招く恐れがあるためである。臨床奇形学を専攻する木田盈四郎は、「カレルが活躍した時代は、ヒトラーとほぼ同時代で、そのころヨーロッパでは〈遺伝決定的人間観〉や〈生物学至上主義的世界観〉が常識となっていた。高い知能の人間を得たいならば、良質の生殖細胞を得るために結婚の相手を選ぶこと、また〈悪い遺伝子〉を排除するためには断種による方法がよいと一般に信じられていて、ただ、その方法が、ヒトラーのように国家権力によるのか、自由意志によるのかの論議が分かれていた時代であった。渡部氏は、カレルの本を訳しているうちに、時代錯誤におちいったようだ」と指摘している。[12] この「時代錯誤におちいった」渡部の主張は、「ヒトラー・ナチズム礼讃」「劣弱者の切り捨ての奨励」「障害者の抹殺・否定」であるとして、名指しで批判された大西自身や「青い芝の会」から厳しく指弾されたが、それはこれまで隠蔽されていた優生思想の人権侵害や差別との深い関わりを白日の下に晒すことになった。木田が指摘するように、大西が所有している自分自身の「肉体=身体」は優生政策を進める国家により剝奪されるべきであったと主張する渡部の文章には様々な「基本的な誤認」があり、「無責任」なものであるが、他方、それが経済的観点から先天性身体障害者の「発生予防」を目指す国家の優生政策と合致するものであったことは否定できない。その政策と対応するのは、もちろん、国民優生法であり、その後身の優生保護法である。木田は言及していないが、渡部は、血友病のみでなく、遺伝と関係のないサリドマイド児を産むことも、「社会に対して莫大な負担をかける」ことになると断じている。それでは、渡部は、何かきちんとした根拠に基づいて、例えば辻典子が「社会に対して莫大な負担をかけた」ことを証明できるのであろうか。

荻野美穂は、生殖コントロール「運動」の主唱者として名高いM・サンガーの有力なライヴァルだったM・ストープスが、「息子を自分のもといた聾唖学校に入れるための助力を求めて彼女に手紙を書いてきた、耳の聞こえない四人の子供をもつ聾唖の父親」を、「この種の悲惨を世の中に持ちこむのを控えるべき」だったにもかかわらず、「社会に対してその責任を果たさなかった」存在として厳しく非難したことを紹介している。ストープスは、「公費を使って育てられた欠陥者がさらに欠陥者を産む」ことになる事態を嘆いているが、その発想は、大西を批判する渡部昇一のそれと正確に合致する。見逃してならないのは、ストープスが、「優秀な種」の増殖を目指すナチスの基本姿勢そのものには親近感を抱いていたという事実である。[13]

このようなカレル、サンガー、ストープス等の思想が有力となりつつある社会背景の下、国民優生法に影響を与えたカリフォルニア州断種法や遺伝病子孫予防法等が次々と成立していく。

ちなみに、渡部がエッセーのタイトルとした「神聖な義務」というJ・S・ミルの言葉は、かつて血友病のため体育実技を行なうことができず「内申点」が低かったゆえに希望する高校に入学できなかった息子の赤人のため、大西巨人が「障害者の学ぶ権利」を勝ち取ろうと闘いを決意した際に認めた、「侵害せられたる『教育を受ける権利』の回復実現に努めることは、父親私の息子赤人に対する『神聖な義務』でありますとともに、文相貴下の『国民の厳粛な信託』に対する崇高な責務であります[14]」云々という宣言文で用いられた「神聖な義務」という言葉への悪意ある「下品」な皮肉の表われと考えることができる。

「不良な子孫の出生を防止する」ことをその目的として明言する優生保護法は、優生手術により出生が防止されるべき対象として、血友病などの遺伝性身体疾患を有するものや、「低能」のような遺伝性精神薄弱を有するものを挙げているのだ。したがって、大西巨人の血友病の子供たちを批判する渡部昇一と、「低能」と形容した柄谷行人らを批判する加藤典洋は、優生思想を肯定する議論やそれが反映した《比喩》を展開しているという意味で「下品」である点において、大西が示唆するように、まったくパラレルな存在なのである。議論を加藤典洋の思想に戻す。

加藤典洋について(2)

すなわち、加藤の思想は、柄谷行人のような平和論者を批判するという文脈においては緊張していたものの、「身体の奇形や障害を人間性の欠陥の比喩とする」否定的障害者観を受け入れて、論敵を「低能」と記した時点で《弛緩》した結果、優生保護法によりその存在自体を《無化》されかねない（血友病や）「低能」の子供たち（と両親）の苦悩を認識することができなくなったのだ。憲法学者の奥平康弘は、『群像』一九九五年一月号に収められた「敗戦後論」という同名タイトルの初出論文では、柄谷らが「低能」かつ「鈍感」であるとされていたが、書物となった『敗戦後論』では、なぜか「鈍感」というラベルのみが削除されていることに注目している。(15) 実際、障害者差別の観点からは、加藤が、「低能」を削除して「鈍感」を残したのではなく、「鈍感」を削除して「低能」を残したことは重大な意味を持つ。「鈍感」よりも「低能」の方が明らかに強く否定的障害者観を反映していることを考えると、「低能」という形容を敢えて残した加藤の思考に、いかに深く否定的障害者観が刻印されているかが理解できよう。だからこそ、論敵を「低能」と形容する加藤の文章は「下品」なのである。それゆえ、否定的障害者観を「下品」な形で反映する「低能」を「平和論・国家論の領域において価値のない見解を示すもの」の《比喩》とすることによって、加藤は、「柄谷行人」＝「低能」＝「有徴者」＝「思想家として存在する価値のないもの」＝「異常なもの」＝「愚かなもの」という等号を成立させるのである。

平和論・国家論の領域における論敵を否定的障害者観を反映する《比喩》によって罵倒するという思考の構えを見る限り、大熊信行と加藤典洋はまるで双子のようにそっくりである。大熊が、論敵である星野安三郎の主張に「肌に粟を生じる」という感性を示しているのと、加藤が最強の論敵の一人である高橋哲哉の主張に「鳥肌が立つ」という感性を示しているのも、両者の相似性を証明している。論敵たちが提示した平和論・国家論の領域における見解に「肌に粟が生じる」＝「鳥肌が立つ」という大熊と加藤は、論敵たちの主張にまず生理的に反発してしまう。そして、その生理的な反発のために《弛緩》してしまった思考の結果として、半ば無意識的に差別的かつ露骨で「下品」な否定的障害者観を反映する《比喩》を使用することに心理的抵抗がなくなってしまう。だからこそ、真田＝大西の示した「下品だ」という批判に、加藤はより真摯に向き合うべきだったのである。

ところで、東浩紀は、『敗戦後論』をめぐる論争は、加藤典洋という吉本隆明脈の知識人と、柄谷行人に代表される国際派の左翼系知識人たちとの、文芸評論を舞台とする「ヘゲモニー争いの色彩を強く帯びている」と指摘している。[16] 確かに、加藤が『敗戦後論』において、「声明」に賛同した人々＝雑誌『思想空間』の中核であった柄谷行人に共鳴する人々を罵倒した「語り口」は、加籐の「師」であった吉本隆明が『「反核」異論』において、「文学者の反核声明」を発表した人々＝雑誌『文学的立場』による小田切秀雄を支持する人々を罵倒した「語り口」を想起させるものである。しかしながら、加藤は、「低能」という差別的で「下品」な《比喩》を安易に使用したが、他方で、『日本近代文学の起源』においてソンタグの『隠喩としての病』に言及しいていた筈の柄谷行人も、「獣の手足を持った子」等という表現を用いる中上健次の文章の障害者差別的性格にまったく眼を向けようともしない。ここに、われわれは、否定的障害者観が日本社会に深々と根づいてしまっていることの現われを見ないわけにはいかないのである。

柄谷行人について

ここで、議論の公平を期すためにも、加藤の論敵である柄谷行人の中上健次論について少し論じておくことにしよう。柄谷は、かつて中上が「私は差異の差物だった」と語ったことに注目し、次のように指摘する。「中上がここで『差異の差物』と書き『差別の差物』と書いていないことに注意すべきである。海外に出た彼は、すでに、生まれ育った新宮の被差別部落を、その日本的特殊性から離れて見る目をもっている。それは『こと文化・芸能・芸術に限って世界中のあそこにもここにもある磁場の一つ』である。そして、同一性に従属する『差別』は不毛だが、『差異』は文化の生産に不可欠である。……〔同時に、中上は〕この『路地』においても彼が『差異』の差物であることを見いだしている。それは、『差別』という同一性に還元できないのだ。たとえば、もし彼が完全に『路地』のなかにいたのなら、高校に行くことも本を読むこともありえず、したがって路地から『小説家』が出ることもなかっただろう。彼が路地にこだわることは、路地のなかでの『差異』にこだわることである」。[17]

中上はたしかに、「路地」という「差異」を「文化の生産に不可欠」なものと捉えたのかもしれない。また、「女性」という「差異」について、柄谷と同様に中上文学を支持する浅田彰は、「中上の小説で男が女を物のように扱って暴力的に犯すのはけしからん」というフェミニストの批判をあらかじめ仮定して、次のように論じる。「〔中上の小説の中で〕男が女を暴力的に犯しているように見えても、よく読むと、主体と客体、能動と受動がぐちゃぐちゃになって」おり、「あらゆる描写にそのような多義性がふくまれている」のである。(18)

しかし、問題は、「獣の手足を持った子」等と表現される先天性身体障害者が、文化の生産に不可欠な「差異」＝「ぐちゃぐちゃした多義性」として描かれているか否かである。「五体満足」な「正常なもの」から《切断》された先天性身体障害者の中でさらなる「差異」が描かれていないなら、それは「路地」の「差異化」を神話的に際立たせるための単なる修辞上の戦略として「他者化」されているにすぎず、その「記号」として「他者化」された先天性身体障害者は、「同一性」＝「平板化した紋切り型」＝「ステレオタイプ」の言説に従属させられるだけの「差別」対象となってしまうのである。

中上は、明らかに、「路地」を神話的に「差異化」するために、「被差別部落出身のもの」と「先天性身体障害を持つもの」そして仏教の不殺生戒および因果応報思想の観点から「罪を負ったもの」＝「罰が当たったもの」が三重に融合する日本社会特有の複合的差別構造を、既述のように、小説『奇蹟』を執筆するための修辞上の戦略的背景として意識的に利用している。しかし、柄谷は、その戦略の著しい「差別性」を見ようとしない。

「差異化」と「他者化」

「差異化」は、主に柄谷や浅田のようなポストモダンに与する哲学者によってプラスの価値を付与されつつ語られるのに対し、「他者化」は、主に構築主義の立場に拠る社会学者によってマイナスの価値を付与されつつ分析されている。例えば、S・L・ギルマンの『健康と病』は、絵画やポスター等という芸術作品を素材に、障害者や病者が、健常者＝「正常なもの」の世界から、「異常なもの」として「他者化」されるプロセスを分析している。野辺明子が、

「〔五本以外の指をしているという〕特徴のある体をもつ人間は〝かたわ〟だとか〝不具〟だといわれ、人格まで貶められてきた歴史がある」と強調していたことを想起しよう。その「歴史」が成立する機序が、ギルマンによって「他者化」の視点から解明されるのである。

ギルマンは、B・マイアルの「生を充足させ完璧にするものは善であり、死・病気・不完全・苦しみに結びつくものは悪な」のであり、「罪は醜く、苦痛に満ちて」おり、「完璧さは美しく、快をもたらす」のであるという言葉を引用し、そこでは「健康なものが美しいものになるばかりではなく、美しいものこそが健康であ」り、「病めるものは醜いというばかりではなく、醜いものこそが病んでいる」という考えが示されていることを指摘する。この考えは、ヒポクラテスの昔にまで遡ることができるが、「美・徳・性格のすべてが善き行為をする能力の観念と結びつけられ、また、善きものたることの中にも結びつけられる」結果、「病・畸形・機能喪失・老耄・不恰好・伝染・危険といった、医学的に見て健康の規範から外れるもののあらゆるカテゴリーが醜という観念と結びつけられていく」。

「美／醜の規範」が「健康／病の規範」や「善／悪の規範」と融合することは、必ずしも特定の文化に限定された現象ではない。われわれは「自己の境界線の実感」を求める。「美的な様々な観念は想像世界裡の文化的構築体にすぎないが、それはまた世界に投影されていって、われわれの周りの人間に対するわれわれの知覚、そしてそうした人間たちの自分自身に対する知覚をも形成する。それらは『他者』を統禦する（あるいは少なくとも限定づける）手段なのである。美と醜とはこうして、似たような他の境界づけ（真理／虚構、健康／病、善／悪、正／邪、賢／愚）を引き出す一見不変不易のマーカーとなる。文化的想像界の内部では、これらは『真の』境界線として機能する。間断ない補強を必要とする恣意的な区分線であるというまさにそのゆえに、それらは侵犯されることがありえないのである[19]」。つまり、中上文学で「差異化」された「路地」の人々が両価性を持ちうるのに対し、文化的想像界の内部において「獣の手足を持った子」として「他者化」されつつ「構築」ないし「捏造」された先天性身体障害者は、「正常なもの」との《切断》を帰結する区分線が決して侵犯されえないものであるがゆえに、原則として両価性を持ちえない「他者」＝

「異常なもの」という存在なのである。

「他者」とは、例えば白人にとっては、「黒人」や「黄色人」であるが、健常者＝「正常なもの」にとっては、障害者や病者である。世界を統禦しようとするわれわれは、「ステレオタイプを創出・構築・捏造する要請」を持つが、世界の解体へのわれわれの不安をこのような「（有徴化された）他者」＝「異常なもの」の上に投影することで、われわれは「有利な立場の多数者」＝「無徴者」＝「正常なもの」としての自らのアイデンティティを保障しようとする。この不安の投影プロセスでは、「イデオロギー的に歪んだ視覚化」＝「差別的に意味選択された視覚化」の暴力が作動していくのであるが、中上は、野辺が抗議した「畸形」を「心理的＝道徳的欠陥の記号」として解させる、「獣の手足を持った子」等という「まなざし」の暴力が反映した表現を、一つの修辞上の戦略として、いわゆる「俗情との結託」を行ないつつ、意識的にその小説『奇蹟』に導入した。『奇蹟』の一つの章に、「七つの大罪／等活地獄」という題が付されている事実が暗示するように、「親が殺人を犯した」あるいは「親が屠殺を行なった」ゆえに「子供が畸型として生まれてくる」という因果がその物語を貫いている。そこでは、ギルマンが示唆する、「正常＝完全＝美＝善＝正＝賢」と「畸型（異常）＝不完全＝醜＝悪＝邪＝愚」という世界を統禦するために境界づける二分法が、当然の価値前提としてストーリーが展開されている。したがって、中上の小説では、「先天性身体障害のあるもの」は、文化の生産に不可欠な「差異」の産物（柄谷）ではなく、また、「ぐちゃぐちゃにした多義性」を持つもの（浅田）でもなく、否定的障害者観すなわち「畸形＝不完全＝醜＝悪＝邪＝愚」という観念連合を成立させる一義的なステレオタイプとして描き出されることになる。そのようなステレオタイプに関して、渡部直己は『日本近代文学と〈差別〉』において、島木健作が、癩療養所隔離病舎の住人と被差別部落の住民とを『癩』と『黎明』において各々次のように描いていることに注意を促す。

感傷主義

太田は、かつて何かの本で読んだ記憶のある、この病気の一つの特徴ともいふべき獅子面といふ顔の型を、その男の顔に始めてまざまざと見たのであつた。目も鼻も口も、すべての顔の道具立てが極端に大きくてしかも平べつたく、人間のものとは思はれないやうな感じを与へるのである。気の毒なことにはその上に両方の瞼がもう逆転しかけて居て、瞼の内側の赤い肉が半ば外から覗かれるのであつた。(『癩』より)

つくづくと今、太田は眼のあたりこの男の異様な風貌を見るのであつた。顴骨の異常な突起が何よりもまづ人の眼をひいた。頭のいただきはやや尖りかげんで、額が恐ろしく狭かつた。つき出した厚い胸のなかにめりこんだやうな醜い猪首だつたが、眼は——その金壺眼の眼球は、なるほど口さがないわらべどもが後指さしていふとほり平家蟹のやうに見えるのである。(『黎明』より)

渡部直己は、大西巨人の言う「俗情との結託」とも関わる「感傷主義」が、これらの文章に見られると言う。「感傷主義」とは、「存在から描写の次元への移行にともなう『宣伝』の質、すなわち、ハンセン病や被差別部落にたいし外側からもたらされるかかる紋切型の、いかにも安易にして広範な共有可能性として受けとめるべきもの」であるが、「感傷」は常に「一般性」の媚薬である以上、「ある対象を特殊な有標のもとに固定することはそのじつ逆に、『一般性』それじしんの不断の捏造を意味してくる」ことになる。[20] それは、文化的想像界の内部での境界づけの必要性を強調したギルマン理論の正しさを証明するものでもある。

「よい」—「わるい」の「よい」を漢字で書くと、(a)「善い」、(b)「良い」、(c)「好い」となる。これをカントの三批判哲学と対応させると、(a)「善い」=「実践理性による道徳的判断」、(b)「良い」=「悟性による認識的判断」、(c)「好い」=「判断力による趣味的判断」に各々が相当する。これらは截然と分離することができないが、ギルマンの言う世界を境界づける二分法の下で、障害者・病者のような被差別者の「肉体＝身体」はこれら三つのレベルの「よい」がすべて否定されつつ、「善くないもの」＝「良くないもの」＝「好くないもの」として三重に融合させられるのである。それはもはや、「人間」ではなく、〈人外〉の存在である。

「どうせ被差別部落民は〈人外〉なのだから、……男は『平家蟹』のような『異様な風貌』（島木健作『黎明』）にしようが、ストーリーの展開に都合がよければ、どう設定してもかまわない、という本当の意味での差別」の背景に、〈被差別部落＝異類〉という「血」＝「遺伝」の問題があることを見抜く平野栄久の指摘に同意し、渡部直己は、そのような「徴（しるし）」が、中上健次の「路地」の世界にも受け継がれていると論じている。ただし、その「徴」は、かつてF・ファノンを苦しめた「見て、ニグロよ、……ママ、見て、ニグロだわ！、私恐いわ」という白人少女の「まなざし」による「自明なスティグマ」なのではない。それは、「表向きには見えないスティグマ」であるからこそ「俗情との結託」を行なった島木健作や中上健次らによって社会的に構築ないし捏造されなければならないのである。「正常なもの」の「まなざし」に支配されつつ構築ないし捏造される被差別者の「肉体＝身体」は、三つのレベルの「よさ」を否定する「記号」として「他者化」されて、文化的想像界の内部で「同一性」＝「紋切り型」＝「ステレオタイプ」に回収されていく。

佐藤裕が示唆するように、「差別」を被差別者の「他者化」の視座から捉える場合、被差別者に対する直接的・意図的な攻撃という従来の「差別」の元型的イメージを修正する必要がある。つまり、「差別意識」とは、「被差別者についてのイメージ」のみではなく、むしろ「『他者』としての被差別者をネガとして参照することによって、『われわれ』を形成してゆく言語技術が社会の成員に共有されている状態」と捉えることができる。[21] その「状態」こそが、「俗情」である。「他者」＝「われわれではないもの」をネガとすることにより、「われわれ」が形成されていくことは、まさに《切断》の論理そのものである。「われわれ」のアイデンティティを保障する境界線によって、差別される人々の「肉体＝身体」は、「他者」＝「われわれではないもの」として《切断》されて、「善くないもの」＝「良くないもの」＝

「好くないもの」が融合した「義眼のように薄気味悪い目つき」「アザラシ状の手を持つサリドマイド奇形児」「口悪く言えば低能」「獣の手足を持った子」等々というネガの役割を与えられ、林達夫や大熊信行や加藤典洋そして中上健次や島木健作をも含む「社会の成員に共有」された「俗情」との結託によって、「差別的に意味選択された視覚化」の暴力の対象とされていく。もちろん、このような「ステレオタイプを創出・構築・捏造する要請」は、「われわれ」の世界が解体することに潜在的な恐怖を感じている社会の成員が共有するものであるから、「『他者』ではないもの」＝「『われわれ』ではないものではないもの」という二重の否定の形式で、「正常なもの」である「われわれ」はそのアイデンティティを保障されつつ形成していくことができるのである。

もちろん、そのような世界を「醜＝悪＝邪＝愚」と「美＝善＝正＝賢」に境界づける二分法に拠る「まなざし」の暴力が、「紋切型」＝「ステレオタイプ」を受容する「一般性」を社会的構築物＝社会的捏造物として存在させることを不可疑の価値前提として、中上や島木の文章のみでなく、林・大熊・加藤が用いた《比喩》をも形成させているのだ。したがって《比喩》もまた、境界線に関わる次のような《切断》を前提としている。

三人の思想家の罪

「林達夫」＝「思想史の本質を理解している賢明なもの」＝「無徴者」／／「サルトル」＝「義眼のように薄気味悪い目つきをしたもの」＝「視覚障害者」＝「有徴者」＝「異常なもの」＝「思想家として存在する価値のないもの」＝「愚かなもの」

「大熊信行」＝「『国家悪』の本質を理解している賢明なもの」＝「無徴者」／／「星野安三郎」＝「アザラシ状の手を持つサリドマイド奇形児」＝「身体障害者」＝「有徴者」＝「異常なもの」＝「思想家として存在する価値のないもの」＝「愚かなもの」

「加藤典洋」＝「『ねじれ』の本質を理解している賢明なもの」＝「無徴者」／「柄谷行人」＝「低能」＝「知的障害者」＝「有徴者」＝「異常なもの」＝「思想家として存在する価値のないもの」＝「愚かなもの」

つまり、「林達夫」と「大熊信行」と「加藤典洋」は「われわれ」＝「『われわれ』ではないものではないもの」であるが、《比喩》の対象とされた「サルトル」と「星野安三郎」と「柄谷行人」は「『われわれ』でないもの」＝「他者」として「肉体＝身体」の「無徴」と「有徴」を分かつ境界線により象徴的に《切断》されているのである。

このように、「存在する価値のないもの」と思っている論敵を、口汚く罵倒する時に、必ずと言ってよいほど用いられるのが、社会的に構築ないし捏造された、否定的障害者観を反映する《比喩》である。このことは逆に、その《比喩》を用いるものが、障害者や病者を「存在する価値がないもの」と見なして言説を組み立てていることをも雄弁に物語っていることになる。

加藤秀一は、論文「構築主義と身体の臨界」で次のように指摘する。「『身体そのもの』は存在する。ただしそれは、構築された現実の身体から出発して遡及的に見出される抽象物としてのみ存在するのである。それはわれわれが〈身体の物質性〉という概念によって指し示そうとしている現実の身体からは遠く離れた、むしろまったくの反対物にすぎない(22)」。林達夫・大熊信行・加藤典洋・中上健次のそれぞれが《切断》するために発動する「まなざし」の暴力によって前提される否定的障害者観において構築あるいは捏造される「肉体＝身体」的現実は、サルトル・星野安三郎・柄谷行人・「路地」の人々等が象徴的に含まれる障害者たちの「現実の身体からは遠く離れ」ている。「『肉体＝身体』そのもの」と「構築される『肉体＝身体』的現実」の狭間に、《比喩》を成立させる「まなざし」の暴力によって「かれら」として「他者化」――「差異化」ではない――された障害者や病者の姿がくっきりと浮かび上がる。

加藤典洋は、「Occupied抜きのJapan論議ほど間の抜けた、ふざけたものはない」と断じた林達夫が、加藤が重視する「ねじれ」を発生させた原因である「占領された日本」という問題を明晰に認識していたことを高く評価している。[23] しかし、その林も、林を評価する加藤も、そして加藤によって「低能」というラベルを貼られた柄谷も、否定的障害者観を反映する《比喩》が、「占領前の日本」「占領中の日本」「占領後の日本」のすべてを通じて変わることなく深く貫いていることに眼を向けようとしない。しかし、ギルマンが言うように、「われわれ」と「かれら」の《切断》を前提とするステレオタイプや《比喩》は、文化的想像界の内部における境界線の実感を求めるわれわれの「社会」や「世界」を「占領」中であるか否かを問わず不断に貫通しているのだ。

大江健三郎について(1)

『個人的な体験』や『ヒロシマ・ノート』等々の諸作品において「奇型」「奇型」と連呼する大江健三郎は、『林達夫著作集5』に付された「侏儒の手紙」と題したエッセーで、「林達夫先生。ぼくはいま先生の思想をめぐってなにごとかを語る役割をあたえられて、深い惧れをいだきつつ、しかし熱い衝動につきうごかされるようにしては、白い紙のまえに坐り、そして頭をたれてひきさがる、ということを繰りかえしています」云々と語るけれども、林達夫の思想に「深い惧れ」を抱くよりも、むしろ林の用いる《比喩》に否定的障害者観が反映している事実に「深い悲しみ」を抱くべきであろう。同様に、大沼保昭は、在日韓国・朝鮮人などのマイノリティの人権保障を重視する以上、《比喩》を用いる大熊信行が障害者差別と深く関わる「国家悪」の問題を決して突き詰めて考えていないことを理解すべきであり、内田樹も、「呪い」の言葉が「おのれ自身に向かう」と断言する以上、《比喩》を用いる加藤典洋が障害者差別と深く関わる(論敵への)「呪い」の言葉を躊躇することなく発している事実の重大さを認識すべきなのである。加藤の言説を高く評価する内田も、ハンセン病に苦しむ青年が社会的回路をギリギリの形で開けておくために発した「みんなレプラになれ」という「呪い」の言葉よりも、加藤が単に論敵を罵倒するためだけに吐いた「低能」という「呪い」の言葉の方が、比較できないほど悪質であることには同意するであろう。それゆえ、内田は絶望的状況にまで追い詰められてしまった「弱者」=青年が救いを求めて発した「呪い」の言葉を批判するよりも、「呪い」の言葉を吐く状況的必然性などまったく存在しないにも拘わらず、敢えて「低能」という《比喩》を使った「強者」＝加籐をこそ非難すべきなのである。なぜなら、ソンタグが強調するように《比喩》とされる病や障害は《切断》された「かれら」への「懲罰的色彩」を帯びることになるが、「われわれ」である林や大熊や加藤は、「愚かなもの」である「かれら」への懲罰という意味合いを込めて病や障害に言及しているのは疑問の余地がないからである。もちろん、後述するように、「生け花」を「びっこ」や「せむし」に喩えている漱石や、「奇型」「奇型」と連呼しながら自分自身を「侏儒」に喩えている大江は、「愚かなもの」として《切断》された「かれら」を口汚く罵るために《比喩》を用いているわけではない。しかし《比喩》とされた「びっこ」や「せむし」や「奇型」や「侏儒」の人々にとって、彼／彼女らが負う障害や病というスティグマは、やはり「懲罰的色彩」を帯びたものとして感じられることになろう。しばしばPCの観点から問題となる『白雪姫と七人の小びと』の場合、「小びと」は単なる言葉であるが、大江の「侏儒」は、「懲罰的色彩」を帯びた「愚かなもの」の《比喩》として使用されているので、はるかに悪質である。以下で、大江の使用する《比喩》が何ゆえに大変に悪質なものと見なさなければならないかを説明しておこう。

大江健三郎について(2)

すなわち、芥川龍之介の『侏儒の言葉』をおそらく意識してつけられているであろう「侏儒の手紙」という大江のエッセーの題名(24)には、林達夫という思想界の「巨人」(と大江が考えるもの)に対して、思想家としての自分自身を極力「低く」見せようとする謙虚さを装った姿勢の背後に、「侏儒」＝「身長の低いもの」＝「愚かなもの」という観念連合を成立させる否定的障害者観が潜んでいることを見逃してはならないのだ。日本国憲法の評価では対立するものの、ともに林達夫の思想を尊重する大江と加藤典洋が、揃って否定的障害者観を反映する《比喩》を用いている事実は悲しく皮肉なことである。ちなみに、加藤は初出論文に「低能」かつ「鈍感」という《比喩》を用い、書物となった『敗戦後論』には「鈍感」という形容を削除したにも拘わらず「低能」を残したことは既に述べたが、大江は、そのエッセーを『大江健三郎同時代論集6』（一九八〇年）に収めるにあたって「林達夫への侏儒の手紙」と改題している。ここからも、「低能」という差別的な《比喩》を確信犯的に残した加籐と同様、大江による「侏儒」という差別的な《比喩》の使用が、軽率な過失によるものではなく、明確な意図を持ってなされていることが確認される。それにしても、なぜ、単に「林達夫への手紙」ではいけないのか。「侏儒」という差別的な《比喩》は必要不可欠なものなのだろうか。

中村雄二郎は、「『文芸復興』『思想の運命』『歴史の暮方』『共産主義的人間』『反語的精神』などに収められていた文章は、多くの読者をして〈林達夫〉を偶像化させかねないほどの特有の魅力と洞察力に富んだものであった」と指摘している。[25]「自意識過剰」と診断されている大江もそのような読者の一人として、自分が尊敬しているサルトルを否定的障害者観を反映する《比喩》を用いてまで徹底的に論破する能力を備えた林を、まさに「思想」界の「巨人」として偶像化してしまったため、いわばその反作用として自分自身を「侏儒」という差別語で卑下するような態度を取ってしまったのであろう。その偶像化があまりに強いため単に「林達夫への手紙」と題することが不可能になったと考えられる。

「侏儒」という言葉を用いて垂直的に「自分の姿勢を低くする」ことについて、丸山真男は福沢諭吉の思想と関連づけて、次のように指摘している。「姿勢を低くする、いわば居直った偽悪のことを申しましたが、その居直り偽悪は陽性であります。けれども、居直り偽悪が陰性になったのが、福沢があらゆる悪の中で最も悪い悪と規定した怨望というものです。『学問のすゝめ』（第十三編）の中にあります。怨望というのは、……まあ一口にいえばルサンチマンということです。つまり、独立自尊の反対概念で、独立自尊の欠如体が怨望になる。これ以外の、他の悪徳というのは、善徳と紙一重だ、と彼は言うわけです。傲慢と勇敢は紙一重だ。……ところが、まったく陰性一方で、生産性がゼロな悪徳が怨望なのです」。[26]大江自身は、「怨望」を批判しているが、「侏儒」という差別的な言葉を用いて自分自身の「姿勢を低くする」ことにより、林達夫に対してルサンチマンの「語り口」を用いるゆえに、大江の林に関する議論の「生産性はゼロ」ということになる。大江の「ルサンチマン」の語り口については、夏目漱石の「ヒューモア」の語り口と比較して、後に論じることにしよう。ここで注目すべきは、林達夫の「戦後」＝「虚妄」論をめぐって、「低能」を《比喩》とする加籐典洋の議論に対して、「侏儒」を《比喩》とする大江のルサンチマンの「語り口」は丸山の言うように「生産性がゼロ」であるゆえに、初めから敗北することを運命づけられているということである。

大江健三郎について(3)

強烈な「毒」を含むエッセー「妄人妄語」において「反語的」(?)に鋭利な戦後民主主義批判を展開する林達夫。すなわち、「占領中の日本」でGHQにより誕生させられた日本国憲法を「ホンヤク憲法」ないし「見かけだおし憲法」と呼びつつ、その支持者を「軽蔑する」とまで公言する林達夫――その思想界の「巨人」たる林達夫に、「侏儒」である大江は護憲の立場から何ら正々堂々と反論することなく、ひたすら沈黙を守り続けるのだ。ここに開かれているのは、対等な人間の間の水平的な平等の世界ではなく、「巨人」―「侏儒」という関係に象徴される垂直的な差別の世界なのである。後者の世界で、「林達夫への手紙」は、決して書かれることはない。そしてまた、自分自身を「侏儒」と称している限り、大江は、「ホンヤク憲法」＝「見かけだおし憲法」を戴く「戦後」＝「虚妄」論という「毒」をも含む林の思想全体を、例えば「占領された日本」として林が主題化した問題を戦後の日本社会に「ねじれ」が存在することの権威づけに巧みに利用した加藤典洋から、自己の護憲の陣営へ奪還することもできないだろう[27]。一九六四年の時点で、丸山真男は『増補版・現代政治の思想と行動』の「増補版への後記」で次のように記していた。すなわち、大熊信行や林達夫のような「戦後民主主義を『占領民主主義』の名において一括して『虚妄』とする言説」は、「戦争と戦争直後の精神的空気を直接に経験しない世代の増加とともに、存外無批判的に受容される可能性がある」。その「可能性」は江藤淳や加藤典洋の出現によって「現実性」に変わったが、そのことに大熊とともに責任のある林に対して、「侏儒」である大江は沈黙を守り続ける。つまり、林をめぐって、大江が自分自身に向けた「侏儒」というマゾヒスティックな《比喩》は、加藤が論敵である柄谷行人に向けて吐いた「低能」というサディスティックな

《比喩》に敗北することを運命づけられている。さらに言えば、それは、加藤に先立って林の重視する「占領された日本」という主題を追求し続けた江藤淳の思想に、丸山の「戦後民主主義」擁護の思想的継承者であることを自認する大江の「想像力」が屈服することを意味する。

ともあれ、林、大江、加藤がこぞって使用した否定的障害者観を反映する《比喩》はすべて、彼らが擁護ないし攻撃する日本国憲法の謳う平等の精神――障害者・病者を含む個人の基本的人権が尊重されなければならないと宣言する精神――と、根本的に矛盾するものである。「戦後」＝「虚妄」論に与する林や加藤はともかく、大熊信行の「戦後」＝「虚妄」論に強く反発して「戦後民主主義の『虚妄』の方に賭ける」と断じた丸山真男の精神を継承しているはずの大江にその矛盾が理解されないのは、大江の思想自体に彼自身がその存在を承認することを無意識裡に禁圧している被差別者への「ケガレ意識」が潜んでいるからである。もちろん、林達夫の批評には、「反語的精神」が溢れている。しかし、林の「戦後」＝「虚妄」論が加藤の「ねじれ」論の権威づけに利用されている現実がある以上、「侏儒」と称する大江にとっても、「大熊の『戦後』＝『虚妄』論と異なり、林のそれは単なる『反語的精神』の表われにすぎないのだ」と言って、笑って済ますわけにはいかないはずである。なぜなら、「平和憲法」たる日本国憲法を根拠に反戦を訴える柄谷行人が「低能」である理由づけに加藤が林の言説を利用した以上、林の「反語」の有する「毒」は、もはや林を「偶像」視する大江が個人の資格で密かに楽しむことが許される「私」の次元を超え、「護憲派」知識人としての大江が立ち向かうべき「公」の次元へと完全に放たれてしまっているからである。

大江健三郎について(4)

ところで、精神科医の鈴木茂は、切通理作の大江健三郎論を、次のように肯定的に引用する。[28]「……切通は、大江健三郎……の作品に典型的な『いじめられっ子の世界認識』を読み取り、このノーベル賞作家のとくに後期の作品群と生き方に、弱さを武器に、『いじめちゃ可哀想だよ』という周囲の温情を引き出しながら、自分の自意識過剰やケガレ意識を被爆者や被差別者に押しつけ、ひ弱な自我の延長に存する差別的な心性、『大きな子ども』の非現実的な子宮願望を指摘し、大江を『地球まるごと幼稚化計画の先兵の一人として世界史に名をとどめる人物である』と論じている」。大江が弱い人は「いじめちゃ可哀想だよ」と言いつつ、その多くの小説や『ヒロシマ・ノート』『日本現代のユマニスト・渡辺一夫を読む』等の評論で「奇型」「奇型」と叫び続け、「侏儒」という否定的障害者観を反映する《比喩》を安易に使用してしまうのも、「差別的な心性」を持つ大江自身が、その「自意識過剰やケガレ意識を被爆者や被差別者」に無意識的に押しつけているからだ、と切通＝鈴木のように考えれば納得がいく。

新城郁夫は、『ヒロシマ・ノート』と並ぶ大江のもう一冊の評論『沖縄ノート』を次のように批判する。「大江の言説においてすら、沖縄は、『日本人』という『主体』を倒立的に立ちあげるための、内なる他者として、イメージとして取り込まれ、そして回避されてしまうのである。ここで沖縄は〔大江の言及する〕二人の狂女という他性を奪われた他者表象において棄却されてしまっていると言うほかなく、あからさまなまでの女性恐怖において、大江の『沖縄ノート』は自らのうちに不在と排除の力学を呼び込んでいるのだ(29)」。また、西川長夫も次のように言う。「帰りの飛行機の中で私は大江健三郎の『沖縄ノート』（一九七〇年）を読み始めたが、途中で吐き気をもよおして最後まで読み終えることができなかった。飛行機が乱気流に巻きこまれたこともあるが、大江が執拗に告発し続ける沖縄の悲惨と醜い日本人の姿に耐えきれなかったこともあるだろう。……大江が幾度悔い改め、幾度自己批判をくりかえしても、帰ってゆくところは結局、『日本人』なのだ。『日本が沖縄に属する』と言い、『このような日本人ではない日本人になりたい』とくりかえすことは、結局は沖縄人に日本人であることを強いることになる。そのことに、大江はどれほど意識的なのであろうか。日本回帰に至る戦後民主主義。私は『沖縄ノート』が反日本人論の形を借りたウルトラ日本人論であることを知って愕然とした(30)」。大江の『沖縄ノート』が「ウルトラ日本人論」であるからこそ、「沖縄人に日本人であること」が強いられ、沖縄は棄却されることになる。「国民国家」批判をリードする西川にとって、「沖縄が日本に属する」と唱える政治家の「感性」も、その言説を告発しつつ「日本が沖縄に属する」と繰り返す大江の「感性」も、「日本人」という「主体」のみを立ち上げる「国民国家」という罠にはまっている点では同型であるゆえに、西川に「吐き気」を催させるのである。そして、大江の告発において、その棄却されるべき沖縄の《比喩》が、否定的障害者観を反映する「狂女」なのである。大江がその中で「道徳」という価値のゲームを行なっているはずの『沖縄ノート』に向けられたこの批判は、「狂女」を「死んだ奇型児」に置き換えれば、そのままもう一冊の「道徳」という価値のゲームを追求した著作たる『ヒロシマ・ノート』にも妥当する。大江は、「奇型児」を死産した母親が、彼女の〈生〉を支えるものとして「死んだ奇型児にすら」頼らざるをえなくなった街として「ヒロシマ」を描き出す。かくして、「狂女」が「沖縄」を象徴的に表象するものとされたように、「死んだ奇型児」は「ヒロシマ」を象徴的に表象することになる。つまり、「狂女」はどこにでも存在するにも拘わらず、また「奇型児」はどこででも生まれるにも拘わらず、「異常なもの」である「狂女」と「奇型児」でもってそれぞれ「沖縄」と「ヒロシマ」を象徴させることにより、大江は、「われわれ」＝「正常なもの」が住むところとは「異なる島」および「異なる街」という他者表象を「沖縄」と「ヒロシマ」に付与することになる。そして、そのような他者表象の付与は、新城や西川そして切通＝鈴木によれば、大江自身の持つ「女性恐怖・差別的心性・ケガレ意識」を被差別者や被爆者に投射することを意味しているのである。

つまり、大江の価値のゲームにおける言説では、「沖縄」と「ヒロシマ」は、「血」＝「遺伝」に関して「無徴」な「健常者」＝「正常なもの」という主体を倒立的に立ち上げるための「内なる他者」とされつつ、回避される。「狂女」と「奇型児」という「他性を奪われた他者表象」において、「沖縄」と「広島」はそれぞれ「(日本の一部である) 沖縄」「(ケガレた街である) ヒロシマ」として棄却され、『沖縄ノート』と『ヒロシマ・ノート』は「自らのうちに不在と排除の力学を呼び込んでいるのだ」。

特に大江の奇型児恐怖は、『地の群れ』において松子が叫んだ「あんた達の血は中から腐る」という言葉と完全に同一であり、そこに切通＝鈴木の指摘する被爆者や被差別者に対する大江の「自意識過剰やケガレ意識」を確認することができる。「ケガレたもの」としての「奇型児」という表象において、原爆は投下されてはならなかったという価値のゲームの中では、「広島」は「血」=「遺伝」に関しては「奇型児」など生まれないはずの「無徴」な街であるべきであるゆえに、それが現実に「奇型児」が誕生するほど「有徴」となってしまった「ヒロシマ」は棄却されてしまうのである。

大江健三郎について(5)

以下では、大江の著した『ヒロシマ・ノート』と『日本現代のユマニスト・渡辺一夫を読む』という二冊の作品を相互に関連づけながら、大江が誇る作家としての想像力が差別的なものであることを明らかにしていこう。ます、後者の著作において、大江は、「奇型児」の誕生と「路地」の宿命を安易に結びつけた中上健次と同様、例えば渡辺一夫の『乱世の日記』等に記されたフランスの歴史史料の「読み」に関する渡辺の文章を引用するかたちで、奇型児の出産=女性の胎内という小宇宙の異常、革命・反革命という戦争、地震などの天災=大宇宙の異常がそれぞれ「つながった出来事」と見なす想像力を肯定している。しかし、そのような想像力こそ、「差別的心性やケガレ意識」に基づくものであり、「奇型児」=「異常なもの」=「不吉なもの」=「生まれてはいけないもの」という観念連合を強化するものなのである。大江はむしろ、渡辺の「読み」を否定して、奇型児は「ヒロシマ」ではない街でも普通に生まれ、戦争などない平和な世界でも普通に生まれ、地震など起こらない平穏な時代でも普通に生まれることをこそ強調すべきだったのである。中上は「畸形」を「路地」の人々の「心理的=道徳的欠陥の記号」としたが、大江は「奇型」を「(原爆投下を含む)戦争や(地震のような)天災という不吉なものを象徴する記号」と見なしたのである。[31] したがって、大江の意図とは逆に、「不吉なもの」である「奇型児」に象徴される「ヒロシマ」は、「大宇宙の異常」と「小宇宙の異常」が重なったケガレた街として棄却されるのである。小泉義之にしろ、大江にしろ、中上にしろ、「奇型児」に正または負の過剰な意味を付与することは、たとえその「奇型児」を「英雄」ないし「偶像」として描いたとしても、それは明らかな差別行為となる。つまり、中上の想像力がもたらした「親が屠殺を行なった（因）→奇形児が生まれる（果）」という不殺生戒ないし因果応報思想の支配する世界、および、大江の想像力が肯定する「地震が起こる（大宇宙の異常）↕奇型児が生まれる（小宇宙の異常）」という大宇宙の異常と小宇宙の異常が対応する世界こそ、否定的障害者観を肯定する人間の最も悪質な差別的想像力が「不吉な出来事」を象徴するものとしての障害者を「他者化」＝「記号化」する世界として、「奇型児」の人間としての尊厳を重視するわれわれがキッパリと拒絶しなければならないものなのである。荻野美穂や養老孟司が示唆していたように、特に現代という時代は、渡部昇一の言説が示していたように両親のその後の経済生活にとって「不吉なもの」になるであろう「奇型児」が生まれることを、「出生前診断」を利用して回避するよう求められている時代なのである――大江の想像力はこの悲しい事実に関してあまりにも貧困である。

「奇型」の立場から言えば、野辺明子が「奇型児は地球環境汚染という危機に警告を発するために生まれてくる」という考え方をその「奇型児」たちにとって差別的なものであったとして深く反省したように、大江も、「奇型児は地震・戦争のような『不吉な出来事』を告知する前兆として生まれてくる」という想像力がその「奇型児」たちにとって大変に差別的なものであることを理解して欲しいということである。「奇型児」も、五体満足な健常児と同様、いつでもどこでも普通に生まれてくる。その「奇型児」に、「地球環境汚染という危機を警告するもの」とか、「地震・戦争のような『不吉な出来事』を告知するもの」というように、「一点に過剰な意味を負荷」させる想像力こそが差別なのである。そのような差別的想像力は、奇型児を「他者化」し、「人間」ではなく、単なる「記号」へと貶める。だからこそ、後に論じるように、両親が広島出身のある社会学者は大江の『ヒロシマ・ノート』に「奇型児」という「人間」を「記号」として「他者化」する差別的想像力の現われを見出し、それに「吐き気がした」と証言するのである。「人間」であるはずの「奇型児」は「他者化」されて「記号」に貶められ、「記号」としての「奇型児」で象徴される「ヒロシマ」は、大江によって「女性の胎内＝小宇宙の異常」をもたらすほど放射能によってケガレた街として棄却されるのだ。ある若い歴史学者は、「奇型児の出産」と「地震・戦争のような『不吉な出来事』」の結びつきをジャンヌ・ダルクが活躍した時代のフランスの歴史史料から読み取る渡辺一夫の「読み」を学問的でないと批判したが、その歴史学者は渡辺を「傷つけたと思う」と、大江は記している。しかし、大江は、その渡辺の「読み」を肯定する大江による「奇型児の出産」と「地震・戦争のような『不吉な出来事』」ないし「原爆投下によってケガレた街になったヒロシマ」を結びつける「読み」により、これら渡辺や大江の「読み」が記された様々な作品を目にした現在の「奇型児」たちが、いかに彼／彼女たちの心を「傷つけられるか」についてはまったく関心を示さない。だからこそ、ここにわれわれは、「奇型」「奇型」と声高に叫ぶ大江によって「不吉なもの」を象徴する《比喩》ないし「記号」とされた「奇型児」の苦悩に対する大江の想像力の差別性と貧困さを指摘しなければならないのである。

実際、渡辺の「読み」と関連づけながら、大江は、「『フォーカス』の写真というようなもの」と彼自身が形容するメキシコの版画家ポサダの作品が、「奇型児の誕生」を好んで主題としている事実を肯定的に紹介する。しかし、それならば、「不吉な出来事」を象徴する「記号」とされた「奇型児」は、憲法に規定された基本的人権条項によりその尊厳が保障されるべき「まともな人間」ではなく、「『フォーカス』の写真により人々の好奇の「まなざし」に晒されても当然のもの」＝「(人間の)他者」＝「人間の出来損い」＝「異常なもの」とされることになる。「奇型」とは英語で「monster」であるから、それは「怪物」をも意味するゆえに、「まともな人間」ではない「怪物」には基本的人権は保障されない、と大江は考えているのだろうか。「『フォーカス』の写真というようなもの」により「奇型児」が「怪物」として「見世物化」されることすら是認する大江の「読み」からは、そのような結論が出て来ざるをえない。「奇型」＝「怪物」は「人間(human being)」ではないから「ヒューマニズム(ユマニスム)」の対象ではないというのが渡辺＝大江の見解であるなら、そのような見解は断固として拒絶しなければならない。ちなみに、大江は、その著書『核時代の想像力』において、C・ロンブローゾの「生来的犯罪者」説に与しつつ「気ちがいのような犯罪者はどうなるのかということもまた、考えてみる必要があります。犯罪者のなかにはほんとうに生まれつきのように、子供のときから確実な犯罪者への個性をもっている人間がいるようです」云々と記し、彼の言う「気ちがい」を「何をしでかすか分からないもの」の「記号」としているが、「気ちがい」も「奇型」と同様、「人間」のカテゴリーに属することは認められないのであろうか。大江は、大江の言う「気ちがい」を一種の「(先天性の)精神的奇型」=「怪物」と見なして、これまで論じてきた「(先天性の)肉体的奇型」=「怪物」と同様、基本的人権が保障されない「(人間の)他者」=「人間の出来損い」=「異常なもの」と捉えているのであろうか。いずれにせよ、「奇型」と同様、「気ちがい」も大江にとってギルマンの言う文化的想像界における境界線によって「われわれ」=「正常なもの」から《切断》された「他者」=「異常なもの」であるゆえに、「ヒューマニズム(ユマニスム)」の対象外であることは明らかである。

大江は、障害者・病者という「人間」を躊躇することなく「記号」へと貶めるが、それは彼が差別的な《比喩》を安易に使用することと対応している。大江の想像力において歪んだ「まなざし」の暴力が発動される「奇型児」は「不吉なもの」、「気ちがい」は「何をしでかすか分からないもの」、「侏儒」は「愚かなもの」のそれぞれの《比喩》とされるが、大江自身の貧困な想像力では、それが「人間」に対する最大の侮辱であることが理解できないのである。このような否定的障害者観を反映する《比喩》はその差別的な《比喩》を使用するものにとっての「憎むべき敵」に向けられるのが普通である。そのことは後に、アメリカの原爆投下者が用いた《比喩》に即して証明されるが、ここでは議論を取り敢えず大江の「ヒロシマ」論に戻すことにしたい。

大江健三郎について(6)

『大江健三郎同時代論集2』(一九八〇年)に収められた巻末エッセー「未来へ向けて回想する――自己解釈(二)」で、大江自身、次のように記している。「長男の異常児としての誕生という出来事が、もっとも出来事らしい、胸につきささるような、暴力的な感じをむきだしにしていたのは、その誕生から最初の手術、そして第二の手術にいたる数年間であっただろう。そして『ヒロシマ・ノート』の冒頭にそれを書いたとおりに、僕の広島との出会いという出来事のような経験はこの時期に起り、そして広島をめぐる僕の文章は、その主要なものがこの時期に書かれたのであった。僕は異常児としての長男の出生から、かれを積極的に救助する第一歩としての手術をする前の、自然な衰弱死を期待していた間の……僕をとらえていた根源的な頽廃の余波のうちにあった」。

大江自身が認めるように、『ヒロシマ・ノート』は、「奇型」や「異常」に過剰な恐怖を抱いていた大江が、長男が「自然な衰弱死」をするように期待していた「頽廃」の中で著わしたものであった。その「頽廃」の中で、「記号」としての「奇型児」に象徴されるケガレた街である「ヒロシマ」は、「異常なもの」の《無化》を願っていた大江によって棄却されてしまうのだ。

大江は、「その妊娠中ずっと、自分の赤んぼうが奇型児ではないかという不安にとりつかれていた」もう一人の若い母親とも同一化する。大江自身、この作品のために「ヒロシマ」に旅行した時、「最初の息子（＝大江光）が瀕死状態でガラス箱の中に横たわったまま恢復のみこみはまったくたたない」状態だっただけに、そのような同一化は実に容易であった。その母親＝大江にとって、「奇型児」は、I・イリイチの言う「生まれてはいけないもの」であった。ただし、「奇型児」＝「生まれてはいけないもの」という等号は、「母親が被爆者であるゆえに」という理由が付されるか否かによって、「憎むべき敵」という役割と「可哀想な人」という役割を演じ分けることになる事態を見逃してはならない。大江自身の持つ「奇型」恐怖のゆえに「奇型児」は「生まれてはいけないもの」だと言う場合、「記号」としての「奇型児」は単なる「憎むべき敵」と見なされる。他方、母親が被爆者であるゆえに「奇型児」は「生まれてはいけないもの」という場合、「記号」としての「奇型児」は原爆投下という悲劇の象徴として「偶像化されたもの」＝「可哀想な人」と見なされる。しかし、大江自身が、「ガラス箱の中に横たわった」ままの「異常児」の「自然な衰弱死」を願う父であったために、「記号」に割り振りされたこの二つの役割は互いに交錯してしまう。

かくして、原爆投下の責任を問うという「道徳」的な価値のゲームにおける大江の「復讐」の言説の中で、「奇型児」は「憎むべき敵」と「可哀想な人」という両義的役割を交互に演じさせられつつ宙づりにされてしまうのだ。大江は、一方で原爆によりケガレた街となった「ヒロシマ」における「奇型児」＝「可哀想な人」（および「奇型児」を死産した母親あるいは産むことを恐れたもう一人の母親）と容易に同一化しつつ「いじめられっ子」＝「可哀想な人（の父親）」の役割を演じ、同時に他方で「奇型」恐怖を持つものとして本来ケガレた街ではないはずの「広島」では「奇型児」は存在してはならない「憎むべき敵」として「攻撃」する。原爆投下がなくとも、「奇型児」が他の街と同じように普通に生まれ、その「奇型児」が差別されることなく、のびのびと成育していく街としての「広島」という、いわゆる「ノーマライゼーション」の精神とも合致する表象は、そもそも大江の想像力の埒外であった。

佐藤裕流に言えば、「狂女」に象徴される「他者」としての「沖縄人」をネガとして「われわれ」＝「（本土の）日本人」＝「正常なもの」が倒立的に立ち上げられたように、原爆投下の責任を問う「道徳」的な価値のゲームの中で、「他者」としての「奇型児」＝「生まれてはいけないもの」を「憎むべき敵」であり且つ「可哀想な人」であるという両義性を持ったネガとして「（『ヒロシマ』とは異なりケガレのない街に住む）われわれ」＝「健常者」＝「正常なもの」が観念的に捏造されていく。その際、「偶像化されたもの」である「可哀想な人」＝「奇型児」をもたらした原爆投下への断罪は、「生まれてはいけないもの」である「憎むべき敵」＝「奇型児」への攻撃へと滑らかに移行してしまう。そして、「奇型児」が存在することにより、ケガレのない「広島」ではありえなくなった「ヒロシマ」は棄却されてしまう。

林達夫と同様、「奇型児」もまた、大江にとって「偶像化されたもの」であった。しかし、前者が「巨人」という正の価値を帯びる「偶像」であったのに対し、後者はケガレという負の価値も帯びた「偶像」であった。「ケガレ」＝「マイナス」と「偶像」＝「プラス」という二値を持つ両価的存在――それこそが「憎むべき敵」であると同時に「可哀想な人」でもある「奇型児」であった。

そして、大江は後に、大江父子の《内閉》という〈生〉の形式を否定する浅田彰を、やはり「憎むべき敵」であると同時に「可哀想な人」でもあるという両義性を持つ存在として「最先端の文化的英雄」という《比喩》で語ることになる。この人間ばなれした天才的頭脳を持つという意味で一種の精神的「奇型」と見なすことも可能な「英雄」=「偶像」も、「ヒロシマ」の「奇型児」同様、負の価値を負わされることになるのである。

大江健三郎について(7)

浅田彰は坂本龍一との対談で次のように語る。「大江父子の日常を負った……ドキュメンタリー番組があって、広島の原爆資料館に嫌がる息子を連れて行って全部見せたあと、頭を抱えている息子に『どうだった?』と聞いたら、『すべて駄目でした』って言うの。……父親のほうは『そうか、駄目だったか、でも、それを見たことを覚えていることは出来るし、忘れないことはいいことなんだよ』というふうなことを言って、必死にそれを文学的に回収しようとするんだけど、その言葉は息子の言葉に負けているわけ。端的に『すべて駄目でした』、と」。

斎藤環は、この浅田の発言を承けて言う。「大江健三郎がうろたえてミラン・クンデラふうの『記憶による抵抗』の論理を持ち出すのもトンチンカンな話なのだ。……むしろ大江は、ここで素直に認めるべきではなかったか。『そうか、『すべて駄目』だったか。その一言で、むかしお父さんが書いた『ヒロシマ・ノート』なんて霞んじゃったよ』と」(32)。

「すべて駄目でした」という大江光の言葉を「文学的に回収」しようとすることは、大江父子が必死になって紡いできた「繭」の中に父親がむりやり息子を閉じ込めておこうと欲していることを意味する。「繭」の中に立て籠もりつつ聖なる《内閉》の境位へと到達することを目指す大江父子の姿は、今日、例えば障害者の〈性〉をその〈生〉の中核に位置するものと位置づけることによって障害者自身が主役を演じる「アダルトビデオ」の製作すらが注目されている現代の障害学が目指す方向と正確に逆を向いている。つまり、障害学の最重要テーマの一つである障害者自身の「脱家族」という意味での「自立」ということの大切さを大江は理解しようとしない。障害者=「当事者」たちがセックスを体験したいとして「アダルトビデオ」の製作を企てることと、牧人である父親=大江が羊である息子=光のためにその音楽作品がCDとして商品化されるよう配慮することとは、障害者の「脱家族」=「自立」=「解放」という観点において正反対のベクトルを持つ。われわれは、青年たちの主体的なAV製作は障害者の「見世物化」の危険を有するゆえに、無条件に肯定するわけではない。しかし、息子の光が「すべて駄目でした」と言って父親の保護から「自立」しようとする萌芽を、大江が残酷にも摘み取ってしまうことには失望を禁じえない。逆から言えば、だからこそ、大江は牧人なのである。大江は、光の「すべて駄目でした」という言葉を、《内閉》を可能にする「繭」を喰い破る潜在的な力を持つ言葉として恐れているのだ。服従・依存自体を「徳」と見なす牧人=大江にとって、その言葉は、許すことができない「不服従」であり、禁圧すべき「抵抗」となる。しかし、「自立」を目指し始めた息子がその「繭」を自分自身の力で喰い破り、「すべて駄目でした」という父親の『ヒロシマ・ノート』を否定する言葉を発したことを心から祝福してこそ、大江健三郎の「道徳」という価値のゲームが孕むパラドックスは解消されるのではないだろうか。その祝福によってこそ、大江により棄却されていた「ヒロシマ」は「広島」として、再び甦ることができるのではないだろうか。確かに、「生まれてはいけない」存在である「奇型児」は、「憎むべき敵」として、あるいは「可哀想な人」として「ヒロシマ」を棄却した大江の『ヒロシマ・ノート』の中に文学的に回収されるべきものと見なされていた。しかし、「すべて駄目でした」という光の言葉を肯定し、その「回収」を断念してこそ、大江はその「自意識過剰やケガレ意識」の罠にかかることなく、「奇型児」と真正面から向き合い、「ヒロシマ」を「広島」として甦らせることができたのではないだろうか。大江は、『ヒロシマ・ノート』によってカタカナで記された「ヒロシマ」を棄却するのではなく、「すべて駄目でした」という言葉で『ヒロシマ・ノート』をこそ棄却すべきだったのである。

大江健三郎について(8)

鈴木茂はさらに、永井均の「ルサンチマン論」を次のように肯定的に引用する。自意識過剰な大江のような「いじめられっ子」が「たとえ不健康と言われようとも『善良さ』を志向し、『道徳ゲーム』を捏造してその中に人を引き入れようとすることを、他になす術がなかった弱者のやむをえざる選択と〔永井は〕みなしている。道徳にすがって生きざるを得ない局面で発揮されるキリスト教的パワーの現代版が、いじめられっ子の道徳的行動であり、彼らの勝てるゲームこそ、内面化され、神秘化された『道徳』という価値のゲームなのである。この『復讐』装置を使えば、『憎むべき敵』は容易に『可哀想な人』へと転化する。〔永井によれば〕彼らの愛の本質は、実は軽蔑なのである」。

斎藤環は、大江光の作曲は「障害者問題という次元ではなく、あくまで音楽の次元で評価されなければならない」という坂本龍一＝浅田彰の見解を、大江健三郎が小説『取り替え子』で次のように記していることに注意を促す。「最近ニューヨークに本拠を置く日本人の作曲家兼俳優が、ポリティカル・コレクトネスで知的障害者の音楽を押し通されちゃたまらない、と最先端の文化的英雄相手に話していた」。もちろん、浅田を暗示する「文化的英雄」とは、大江が山口昌男の影響を受けて使用している《比喩》である。

「道徳」という価値のゲームの中で、その「復讐」装置を用いる大江は、斎藤の言うように「かつて受けた屈辱的なエピソードを創造の一つの源」とすることにより、彼に屈辱を与えた「憎むべき敵」である「坂本龍一」＝「ニューヨークに本拠を置く日本人の作曲家兼俳優」と「浅田彰」＝「最先端の文化的英雄」を「可哀想な人」へと転化させつつ、《比喩》を用いてルサンチマンからする彼らへの最大限の「軽蔑」を示しているのだ。つまり、「侏儒」という《比喩》で象徴される垂直的な差別的人間関係を前提とする「低くした位置」＝「丸山真男の言う『怨望』の位置」から、「最先端の文化的英雄」という《比喩》を用いて揶揄した「息子との生活のあり方を批判したもの」＝「憎むべき敵」＝「高みにいるもの」を、その屈辱的エピソードを翻訳しつつ語り直して「（大江父子の生活について何も分かっていない）可哀想な人」と再定義しながら、その批判者である浅田を自分が位置する地上の「低み」に引きずり降ろすことで軽蔑を示しているのである。それによって、浅田との闘いは、「いじめられっ子」である大江にとって勝てるゲームとなり、そのゲームで使用される語り口は、ルサンチマンの語り口となる。かつて自分自身を「侏儒」という

《比喩》で語った大江は、林達夫に対して、対等な水平的人間関係を前提に「戦後」＝「虚妄」論という重大な問題に関して生産的な議論を展開することを断念していた。同様に、そのルサンチマンの語り口では、「最先端の文化的英雄」という《比喩》を付与した浅田に対して、対等な水平的人間関係を前提に「障害児との望ましい生活」の追求という切実な問題に対して生産的な議論を闘わせることは最初から放棄されている。なぜなら、大江は、「道徳」という勝てるゲームにおいてルサンチマンの語り口という「復讐」装置を駆使して、「低み」に引きずり降ろした「憎むべき敵」を「可哀想な人」へと転化させつつ軽蔑することのみを望んでいるからである。丸山が示唆していたように、そのような「語り口」を用いる文学に、思想の営みとしての生産性を期待することはできない。大江は、「気ちがい」「奇型児」「侏儒」「最先端の文化的英雄」等をすべて、「何をしでかすか分からないもの」、「不吉なもの」や「愚かなもの」などを示す「象徴的表象」や「象徴的記号」を含めた《比喩》として用いているが、それらの《比喩》が使用されるのは、「差別の語り口」と「ルサンチマンの語り口」においてである。しかし、「差別の語り口」では、「我」＝「大江」＝「差別するもの」と「汝」＝「差別されるもの」という単純な「我」―「汝」関係が存在するのみであるが、「ルサンチマンの語り口」では、後述するように、再帰的な「我」―「メタ我」関係が成立している。そのような「我」―「メタ我」関係が成立するのは、大江が切通＝鈴木の言うように「自意識過剰」な作家であることに起因する。

斎藤は言う。「大江健三郎の後期の文体を特徴付けるものは、こうしたヴァルネラブルな主体の語り口である。それは……『語る主体』ならぬ『語られる主体』という受け身性であり、『語られてしまったことを翻訳しつつ語る主体』という言い方が、あるいは正解なのかもしれない」。

その「語り口」において、「最先端の文化的英雄」という類の《比喩》は、大江の用いる「復讐」装置の中で、「憎むべき敵」＝「可哀想な人」という両価性を帯びつつ溢れ出し、他方、ヒューマニストであるはずの大江が本当は「愛情」を注ぐべき「奇型児」や「侏儒」すらも、大江のその「自然な衰弱死」を願う「差別的な心性」およびその「愚かなもの」としての「わたし（＝大江）」を象徴させようとするやはり「差別的な心性」にそれぞれ基づく否定的障害者観を反映する《比喩》とされつつ、その両価性を帯びる「憎むべき敵」=「可哀想な人」とも合体してしまうのだ。大江にとって、その長男がそうである「奇型児」やそう自分自身を自虐的に喩える「侏儒」も、「可哀想な人」から「憎むべき敵」へとルサンチマンの「語り口」とは逆方向に反転しつつ、「いじめられっ子」=「自意識過剰な主体」=「ヴァルネラブルな主体」による「軽蔑」対象となってしまう。「ヒロシマ」を棄却する「語り口」と坂本=浅田に対するルサンチマンの「語り口」は、方向を完全に逆にするものの、大江の「差別的心性やケガレ意識」が投射された象徴的表象ないし《比喩》が用いられることにより、ともに「(ヒロシマで死産された)奇型児」と「(大江を攻撃する)文化的英雄」を軽蔑すべき対象とするのである。

大江が、「『憎むべき敵』である汝により我について『語られてしまったこと』を『自意識過剰ないじめられっ子』である我が『翻訳しつつ語る』」という特殊な「再帰性」のある「語り口」で、《比喩》を用いることが妥当であるかは、読者の判断に委ねられることになろう。ちなみに、「『屈辱』的に語られた自分を、『自意識過剰』であるゆえにメタレベルという『優位』に立つことができる自分自身が『語り直す』」という大江の「語り口」は、後に分析する明治の文豪・夏目漱石の「写生文」における「語り口」とともに「再帰性」がある点において類似している。大江の「自意識過剰」に相当するのは、漱石の「神経衰弱」である。もっとも、大江の場合、それは「ルサンチマン」の語り口であるのに対し、漱石の場合、それは「ヒューモア」の語り口であると言われているのではあるが。

話を戻す。大江の用いる《比喩》が妥当であるか否かを判断するための一つの基準となるのは、父親の大江と息子の光が一緒に立て籠もる「繭」という閉域(天野義智)——坂本=浅田によれば、光はそこからの脱出を試みるが、そのつど父親がその試みを抑圧してしまう——における《内閉》という〈生〉の形式を、大江の「差別的な心性」によって「不吉なもの」=「愚かなもの」の《比喩》とされてしまった「奇型児」や「侏儒」を含む「ヴァルネラブルな主体」やその家族が、光のような特別な芸術的才能がない場合でも、才能のある光を中心に「恢復」する大江家に心から共感しつつ、祝福できるかどうかである。大江は、しばしば「鎖国してはならない」と強調する。「鎖国」とは、いわゆる「自由主義史観」に拠る歴史家たちのように、中国や韓国という「外部」からの批判に耳を傾けようとしないことの由である。[33] しかし、大江もまた、その「生のあり方」について、坂本＝浅田という「外部」から発せられた批判に、しっかりと心を閉ざし続けている。それゆえ、坂本＝浅田からすれば、光と一緒に固く「繭」の中に立て籠もっている大江自身が、「鎖国」していることになろう。ゆえに問題は、その「鎖国」による「恢復」に、人々の共感・祝福が寄せられるかである。もし共感・祝福がなされるなら、大江は「道徳」という価値のゲームにおいて、勝利者となることができよう。ここで、一人の証人に登場してもらおう。

大江健三郎について(9)

両親が広島出身の社会学者である佐藤俊樹は言う。「『ヒロシマ』というカタカナ……を平気で使える人たち。……たとえば、大江健三郎。私は大江健三郎が大嫌いだった。『ヒロシマ・ノート』の著者というだけではない。原爆にせよ息子さんの障害にせよ、何か一点に過剰な意味を負荷しつづけることで小説をつむぐその文体が、身体的にうけつけなかった。……吐き気がした。……大江健三郎を小説として読めるようになったのは、広島を離れて十年ぐらいたった後である。それでも大江健三郎が息子について語るときには、今でも彼の文章は読めなくなる。……戦争をすべきでないというのは正義である。……それでも、その外部はある。そして、一つの正義は正義であることによってその外部を消し去ろうとする」。[34]

「ヒロシマ」というカタカナによる「ヒロシマ」の棄却。「奇型児」や「異常児」という一点に「過剰な意味を負荷しつづける」文体。大江が紡ぎ出した「繭」の中から脱出しようとする光を《内閉》させ続けるために記される「息子についての文章」。「平和」の実現という「道徳」をめぐる価値のゲームにおいて消し去られる「外部」。

切通＝鈴木が指摘するように大江は「自分の自意識過剰やケガレ意識を被爆者や被差別者に押し付けている」という事実や、斎藤環が強調するように大江が一緒に「鎖国」している光との関係について坂本＝浅田により屈辱的に

「語られてしまったことを翻訳しつつ語る」というルサンチマンの語り口をする事実に、佐藤が「吐き気」を感じる理由がある。

西川長夫が「狂女」により象徴的に表象される「沖縄」が「国民国家」に回収されつつ棄却される大江の『沖縄ノート』を、「ウルトラ日本人論」であると看破したように、「奇型児」により象徴的に表象される「ヒロシマ」がやはり棄却されてしまう『ヒロシマ・ノート』は、実は皮肉なことに「ウルトラ健常者論」という優生思想的臭みのある著作として特徴づけられる。否定的障害者観を反映する「狂女」と「奇型児」という「まともでないもの」=「異常なもの」で表象されることにより、「沖縄」と「ヒロシマ」は「まともでない場所」=「異常な場所」であるという「有徴性」を西川や佐藤を含む多くの読み手に「吐き気」を催させるほど強烈に際立たされることになる。「狂女」も「奇型児」も、もちろん「人間」である。しかし、大江は、「狂女」と「奇型児」から「人間」としての資格を剝奪した上で、それらを「沖縄」と「ヒロシマ」の「まともでなさ」=「異常さ」を象徴する単なる「記号」へと貶めてしまう。かくして、「狂女」と「奇型児」は、イリイチの言う「診断の帝国主義」において優生思想の観点から「生まれてはいけないもの」の典型と見なされることになる。

大江は、「奇型児の誕生」を、『小説の方法』では、洪水と並ぶ「天災」と記し、『新しい文学のために』では、原発事故と並ぶ「事故」と記している。もちろん、「天災」や「事故」は、「(起こってはいけない)悪い出来事」を意味する。この「天災」や「事故」という表現の使用という事実からも、大江の持つ否定的障害者観の根底に「奇型児」を「憎むべき敵」とする優生思想が潜んでいることは明白であり、そのことを否定するために必死に、「可哀想な人」=「(大江光という)障害を持つ子供」と「共生」する決意が繰り返し強迫的に語られることになる。

その「決意」の強さは、「まともでないもの」=「異常なもの」に示す大江の恐怖のすさまじさの反映であり、嫌悪の大きさの裏返しである。したがって、「日本人」のみから成るべき「国民国家」ないし「健常者」のみから成るべき「優生国家」ではともに、大江によって「日本人ではない」ないし「健常者ではない」とされた人々は、本来「生まれてはいけない」にも拘わらず偶々「天災」や「事故」で誕生してしまった存在であるゆえに、意識的に「共生」することを決意しなければならないものとなり、「沖縄人」あるいは「障害者」という「異質なもの」ではあるがごく普通のあたりまえの「人間」として平凡に且つ堂々と生きる権利があることが否定されてしまう。

このような大江による「人間」の「記号」化によっては、「国民国家」批判をリードする西川長夫や、「戦争をすべきでない」という「正義」の「外部」を見詰めようとする佐藤俊樹が重視する「異質なもの」――「異常なもの」ではない――とのコンヴィヴィアルな共生を実現することは（逆説的ではあるが）まったくなく、むしろ「ウルトラ日本人論」および「ウルトラ健常者論」における差別対象としての同一性に回収される露骨な「他者化」という「人間」否定や「人間」疎外がもたらされることになろう。

「（『狂女』や『奇型児』を含む）障害者」や「沖縄人」や「被爆者」等々のマイノリティ＝「異質なもの」が軽やかに共生する――そのようなコンヴィヴィアルな共生社会のイメージが「障害をもつ子供との『共生』」を語っているはずの大江の作品からまったく読み取ることができないことが、西川や佐藤が「沖縄」や「ヒロシマ」について「何か一点に過剰な意味を負荷しつづける」強迫的な大江の文章にそろって「吐き気」を催おす原因である。佐藤が強調する大江の思考の「過剰さ」とは、西川が指摘する大江の議論の「ウルトラ」性に他ならず、大江がその深層心理において嫌悪している「異常なもの」――「異質なもの」ではない――との「共生」について語るために大江がどうしても必要とするその「過剰さ」＝「ウルトラ」性に、「異質なもの」とのあたりまえの共生を目指す西川や佐藤の「肉体＝身体」は耐えることができずに、「吐き気」を感じることになるのである。したがって、被爆者・「ヒロシマ」出身者・「沖縄人」・被差別者・障害者たちに大江の独特の「語り口」を反映する思想が肯定されているかと言えば、沖縄出身の新城郁夫や両親のルーツが広島にある佐藤俊樹に明確に拒絶されているという事実が雄弁に物語るように、それは大変疑わしい。

歴史学者のJ・W・ダワーの著書『人種偏見』によれば、第二次世界大戦において英米のメディアは、敵国人である日本人を「一種の奇型の生き残り」「黄色い小びと奴隷」「汚らわしい黄猿」等々という《比喩》で呼んだ。黄色は黄疸の色だから「病気」を暗示し、同時にキリスト教絵画では「裏切りの色」を意味した。[35] したがって、「奇型」と「黄色」と「小びと（猿）」の観念連合は、黄禍論と否定的障害者観の象徴的統合として、「生きている価値のないもの」＝「卑劣なもの」＝「愚かなもの」の《比喩》であったわけである。原爆は、その尊厳を重視すべきまともな「人間」にではなく、既に滅びているべきだったゆえに「生きている価値のないもの」である「奇型」に、すなわち「愚かなもの」である「黄色い小びと」＝「汚らわしい黄猿」に投下されたと見なされたからこそ、英米の政治家たちの多くはその行為に何ら良心の呵責を感じることがなかったのである。「奇型児に《すら》」と記す大江のそれと同様、投下は既に滅びているべきだった「奇型」に向けられたものだからこそ、その政治家たちの価値判断では何の罪を犯すことにもならないわけである。大江は、石原慎太郎が「アメリカは人種差別にもとづいて広島・長崎への原爆攻撃をしたことは日本人共有の思想になっている」旨の主張をしたことを指摘した上で、その石原の主張が「欺瞞である」と断じている。[36] しかし、ダワーによれば、原爆投下は日本人を「奇型の生き残り」ないし「黄色い小びと」に喩えたアメリカ人の「人種偏見」とは完全には無縁でなかったのである。「奇型（児）」は、まさに「憎むべき敵」なのである。そして、「小びと」＝「侏儒」という《比喩》にもこのような「ヒロシマ」の悲劇が潜んでいることに、『ヒロシマ・ノート』の著者であるにも拘わらず、「侏儒の手紙」と題されたエッセーを公表した大江は、まったく気づいていない。原爆投下者と大江が「小びと」＝「侏儒」という《比喩》に込めた価値判断は、「（英米など連合国の人民に対して）劣っているもの」＝「（林達夫に対して）劣っているもの」＝「愚かなもの」として完全に一致している。「畸型＝不完全＝醜＝悪＝邪＝劣＝愚」という観念連合が成立している世界の住人と見なした「小びと」＝「侏儒」に、「イデオロギー的に歪んだ視覚化」の暴力を向けている点では、原爆投下者と大江には何の相違もないと言えよう。大江は佐藤の言うように「一点に過剰な意味を負荷」させるゆえに、その「一点」以外の、例えばダワーの示したような「人種偏見」という重要な論点に関心を向けられないのである。

不幸なことに、このような「イデオロギー的に歪んだ視覚化」の暴力は、今もなお、行使され続けている。二〇一三年九月一二日付『朝日新聞』(夕刊)は、フランスの週刊誌が、「腕やあしが三本ある奇形の力士が相撲をしている場面を描いた風刺画を掲載した」と報じている。「二〇二〇年の夏季五輪の開催地に東京が決まったことに合わせ、東京電力福島第一原発の汚染水問題をやゆしたものと見られる。／風刺画には爆発した原発施設を背景に、腕や足が三本、手と足の指が三本のやせた力士が土俵で向かい合い、防護服を着たリポーターが『福島のおかげで相撲が五輪競技になった』と実況している様子が描かれている」。

この「フクシマ」に対する悪意に満ちた風刺画は、「ナガサキ」に関する井上光晴の『地の群れ』における松子の発言や、「ヒロシマ」における「奇型」の恐怖を描いた大江の『ヒロシマ・ノート』の「血」＝「遺伝」に関する「有徴性」を強調する精神をそのまま継承してしまったのである。

ここで、大江が日本最高の「文豪」として高く評価する夏目漱石の文章に眼を転じよう。姜尚中は言う。「『国民作家』と呼ばれる漱石ですが、彼が最もこだわって、それこそ死ぬまで悩みつづけたのは、人間の『自意識』の問題でした。……自意識は、人間が文明のなかで獲得した叡智ではありますが、諸刃の剣でもあって、同時に、人間に大きな不幸ももたらしました。……漱石の主人公たちはみなその犠牲者ともいえます」。そして、姜は、漱石の残したメモから次のような文章を引用する。[37]「Self-consciousness の結果は神経衰弱を生ず。神経衰弱は二十世紀の共有病なり。人智、学問、百般の事物の進歩すると同時に此進歩を来したる人間は一歩一歩と頽廃し、衰弱す」。

われわれは既に、大江健三郎が「自意識過剰」の作家であることを確認してきた。しかし、姜は、夏目漱石も、「自意識(過剰)」の作家であり、その「自意識(過剰)」の結果が「神経衰弱」であると強調する。「自意識過剰」の大江の「語り口」がルサンチマンの「語り口」であったように、われわれは後に、「自意識(過剰)」のために「神経衰弱」となった漱石の「語り口」が「ヒューモア」の「語り口」であることを知ることになる。大江のルサンチマンの語り口が、「我」が、メタレベルから「自意識」を傷つけた「憎むべき敵」に復讐しつつ「語り直し」する「メタ我」へと再帰するという構造を持つように、漱石の「ヒューモア」の語り口は、「我」が、メタレベルから「自意識」のために「神経衰弱」となったことを見おろしつつ「写生」する「メタ我」へと再帰するという構造を有する。しかし、他方、大江も漱石も、その差別の「語り口」では、「我」―「メタ我」関係ではなく、単純な「我」―「汝」関係に定位するから、そのような再帰性の構造を持つことはない。

ここでは、大江と漱石がともに、「自意識（過剰）」の作家であるという共通性だけを指摘しておこう。大江の再帰性のあるルサンチマンの語り口と、漱石のやはり再帰性のある「ヒューモア」の語り口と、再帰性のない両者の差別の語り口の詳しい分析は、以下で試みられることになる。

夏目漱石について(1)

夏目漱石も、大江と同様、その差別的な《比喩》を病跡学および差別学の観点から慎重に分析する必要のある文豪である。憲法学者の内野正幸は、例えば、漱石の『坊つちやん』の中に「生け花」を話題にした次のような「気になる文章がある」と言う。

「あんなに草や竹を曲げてうれしがるなら、せむしの色男や、びっこの亭主を持って自慢するのがよかろう」。

内野は言う。「『びっこ』という言葉が差別語であるかを問題にする以前に、生け花が曲っている話をする場合に、そのたとえとしてなぜこんな例をわざわざもちだすのであろうか。人間は、たとえるのが好きな動物だといえるにしても、問題だと思う。かりに、『足の不自由な』といいかえても、依然としてひどい差別になる」(38)。

漱石自身がもし、「せむし」や「びっこ」であったならば、このような《比喩》は用いなかったではなかろうか。同様に、林のためにいわば《切断》の上方展開を行なった大江健三郎も、彼自身が仮に「侏儒」であったならば、そのエッセーの題名を「侏儒の手紙」などとはしなかったのではないだろうか。否定的障害者観を反映する《比喩》が、「せむし」や「びっこ」や「侏儒」を自分自身でない「かれら」に対する「懲罰的色彩」を帯びせたものとすることは否定できないのである。だから、「かれら」に向けられた差別の語り口では、再帰性はありえないのである。

漱石の名高い評論「私の個人主義」にも次のような一文がある。「色々の事情で、私は私の企てた事業を半途で中止してしまいました。私の表わした文学論はその記念というよりは寧ろ失敗の亡骸です。然も畸形児の亡骸です。……然しながら自己本位という其時得た私の考は依然としてつづいています。否年を経るに従って段々強くなります」。ここで、われわれは、大江の『ヒロシマ・ノート』における「この若い母親にとっては、死んだ奇形児すら、それにすがりついて」云々という文章を想起してしまう。漱石にとって「文学論」は「失敗の亡骸」＝「畸形児の亡骸」だったが、「自己本位」は段々強くなっている。被爆者である母親にとっては、「奇型児《すら》」それに「すがりつく」べき存在である。このような「等号」や「すら」は日本の文学・思想の頂点に位置する漱石や大江の格調の高い評論においても、「畸形児」＝「奇型児」はこの世に「生まれてはいけないもの」＝「書かれてはいけなかったもの」（漱石）＝「（生まれてしまったら）自然な衰弱死を期待すべきもの」（大江）として、否定的障害者観を反映した「悍ましいもの」＝「価値のないもの」の《比喩》とされていることを物語っている。

評論「道楽と職業」で現代文明における知識の分散による「無知の認識」（F・A・ハイエク）に対応する事態について語る時も、漱石は、「……吾人の社会的知識が狭く細く切り詰められるので、恰も自ら好んで不具になると同じ結果だから、大きく云えば現代の文明は完全な人間を日に日に片輪者に打崩しつつ進むのだと評しても差支えないのでありますが」と論じている。ここからは、まさに漱石の現代文明についての思想の要石そのものが、否定的障害者観を反映した《比喩》から成り立っていることが読み取れよう。

障害者差別ではないが、小森陽一も漱石の『坊つちゃん』に、「（清和源氏で）『元は旗本』のおれ」と「隣家の（六尺がた低い）質屋」の対比、および「おれ」＝「東京」＝「文明」＝「教育を受けたもの」と「鼻たれ小僧」＝「田舎もの」＝

「野蛮」＝「教育を受けないもの」の対比に、差別を見出している。[39] 実際、漱石の孫娘を妻とする半藤一利の名著『漱石先生ぞな、もし』の「あとがき」にも、「……漱石作品には、思いもかけぬほど人権尊重をないがしろにした差別語のあることに驚き、開明派の漱石にしてなお、の感を深くした」と記されている。[40] われわれは急ぎ、「開明派かつ人権派の大江健三郎にしてなお、の感を深くした」と述べなければならないだろう。

ただし、「開明派」の漱石が必ずしも差別問題に無関心だったわけではない。例えば、森田草平宛書簡（一九〇六年四月一日付）において「(『破戒』で) 第一気に入ったのは文章であります。……夫から気に入ったのは事柄が真面目で、人生と云うものに触れて居ていたずらな脂粉がない。……恐らく傑作でしょう。……」と記し、同書簡（四月三日付）では、「破戒読了。明治の小説として後世に伝うべき名篇也。金色夜叉の如きは二三十年後は忘れられて然るべきものなり。破戒は然らず。僕多く小説を読まず。然し明治の代に小説らしき小説が出たとすれば破戒ならんと思う」と激賞している。

もちろん、現在の差別論の水準において藤村の『破戒』が批判されるべき多くの欠点を有していることは疑問の余地がない。しかし、小杉天外の『破戒』批評のようなその文学的価値を全否定する見解も少なくなかった当時、漱石の高い評価は特筆に値する。もっとも、漱石の『坊つちゃん』でも、「清和源氏の子孫＝旗本＝貴（?）」↔「（六尺がた低い）質屋＝被差別部落＝賤（?）」という図式が暗黙裡に前提とされているのではないか、という疑問は問わずにおく。ただし、藤村の『破戒』を激賞した漱石にして、部落差別の深刻さは認識できても、障害者・病者への差別の重要性は十分には理解できなかったことは再度、確認しておかねばならない。「路地」＝「被差別部落」の「差異化」に成功した中上健次が、障害者・病者を単なる差別対象として「他者化」してしまったことを考えると、漱石ひとりを責めることはできないのであるが。夏目漱石も中上健次も、部落差別の深刻さを認識した地点でその思考を《弛緩》させてしまったのだと言えるのかもしれない。

夏目漱石について(2)

漱石の縁者である半藤一利が漱石文学における差別語の多さを指摘するのに対して、他方、中上と親しかった評論家の柄谷行人は、漱石文学における「ヒューモア」を擁護して次のように言う。(41)「一九世紀末に正岡子規のはじめた『写生文』は、西洋の近代小説の翻訳からはじまったリアリズムの文学と混同されている。それらがまったく異質であることを理解していたのは、子規の友人、夏目漱石だけであった。事実、漱石の写生文は、『吾輩は猫である』のようなサタイアから『漾虚集』のようなロマンスにおよぶ、したがって近代小説に入らないような多様なジャンルをふくんでいる。それは、自分をふくむ対象を突き放して見るが、どこか愛情をもってそうするからである。……この『写生文家』の姿勢には何かラディカルなものがある。写生文が、俳人であり、且つ結核のために死を運命づけられていた正岡子規によってはじまったことは偶然ではない。……子規が『写生文』と呼んだ『客観的』描写は、実は、近代小説のナラティヴあるいはナレーターによっては不可能なものである。漱石が『写生文』の特質を定義したのは、ここにおいてである。興味深いことに、それは、フロイトがヒューモアにかんして述べたことと完全に合致している。……フロイトはヒューモアの例として、月曜日絞首台に引かれていく囚人が『ふん、今週も幸先がいいらしいぞ』と言った例をあげているのである。……それは、自分自身をメタレベルから見おろすことである。……〔高次の自己を誇らしげに示す〕イロニーが他人を不快にするのに対して、ヒューモアは、なぜかそれを聞く他人を解放するからである」。

確かに、『坊つちやん』にしろ、『吾輩は猫である』にしろ、それらは柄谷の言う「ヒューモア」に満ち溢れた作品である。漱石が「自意識（過剰）」に苦しむ漱石「自身をメタレベルから見おろ」していることも疑問の余地はない。しかし、漱石の「ヒューモア」は「生け花」の《比喩》とされた「せむし」や「びっこ」の人々を、あるいは「畸型児」や「不具」や「片輪者」と言われる人々を「解放」することができるであろうか。内野正幸が注目したこれらの《比喩》では、〈パッシング〉や〈カヴァリング〉という印象操作により彼/彼女が負うスティグマを《無化》することのできない「せむし」や「びっこ」の人々は、「メタレベル」からではなく、単に「劣ったもの」として漱石に垂直的に「見くだされている」にすぎないのではないか。柄谷は、漱石や子規の作品には「同時に自己であり他者でありうる力」を感じ取れると言う。しかし、「せむし」や「びっこ」という《比喩》からは、《比喩》の対象とされた障害者は「他者であり且つ他者でしかありえない」ことが暗黙裡に前提とされている。漱石の文学が醸し出す「ヒューモア」のためには、「他者化」された障害者は否定的障害者観を反映する《比喩》にひたすら耐え続けなければならないのであろうか。

柄谷は、S・フロイトから次の文章を引用する。「人間誰しもがヒューモア的な精神態度を取りうるわけではない。それは、まれにしか見いだされない貴重な天分であって、多くの人々は、よそから与えられたヒューモア的快感を味わう能力をすら欠いているのである」。確かに、漱石には「ヒューモア的快感を味わう能力」も「ヒューモア的快感を与える能力」も具わっている。しかし、それなら漱石の「写生文」で使用された《比喩》によって「劣ったもの」として見下された「せむし」や「びっこ」の人々が、その表現に不快感を抱いたとしても、彼／彼女たちは「ヒューモア的快感を味わう能力をすら欠いている」と非難することが許されるのだろうか。もっとも、漱石も、「自意識(過剰)」による自身の「神経衰弱」について「メタレベルから見おろ」しつつ、「ヒューモア的快感」を与えるかたちで、しばしば語っている事実は否定できない。だが、「せむし」や「びっこ」が《比喩》として使用される「写生文」は、子規が自分の結核(脊椎カリエス)という「死に至る病」を対象に綴った「写生文」とは、やはり本質を異にするのではないだろうか。つまり、ともに漱石の文章における「語り口」であっても、「ヒューモア」的「神経衰弱たる我」の再帰的な見おろしと、「差別」的「せむし・びっこたる汝」の非再帰的見下しとでは、「写生」する主体と「写生」される客体＝対象との間のリフレクション(再帰性)の有無において根本的な違いがあるのではないだろうか。

この点に関して、われわれは、「神経衰弱」が再帰性という特別な意味を持つ病気であることを見逃してはならない。

「現代日本の開化」にいわく。「体力能力共に吾等よりも旺盛な西洋人が百年の歳月を費やしたものを、如何に先駆の困難を勘定に入れないとした所で僅か其半に足らぬ歳月で明々地に通過し了るとしたならば吾人は此驚くべき知識の収穫を誇り得ると同時に、一敗また起つ能わざるの神経衰弱に罹って、気息奄々として今や路傍に呻吟しつつあるは必然の結果として正に起るべき現象でありましょう」。

だからこそ、「神経衰弱」は「犬」ではない「人間」が「良心」さえあれば罹って当然の病である、と漱石は言う。すなわち、鈴木三重吉宛書簡（一九〇六年六月七日付）。「今の世に神経衰弱に罹らぬ奴は凡て金持ちの魯鈍ものか無教育の無良心の徒か左らずは、二十世紀の軽薄に満足するひょうろく玉に候。／もし死ぬならば神経衰弱で死んだら名誉だろうと思う。時があったら神経衰弱論を草して天下の犬どもに犬であることを自覚させてやりたいと思う」。「神経衰弱」はまさに、漱石の生きた時代を象徴する「自意識」の病であり、その時代を生きた知識人である漱石自身を象徴する病でもあったと言えよう。

夏目漱石について(3)

この点で注目されるのは、山崎正和が「神経衰弱」に陥った漱石を「不機嫌の時代」の「不機嫌の作家」の典型と見なしていることである。大正四年、四九歳の漱石は『道草』を書いて、「ここで初めて宿痾の不機嫌を正面から小説の主題とすることに成功した」が、「間接的なかたちではそれ（不機嫌）は彼の処女作品から影を落としてをり、『吾輩は猫である』のあの饒舌は、むしろ内面の暗さの逆説的な表現だと見るべきだらう。主人公の自虐的な笑ひは露骨すぎるほどであり、くどさのうへにくどさを重ねる諧謔も、それ自体どこか縄文土器の暗鬱な反覆を思はせるものがある」。

それは、かつての「隠居」という公認された役割と、「高等遊民」の不安との相違として現象する。山崎は言う。「漱石の『吾輩は猫である』に描かれた中産知識人たちは、それぞれに社会的な要職にありながら、なほも自分たちの『公』的な役割に一種の不安の色を浮かべてゐる。政治家や軍人や実業家のあまりにも露骨な存在理由を前にして、知識人はいつしか自分たちの効用に不必要な疑ひを抱くことになつた。しかも、彼らは純粋な『私人』としての生活にも自信が持てず、その不徹底な在り方を自嘲して『高等遊民』と自称するほかないのである。明らかに、かつての『隠居』がひとつの積極的な生き方であつたのにたいして、漱石の『高等遊民』は生き方の規定として消極的な内容しか持つてゐない。いはばこの違ひが、この二十年に起つた変化の象徴的な現象なのであつて、漱石の主人公ならずとも、同時代の知識人は多少とも同じ不安をわけ持つてゐた。この不安は、あひつぐ国家的事件にさらされて先へ先へと持ち越されながら、明治三十年代の中頃までには彼らの心に深い疲労となつて堆積してゐたはずである」。このような高等遊民の不安や疲労の原因こそ、姜の言う「自意識（過剰）」である。

だからこそ、「『自己本位』の四字を手に入れて強くなつたと語つた漱石も、実際の文学作品のなかでは逆にそれを確信できない悩みばかりを描くことになつた」が、そのような「自意識（過剰）」の悩みに苦しむ人物が罹る病が「神経衰弱」に他ならない。「自意識」に起因する「不安」が「深い疲労となって堆積」している「高等遊民」たちは、「神経衰弱」となることにより、「神経の異常な鋭さのゆゑに友人にたいして『優位』に立ち、同時にそれが『衰弱』であるといふ理由で『劣者』として振る舞ふからである(42)」。ここに逆転がある。

この山崎の分析を、先ほどの柄谷の図式に当てはめれば、漱石の「ヒューモア」は、「神経が『衰弱』した『劣者』である自分を、『神経の異常な鋭さ』のためにメタレベルという『優位』に立つことができる自分自身が見おろす」ところにあると言えよう。

柄谷の言う「メタレベル」が存立できるのは、実は山崎が示唆するように「劣者」と「優位」の弁証法的逆転とも言うべき事態が存在するからである。「劣者」として振る舞うものがその「劣者」振りを「突き放して見る」という神経衰弱的な「優位」に立つからこそ、その振る舞いの「写生文」には「ヒューモア」が漂うことになる。

大江の「ルサンチマン」の語り口や漱石の「ヒューモア」の語り口では、「我」と「メタ我」=「我」を見おろしながら「翻訳しつつ語り直す」我ないし「写生する」我──「自意識過剰」ないし「神経衰弱」である我──の間に

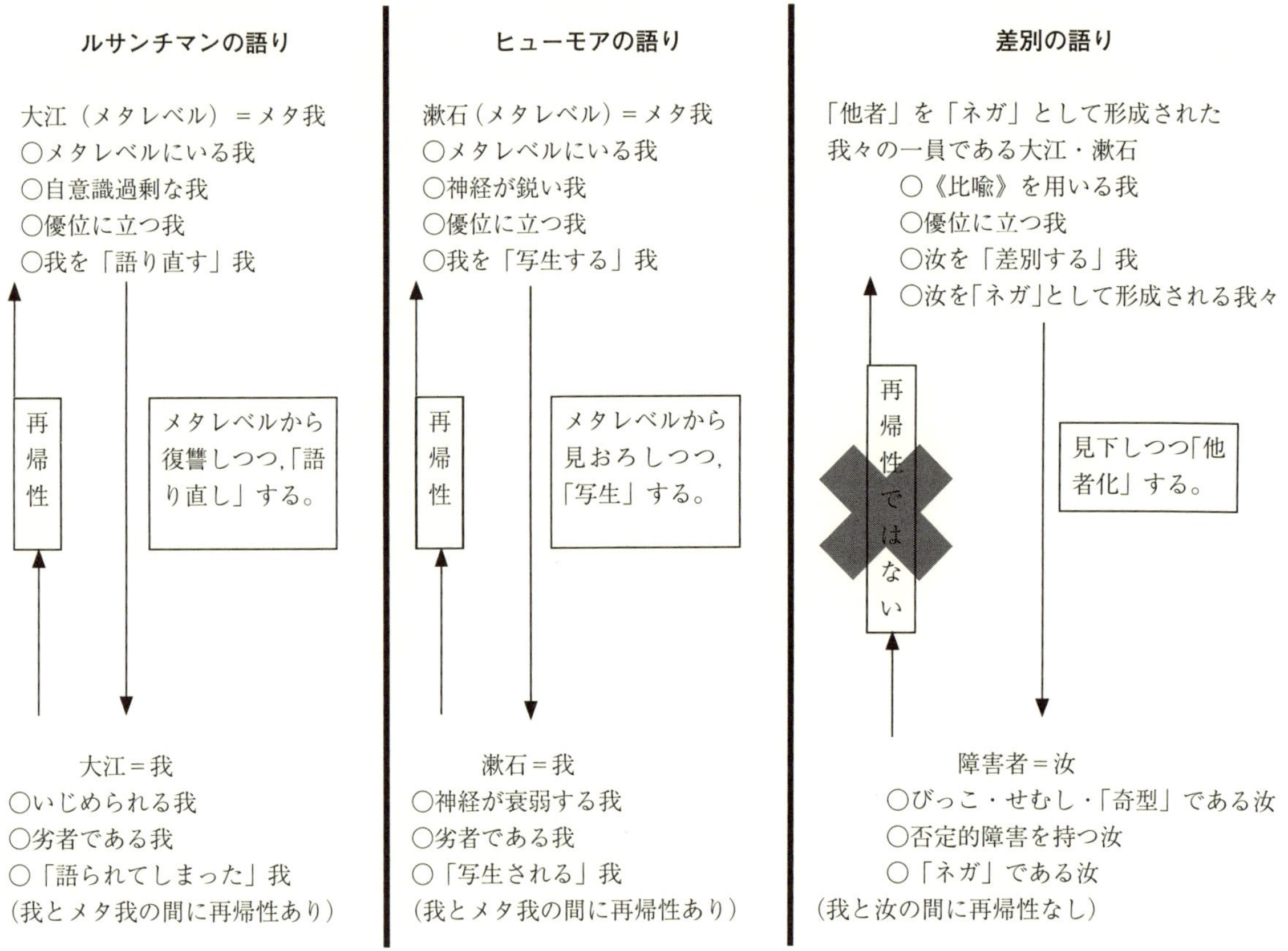
ルサンチマンの語り
大江（メタレベル）＝メタ我
○メタレベルにいる我
○自意識過剰な我
○優位に立つ我
○我を「語り直す」我
再帰性
メタレベルから復讐しつつ,「語り直し」する。
大江＝我
○いじめられる我
○劣者である我
○「語られてしまった」我
（我とメタ我の間に再帰性あり）
ヒューモアの語り
漱石（メタレベル）＝メタ我
○メタレベルにいる我
○神経が鋭い我
○優位に立つ我
○我を「写生する」我
再帰性
メタレベルから見おろしつつ,「写生」する。
漱石＝我
○神経が衰弱する我
○劣者である我
○「写生される」我
（我とメタ我の間に再帰性あり）
差別の語り
「他者」を「ネガ」として形成された
我々の一員である大江・漱石
○《比喩》を用いる我
○優位に立つ我
○汝を「差別する」我
○汝を「ネガ」として形成される我々
再帰性ではない
見下しつつ「他者化」する。
障害者＝汝
○びっこ・せむし・「奇型」である汝
○否定的障害を持つ汝
○「ネガ」である汝
（我と汝の間に再帰性なし）

「自意識（過剰）」が可能にした「再帰性」が存在している。しかし、大江や漱石の「差別」の語り口では、「我」と「我」が見下しつつ「他者化」する「汝」――びっこ・せむし・奇型・侏儒等である障害者たる汝――の間に「再帰性」は存在しないのである。そして、その「他者化」された「汝」を「ネガ」として、大江や漱石は「差別主体」＝「我々（われわれ）」として自分自身のアイデンティティを確立していくことになる。

世界への《比喩》の貫徹

以上、これまで紹介してきた《比喩》は、たまたま目についた幾つかの具体例にすぎない。もちろん漱石は「昔の人」としても、それ以外はわれわれの同時代人である。それにしても、そこから、林達夫＝大江健三郎、大熊信行＝大沼保昭、加藤典洋＝内田樹、中上健次＝柄谷行人――これら現代日本を代表する知性たちが、否定的障害観を反映する《比喩》を安易に用いたり、その《比喩》が使用されている言説に何の違和感も覚えていないという驚くべき事実にこそ障害者や病者への差別という問題の根の深さが窺われる。戦後民主主義の肯定者も、その否定者も、憲法第九条の支持者も、その批判者も、否定的障害者観を反映した《比喩》を駆使して論敵を罵倒し合っているのだ。

だからこそ、岡庭昇の言うように、「差別と身体という課題を追求してゆくとき、身体欠損（や〝不具〟、〝畸型〟）に対する社会的な差別感情や、差別行為をぬかすわけにはいかないのは当然であろう。だが、わたしはそれがすべてだとは思わない。……身体的欠損への差別に即しても、それはただ身体的欠損へ向けられたり身体的欠損を媒介しているわけではなく、むしろ《比喩》としてその差別を貫徹しているのである」。つまり、「肉体＝身体」そのものが、もともと《比喩》としてのみ「この市民社会の規範を流通している」のだと言えよう。(43)

竹内敏晴は言う。「名づけによる抽象と一般化、即ち概念の成立が、人を、常に変幻する感覚と反応の次元から、安定した秩序ある世界構造へ導いた。……もはやわたしは、言わば『まこと』の次元でなく『ことば』によって作り出された世界に棲むということで、ここに入り切れぬものは『人間』から落ちこぼれさせられるのだ」。彼らは、「ことば」によって作られた《比喩》が差別として貫徹する世界に棲むことにおいて、その《比喩》によって「『人間』から落ちこぼれさせられた」障害者・病者の〈生〉の「まこと」との〝つながり〟を回復しようとして「みずから変容」することはない。なぜなら、竹内の言うように、「抽象する言語たち——文学、哲学……——が、時にからだの深みを覗き込み、仄見える動きを捉えようと試みることがあっても、それは、ことばであるみずからを確定したまま対象を見きわめようとするはたらき」であって、からだとの結びつきを回復することによって「みずから変容してゆく試みではない」からだ。[44] 林達夫・大熊信行・加藤典洋——彼らは《比喩》の対象とした障害者・病者の「からだとの結びつきを回復」しようとすることを拒絶し、彼らの用いる《比喩》によって「落ちこぼれさせられた」障害者・病者との《切断》を自明視しつつ、「安定した秩序ある世界構造」に棲み続けようとする強者である。強者である彼らは、差別が《比喩》として貫徹する世界を肯定し、障害者・病者を「他者化」する差別の「まなざし」を向け続ける強者としての自己を「みずから変容」させることはない。

大熊信行はともかく、林達夫と加藤典洋は、現代日本におけるレトリック＝語り口＝言語表現法の第一人者である。その林と加藤が否定的障害者観を反映する《比喩》を使用することについて、何らの心理的抵抗も感じることなく簡単かつ安易に思考を《弛緩》させてしまっているという事実の重みを、そして「異常なもの」である障害者・病者を「正常なもの」から《切断》して「わたし」＝「われ」と「あなた」＝「われ」の〝つながり〟が存在しえない差別的世界を開示してしまったことの重大さについて、われわれはシッカリと認識しなければならない。また、「国家悪」の具体的現われである優生政策の根底に存在する否定的障害者観とその「国家悪」を批判しているはずの大熊信行が用いた《比喩》に反映される否定的障害者観が完全に合致すること、および原爆投下者が人種差別的に用いた《比喩》に反映される否定的障害者観とその原爆投下を批判しているはずの大江健三郎が用いた《比喩》に反映される否定的障害者観が正確に合致することも、悲しい事実として、われわれは真正面から認識しなければならない。さらに、「路地」＝「被差別部落」出身の作家であるゆえに差別問題の根深さを誰よりも理解しているはずの中上健次と、障害のある長男を苦労して育てた経験があるゆえにやはり差別問題の重大さについて深い認識があるはずの大江健三郎が、各々が誇る作家の想像力において否定的障害者観を反映する《比喩》や象徴的表象を安易に用いて「障害者」を単なる「記号」に貶めていることは本当に残念である。このように、論敵を「愚かなもの」として意図的に《切断》しつつ罵倒するために、あるいは日本社会に浸潤する複合的差別構造の深刻さについて思考を《弛緩》させてしまったために、知識人たちは否定的障害者観を反映する《比喩》を無神経に使用し、障害者・病者の〈生〉の尊厳を汚し続けてきたのである。だからこそ、ソンタグも示唆するように、「スティグマを負うもの」としての障害者や病者の解放は、そのようなスティグマを負う彼／彼女を「善くないもの」＝「良くないもの」＝「好くないもの」として三重に融合させながら「存在してはならないもの」とする《比喩》を打ち破ることによってのみ、初めてその第一歩を踏み出すことができるのである。

S・ソンタグは言う。「病気とは人生の夜の側面で、迷惑なものではあるけれども、市民たる者の義務のひとつである。この世に生まれた者は健康な人々の王国と病める人々の王国と、その両国の住民となる。……病気に対処するには——最も健康に病気になるには——隠喩がらみの病気観を一掃すること、なるだけそれに抵抗することが最も正しい方法である……」[45]。これまで論じてきた《比喩》を比喩的に言えば、その《比喩》とは実は、障害者・病者の〈生〉を貶める言語表現ないし「語り口」の病気である。われわれは、それに抵抗しなければならない。

付論

本書の原稿執筆時に、浅田彰と千葉雅也の対談「つながりすぎた社会を生きる」(『朝日新聞』朝刊二〇一三年一二月一一日付)に接した。浅田=千葉によれば、常に「つながりのアピール」が求められるネット社会では、「横につながる可能性は広がった」が、ネットですべて見られる「総監視社会」が出現した。そこで深刻なことは、「不良」の存在を許さない「仁義なき優等生社会」となってしまっていることであるから、必要なのはむしろ「切断」である。浅田によれば、千葉の「切断論」は「不良論」である。浅田は言う。「『優等生』は、ネットを使ってマイノリティの声なき声を拾い上げ対話を密にするなど、民主主義のバージョンアップを目指す。『優等生』が『マイノリティの声に耳を傾けよう』と熱弁をふるっているとき、そんな議論に堪えられなく黙って出て行くのが真のマイノリティたる『不良』だ。『逃走』とは『マイノリティになること』。在日韓国・朝鮮人へのヘイトスピーチのように、自分を『日本人』というマジョリティに同化しようとすることで、激烈な排除が生まれる。……」。それに千葉は答える。「『優等生』的な議論では、他者への配慮と言いながら、大前提として許容できない他者を考えないようにしていることが多い。マジョリティの思考パターンを裏切ることをやめてはならない」。

この対談からも分かるように、浅田=千葉が擁護しているのは「個」であるための「切断」の哲学である。したがって、本書で批判的に言及してきた「マジョリティ」と合体するための《切断》――特に《切断》の下方展開――とは明らかに異なっている。浅田=千葉も、そのような《切断》の下方展開は否定している。ゆえに、浅田=千葉の「不良」論は、ビートたけしの「障害者はいい人でないほうがいい」という言葉に通じるものがあり、神谷美恵子の《内閉》する「優等生」という思想を拒絶するものとして、一定の評価に値する。しかし、浅田=千葉の見解は、「『不良』となることのできるもの」を真の「マイノリティ」と見なしている点で、限界がある。ハンセン病患者・ＡＬＳ患者等は「互いに共有しえない闇の、その共有しえないことの重さ」に耐えなければならないゆえに、浅田＝千葉の言う意味での「不良」であることを運命づけられているのである。すなわち、彼／彼女たちは、自分の意思で「『不良』となることはできない」のである。それゆえ、彼／彼女たちが、時に内田樹が非難する「呪い」の言葉を発することで求める〝つながり〟を、浅田＝千葉が「切断」することは断じて許されない。そのような浅田＝千葉の思想の限界が、例えば浅田が中上健次の小説に見られる否定的障害者観を反映した表現を安易に肯定させることになるのであろう。浅田＝千葉の「切断」の哲学＝「不良」の哲学は、「呪い」による〝つながり〟への希望という人間の実存的深みにまで到達していないのである。

つまり、浅田＝千葉が、ネットというコミュニケーションの回路で「つながる」ことにより安易な「あなた」＝「他者」を排除する「われわれ」を形成してしまって「個」＝「われ」でありえたはずの人間が「個」＝「われ」でなくなってしまうことを危惧するのに対し、本書では、障害や病気のため世界から疎外された「個」＝「われ」であることを強いられた人間が「呪い」というコミュニケーションの回路で「あなた」＝「われ」と〝つながる〟ことにより新たに「われわれ」として世界に内属することの希望が語られているのである。

むすび

1

本書では、フーコーの「知」の考古学の手法を人間存在学的に修正しつつ用いて、マイノリティに関する様々な言説から幾つかの重要な「規則」=「無意識的構造」を抽出してきた。その「規則」の中心に位置するのは《切断》であり、特に《切断》の下方展開は見逃してはならない重要な意味を持つ機序である。この、《切断》の下方展開は、丸山真男が論文「超国家主義の論理と心理」（一九四六年）で示した「抑圧移譲」すなわち「上からの圧迫感を下への恣意の発揮によって順次に移譲してゆく」ダイナミズムと対応する一面を持つ。(1)丸山理論では、ごく単純化して言うと、Aに抑圧されたBがCを恣意的に抑圧する→Bに抑圧されたCがDを恣意的に抑圧する→Cに抑圧されたDがEを恣意的に抑圧する……と続く構図が示されている。他方、《切断》の下方展開とは、Aに踏みつけられたBがCを下方に踏みつける→Bに踏みつけられたCがDを下方に踏みつける→Cに踏みつけられたDがEを下方に踏みつける……というダイナミズムである。丸山が描いた《抑圧》の下方移譲という近代日本社会に見られた病理は、《切断》の下方展開として現代の日本人の心理にしみ込んだ病理として継受されていると考えることもできよう。

2

一九九〇年七月、アメリカ合衆国で「アメリカ障害者法（障害のあるアメリカ人法）」が成立した。それは、「職務に伴う本質的な機能を遂行できる障害者を障害ゆえに差別してはならない」とするものである。立岩真也によれば、ブッシュ（父）大統領に署名を促したリーダーの一人は、「この法律を実際に活かすには、かなり膨大な金額が必要になるだろう。だが、それによって働ける障害者が増えれば、今までの扶助的な支出を要していたマイナス部分が減る一方で、逆に納税者にとってプラスするのだから、立派にペイできる筈だ」と説得したと言う。立岩によれば、「脳性麻痺などの重度障害者は、よほど特異な才能にでも恵まれないかぎり、間接的に社会に寄与できる分をプラスしても、ペイできるなどと言える状態になれる筈は、あり得ようもない」ゆえに、「これは重度障害者の切捨てである」と批判できると指摘している。(2) 他方、立岩は、日本脳性麻痺者協会「青い芝の会」が、その機関誌『あゆみ』創刊号(一九六五年)に載せた「脳性マヒとは」と題された一文で、次のように記されていることを、何の抵抗もなく紹介している。「……脳性という呼び名や不明確な言語から、知的障害と見られがちですが、同一ではありません。また遺伝するものでもありません」(3)。これは単に「脳性麻痺」を説明した文章にすぎないが、先に見たブッシュ(父)大統領を説得するための言説と同様、ここでも《切断》が使われている。すなわち、前者の言説で行なわれているのは、「職務に伴う本質的な機能を遂行できる障害者」と「職務に伴う本質的な機能を遂行できない障害者=脳性麻痺という重度障害者」の《切断》であり、後者の一文に存在するのは、「(知的障害でも遺伝でもない)脳性麻痺という重度障害者」と「知的障害のある重度障害者」プラス「遺伝性障害を持つ重度障害者」の《切断》である。脳性麻痺の人々の多くは「経済効果に価値観を置く限り救いようがない」という意味で「重度」である点で「有徴」であるが、「知的障害者ではない」かつ「遺伝性障害者ではない」という点では「無徴」なのである。したがって、ここでは、「職務に伴う本質的な機能を遂行できる障害者」→「(職務に伴う本質的な機能を遂行できない)脳性麻痺という重度障害者」=「(知的障害でも遺伝性障害でもない)脳性麻痺という重度障害者」→「知的障害のある重度障害者」プラス「遺伝性障害を持つ重度障害者」という《切断》の下方展開が行なわれているのである。立岩は、この「踏みつけ」の下方展開という構造を見抜くことができなかった。すなわち、障害者問題についての第一人者とも言うべき立岩真也という論者ですら、前者に関する《切断》の持つ重大な問題性については鋭く指摘したものの、後者に関する《切断》の持つ深刻な差別性は完全に見逃して、その思考を《弛緩》させてしまったのである。このように、《切断》は大変に困難な論点である。例えば、立岩が、「二〇歳の時に福島で『青い芝の会』と出会ってその人生が変わった」という安積遊歩も、『あゆみ』の文章により横塚晃一らから《切断》されていることは否定できない。『あゆみ』の言説のように、主観的には「差別」する意図のまったくないものであっても、《切断》による「踏みつけ」は行なわれてしまう。

E・ゴフマンの言うように、スティグマは、実体ではなく、あくまで「人間」と「人間」との関係である。したがって、《切断》を下方展開することにより、ある観点から見て「スティグマを負うもの」＝「有徴者」が「スティグマを負わないもの」＝「無徴者」に変わったり、「不利な立場の少数者」が「有利な立場の多数者」＝「無徴者」に吸収されたりすることが起こりうるゆえに、例えば「脳性麻痺である」というようなスティグマを負うマイノリティが既存の《切断》を改めて《切断》し直して下方展開を進めることの誘惑に抵抗することは、容易ではない。

光田健輔や太田典礼などの医師＝政治家が指導した「政治化した医学」は、圧倒的な政治権力を背景にしばしば「正常なもの」＝「無徴者」から《切断》された「異常なもの」＝「有徴者」を《無化》する運動を展開してきた。I・イリイチの言う「病院化」した社会において、予防の医療化は、「正常なもの」＝「生まれてよいもの」と「異常なもの」＝「生まれてはいけないもの」を《切断》するが、愛国心イデオロギー・優生思想イデオロギー・環境保護イデオロギーに支配された「政治化した医学」は、ハンセン病患者や先天性身体障害者などを「不幸なもの」と決めつけた上で、その「出生」を防止しようとするのである。無癩県運動・不幸な子どもを生まないための運動・環境保護運動では、それらの「運動」に携わる人々の多くが「善意」であるだけに、その「異常なもの」＝「不幸なもの」の《無化》を目指す「運動」を批判することには大きな困難が伴ったのである。

今、訴訟社会であるアメリカの司法において、《無化》の問題は、「有害な生命」訴訟の登場で新たな局面を迎えている。一九七〇年代後半以降、アメリカの裁判所は、医師たちが「適切な出生前診断を行なった上でその結果を親に正確に伝える義務」を怠ったことは、「五体満足な人間として生まれるという子供の基本的な権利」に対する「不法行為」であるとして、損害賠償の支払いを命じる判決を次々と下している。かつて、「政治化した医学」が展開した前記の様々な「運動」の論理を、今や、裁判所が肯定し継承するに至ったのである。

Ｅ・ゴフマンの言う〈パッシング〉や〈カヴァリング〉によってスティグマを《無化》しようとする主体は、「スティグマを負うもの」自身であった。しかし、「スティグマを負うもの」の存在そのものを《無化》することを目指す様々な「運動」で、《無化》する主体は、「有利な立場の多数者」＝「無徴者」となった。そして、この「有害な生命」訴訟において、「スティグマを負うもの」は「有害な生命」であるからその出生前の段階で《無化》されるべきであったと主張するのは、その「スティグマを負うもの」自身である。いわば「当事者主権」(4)が再び「スティグマを負うもの」に取り返されたことになるが、自分自身は《無化》されるべきであったという当事者の主張は、あまりに悲しいものである。

3

この「あなた（わたし）は生まれてくるべきではなかった」という《無化》の論理に対して、ハンセン病患者や先天性身体障害者は、生き延びるための戦略として、しばしば《内閉》という〈生〉の形式を選択した、否、選択させられた。資格のある専門技術者たる医師（牧人）が、病者や障害者たち（羊たち）に割り当てた「役割」をキチンと演じることが、《無化》の圧力に耐えて、本来生まれてきてはいけなかった「異常なもの」と見なされた彼／彼女らが生き延びるための唯一の戦略となったのである。しかし、この「不利な立場の少数者」が解放されるためには、「他者」とつながる社会的回路の閉鎖を前提とする《内閉》ではなく、むしろ「呪い」の言葉が必要であった。内田樹のように「呪い」を全否定するのではなく、見田宗介のように、「呪い」が「他者」へと開かれた社会的回路を通じて「有利な立場の多数者」＝「無徴者」に向けられていることこそを正しく評価しなければならない。その「呪い」の言葉をシッカリと受け止め、誠実に応答し、「呪い」を発しなければならない状況にまで追い詰められている彼／彼女たちが解放されるよう努めるのは、内田を含む「有利な立場の多数者」＝「無徴者」に課された責任である(5)。

「『哲学する』のに癩院ほどいいところがあるだろうか」という神谷美恵子は、「病気、失明、疎外、生死の問題など、いわゆる実存的カテゴリー」の苦悩=「精神的内圧の高まり」こそが《内閉》を可能にし、精神の純粋化を実現させて「生きがい」を再発見するための必要条件と考えている。(6) そして、「相愛の詩」を記した青年が告白する「相愛」という〈生〉の形式に、慈愛の「まなざし」を注ぎつつ「牧人=司祭型権力」を行使して、「そのまま歩めば救いの道を進めるよ」と断言する。しかし、「『哲学する』のに癩院ほどいいところがあろうか」という言葉は、いわゆる実存的苦悩のために「哲学する」ことを余儀なくされるハンセン病患者たちにとって、あまりに残酷な言葉ではないだろうか。神谷は、「哲学する」ことも、《内閉》という〈生〉の形式を選択することも、それらを拒否・拒絶することも自己の意思により自由に決定できるが、ハンセン病患者たちは、「他者」への社会的回路を閉ざされた極限状態に追い込まれているために「哲学する」ことの拒否や、《内閉》という〈生〉の形式を選択することの拒絶を、自分自身で決断することは許されていないのである。だからこそ、そのような絶望的状態に置かれ続けている彼／彼女たちの「呪い」の言葉を、シッカリと受け止め、光田イズムに貫かれた皇民家族主義が支配する癩療養所を「内から」喰い破り、人間疎外に陥っている患者たちを「外へ」救出する責任が、神谷にはあった。しかし、《内閉》を高く評価する牧人の神谷は、その応答責任を果たすことなく、小川正子と同様、癩療養所を一種のユートピアとして描き出してしまった。(7) 癩療養所がユートピアとして描かれると、「呪い」の言葉を発する病者が悪いという内田や神谷の倒錯した帰結が導かれてしまう。

そして、そのような「癩療養所」の対極に位置するのが、「浦河べてるの家」である。「三度の飯よりミーティング」「昆布も売ります・病気も売ります」「安心してサボれる会社づくり」「精神病でまちおこし」等々の脱力系キャッチフレーズからも明らかなように、「哲学するのに『浦河べてるの家』ほどふさわしくないところはない」のである。神谷の言う〈内面〉に向かう「哲学」と川村敏明や向谷地生良の言う「弱さ」の情報公開という意味で「外」を志向する「当事者研究」は、《内閉》という〈生〉の形式に関して正反対のベクトルを持つ。後者では、「弱さを絆に」して、病者＝「人間」＝「われ」と医師＝「人間」＝「われ」が水平的に応答し合う。だから、「生きがい」の必要を認めない川村や向谷地は、光田や神谷と異なり、「わきまえ」として牧人となることは絶対にない。

しかし、一般に、そのような応答責任を現実に果たすことは、大変に困難である。日本社会においては、「有徴者」は、「有利な立場の多数者」＝「無徴者」の有する共通感覚によって《切断》され、不条理な差別・抑圧・排除・いじめの対象とされてきたが、このように様々な「有徴者」は「有徴」である（と「無徴者」によって考えられている）ことを唯一の理由に、塩見鮮一郎らが注目する〝四つ（四本脚）〟や梁石日らが注目する〝ホルモン（放る物）〟という「あいまいさ」を帯びた差別語を生み出す象徴的言語体系や歴史的背景を反映する想像的次元において互いに融合させられて、複合的差別構造に組み込まれてきた。かくして、これらの言語群からは、そのような等式が抽出されることになる。

朝鮮人（民族）差別――在日韓国・朝鮮人＝ホルモンを拾うもの＝血で穢れた動物の内臓（放る物）を拾うもの＝動物（の内臓）を取り扱うもの（四本脚の牛馬を取り扱うもの）――部落差別――被差別部落民（四本脚の牛馬を取り扱うもの）＝四つ（ヨツ）＝四本指のもの＝近親結婚（や仏罰）を原因とする遺伝性奇形＝先天性身体障害者――先天性身体障害者差別

注目すべきは、この複合的差別構造を形成している等号は、逆に、異なるカテゴリーに属する様々な「不利な立場の少数者」＝「有徴者」が「連帯」する根拠にもなりうるということである。しかし、この「連帯」の可能性について思考を緊張させ続けることは難しく、若宮啓文の文章や「同和対策審議会答申」のように思考が《弛緩》した結果として、「われわれは〇〇ではない」という《切断》を肯定してしまうと、次のようなパラドックスが発生することを回避できなくなる。

すなわち、「不条理な差別の克服を目指すマイノリティ（やその支援者）の異議申し立てが、しばしばそれとは異なる範疇に属するマイノリティに対する差別をかえって強化する事態を招来する」というパラドックスである。

もちろん、このパラドックスは、《切断》の下方展開が、「踏みつけられるもの」が下方に「踏みつけられるもの」の存在を論理的に前提としていることに起因する。加害者である「踏みつけるもの」＝「われ」と被害者である「踏みつけられるもの」＝「われ」が「われわれ」として連帯することは、そもそも不可能である。《切断》の論理は、人間関係の〝つながり〟を《切断》するものだからである(8)。

4

ところで、論敵を口汚く罵る時に用いられるのが、否定的障害者観を反映する《比喩》である。林達夫の「義眼のように薄気味悪い目つき」＝「視覚障害者」＝「サルトル」、大熊信行の「サリドマイド奇形児のアザラシ状の手」＝「先天性身体障害者」＝「星野安三郎」、加藤典洋の「低能」＝「先天性知的障害者」＝「柄谷行人」がその典型であった。中上健次の「獣の手足を持った子」という表現――同様の差別表現は、中上の小説『奇蹟』等に繰り返し出てくる――は、「路地（被差別部落）」の「神話」化を行なうための修辞学上の技巧であるかもしれないが、否定的障害者観を明確に反映したステレオタイプであり、《比喩》と限りなく近いものである。中上の場合は、小説（フィクション）であるから話は少し別になるが、林・大熊・加藤等のエッセーや評論においては、そのような否定的障害者観を反映する《比喩》を一切用いなくとも、サルトル批判・星野安三郎批判・柄谷行人批判の議論は十分に展開できたはずである。それにも拘わらず、そのような《比喩》が敢えて用いられているということは、視覚障害者・先天性身体障害者・先天性知的障害者が、彼らの論敵と同様、「口汚く罵られるべき存在」であると見なされていることを物語っている。

ここでも、「（林・大熊・加藤を含む）有利な立場の多数者」＝「無徴者」＝「正常なもの」から「不利な立場の少数者」＝「有徴者」＝「異常なもの」＝「口汚く罵られるべきもの」が《切断》されているわけである。このようなマイノリティに関するレトリック＝語り口＝言語表現法は、言葉狩りとかPCの是非の問題とはまったく異なる知的地平において、やはり好ましいものではないと思われる。また、大江健三郎や夏目漱石が否定的障害者観を反映する《比喩》を用いていることも見逃せない。特に、大江の場合、その「奇型児」観・「奇型」観、「気ちがい」観、「侏儒」＝「小びと」観のすべてに、すさまじい「差別的心性とケガレ意識」が貫いていることは驚くべきことである。

5

《切断》《無化》《内閉》《弛緩》《比喩》はすべて、「人間」＝「われ」と「人間」＝「われ」の〝つながり〟を断ち切るものであった。それならば逆に、われわれの希望は、「人間」と「人間」の〝つながり〟の回復にこそある、と考えられよう。そのヒントは、実は、留萌訴訟の原告である女子中学生によって与えられていた。彼女は、身体障害者として、「有利な立場の多数者」＝「正常なもの」から《切断》されて下方に踏みつけられるという苦しみを経験してきたために、それを用いれば勝訴できたかもしれない「優秀な成績にもかかわらず」という論拠の使用を敢えて拒絶して、自分自身が「知的障害を持つもの」を《切断》してさらに下方に踏みつけることになる事態を意識的に回避したのであった。彼女は、「学校化」が高度に進んだ現代日本社会において、「試験」に合格することができるか否か（フーコー）、そして「カリキュラム」をこなすことができるか否か（イリイチ）の判断が、判決に有利に反映されることを望まなかった。まさに彼女は、裁判で勝訴判決を得ることよりも、「身体障害者」＝「人間」＝「われ」と「知的障害者」＝「人間」＝「われ」との〝つながり〟を「われわれ」として保つことを重視したのであった。

実際、「どんぐりの家」について島薗進も示唆していたように、〝つながり〟をつけることの大切さは、様々な論者――彼／彼女たちもまた「スティグマを負うもの」＝「不利な立場の少数者」である――によって指摘されている。

6

中耳炎にかかって失われていた聴力が回復して言葉が「劈かれる」ことにより、他者と〝つながる〟ことができるようになった思想家＝演出家の竹内敏晴、(9)母親と考案した指点字によって意思を通じ合えるようになり、他者と〝つながる〟ことができるようになった盲ろうの大学教授の福島智、(10)向精神薬に依存していた状況から解放されて、自分の苦しさと向き合う「当事者研究」をユーモアを交えて行なうことにより、他者と〝つながる〟ことができるようになった「浦河べてるの家」に集う人々(11)――彼／彼女たちはすべて、〝つながる〟ことによってマイノリティを苦しめる様々な困難を克服するための第一歩が踏み出せることを証言している。「わたし」＝「われ」の〈生〉と「あなた」＝「われ」の〈生〉がそのような〝つながり〟を前提にして初めて、「われわれ」の〈生〉として「連帯」することが可能となる。

もちろん、その〝つながり〟は、健常者が「かわいそうなもの」としての障害者・病者に同情することによるものであってはならない。健常者が障害者・病者を差別する際に《切断》がなされるように、同情する際にもまた、《切断》が前提とされる。また、立岩真也や小泉義之のように障害者・病者を「聖人」視することも誤りであり、林達夫に「へりくだる」大江健三郎の文章も、《切断》の上方展開が行なわれる結果を導き、誤った姿勢となる。つまり、大江は、自分を林より「劣ったもの」として「卑しめる」ために、否定的障害観が反映した「侏儒」という《比喩》を抵抗なく使用してしまったのである。《切断》の下方展開も、その上方展開も、垂直的な差別的人間関係を前提としており、個人としての「人間」＝「われ」と個人としての「人間」＝「われ」が水平的に「われわれ」として〝つながる〟ことを不可能にする。

7

重度のベッカー型筋ジストロフィー症患者の鹿野靖明とボランティアたちの姿を描いた渡辺一史『こんな夜更けに

バナナかよ』には、次のような一文がある。「……『障害者対健常者』という関係から『個人対個人』の関係に踏み込むことで初めて見えてくるものがある。逆にいえば、単に『不幸』で『かわいそうな』障害者に、『奉仕・献身』している限りでは、健常者と障害者はうまく〝つながる〟ことなどできないはずだ。／大切なのは、幻想や思い込みに縛られず、目の前にいる障害者の『生の現実』と向かいあってみることでしかない[12]」。

本書では、《切断》という「規則」＝「無意識的構造」に立ち向かうことが大変に困難な作業であることを繰り返し確認してきた。その意味で、本書は、「暗い」内容の作品と見られるかもしれない。しかし、「夜明けの前がいちばん暗い」とも言うではないか。いったん暗い「闇夜」を経ることなくして、マイノリティが解放される「夜明け」を迎えることはできない。本書は、明るい夜明けを迎えるために、敢えて暗い闇夜を支配する「規則」＝「無意識的構造」を人間存在学的な分析対象とした。しかし、障害者・病者の〈生〉の形式が暗いものであっても、絶望する必要はない。「われわれ」の「われ」と「われ」への《切断》を拒絶した女子中学生が、闇夜に希望の灯をともしてくれた。「われわれ」は、彼女の灯を大切に守りながら、「人間」＝「われ」と「人間」＝「われ」の〝つながり〟を回復していくための努力を行なわなければならない。障害者・病者の〈生〉の進むべき方向は、世界から疎外されていた彼／彼女が再び「われわれ」として世界に内属できるように、その灯が導いてくれる。その灯に導かれて、時として《切断》の論理を用いて人権の確立を目指す憲法学と〝つながり〟の回復を求める社会哲学の相剋関係も、豊かな相乗関係へと転換していくことができるであろう。その相乗関係に基づく哲学はもちろん、「ダウン症児のような障害を持った〈生〉は挫折を運命づけられている」と断言するR・ドゥオーキンの法哲学[13]の見解とは、正反対のベクトルを持つものとなろう。敗訴した女子中学生は、世界からの疎外という挫折を経験したわけではない。彼女は、〝つながり〟を維持することによって、「われわれ」の一員として世界に内属することを目指したのである。逆から言えば、立岩真也が評価する「青い芝の会」の横塚晃一流の言説が一時は世間の注目を集めつつも急速にその影響力を喪失していったのも、彼らの攻撃的な「語り口」が自己の「正しさ」のみを言いつのり、「他者」との〝つながり〟の大切さを切り捨てていった結果であると考えられる。

小浜逸郎は言う。「カテゴライズされた『弱者』は、そのことだけで『聖化』され、聖化されることによって、ある特権意識の域の中に囲い込まれる。ときにそれは、単なるエゴイズムの隠れ蓑となり、『社会的弱者』を演技することのうまみを人々に教えるだけのものとなる」[14]。もちろん、横塚晃一は、そのような、「『社会的弱者』を演じることのうまみを人々に教えるだけのもの」ではない。

しかし、横塚が立岩によって「聖化」されている事実は否定できないし、小浜の示唆するように「青い芝の会」として「カテゴライズされた……『弱者』は、社会集団として逆説的な『強者』である」ことも事実であろう。そして、そのような「強者」の「語り口」では、互いに「とり乱す」ことのできる存在である「われわれ」として、世界に内属することはできない。障害者・病者はただの「人間」=「われ」であり、特権のあるものとして「聖化」されてはならない。例えば、「特権」のような印象を与えるものとして、「青い芝の会」の運動から生まれた次のような「介助者手足論」がある。すなわち、障害者は介助者を、自分の手足のような「手段」として使えばよい。介助者は障害者の手足であるから「不必要な主張」などしないで、障害者の思うように動いてあたりまえである——この言説は、障害者と介助者双方の「望ましくない感情」を消去するのに役立つ「正しい」言説である[15]。しかし、それは、「……すべての人格における人間性を、常に同時に目的として使い、けっして常に手段として使わないように行為せよ」というI・カントの「定言命法」に違背するとも考えられ、「障害者」=「強者」(?)が「介助者」=「弱者」(?)との関係において「人間」=「われ」と「人間」=「われ」との〝つながり〟を《切断》してしまう言説という印象を与えることもあろう。「障害者」=「強者」でないにも拘わらず、そのような印象を与えてしまうのは、大変に不幸なことである。

8

障害者・病者の〈生〉は、M・フーコーやH・アーレントの言うような意味では「正常なもの」との適合はできないかもしれないが、それは挫折ではなく、マイノリティである彼／彼女が「私」＝「われ」として自分自身の「肉体＝身体」を所有することによって、同様に「肉体＝身体」を所有する「あなた」＝「われ」との〝つながり〟を新たに回復して「われわれ」を形成し、ともに個人としての尊厳が保障されるべき主体である「われわれ」として世界に内属することは可能となるであろう。その「われわれ」はもちろん、「他者」としての障害者・病者をネガとして参照することによって形成される「われわれ」ではない。また、加藤典洋流の「日本人の立ち上げ」に現われる「われわれ」でもなければ、坂本多加雄流の「来歴の語り」で物語られる「われわれ」でもない。したがって、その「われわれ」は、G・W・F・ヘーゲル『精神現象学』の「われわれなるわれ・われなるわれわれ」という思想の影響を受けたコミュニタリアンが想定する「位置ある自己」を有するものとしての「われわれ」[16]ではなく、むしろ「互いに共有しえない闇の、その共有しえないことの重さを共有していく」ことで辛くも〝つながる〟ことができる「われわれ」なのである。[17]そのような「われわれ」であってこそ、M・メルロ＝ポンティの言うよりさらに深い意味で「世界と根源的な内属関係」を新たに形成することができよう。その時こそ、《切断》の論理が必要とされる事例にも直面する憲法学において確立が目指される人権は、《切断》に苦しんできたマイノリティの世界からの疎外の克服を試みる社会哲学により、「われわれ」としての〝つながり〟が回復されることでしっかりと人間存在の実存的深みを重視する観点から定礎されることになろう。

注

はじめに

（1） M・フーコー『知への意志』渡辺守章訳（新潮社、一九八六年）一八二頁。

（2） H・アーレント『人間の条件（文庫版）』志水速雄訳（筑摩書房、一九九六年）六四頁。

（3） 斎藤純一『政治と複数性』（岩波書店、二〇〇八年）一三二頁。

（4） R・ノージック『アナーキー・国家・ユートピア』嶋津格訳（木鐸社、一九九二年）。

（5） M・トゥーリー「嬰児は人格を持つか」森岡正博訳、H・T・エンゲルハート「医学における人格の概念」久保田顕二訳、J・J・トムソン「人工妊娠中絶の擁護」星敏雄ほか訳はすべて、加藤尚武＝飯田宣之編『バイオエシックスの基礎』（東海大学出版会、一九八八年）所収。

（6） 熊野純彦「所有と非所有の〈あわい〉で」『思想』第九三三号所収。

（7） 鷲田清一『メルロ＝ポンティ』（講談社、一九九七年）九三頁。

（8） 顔に海綿性血管腫のある藤井輝明は、小学校入学前に、既に彼の顔から「まなざし」を逸らせる人々を「×（バツ）」と判断していた。そのような人々は、藤井の世界からの疎外をもたらす人々である。藤井輝明『運命の顔』（草思社、二〇〇三年）三六頁。倉元智明は、特に性的なコミュニケーションにおいて、「『標準』からの偏差が大きな顔」を持つものが、世界から疎外されやすいことを指摘している。倉本智明「性的弱者論」同編『セクシュアリティの障害学』（明石書店、二〇〇五年）所収二五頁。しかし、倉本は、障害者自身が「障害者」＝「性的弱者」という役割を自己遂行することにより、彼／彼女の世界からの疎外が起きる可能性についても示唆している。障害者という「役割」ないし「カテゴリー」の自己執行はエスノメソドロジーの観点からも分析される。例えば、山田富秋＝好井裕明『排除と差別のエスノメソドロジー』（新曜社、一九九一年）。しかし、障害者・病者の世界からの疎外を彼／彼女自身の「役割」ないし「カテゴリー」の自己執行の責任とするのは、藤井が明らかにしたように「まなざし」が逸らされるという現実がある以上、適切ではない。言うまでもないが、以上の問題は、病的な「まなざし」恐怖とは何の関係もない。町澤静夫『醜形恐怖』（マガジンハウス、一九九七年）参照。なお、井上章一は、「身体障害者」には「社会がしかるべき配慮をもって、社会改革」を行なうべきであるが、「容姿の面における弱者」は、「個人の内面のなかで、『ああ不細工だな』という悩みを処理しなければならない」と主張している。井上章一『美人論』（リブロポート、一九九一年）、同『美人コンテスト百年史』（新潮社、一九九二年）。しかし、例えば、藤井のような「運命の顔」の持ち主が、しばしば就職等において差別されている現状を考えると、井上のような単純な「二分法」には疑問が残る。吉澤夏子『女であることの希望』(勁草書房、一九九七年)は、井上の議論を「ミス・コンテスト」批判の言説と絡めて検討している。吉澤も示唆するように、「就職試験」=「能力コンテスト」と「美人品評会」=「ミス・コンテスト」が合体したような女子アナウンサーの採用試験では問題が複雑化する。いずれにしろ、藤井がテレビ局の(男子)アナウンサー試験に合格することも、かなり困難と考えなければならないだろう。また、藤井も登場している『ジロジロ見ないで』(扶桑社、二〇〇三年)に手記と顔写真を寄せていた「ユニークフェイス」の女性は、残念ながら自殺してしまった。この女性は脱毛症であったが、須長史生『ハゲを生きる』(勁草書房、一九九九年)二七頁は、「ハゲ研究」を男性に限定した理由として、女性に対する脱毛(〝ハゲ〟)の「ラベルは成人男性のそれよりはるかに強烈である」ことを挙げている。この点からも、「個人の内面のなかで、『ユニークフェイス』の悩みを処理しなければならない」という言説が時として非常に残酷なものとなることが理解されよう。なお、「ミス・コンテスト」=「身体障害者差別」という等号の井上章一による批判について、井上芳保「ルサンチマン型フェミニズムと解放のイメージ」江原由美子編『フェミニズムの主張』(勁草書房、一九九二年)所収一三三頁以下参照。

第一章　フーコー/イリイチ/ゴフマン

(1) M・フーコー『狂気の歴史』田村俶訳(新潮社、一九七五年)。フーコー理論への歴史的批判として、小俣和一郎『近代精神医学の成立』(人文書院、二〇〇二年)がある。

(2) 以下、フーコー(注(1))第一部。

(3) フーコー(注(1))四三三頁。

(4) 以下、フーコー(注(1))四八六頁以下。

(5) フーコー(注1))五二八頁。

(6) 中山元『フーコー入門』(筑摩書房、一九九六年)五一―五二頁。

(7) M・フーコー『臨床医学の誕生』神谷美恵子訳(みすず書房、一九六九年)。

(8) 富永茂樹『理性の使用』(みすず書房、二〇〇五年)第一章。

(9) フーコー(注(7))特に第三章。

(10) 小林昌廣『病い論の現在型』(青弓社、一九九三年)一九〇頁。

(11) フーコー(注(7))第二章。この「神話」を、フーコーは後に、福祉国家の問題としてさらに展開していく。

(12) 日本でも、病気は、昔から「違例(異例)」と呼ばれてきた。例えば、ハンセン病は、「人の嫌いし違例」と呼ばれ、差別対象になっていた。小畑清剛『近代日本とマイノリティの〈生-政治学〉』(ナカニシヤ出版、二〇〇七年)第二章。

(13) 山中浩司「医学における『臨床』と『技術』」山中浩司編『臨床文化の社会学』(昭和堂、二〇〇五年)第一章。

(14) フーコー(注(7))一二二頁以下。

(15) フーコー(注(7))には、「医学的まなざしの考古学」という副題がついているが、フーコーのまなざし論について、桜井哲夫『フーコー』(講談社、一九九六年)参照。

(16) 内田隆三『消費社会と権力』(岩波書店、一九八七年)二四五頁。

(17) M・フーコー『監獄の誕生』田村俶訳(新潮社、一九七七年)。

(18) フーコー(注(17))第四部。

(19) 桜井(注(15))二三三頁。

(20) 内田隆三『ミシェル・フーコー』(講談社、一九九〇年)一七〇-七一頁。

(21) フーコー(注(17))一八二頁。

(22) フーコー(注(17))二〇四-二〇五頁。

(23) 内田(注(16))一七九頁。

(24) 中山元(注(6))一四三-一四四頁。

(25) 富永茂樹「システムとしての社会」作田啓一＝井上俊編『命題コレクション・社会学』所収(筑摩書房、一九八六年)所収一九〇-一九一頁。

(26) 酒井隆史『自由論』(青土社、二〇〇一年)二二四頁以下。

(27) 自閉症には、脳に生じた微細な損傷・染色体の異常・代謝性の疾患など明らかな器質的病因が推定される事例もあるが、検査上は器質的異常をまったく発見できない事例も少なくない。例えば、岡田尊司『アスペルガー症候群』(幻冬舎、二〇〇九年)一〇七頁以下参照。岡田はまた、テレビ・ビデオ・TVゲーム・インターネットなどが脳に悪影響を及ぼし、特に自閉症傾向の人に暴力・犯罪を誘発させると指摘している。同『脳内汚染』(文藝春秋、二〇〇五年)。ただし、それに批判的な見解もある。斎藤環『ひきこもり文化論』(紀伊國屋書店、二〇〇三年)。ともあれ、斎藤も「甘え」という比較文化論的要因に注目しているのであり、その意味で、「ひきこもり」を含む広義の自閉症の問題は、臨床精神医学や脳科学のみでなく、社会学の対象でもある。竹中均『自閉症の社会学』(世界思想社、二〇〇八年)。

(28) I・イリイチ『脱学校の社会』東洋＝小澤周三訳(東京創元社、一九九七年)。

(29) この訳文は、『脱学校の社会』をはじめとする初期イリイチの邦訳はすべて「なっていない」と断言する、山本哲士『学校の幻想　幻想の学校』(新曜社、一九八五年)のものを参考とした。ただし、山本がイリイチ理解の鍵として提示する「制象化」という概念は、「制度化」と「物象化」の複合を示す概念だと思われるが、どうしても理解できなかった。上野千鶴子は、イリイチの「学校化」概念よりも、宮台真司の「学校化」概念の方が射程が長いと指摘している。上野千鶴子『サヨナラ、学校化社会』(太郎次郎社、二〇〇二年)。しかし、産業主義批判という観点からすれば、必ずしもそう判断できないと思われる。山本哲士『(新版)学校・医療・文通の神話』(新評論、一九八四年)。ただし、イリイチ理論には、産業主義社会批判のあまり、前近代的な共同体に回帰する危険性も含まれている。また、イリイチの「ジェンダー」論は、ほとんどのフェミニズム研究者によって厳しく批判されている。
(30) Ph・アリエス『〈子供〉の誕生』杉山光信ほか訳(みすず書房、一九八〇年)。
(31) 以下について、イリイチ(注(28))七三頁以下。
(32) イリイチ(注(28))八九頁。イリイチの影響を強く受ける栗原彬は、その著『人生のドラマトゥルギー』(岩波書店、一九九四年)一一頁以下で、「学校化」が高度に進んだ日本社会で苦しむ子供たちの叫びを記録している。
(33) 栗原(注(32))三〇頁以下。例えば、自殺した少年は、担任から、「将来、精神病院に行くようになる」などの言葉を投げつけられていた。杉本治『マー先のバカ』(青春出版社、一九八五年)四頁。
(34) 潮木守一『世界の大学危機』(中央公論新社、二〇〇四年)二〇九頁。
(35) I・イリイチ『脱病院化社会』金子嗣郎訳(晶文社、一九七九年)。
(36) イリイチ(注(35))二六頁。
(37) 以下について、イリイチ(注(35))六一頁以下。
(38) イリイチ(注(35))九九頁。
(39) 「医学は、少なくとも総体として病気の増加を食い止めることはできていない」というイリイチの指摘に、中川米造も同意している。中川米造『医学の不確実性』(日本評論社、一九九六年)二一九頁。しかし、「病院化」や「学校化」が進む「産業社会とは何であるか」を解明しようとするイリイチ理論は、それでは「この社会をどう変えるか」には関心が希薄であり、具体的実践に関心がある者は、イリイチ流の「展望を語り得ない思想的袋小路」に陥ることなく、その産業社会での「生活」の内実を具体的に検証するべきである、と批判されている。大塚岳史「イバン・イリイチの産業社会批判」田中欣和ほか編『教育の解放を求めて』(明石書店、一九九〇年)所収二五〇頁。また、ロマン主義的な自立志向が見られるイリイチの「病院化」批判論は、階級社会の底辺に社会矛盾として集中的に表われる病気や、医療現場で医療従事者たちが強いられている過重労働を問うという政治・社会的視点が欠落しているため、その自律論は観念的=抽象的なものに留まる、とも指摘されている。向井豊明『医療と医学の思想』(れんが書房新社、一九九三年)一四七頁以下。したがって、イリイチの「脱病院化」の思想を、観念的=抽象的=ロマン主義的な自律論に収斂させて「イリイチ」という思想家の「知的権威」に平伏す「ドレイ根性」を拒絶するためには、現実的な個別・具体的諸問題の地平へ再定位しなければならない。森本芳生『病いとかかわる思想』(明石書店、二〇〇三年)二五三頁以下。従来からの臨床医学はもちろん、臨床哲学や臨床教育学に注目が集まりつつある今日、イリイチ思想も、臨床という現場で「テスト」される必要がある。もっとも、それは不十分で、単に観念的＝抽象的＝ロマン主義的な水準に留まるイリイチの近代医学批判に対して、臨床と日々直面している多くの医師たちの反発は激しかった。しかし、それでも、「医療の役割は、全体として見るとそれほどのものではなく、感染症による死亡率の減退は、一般衛生状態・教育・栄養などの向上に由来する」（ロンドン大学社会医学教授のT・マックーン）、「近代医療を適用しても、八〇％の患者は別に良くも悪くもならず、あるいは自然に落ち着くところに落ち着く。……七－八％は、医師の診断や治療が適当でなかったために不幸な結果をまねいている」（ボストン大学消化器内科教授のインジェルフィンガー）、「一般医が診ている患者の九〇％は治療効果が分かっていないものか、またはその病気の経過に影響する治療法がないものである」（オクスフォード大学内科教授のG・ピカリング）、「近代的な治療で顕著に影響させうるのは一〇％ほどしかない」（英国王立内科医師会会長のD・ブラック）等々の見解が、イリイチに応える形で表明された。中川米造『医療の原点』（岩波書店、一九九六年）三五頁以下。中川によれば、このような近代医療への反省は、インフォームド・コンセントの重要性についての市民運動と相まって、治療成績についての情報公開を求める要求を高め、他方で、尊厳死の議論のように末期医療について「無益な」延命を拒否する意見の現われとなった。「医療についてインフォームド・コンセントが原則となってくると、個々の医療の根拠が、その効果を含めて説明されなければならなくなる。さらには、医療費が急速に高騰していくと、とくに目立ついわゆる高度先進医療機器が、本当に効果のあるものか、すくなくとも、それに投入する費用に比べて、これまでよりは十分に進んだ効果をえられるか、『科学的』に示せという要求となってあらわれてくる」。中川によれば、このような医療における「無益性」への注目は、医療へのニーズが必ずしも客観的＝価値中立的なものではなく、倫理的ないし、政治的価値判断を含んだものであることを示した。確かに、例えば立岩真也の尊厳死批判の議論に見られるように、医療費高騰の中で様々な治療に優先順位をつけることと関係するから、それは価値判断の水準での議論となっている。また、砂原茂一『医者と患者と病院と』（岩波書店、一九八三年）も、「ディクソンは、七五％から八〇％の病気は医療が介入しなくとも自然に治るか、今日の進んだ医療をもってしても治らないのだから、医療の積極的な役割は認めがたいし、九％は、医療を施したために起こった病気（医原病）であり、残りのわずか一一％は感染症に対する抗生剤あるいはある種の病気に対する手術のように、確実に治療によって治る病気である」と言っていると指摘し、その「コメントを頭から退けるわけにもいきにくいように私には思われる」と論じている。しかし、李啓充『アメリカ医療の光と影』（医学書院、二〇〇〇年）一八一頁以下のように、イリイチが支持するような「代替医療がブームとなっている」のは、「医療が進歩したこと」が理由である、というパラドクシカルな見解もある。「抗生物質・予防接種などにより感染症死が激減するなど、科学的医療の進歩は平均余命を一世紀の間に三〇年以上も延長させた。長生きできるようになった結果、『慢性疾患』を抱えながら暮らす人々の数も劇的に増え、『長く医者にかかっているのにちっとも良くならない』という不満も増大するようになったのである。医学の進歩が『治癒』に対する患者の期待を高めたことが、治療が奏功しない場合の不信・不満を高めることになったのである。……消費者の〔伝統医療に属する鍼・灸・ハーブ・マッサージ等を含む〕代替医療志向は強く、〔ちっとも良くしてくれない〕医師がいかに科学的根拠に欠けると力説しても、『代替医療のご利益が分からない医師は頭が堅い』と患者から嘲られる時代となっているのである」。このように「医学の進歩」を承認する李の指摘は、マックーンらのイリイチによる近代医療批判を支持する見解と真正面から対立するが、それは、イリイチ好みの伝統的文化における代替医療が多くの人々に求められている理由を説明するものである。李によれば、「自分の健康・命は自分で守る」という思いと、一九六〇年代からの「ナチュラルなものほど良い、ナチュラルなものほど安全」とする「ナチュラル信仰」が人々を代替医療へ向かわせているが、それはイリイチの言う自律的に「癒える（癒やす）」という価値への回帰と見ることができる。

(40) I・イリイチ（注(35)）。

(41) I・イリイチ『コンヴィヴィアリティのための道具』渡辺京二ほか訳（日本エディタースクール出版部、一九八九年）によれば、例えば医療の領域において、「患者が医者から専門的な効果ある処置を受ける機会が五〇パーセントを超えた」一九一三年頃が「第一の分水嶺」である。そして、医療が医原病という「新しい種類の病気」をつくり出すようになった一九五〇年代半ばが「第二の分水嶺」である。特に、この「第二の分水嶺」を、われわれは逆方向から越え直さなければならないのである。

(42) A・グアゼ『「医」の倫理とは』森岡恭彦訳（産業図書、二〇〇〇年）。

(43) 美馬達哉「史的システムとしての近代医療」黒田浩一郎編『医療社会学のフロンティア』（世界思想社、二〇〇一年）所収五五頁。

(44) 髙谷清『重い障害を生きるということ』（岩波書店、二〇一一年）。

(45) イリイチ（注(41)）九六頁以下。

(46) イリイチ（注(41)）八-九頁。

(47) 井上達夫『世界正義論』（筑摩書房、二〇一二年）第四章における「世界貧民」の議論等を参照。もちろん、ともに「共生」を重視するとはいえ、井上は「ヴァナキュラー」＝「土地に根ざした固有なもの」の復権を唱えるイリイチの思想に、「共同体論的な志向」を見て取って、厳しく批判することになろう。

(48) A・クラインマン『臨床人類学』大橋英寿ほか訳（弘文

堂、一九九二年）。クラインマンの「この〔臨床医療人類学の〕モデルは、医療科学畑に育った研究者には、生物医学モデルの……還元主義的な見解とは逆の見解を強いる〔異邦の〕考え方として映るであろう。……生物医学モデルに批判的な医療人類学者でさえ、少数の例外を除けば、生物医学モデルはどこまでも一つの臨床的現象を説明する道にすぎない……と公言することを控えてきた」という指摘を、養老孟司『臨床哲学』（一九九七年、哲学書房）は肯定的に引用している。ただし、池田光穂は、クラインマンのモデルでは「伝統的施術者が、治療の現場で患者とその家族に対して柔軟に対応したり、近代医療との折衷的共存を否認するという、現象面における因果論理解からの逸脱に適切な解釈を与えることができない。これは、彼が、伝統医療が近代医療との競合や共存、あるいは交渉の産物として構築されている見方をとらず、利用者である患者とその周辺の人びとにとっての静態的な資源としてしか医療体系を見ていないからである」と批判している。池田光穂「世界医療システム」進藤雄三ほか編『医療社会学を学ぶ人のために』（世界思想社、一九九九年）所収二四四頁。

(49) 中井久夫『文裂病と人類』（東京大学出版会、一九八二年）二四二頁注（2）。その具体的な研究成果として、同『治療文化論（ライブラリー版）』（岩波書店、一九九〇年）参照。

(50) 例えば、上杉正章『健康不安の社会学』（世界思想社、二〇〇〇年）第一一章は、そのような「展開」のごく近くまで行っている。しかし、それでは、「有害な生命」訴訟の論理を肯定してしまうのではないだろうか。それは、P・シンガー流の「『生命の尊厳』批判論」やM・トゥーリー流の「パーソン論」の持つ危険性とも結びつきかねない。小畑清剛『「一人前」でない者の人権』（法律文化社、二〇一〇年）。

(51) K・ビンディング＝A・ホッヘ『「生きるに値しない命」とは誰のことか』森下直貴ほか訳（窓社、二〇〇一年）参照。

(52) 川口有美子『逝かない身体』（医学書院、二〇〇九年）二六四頁。

(53) 川口（注（52））一八二頁。

(54) 立岩真也『良い死』（筑摩書房、二〇〇八年）四九頁。立岩は、目の悪い人が眼鏡をかけるのが当たり前であるように、ALS（筋委縮性側索硬化症）の人が人工呼吸器をつけるのは当然だと考えるから、イリイチの「病院化」批判の思想を支持しないだろう。立岩は言う。「たしかに『無駄な延命』とそれに対する『尊厳のある死』という構図には一定の現実性がある。技術や医療の介入に対する抵抗を言うのに、人工の行ないに自然を対置し、他律に自律を対置する。余計なことを押し付ける医療、また生―政治に『自然』を対置することもできるし、『自分で決める』を対置することもできる」。立岩は、井上の言う「世界貧民」的問題も見逃していないことを示唆しつつ、ここには四つの力が働いていると言う。①医療者の側に救命・治療の義務があること、②医療者は、治らない患者を関心の対象としないこと、③収入源である限りで、患者は歓迎ないし必要とされること、④治らない患者は負担とされ、節約・削減の視点から、回避・除外の対象となること。①③は「延命」の方向に作用するが、②④はその抑止に働く。イリイチの思想では、まさに「他律」に「自律」が対置され、「余計なことを押し付ける医療」に「自然」に死ぬことと「自分で決める」ことが対置されるが、その図式に②④が働くと、「自律共生」の名の下に、「安楽死」「尊厳死」「自然死」が「病院化」批判という観点から、優生学的ないし医療経済学的に肯定されてしまうことになる。実際、イリイチの産業主義批判を強調する山本哲士の思想には、そのような陥穽が存在するように思われる。イリイチの思想は、高福祉政策を実施している国の財源破綻という観点からも肯定されがちである。小松美彦『生権力の歴史』(青土社、二〇一二年)によれば、「致死薬を投与して患者を死に導く積極的安楽死を認める法律が成立している(あるいは近く成立が予想される)のは、オランダ、ベルギー、ルクセンブルク、スウェーデン、デンマーク等であるが、これらは「いずれも高福祉政策を実施している国家である」。小松によれば、「福祉政策にも一定の財源がある以上、その恩恵を受ける人々が溢れてしまうと財源が破綻する。そこで、対象者を絞るという意味で、福祉政策と安楽死とはセットになって進んでいるのである」。立岩流に言えば、福祉政策は「良い」が、安楽死は「良くない」ということになるが、現実は両者がセットになっているので立岩の言説は困難に直面する。もちろん、立岩の関心は、むしろ「人工呼吸器……などによる延命治療……を最初から実施しない、あるいは実施後に中止することによって、より自然に近いとされる死を迎える」消極的安楽死に向けられているが、そこにもやはり「余計なことを押し付ける医療」が財源を破綻させるという困難が存在している。これは、原則として「一国平等主義」が直面する困難である。

ただし、立岩の求める「自由の平等な分配」は、それが例えば日本という国民国家の内部で要請されるのか、それとも「世界貧民」が存在する世界全体で要請されるのか、はっきりしない。森村進のリバタリアニズムや井上達夫のリベラリズムを批判する立岩の議論が、もし前者であるなら、それは「自由の平等な分配」が必要な人々を「国境」により差別していることになり、もし後者であるなら、その実現可能性についてまったく説得力のある議論が展開できていない。立岩真也『自由の平等』(岩波書店、二〇〇四年)参照。イリイチ評価とも関わる、難しい論点である。

李啓充『市場原理が医療を亡ぼす』(医学書院、二〇〇四年)一四四頁は次のように指摘する。「……どんなに富める国においても、社会全体として医療に振り向けることができる資源に限りがあることは明らかで、いかにすばらしい医療技術が実用化されようとも、『ない袖は振れない』と、新たに開発された医療技術を医学的適応のある患者すべてに提供することはできないという事態が確実に到来する。現実に、開発途上国では腎透析に対するアクセスが保障されていない国のほうが普通であるし、世界一の大国アメリカでも、人工心臓……に保険給付を認めたといっても、適応のある患者すべてに供給する体制はとられていない」。このように論じる李啓充は、森村のようなリバタリアンでなく、むしろリバタリアニズム＝市場原理主義を医療の領域に適用することを鋭く批判する論客であるだけに、立岩と近い立場からする立岩の「自由の平等な分配」の実現可能性を懐疑する議論として注目されよう。李啓充『市場原理に揺れるアメリカの医療』（医学書院、一九九八年）によれば、「保険会社が患者の医療サービスへのアクセスや医師・病院が施す医療サービスの内容を管理・制度する一方、医師・病院に財政的リスクを転嫁することで医療費の抑制を図る医療保険の仕組み」と定義されるマネジドケアは、「過剰診療をなくし医療を効率化するとともに、予防医療に重点を置いた良質な医療サービスを提供するということを約束し、この約束が、増大を続ける医療費負担に不満を抱いていた企業・雇用主の支持を得て、あっという間に全米に普及」したが、「インフォームド・コンセント」と相容れないことが明らかとなったり、無保険者を増加させ続ける原因となったりして、この医療を市場原理主義に委ねる仕組みは失敗に帰した。アメリカでは少なくとも、四五〇〇万人が公的あるいは個人的な健康保険を持っていないが、個人契約の保険に加入している一五〇〇万人の契約者は「個人の健康歴・家族の病歴・現在の健康診断書などを提出し、契約条件を満たすかどうかの審査」を受けねばならない。一九九三年の調査によれば、保険会社の約半数が例えば「家族の病歴があることを理由に、乳がんを保険の適用範囲から除外することはうなずける」と答えたと言う。L・アンドルーズ＝D・ネルキン『人体市場』野田亮ほか訳（岩波書店、二〇〇二年）。「血」＝「遺伝」の観点において「有徴」なものは、（現在あるいは将来の）病人を保険に加入させないでおこうとする保険会社と契約することは困難であるが、マネジドケアはその困難を決定的なものにしたと言えよう。保険会社に医療サービスの内容を管理させる「病院」の市場化は、経済的効率を追求するあまり、社会的公正を軽視して失敗してしまったのである。「血」＝「遺伝」の観点において「有徴」であることは、日本では「結婚」差別の問題として浮上するが、アメリカではむしろ「保険契約」差別として現象するのである。もちろん、例えば広井良典『アメリカの医療政策と日本』（勁草書房、一九九二年）第四章も指摘するように、アメリカと日本の「病院」ではその起源と発展形態を異にするから単純な比較はできないが、もともと「〝非営利〟でありかつ〝公共的〟な存在であるという性格」が強かったはずのアメリカの病院に市場原理主義を適用することが失敗を運命づけられている事実は、日本の病院における医療を考える場合も、参考になるであろう。また、池上直己＝J・C・キャンベル『日本の医療』（中央公論社、一九九六年）も、「医療提供者の間、保険者の間、および医療提供者と保険者の間にそれぞれバランスを保つ」ことを最優先する原則が日本の医療制度を貫いているゆえに、「政府や企業が市場原理に従って規制緩和やリストラを強力に推進した結果、経済の活性化には成功したが、医療政策は失敗に終っ」たアメリカの競争原理政策を日本に導入するのは誤りであると言う。実際、N・ダニエルズ＝B・ケネディ＝I・カワチ「正義はわれわれの健康によい」N・ダニエルズほか『健康格差と正義』石川涼子ほか訳（勁草書房、二〇〇八年）所収三頁以下は、J・ロールズの「公正としての正義」概念を応用して次のような結論を得た。「自由で平等な人々に対して公正となるように設計された社会契約の下では、平等な基礎的諸自由と平等な機会が人々に与えられる。また、不平等（格差）が容認されるのは、それによって最も恵まれない人々の暮らしを最大限改善するのに役立つ場合に限られる」というロールズの見解を、社会経済的な格差と健康の公正さとの実証的関連の分析とを結びつけてみると、「社会正義はわれわれの健康によい」という結論が導かれたのである。もっとも、A・センが前掲書の「序」で指摘したように、この分析には、「資源志向」と「結果志向」の区分や、「格差」の正確な理解方法等において困難も存在するが、リバタリアニズムへの疑問の提示としては、重大な意味を持つであろう。そのセンに着目する近藤克則も、R・G・ウィルキンソン『不健康な社会』が、「先進諸国では格差が大きくなると相対的に所得水準が低いことでも健康状態が悪化する」という「相対的所得仮説」を提出したことに関して、もしこの「仮説」が正しいなら「米国流の競争原理強化路線——勝者には高報酬を与え、所得格差を積極的に認める——は国民の健康を悪化させる政策となる」と指摘した上で、ジニ係数で測定した所得分布の不平等度という視座から、その「仮説」の正しさを論証した。ところが、ロールズやセンのリベラリズムではなく、リバタリアニズムが支配するアメリカにすら、イギリスの多数の医師が移住しているという現実がある。一九四八年に設立された「国民保健サービス（NHS）」は、原則無料で国民に医療を提供してきたが、M・サッチャー政権となり、NHSは四百余りの独立行政法人に分割され、効率と競争を求めつつ、医療費を抑制した。そのため、イギリスの医療も崩壊した。近藤克則『「医療費抑制の時代」を越えて』（医学書院、二〇〇四年）。サッチャーのリバタリアニズムによる改革によっても、医療は崩壊したのである。近藤によれば、昔の労働党の取った「第一の道」は、「公正か効率かと問われたら公正（社会主義）を取り、そのためにお金がかかっても構わない」というものであった。サッチャーらの保守党の取った「第二の道」は、「今までは公正を重視しすぎたため、社会の効率が落ちたから、これからは公正を犠牲にしても効率を高めるべきだ」というものであるが、NHSは荒廃してしまった。そして、T・ブレアの「第三の道」が登場し、「公正は重視するが、公正のために効率を犠牲にする『第一の道』には戻らない。しかし、公正よりも効率を優先して危険にさらす『第二の道』もとらない。われわれは、公正も効率もともに重視する『第三の道』を行く」と主張した。「これらは高い品質と効率の重視、現場への権限委譲、成果主義、評価の重視などを特徴とする改革であり、民間企業の手法を行政サービスに持ち込む典型的なニュー・パブリック・マネジメントの枠組みに沿った」ものであったと言われる。近藤によれば、サッチャーと異なり、ブレアは「健康の不平等」と取り組んだのである。しかしながら、橋本努『自由の社会学』(NTT出版、二〇一〇年)第四章は、スウェーデン・フィンランド・ノルウェーなどでは既に「超リバタリアンな福祉国家」が確固として成立していると誤って考えられるかもしれないと言う。「むろん、リバタリアンな福祉国家という表現には語義矛盾がある。リバタリアニズムは『小さな政府』を目指し、福祉国家は『中規模の政府』を目指すからである。……『小さな政府』を目指すといっても、日本が現在の福祉水準を維持しようとすれば、高齢化とともに福祉……の分配が増大するのであって、おのずと『大きな政府』となる。日本における諸改革は、全体としてみれば、政府の役割を大幅に認める『新自由主義』の理念に導かれていたと見るべきであろう。新自由主義とは、小さな政府を目指す思想ではない。それは一方では国営企業の民営化を推進しつつも、他方では古典的自由主義よりも大きな政府を目指している。国民のニーズを広く解釈し、福祉や警備や治水といった事業には、国家の役割を認める。北欧諸国にせよ日本にせよ、向っている社会の理想は、金融業の自由化と両立する新自由主義的な福祉国家であろう」。立岩真也の言う「退屈な福祉国家あるいは分配する最小国家」とはそのようなものなのだろうか。

立岩自身が「近代医学・医療への抑制にも、……乱暴な部分がある」と言うイリイチへの疑問については、立岩真也『ALS　不動の身体と息する機械』(医学書院、二〇〇四年)六二頁以下。そこでは、イリイチの反産業主義的な「医療化」批判＝「病院化」批判が、①「技術の利用について」、②「なおすことと補うことの利得と損失について」③「技術をどこで問題にし、どこで肯定するかについて」、④「事実の蓄積の不十分さについて」それぞれ問題化され、イリイチ流の近代主義批判が「自然死」肯定言説と結びつくことに懸念が表明されている。注目すべきは、立岩が、「医療」の分野ではイリイチ等によっては「基礎的な事実の蓄積が十分になされていないと思う」と指摘し、その例外としてE・ゴフマンの『アサイラム』を挙げていることである。この立岩の指摘とゴフマンの「その中で子供たちの皆が寒さでふるえている大きな素晴らしい天幕よりも、別々の衣服を一人ひとりにちゃんと着せるほうがよいのだ」という言葉は確かに通底している。ゴフマンのグランドセオリーへの論難は、産業主義社会を全否定するイリイチの壮大な脱「医療化」＝脱「病院化」という近代文明批判にも向けられよう。ただし、日本の現実で言えば、医療費抑制と安全要求という二つの圧力を受けて、「病院」から医師たちが次々に退職し、医療崩壊が進んでいるのが現状である。小松秀樹『医療崩壊』(朝日新聞出版、二〇〇六年）。ともあれ、精神障害者の〈生〉の基礎的な事実を明らかにしたのがゴフマンの『アサイラム』であるように、ALS患者の〈生〉の基礎的な事実を明らかにしたのが立岩の『ALS』であるならば、立岩が、障害者・病者の〈生〉の事実に関わることなく壮大なグランドセオリーを構築するイリイチの思想に違和感を持つことは理解できる。「事実」を見ることがなければ、イリイチの「自然死」肯定は、容易に、優生思想に回収されてしまうことになるが、その立岩には逆に、「世界貧民」の「事実」が突きつけられることになる。すなわち、イリイチがALS患者の〈生〉の事実に眼を向けないように、立岩は例えばアフリカ奥地で水と食糧の不足により渇きと飢餓に苦しむ「世界貧民」の〈生〉の事実に眼を向けないのではないかという疑問が生じる。例えば、CTやMRIのような高度医療機器の設置状況が国により大きく相違していることについて、大森正博『医療経済論』（岩波書店、二〇〇八年）三七頁以下。それゆえ、立岩の「平等主義」が井上達夫の言う「世界正義」の次元でも可能であるかが、立岩のイリイチ批判の是非とも絡んで浮上してくる。「世界貧民」の一人がもしALS患者となったら、どうなるのか——立岩は答えられるのだろうか。立岩は、その著書に「簡単で別の姿の世界」という副題を付しているが、それが「簡単」に見えるのは、彼の議論がいわば「一国平等主義」であり、「世界平等主義」の持つ困難をすべて捨象しているからである。HIVについて日本アフリカ協議会のNGO活動について言及はしているものの、原則として立岩が、「みんな気持ちの良い状態で暮らせる社会」が良いことを前提に、「退屈な福祉国家あるいは分配する最小国家へ」ということを論じると語るのは、その「みんな」から「世界貧民」の問題がすっぽりと抜け落ちているからこそ言えるのである。立岩真也『希望について』（青土社、二〇〇六年）五〇頁。井上達夫が「一国リベラリズム」から「世界リベラリズム」に議論を展開したように、立岩も「一国平等主義」から「世界平等主義」へと議論を進めるのか、それとも「一国平等主義」=「退屈な福祉国家主義」に議論を限定するのか、答える責任があろう。

実際、井上のみならず、P・シンガー『グローバリゼーションの倫理学』山内友三郎ほか訳（昭和堂、二〇〇五年）、C・ベイツ『国際秩序と正義』新藤榮一訳（岩波書店、一九八九年）、そして立岩自身が著書『なぜ遠くの貧しい人への義務があるのか』（生活書院、二〇一〇年）の監訳者となっているT・ポッゲの作品等は、ロールズ流の「一国リベラリズム」を克服しようとして、「世界貧民」を生み出す「ナショナリティ」も、ALS患者を生み出す「遺伝的資質」と同様、正当化できない深刻な「偶然性」を持っていると考えている。「人々の運・不運は、遺伝的資質で左右されるべきでないのと同様、ナショナリティという要因で決まるべきではない」とか、「遺伝的資質と同様、ナショナリティも誕生の時から避けがたく存在する不平等のヨリ潜在的な基礎である」という考え方を、ロールズのように立岩は拒否するのであろうか。特に、シンガーは、「種差別批判」の観点から、障害新生児などの「人間の生命の神聖性」を認めない議論を展開しているので、立岩はそれにも答える責任があろう。立岩自身の「人間の条件――そんなものはない」という言葉は、確かにシンガー批判とはなっているが、ポッゲの監訳者である以上、「ナショナリティ」＝「国籍」も重視することができなくなり、「退屈な福祉国家」＝「分配する最小国家」を「一国平等主義」に限定することは許されなくなるのではないだろうか。しかし、たとえ「世界貧民」の福祉の問題に目をつむるとしても、少子高齢化・需要飽和・環境重視という現状の中で、経済成長と平等な所得分配――立岩流に言えば「自由の分配」――の両立を前提とする「退屈な福祉国家」が「一国平等主義」の前提の下で成立することすらが、疑問とされるに至っているのだ。「世界平等主義」の確立は、それよりはるかに困難である。

立岩の議論でもう一つ問題なのは、本当に国家が「退屈な福祉国家」＝「分配する最小国家」で留まるかということである。もちろん、F・A・ハイエクの答えは「ノー」である。しかし、立岩はおそらく、森村進らのリバタリアニズムは強者の「自由」を徹底して求めるから、「非倫理的」であると考えていると思われる。しかし、橋本努は、そのような批判は「的外れ」であると言う。「……一九七〇年代、成田空港を建設する際に、政府は周辺農民の私有地を没収しようとした。この問題に対して、周辺農民の立場に立って、かれらの私有地を守ったのは様々な社会運動家たちであったが、その運動の背後で論理を提供したのはリバタリアニズムであった。リバタリアニズムによれば、個人の私有財産は原理的に擁護されるべきであり、政府はこれを奪い取ってはならない。私有財産の自由な処分こそ、倫理的に正当だからである」。橋本努『経済倫理＝あなたは、なに主義？』（講談社、二〇〇八年）八三頁。リバタリアニズムは、個人の私有財産を、個人による「肉体＝身体」の自己所有の延長線上に位置づけ、それを国家が侵害することを許めない。もし、立岩の「退屈な福祉国家主義」を実践するために、すなわち「一国平等主義」を実現するために国家が「分配する」ための財源を、空港予定地周辺の農地を強制的に没収して建設する成田空港から得られる収入で賄おうと計画している場合、立岩はその計画を支持するのだろうか。立岩の「一国平等主義」が「良い」ものであるとしても、その「良い」ことを実現するために、「退屈な福祉国家」が「退屈でない抑圧国家」となる危険性はないであろうか。私的所有権の制限という問題は、確かに例えば「コモンズ」論でも問題となる。しかし、「入会地」のようなローカル・コモンズの場合、国家が介入する以前に地域共同体の中に「共」的なものが既に存在している。小畑清剛『コモンズと環境訴訟の再定位』（法律文化社、二〇〇九年）。したがって、コモンズの論理自体が、例えば原子力発電所を建設しようとする国家の政策に抵抗する根拠となる。一見、逆説的だが、コモンズの論理自体をリバタリアニズムが支持することも考えられる。コモンズを維持することが目的である場合と異なり、「一国平等主義」を実現することが目的である場合、その「目的」はいかなる「手段」でならば浄化できるのかが問われることになる。その「手段」が、国家が命じる強制労働により個人による自己の「肉体＝身体」の所有の直接的剝奪である場合は浄化されるのか、あるいは「肉体＝身体」の直接的剝奪はないとしても、個人が自己の「肉体＝身体」を用いた労働で得た成果の強制的分配である場合は浄化されるのかが問われることになろう。実際、マルクス主義哲学者のJ・コーエンは、自己の「肉体＝身体」を用いた労働で得た成果の中から「剰余価値」を搾取することを批判するという文脈において、「マルクシストは、J・ロールズの『正義論』よりも、むしろR・ノージックの『アナーキー・国家・ユートピア』をヨリ真剣に受け止めなければならない」とすら主張しているのである。それゆえ、J・ロック→K・マルクスと続く「倫理性」を立岩のように見逃してはならない。ともあれ、「一国平等主義」に限定しても、問題は立岩の言うようには「簡単」ではないが、「分配」をイリイチ＝井上の言う「世界貧民」にまで及ぼすとなると問題——例えば福祉財源に限界がある以上、自国民の五人のALS患者に人工呼吸器を与えるべきか、「世界貧民」の五人のALS患者に人工呼吸器を与えるべきか、「世界貧民」の五万人の子供たちに清潔で安全な飲み水を与えるべきか等の問題——はさらにいっそう複雑化するであろう。もちろん、そこに、李の言う開発途上国の腎不全の五〇人の患者に血液透析へのアクセスを保障すべきことも選択肢の一つとして加えなければならないだろう。その優先順位の決定は、立岩の言うようには「簡単」ではなく、むしろ「神の委員会」（李）の価値判断を必要とする極めて困難な作業となろう。

ところで、山崎正和『近代の擁護』（PHP研究所、一九九四年）は、「妙に扇情的」なイリイチ思想を次のように批判している。イリイチは「およそ社会の制度的な管理と計画の思想に反対しながら、皮肉にも、生産物の量と種類を制限し、行動と知識を抑制しようと説くことによって、ひそかに別種類の管理の思想を密輸入している……。従来の拡大の思想が、かりに結果としての『操作主義』だとすれば、彼自身の縮小の思想は、意図そのものにおける『操作主義』だといえない（か）。……しかも拡大をめざすときより縮小をめざすときのほうが、社会の操作にはより狂暴な権力が必要ではないのか、という疑いが頭をもたげる」。この山崎のイリイチ批判は、社会全体を対象とする総論としては本質を衝いていると思われる。しかし、ここでは、その批判に応えることはできない。もちろん、山崎の総論的なイリイチ批判は、後に見るように、例えば精神病院を「マニュプレイティヴ（操作的）」なものから、「コンヴィヴィアル（自律共生的）」なものへ移行させるという各論には妥当しない。

(55) E・ゴフマン『行為と演技』石黒毅訳（誠信書房、一九七四年）。本書で触れることのできなかった、後期ゴフマンの思想については、安川一編『ゴフマン世界の再構成』（世界思想社、一九九一年）所収の各論文参照。

(56) ゴフマン（注(55)）四四頁。

(57) ゴフマン（注(55)）一九九頁以下。

(58) E・ゴフマン『スティグマ』石黒毅訳（せりか書房、二〇一二年）。市川浩は、ゴフマンが注目するJ・P・サルトルに即して次のように言う。「私が身体を恥じるとき、私は他者にみられた私の身体について恥じている。……これは他者にとっての私の身体、すなわち対他身体ではない。……私が記述できるのは、私にとっての対他身体でしかない」。市川浩『精神としての身体』（勁草書房、一九七五年）二七-二八頁。スティグマを負うのは、他者にとっての私の「肉体＝身体」ではなく、私にとっての対他「肉体＝身体」である。また、蘭由岐子『「病いの経験」を聞き取る』（皓星社、二〇〇四年）二三五頁以下は、病気のために足が不自由になったハンセン病患者が、「足の障害は子供の頃にハブに咬まれたからだ」と説明するという〈パッシング〉戦略を用いて、就職のための面接試験に見事に成功した事例を紹介している。それは、「障害者であること」のスティグマよりも、そのスティグマを負う「肉体＝身体」を持つものにとって「障害者になったことの原因」に関するスティグマの方が、はるかに重大な意味を持つことを示している。つまり、「障害」の原因について嘘をついたその男性は、一方で「障害者」＝「自明のスティグマを負うもの」であることを明らかにしつつ、他方で「ハンセン病を原因とする障害者」＝「表向きには（その原因が）見えないスティグマを負うもの」であると知られることを回避したかったのである。

(59) 山縣文治ほか編『社会福祉用語辞典』（ミネルヴァ書房、二〇〇七年）二一〇頁。

(60) T・シェフ『狂気の烙印』市川孝一ほか訳（誠信書房、一九七九年）。

(61) A・ベッカー『アウトサイダーズ』村上直之訳（新泉社、一九七八年）。

(62) ゴフマン（注(58)）一六頁。

(63) ゴフマン（注(58)）二三一頁。

(64) 以下の分析は、安川一「ゴフマン『スティグマの社会学』」見田宗介ほか編『社会学文献事典』（弘文堂、一九九八年）所収一五〇頁以下に負う。

(65) ゴフマン（注(58)）二一四頁。

(66) ゴフマン（注(58)）一五一頁。

(67) ゴフマン（注(55)）一三頁。

(68) ゴフマン（注(58)）一七六頁。

(69) E・ゴフマン『出会い』佐藤毅ほか訳（誠信書房、一九八五年）一三〇頁。

(70) ゴフマン（注(69)）一三一頁以下。

(71) E・ゴフマン『アサイラム』石黒毅訳（誠信書房、一九八四年）。

(72) ゴフマン（注（71））一八三頁以下。

(73) 菊田幸一『日本の刑務所』（岩波書店、二〇〇二年）一二頁以下。

(74) 安部譲二『塀の中の懲りない面々』（文藝春秋、一九八六年）一五〇頁以下。

(75) ゴフマン（注（71））Ⅵ頁。

(76) R・D・レイン『経験の政治学』笠原嘉ほか訳（みすず書房、一九七三年）は、その「序」において、フーコーの『狂気の歴史』の参照を求めている。

(77) 田中孝彦「教育と学校の歴史」藤田英典ほか『教育学入門』（岩波書店、一九九七年）所収八七頁以下。もっとも、A・ルノー＝L・フェリー『68年の思想』小野潮訳（法政大学出版局、一九九八年）は、「近代が、子供に対する監視・学校への子供の囲い込みの時代であったとするアリエスの見解と同様、フーコーの『狂気の歴史』も、伝統社会を美化する回顧的錯覚に陥っている」と批判している。そうすると、アリエスを肯定的に引用するイリイチも「錯覚」に陥っていることになる。

(78) 佐藤純一「医療原論構築のためのメモ」中川米造監『講座・人間と医療を考える・1』（弘文堂、一九九三年）所収参照。

(79) J・P・サルトル『存在と無（文庫版）』松浪信三郎訳（筑摩書房、二〇〇七年）参照。

(80) M・ジェイ『暴力の屈折』谷徹ほか訳（岩波書店、二〇〇四年）参照。

(81) Y・ヴァンカン『アーヴィング・ゴッフマン』石黒毅訳（せりか書房、一九九九年）参照。

(82) E・エヴァンズ＝プリチャード『アザンデ人の世界』向井元子訳（みすず書房、二〇〇一年）参照。

(83) M・ダグラス『汚職と禁忌』塚本利明訳（筑摩書房、二〇〇九年）参照。

(84) M・ブロック『祝福から暴力へ』田辺繁治ほか訳（法政大学出版局、一九九四年）参照。

(85) E・ゴフマン『儀礼としての相互行為』広瀬英彦ほか訳（法政大学出版局、一九八六年）参照。

(86) 上田紀行＝鳥山敏子『豊かな社会の透明な家族』（情報センター出版局、一九九七年）参照。

(87) ただし、生きていくための戦略として、障害者たちが自らの「肉体＝身体」に注がれるその「まなざし」を逆手に取って利用することも可能である。L・フィードラー『フリークス』伊藤俊治ほか訳（青土社、一九八六年）参照。

(88) 金満里『生きることのはじまり』（筑摩書房、一九九六年）。脳性麻痺で重度身体障害者である少女の劇団「態変」公演への参加について、山口ヒロミ『寝たきり少女の喘鳴が聞こえる』（自然食通信社、一九九五年）参照。

(89) 北島行徳『無敵のハンディキャップ』（文藝春秋、一九九七年）参照。

(90) 倉本智明「異形のパラドックス」石川准＝長瀬修編『障害学への招待』（明石書店、一九九九年）所収二四七頁。

(91) 橋本努『自由の社会学』(NTT出版、二〇一〇年)四五頁。

(92) 渡辺一史『こんな夜更けにバナナかよ』(北海道新聞社、二〇〇三年)三〇二-三〇四頁。

(93) 障害者の生と性の研究会編著『知的障害者の恋愛と性に光を』(かもがわ出版、一九九六年)二七頁以下。

(94) 田中聡『衛生展覧会の欲望』(青弓社、一九九四年)参照。また、「衛生」と冠されていない「展覧会(博覧会)」においても、特にその一部に「保健衛生コーナー」の類があった場合、「見世物化」は高められた。吉見俊哉『博覧会の政治学』(中央公論社、一九九二年)。なお、一九九八年、ドイツの国立技術産業博物館は『人体の世界』と銘打って、プラスティネーション(特殊な防腐処理)を施された「死体」に様々なポーズを取らせて展示した。L・アンドリュース＝D・ネルキン『人体市場』野田亮ほか訳(岩波書店、二〇〇二年)。今や、「死体」までも「商品」として「見世物化」されるのである。

(95) 永山則夫『無知の涙』(合同出版、一九七一年)二三頁。

(96) 見田宗介『まなざしの地獄』(河出書房新社、二〇〇八年)三九-四〇頁。

(97) 大塚英志『子供流離譚』(新曜社、一九九〇年)九三頁。

(98) フィードラー(注(87))三三三頁以下。

第二章 《切断》——人間と人間を切り離す

(1) 映画『地の群れ』は、井上光晴原作、熊井啓監督、一九七〇年作品である。渡部直己『日本近代文学と〈差別〉』(太田出版、一九九四年)一一三頁。

(2) 大江健三郎『ヒロシマ・ノート』(岩波書店、一九六五年)七四頁。被爆者の「不安」として、「子供を産むこと」が多く、被爆者であるため「結婚に踏み切れずあきらめた」人も少なくない。濱谷正晴『原爆体験』(岩波書店、二〇〇五年)一五五頁以下。ただし、磯田光一は、吉本隆明の「わたしがひとりの孤立したふつうの被爆者だったらこの社会に誰とも区別されず、さわがれもせず生きそして死ぬという生涯を念願するだろう」という言葉を引用しつつ、「世人は原爆被災者がその苦痛を代償としながら、平和運動に立ち上がったら、それを前向きのものとして称賛するかもしれない。……大江健三郎の『ヒロシマ・ノート』は、その内部に根本的な盲点をもってはいなかったであろうか。少なくとも戦後社会のなかにあっては、被爆者は他人の注視をうけた存在である。被爆の体験を平和への祈念に転じる心を私は否定しない。しかし被爆者の心のうちには、平和のために利用されることを、どうしても好まない気持もあるはずである」と指摘している。磯田光一『吉本隆明論』(審美社、一九七一年)二一四頁以下。ここではたとえそれが好意的なものであっても「まなざし」が暴力的な作用を持つこと、および『地の群れ』において松子が《切断》の下方展開を行なったのとは逆に、大江が「聖なるもの」としての被爆者にいわば《切断》の上方展開を試みたとしても、その《切断》そのものに誰かと「区別する」機能がある以上、それを「好まない」人々にとっては大変な苦痛があることが論じられている。後に、大江の林達夫論で言及するが、その《切断》の上方展開の試みには「根本的な盲点」が存在するように思えてならない。
(3) 山下恒男『差別の心的世界』(現代書館、一九八四年)。
(4) 菅野盾樹『我、ものに逢う』(新曜社、一九九五年)第七章、同『いのちの遠近法』(新曜社、一九九五年)三三頁以下、『いじめ＝〈学級〉の人間学』(新曜社、一九八六年)三八頁以下。
(5) 柴田道子『被差別部落の伝承と生活』(三一書房、一九七二年)二五二頁以下、三橋修『増補・差別論ノート』(新泉社、一九八六年)一七一頁以下。
(6) 塩見鮮一郎『新編・差別と言語』(新泉社、一九九〇年)七七‐七九頁。
(7) もろさわようこ『おんなの戦後史』(未来社、一九七一年)。
(8) 中上健次『奇蹟』(朝日新聞社、一九八八年)。
(9) 「自生的差別秩序」について、小畑清剛『近代日本とマイノリティの〈生―政治学〉』(ナカニシヤ出版、二〇〇七年)第二章。
(10) 柄谷行人と浅田彰の沈黙について、小畑清剛『魂のゆくえ』(ナカニシヤ出版、一九九七年)第四章参照。
(11) 若宮啓文『ルポ・現代の被差別部落(文庫版)』(朝日新聞社、一九八八年)。
(12) 藤野豊『日本ファシズムと優生思想』(かもがわ出版、一九九八年)四〇二頁以下。
(13) 荻野利彦「先天性四肢障害」毛利子来ほか編『障害をもつ子のいる暮らし』(筑摩書房、一九九五年)所収一六一頁。
(14) 野辺明子『魔法の手の子供たち』(太郎次郎社、一九九三年)二〇九‐二一〇頁。サリドマイド児(男児)を産んだ母親は、次のように言う。「――熊本の辻典子さん、『典子は、今』という映画がつくられてから有名になったが、彼女をはじめ、多くのサリドマイド障害の女の子が、現在結婚していい赤ちゃんを生み、立派に育てていること事実」。鳩山きい子『不思議の薬』(潮出版社、二〇〇一年)一四五頁。「いい赤ちゃん」＝「先天性障害のない赤ちゃん」という表現に否定的障害者観の臭みが出ていることは疑いない。「血」＝「遺伝」の観点では「無徴」である脳性麻痺の小山内美智子が著わした『あなたは私の手になれますか』(中央法規、一九九七年)にも、野辺と同じような心の葛藤が記されている。「私は三十歳の時、妊娠をした。とても嬉しかった。『障害があっても子どもを産んでやる』という社会への挑戦の気持ちがあった。しかし、おなかが大きくなるにつれ、もしこの子が私と同じ障害を持った子だったらどうしようかという不安でいっぱいになった」。遺伝病であるハンチントン病の患者家族を調査した武藤香織「ハンチントン病の発生前遺伝子検査と医療福祉的サポートの現状」『医療と社会』第八号所収六七頁以下によれば、生命保険・医療保険の加入における差別が重視されるアメリカと異なり、日本ではむしろ結婚に関わる差別が問題視されている。

(15) 要田洋江『障害者差別の社会学』(岩波書店、一九八五年)第二章。
(16) 柘植あづみ『妊娠を考える』(NTT出版、二〇一〇年)一二〇‐一二二頁。
(17) 石井政之『顔面漂流記』(かもがわ出版、一九九三年)三二頁、一〇九頁。
(18) 糸賀一雄『福祉の思想』(NHK出版、一九六八年)二八頁。
(19) 安積遊歩『車イスからの宣戦布告』(太郎次郎社、一九九九年)二七頁。
(20) 安積遊歩「共生する身体」栗原彬ほか編『越境する知1』(東京大学出版会、二〇〇〇年)所収六一頁。
(21) 佐藤学「インタヴューを終えて」栗原ほか編(注(20))所収七七頁以下。
(22) 安積遊歩『癒しのセクシー・トリップ』(太郎次郎社、一九九三年)。
(23) R・D・レイン『引き裂かれた自己』笠原嘉ほか訳(みすず書房、一九七一年)四五頁。
(24) B・エーレンライク＝D・イングリッシュ『魔女・産婆・看護婦』長瀬久子訳(法政大学出版局、一九九六年)参照。
(25) 吉澤夏子『フェミニズムの困難』(勁草書房、一九九三年)一二三頁以下参照。
(26) 荻野美穂『ジェンダー化される身体』(勁草書房、二〇〇二年)序章。もちろん、「肉体＝身体」の「とり乱し」に価値を置く戦略もありうる。例えば、田中美津『いのちの女たちへ(増補版)』(現代書館、二〇〇四年)参照。
(27) 森岡正博『生命学に何ができるか』(勁草書房、二〇〇一年)第一章。
(28) 江原由美子『女性解放という思想』(勁草書房、一九八五年)一三一頁以下。この点と関連して、井上達夫「人間・生命・倫理」、同「胎児・女性・リベラリズム」と加藤秀一「女性の自己決定権の擁護」、同「『女性の自己決定権の擁護』再論」――すべての論文は、江原由美子編『生殖技術とジェンダー』(勁草書房、一九九六年)所収――の論争が注目される。井上はまず「胎児生命の大量破壊は正当化できるのか」という問題を提起し、人工妊娠中絶が合法化されている現状に疑問を呈する。そして、三ヶ月までの胎児＝人以前＝保護対象外＝中絶許容↔三ヶ月以降の胎児＝人＝保護対象＝中絶禁止という線引き論は正当化できず、「胎児の生命権」を認めた上で「胎児の道徳性の問題を考察する」必要性を主張する。そして、「女性の自己決定権」も、「胎児の生命権」との比較において、当然制限を受ける権利であると結論づけるのである。もっとも、井上は、「胎児の生命権」が「女性の自己決定権」により限界づけられる可能性も認めている。すなわち、母体の生命保護と強姦(夫やパートナーによる性交・妊娠の事実上の強制を含む)の場合に中絶は正当化されるが、男女の産み分けやダウン症のスクリーニングのような選択的中絶の場合は中絶は正当化されないと主張する。このように、井上は、両権利が「一応の権利」であり、より重大な考慮による制約を受けることを前提とするゆえに、自己の立場を「葛藤論」と名づける。他方、加藤秀一は、井上の線引き論批判の妥当性は認めつつも、「受精卵の生命権」に言及しない井上も、線引き論を行なっていると反論する。そして、井上は女性による「女性の自己決定権」の主張を、「胎児は自分の身体の一部であるから、自分の脂肪と同じ。脂肪を取る手術を自己決定して良いのならば、どうして自分の身体の一部である胎児を人工妊娠中絶して悪いのか」という主張であるかのように理解し、それを「胎児の生命権」侵害として非難しているが、そこに井上のフェミニズムへの無理解がある、とする。この無理解は、井上以外の法学者にも一般に見られる。例えば憲法学者の渋谷秀樹の論文「新しい社会状況と憲法」紙谷雅子編『日本国憲法を読み直す』(日本経済新聞社、二〇〇〇年)所収は、「避妊」と異なり、「堕胎」では、①「産む・産まぬを決定する権利」を主張する女性、②「生命が失わされるかもしれない」胎児、③妊娠と胎児のどちらの権利を優先させるべきかという問題に介入することもありうる政府、④医師、の四者関係が成立すると指摘する。しかし、渋谷は、⑤女性が拒むのに「孕ませた」かもしれない男性の存在の重要性を見逃した結果、井上と同様、「孕ませる性」の暴力性を直視することを求めるフェミニズムへの無理解がある。「産む・産まぬ」に関する「女性の自己決定権」は、「産め・産むな」と命じる男・夫・親・国家などの家父長制に対する闘いの成果である。加藤によれば、井上のように、胎児は「権利の主体」であるか「女性の身体の一部」であるかという二者択一の枠組みを前提にして議論すると、女性が自分自身の「肉体=身体」を家父長制から奪取したことの意義が見失われることになる。それは、「胎児の生命権」の名の下に再び、女性の「肉体=身体」の国家による支配を正当化する危険すら招いてしまうことになる。二〇一三年の時点でも、国家は批判を受けて撤回したものの、一度は『生命と女性の手帳』を配布し、若い女性に出産することを促そうとしたぐらいである。確かに、井上の議論は、中絶が正当化されると言う強姦に「男性による事実上の強制」を含めているが、「堕胎罪」が存在している以上、やはり「男性」=「孕ませる性」の暴力性を直視すべき点でいまだ弱く、残念ながら「孕ませない責任をどう実体化するか」に十分答えていない。望まない妊娠を女性の中絶で「解決」することで、男性=「孕ませる性」の責任を解除することは許されない。実際、立法論として、強制猥褻罪に倣って、避妊しない性交を強要した男性に強制妊娠罪および強制中絶罪を問うべきだという主張もなされている。永田えり子『道徳派フェミニスト宣言』(勁草書房、一九九七年)、沼崎一郎「〈孕ませる性〉の自己責任」『インパクション』第一〇五号所収および宮地尚子「孕ませる性の自己責任はどう実体化しうるか?」『インパクション』第一〇八号所収参照。例えば、強姦された女性がいったん「産む」ことを決意したものの、スクリーニングの結果胎児がダウン症であることが判明し、否定的障害者観が支配する社会で障害児を自分一人で養育していく自信を失い、選択的中絶を行なうことに翻意した場合、その中絶は井上の「葛藤論」では正当化されるのだろうか。一般的に言って、井上も加藤も、胎児と「障害」の関係については、あまり深く考えていないようであるが、両者の論争と「青い芝の会」の主張などを絡ませると、さらに問題は複雑化する。また、日本でも提起されている「有害な生命」訴訟の問題は、井上の「胎児の生命権」重視論と加藤の「女性の自己決定権」擁護論の双方に、根本的な再考を求めることになりそうである。井上−加藤論争について整理したものとして、山根純佳『産む産まないは女の権利か』(勁草書房、二〇〇四年)第一章参照。ちなみに、井上−加藤論争との関連で注目されるのは、荻野美穂『中絶論争とアメリカ社会』(岩波書店、二〇〇一年)で示されたアンケート結果である。荻野によれば、中絶の是非に関して一九六五年に行なわれたアメリカでの世論調査で、女性の健康が妊娠によって脅かされる場合には七三%、強姦された場合には五九%、重度の障害がある子どもが生まれる場合は五七%の人が中絶を認めると答えているのに対し、経済的理由での中絶を支持したのは二二%、未婚であることゆえに中絶を認めたものは一八%、これ以上子供が欲しくないからという理由での中絶を是認したのは一六%にすぎないという結果が出ている。調査結果では、「強姦」と「障害」が高いパーセントであったが、それでは井上は「強姦の場合の中絶は正当化される」という観点と「胎児の障害を理由とする選択的中絶は正当化されない」という観点のどちらを優先させるのであろうか。もし、後者を優先させるなら、「強姦された女性が障害のない胎児を何の葛藤もなく中絶する」ことは正当化されるが、「強姦された女性が障害があることが判明した胎児を深刻な葛藤の後に選択的中絶する」ことは正当化されないことになる。しかし、それでは、「内なる優生思想」批判の強要となり、リベラリズムに反することになるのではないだろうか。

井上の議論については、また、「中絶」を仮に禁止した場合、間接波及効としての事実上の悪影響をその禁止が与えるものであることを見逃してはならない。禁酒法の時代のアメリカ合衆国で、法律違反の酒造りが地下に潜り、反社会集団であるマフィアの台頭を促したように、「中絶」を禁止した場合、法律違反の「堕胎」が地下に潜り、妊娠しても出産を望まない女性に不衛生で危険な「堕胎」を強いることになって、その「堕胎」を行なうヤミ医者が暴力団などと結びつきながら暗躍するようになる可能性は著しく高いと言わなければならない。もう一つ見逃してはならないのは、P・エーリック『人口爆弾』からJ・ダイアモンド『文明崩壊』に至るまで強調され続けている「人口爆発」の問題である。井上が、グローバルな正議論の展開を試みている以上、例えば、中国の「ひとりっ子」政策やアフリカ諸国における「世界貧民」の増加という問題を無視できないはずである。いわゆる「少子化」が進む日本では「中絶」は生命倫理的に重大な問題であるが、中国やアフリカ諸国で「人口爆発」を起こさずに「世界貧民」を今以上に増大させないためには「中絶」は生命倫理的に何ら問題ではない——もし井上がそう考えているならば、それは悪しき「ダブル・スタンダード（二重基準）」＝「二枚舌」であると言わなければならない。ここで、環境負荷を免れるための「ひとりっ子」政策は「環境倫理」の次元のテーマであり、「生命倫理」の次元のそれではないという遁辞はゆるされない。「バイオ・エシックス」とは、そもそも「環境倫理」を起点として出発しており、いわゆる「生命倫理」の方向へ発展してきたという由来を持つ。したがって、地下に潜る危険な「堕胎」と同様、「人口爆発」に対処するための政策的な「中絶」もれっきとした生命倫理学上の主題なのであり、井上の議論は、このような難問に答える責任があろう。われわれの世界に「胎児の生命権」から見て問題があることが確かだとしても、以前のような非合法「堕胎」の世界に戻るべきではないし、また、「人口爆発」が起こる世界が出現する可能性にも眼をつむるべきではないだろう。実際、吉村典子『お産に出会う』（勁草書房、一九八五年）も言う。「……アフリカ大陸では、食べるものがないという理由だけで、一日数千人が死に、今もこの地球上の人口の三分の二は飢えている。……優生保護法改悪に、胎児の生命の側から賛成している人たち、ほんとうに胎児の側から考えてみたことがあるのかな？　こんないつも『ザ・ディ・アフター』の不安がうずまき、飢餓が押し寄せてきつつある地球、そんな地球上に、それを改められもしない、おろかな私たちを親として、胎児たちは本当に生まれたがっているのであろうか？」」。もちろん、国家や家が直接に女性自身の「肉体＝身体」を管理・支配しようとすることの是非についても、問い続けなければならないであろう。それは、加藤秀一が強調した家父長制という論点とも絡むものであることは言うまでもない。

(29) 花崎皋平『個人／個人を超えるもの』（岩波書店、一九九六年）一一九頁以下は、田中美津の「とり乱し」の思想が「実存」の深みにまで達していることを強調する。

(30) 江原（注(28)）一四二頁。

(31) 江原由美子『自己決定権とジェンダー』（岩波書店、二〇〇二年）二〇頁。ここでは、女性による「身体の自己所有」と女性の「身体の自己決定」との関係が詳細に論じられている。

(32) 貝谷嘉洋『魚になれた日』（講談社、一九九九年）五九頁。

(33) 男子兄弟三人が筋ジストロフィー症であった青年が、兄たちの死と直面しつつ、自らの〈生〉の軌跡を綴った記録として、山田富也『筋ジス患者の証言「生きるたたかいを放棄しなかった人びと」』（明石書店、二〇〇五年）参照。

(34) 障害者・病者のような「不利な立場の少数者」との「共生」の実現が容易でないことに関して、さしあたり、井上達夫『共生の作法』（創文社、一九九一年）、花崎皋平『アイデンティティと共生の哲学』（筑摩書房、一九九三年）、同

『〈共生〉への触発』(みすず書房、二〇〇二年)、川本隆史『共生から』(岩波書店、二〇〇七年)等参照。

(35) 渡部昇一による大西巨人批判については後に詳しく論じるが、さしあたり、小畑清剛『「一人前」でない者の人権』(法律文化社、二〇一〇年)参照。

(36) 小泉義之『生殖の哲学』(河出書房新社、二〇〇三年)。

(37) 佐藤幹夫『ハンディキャップ論』(洋泉社、二〇〇三年)一九〇頁以下。

(38) 金森修『遺伝子改造』(勁草書房、二〇〇五年)二二六頁。

(39) 森下直貴『死の選択』(窓社、一九九九年)一五八頁。

(40) C・レヴィ=ストロース『悲しき熱帯』川田順三訳(中央公論社、二〇〇一年)。レヴィ=ストロース批判として、G・スピヴァック『ポストコロニアル理性批判』上村忠男ほか訳(月曜社、二〇〇三年)参照。なお、天野義智『自閉主義のために』(新曜社、一九九〇年)。

(41) 三島亜紀子「児童文学にみる障害者観」倉本智明編『手招くフリーク』(生活書院、二〇一〇年)所収。

(42) 川名紀美『アルビノを生きる』(河出書房新社、二〇一三年)一〇〇頁以下。

(43) 仲正昌樹『今こそルソーを読み返す』(NHK出版、二〇一〇年)四八頁。

(44) 茂木俊彦『障害児と教育』(岩波書店、一九九〇年)序章、糸賀一雄『福祉の思想』(NHK出版、一九六八年)、大島巌ほか編『障害者福祉とソーシャルワーク』(有斐閣、二〇〇一年)二八頁以下。

(45) 岡村達雄「養護学校」新泉社編集部編『現代日本の偏見と差別』(新泉社、一九八一年)所収三一七頁。

(46) 本間一夫『指と耳で読む』(岩波書店、一九八〇年)二一頁以下。

(47) 後藤安彦『障害者』(現代書館、一九九五年)第一一章。

(48) 後藤(注(47))一二九頁。ただし、「ミスター文部省」と言われた寺脇研は、「障碍児を学校に入れると主張していた教員たちが、いざ自分の学校に入ってきたら、もういやだ、仕事が増える」と言い出すと指摘している。寺脇研『格差社会を生きぬく教育』(ユビキタ・スタジオ、二〇〇六年)。

(49) いわゆる「金井康治転校闘争」については、後藤(注(47))一三〇-一三二頁。金井闘争が、足立区の部落解放運動への態度を硬化させたことについて、友常勉『戦後部落解放運動史』(河出書房新社、二〇一二年)一八八頁以下。もちろん、特殊学級と普通学級の関係については、「分離」された「場」としての特殊学級も活用しながら児童の学びの質を確保すべきであるという立場と、「隔離」された「場」としての特殊学級から脱出して共に学ぶことが実現しなければならないという立場の対立が存在する。前者の見解については、鈴木文治『インクルージョンをめざす教育』(明石書店、二〇〇六年)、後者の見解については、堀正嗣『障害児教育とノーマライゼーション』(明石書店、一九九八年)参照。ただし、千葉卓『教育を受ける権利』(北海道大学図書刊行会、一九九〇年）の指摘するように、特にアメリカで権利としての「統合教育」と言う場合、障害児と健常児の「統合」ではなく、黒人児童と白人児童の「統合」であることが多い事実は見逃してはならない。

(50) 大阪における実践については、藤田修編『普通学級での障害児教育』（明石書店、一九九八年）所収の報告を参照。

(51) 植木淳『障害のある人の権利と法』（日本評論社、二〇一一年）二三二―二三三頁。

(52) 後藤（注(47)）一三二頁。

(53) 後藤（注(47)）一三三頁、植木（注(51)）二三六頁以下。

(54) 植木（注(51)）二三九頁以下。

(55) 後藤（注(47)）一三三頁。

(56) 竹内章郎「能力と平等についての一視角」藤田勇編『権威的秩序と国家』（東京大学出版会、一九八七年）所収五一八頁注(17)。竹内の「能力（の共同性）」論については、竹内章郎『新自由主義の嘘』（岩波書店、二〇〇七年）一〇九頁以下も参照。

(57) 羽柴志保「わが家はデフ・ファミリー」全国ろう児をもつ親の会編『ぼくたちの言葉を奪わないで！』（明石書店、二〇〇三年）所収九四頁以下参照。

(58) 堀尾輝久『いま、教育基本法を読む』（岩波書店、二〇〇二年）一四一頁以下。

(59) 茂木俊彦「発達保障」『現代教育学辞典』（労働旬報社、一九八八年）所収参照。また、清水寛「発達保障運動の生成と全障研運動」田中昌人ほか編『発達保障の探究』（全障研出版部、一九八七年）所収二四三頁。

(60) 福島智『盲ろう者とノーマライゼーション』（明石書店、一九九七年）三九三頁以下。ただし、自身が経験した函館盲啞院での教育を高く評価する本間一夫は、「統合教育」について、「盲児は……大きなハンディキャップをもっているのですから、……一抹の不安を感ぜずにはいられません」と記している。本間（注(46)）三一頁参照。日本と社会的背景を異にするが、一九七五年に既に「全障害児教育法」を制定したアメリカにおける「統合教育」の賛成論と反対論をまとめたものとして、中村哲雄『障害児の統合教育論争』（国際印刷、二〇〇四年）一八七頁参照。中村によれば、「統合教育」賛成派の議論には、ゴフマンの「スティグマ付与批判＝ラベリング批判」理論が重大な影響を与えている。ゴフマンのアメリカ教育界への影響力の大きさが分かる。

(61) 春日キスヨ『介護問題の社会学』（岩波書店、二〇〇一年）第四章。

(62) 松兼功『障害者が社会に出る』（筑摩書房、二〇〇三年）。

(63) 茂木俊彦『障害児教育を考える』（岩波書店、二〇〇七年）。

(64) 最首悟『星子が居る』（世織書房、一九九八年）二二三頁。

(65) 斎藤貴男『機会不平等』（文藝春秋、二〇〇〇年）四一頁。

(66) 斎藤（注(65)）一二頁。江崎のような俗説の誤りについては、中村桂子『生命科学から生命誌へ』（小学館、一九九一年）七八頁以下。

(67) 香山健一『未来学入門』(潮出版社、一九六七年)。
(68) 木村資生『生物進化を考える』(岩波書店、一九九八年)。
(69) 斎藤純一『政治と複数性』(岩波書店、二〇〇八年)一七七頁以下。
(70) F・S・コリンズ『遺伝子医療革命』矢野真千子訳(NHK出版、二〇一一年)。

第三章 《無化》——人間の存在を無くす

(1) 石井政之『顔面漂流記』(かもがわ出版、一九九九年)四七頁以下。
(2) 白井典子『典子44歳 いま、伝えたい』(光文社、二〇〇六年)二九-三〇頁。
(3) 長塚麻衣子「赤ちゃんはその子なりの完成したからだで生まれてくる」先天性四肢障害児父母の会編『これがぼくらの五体満足』(三省堂、一九九九年)所収一六四頁以下。
(4) 藤野豊『「いのち」の近代史』(かもがわ出版、二〇〇一年)。キリスト教については、荒井英子『ハンセン病とキリスト教』(岩波書店、一九九六年)、仏教(特に浄土真宗大谷派)については、真宗大谷派ハンセン病問題に関する懇談会編『いま、共なる歩みを』(真宗大谷派事務所出版会、二〇〇三年)参照。
(5) 内田博文『ハンセン病検証会議の記録』(明石書店、二〇〇六年)、畑谷史代『差別とハンセン病』(平凡社、二〇〇六年)等参照。
(6) 宝坂道夫『ハンセン病 重監房の記録』(集英社、二〇〇六年)。
(7) 藤野(注(4))二〇六頁以下、荒井(注(4))四一頁以下。
(8) 映画『小島の春』は、小川正子の著書『小島の春』(長崎書房、一九三八年)をもとに、豊田四郎監督作品として、一九四〇年に完成する。なお、『小島の春』についての宮沢俊義や南原繁の見解に関しては、小畑清剛『「一人前」でない者の人権』(法律文化社、二〇一〇年)第八章。
(9) 市野川容孝「隔離される身体」鷲田清一ほか編『身体をめぐるレッスン2』(岩波書店、二〇〇六年)所収七一頁以下。
(10) 畑谷(注(5))一七二頁。
(11) 畑谷(注(5))一八九-一九〇頁。
(12) 藤野(注(4))二三三頁以下。それはまさに、「〈清潔〉イデオロギー」を反映するものであった。小野芳郎『〈清潔〉の近代』(講談社、一九九七年)参照。
(13) 光田健輔『愛生園日記』(毎日新聞社、一九五六年)七〇頁。
(14) 松原洋子「日本——戦後の優生保護法という名の断種法」米本昌平ほか『優生学と人間社会』(講談社、二〇〇〇年)所収一九五頁以下。
(15) 坂井律子『出生前診断』(NHK出版、一九九六年)九五頁。なお、佐藤孝道『出生前診断』(有斐閣、一九九九年)も参照。
(16) 坂井(注(15))九七頁。
(17) 松原(注(14))二一一頁。
(18) 横塚晃一『母よ! 殺すな』(生活書院、二〇〇七年)。

同書三八二頁以下に、「青い芝の会」の歴史について簡単な年表がある。「青い芝の会」の機関誌『あゆみ』創刊号に収められた「脳性マヒとは」という文章の末尾には次のような表現がある。「……脳性マヒという呼び名や不明確な言語から、知能障害と見られがちですが、同一ではありません、また遺伝するものでもありません」。もちろん、ここでは単に「脳性マヒ」の説明がなされているにすぎないが、「知的障害者」や「遺伝性の障害を持つもの」からすれば、その説明には《切断》が用いられていることは否定できない。

(19) 坂井（注(15)）一〇二頁。

(20) 松原（注(14)）二一七-二一八頁。兵庫県は、「不幸な子どもを生まないための運動」が挫折した一年後、再び、「良い子を産み健やかに育てる運動」を開始した。河野秀忠『障害者市民ものがたり』（NHK出版、二〇〇七年）一八八頁。

(21) 江原由美子『フェミニズムのパラドックス』（勁草書房、二〇〇〇年）一〇頁。また、松波めぐみも、障害女性とロマンチックラブ・イデオロギーの関係について検討した論文で、非障害女性の「妻」や「母」である人が「その役割に縛られて辛い思いをしている」現実がある一方、「一生ヴァージンではないか」と悩む障害者女性が「妻」や「母」になることに「遠い憧れ」を抱くこともある点を強調している。松波めぐみ「戦略、あるいは呪縛としてのロマンチックラブ・イデオロギー」倉本智明編『セクシュアリティの障害学』（明石書店、二〇〇五年）所収三八頁。例えば、「性」についての障害女性の発言として、小山内美智子『車椅子で夜明けのコーヒー』（文藝春秋、一九九五年）を参照。

(22) 森岡正博『生命学に何ができるか』（勁草書房、二〇〇一年）三一〇-三一三頁。中西正司＝上野千鶴子『当事者主権』（岩波書店、二〇〇三年）も、「障害者解放運動」と「女性解放運動」の緊張関係について論じている。なお、その「運動」において、障害者や女性という「運動」主体は、あくまで共に「肉体＝身体」を所有する存在すなわち所有主体でなければならない。個人が「肉体＝身体」を所有することの意義については、森村進『リバタリアンはこう考える』（信山社、二〇一三年）一一七頁以下と立岩真也『希望について』（青土社、二〇〇六年）二二九頁以下の論争が重要である。リバタリアンでなくとも、癩療養所で起こった人権侵害を考えると、立岩の立場からも、国家による「肉体＝身体」の奪取には、ヨリ警戒しなければならないだろう。江原由美子も、「肉体＝身体」を所有する主体として、「内なる優生思想」を拒絶する「心構え」はできていないと認めている。江原由美子『自己決定権とジェンダー』（岩波書店、二〇〇二年）二〇頁。

(23) 最首悟『生あるものは皆この海に染まり』（新曜社、一九八四年）七五頁以下。

(24) 栗原彬『人生のドラマトゥルギー』（岩波書店、一九八四年）一五二頁。

(25) 柴谷篤弘『反差別論』（明石書店、一九八九年）一六二頁。

なお、L・C・ポーリングの思想については、竹内章郎『いのちの平等論』(岩波書店、二〇〇五年)一四三頁以下を参照。

(26) 有吉佐和子『複合汚染(上)』(新潮社、一九七五年)二七頁以下。有吉の著作は、公害により、遺伝子が危機に直面しているという認識に基づいている。福本英子『危機の遺伝子』(技術と人間、一九八二年)。ちなみに、野辺明子は、その「運動」の初期において、福本とも協力関係にあった。

(27) 稲場紀久雄編『環境ホルモンと経済社会』(法律文化社、一九九九年)。

(28) 野辺明子ほか『さっちゃんのまほうのて』(偕成社、一九八五年)。

(29) 野辺明子「障害をめぐる差別構造」栗原彬編『講座・差別の社会学2』(弘文堂、一九九六年)所収二六五頁以下。

(30) 加藤秀一『〈個〉からはじめる生命論』(NHK出版、二〇〇七年)八二頁以下。日本でも同様の「望まない先天性風疹症候群児出生事件」訴訟で、医師の賠償責任が問われている。服部篤美「産まない権利と産む権利」神山有史編『生命倫理学講義』(日本評論社、一九九八年)所収一三七頁。ただし、カレン・クインラン事件のような生死に関わる問題が、権利・裁判などの「法」的地平で争われることは、アメリカが病める「訴訟社会」であることをも物語っている。香川千晶『死ぬ権利』(勁草書房、二〇〇六年)等参照。

(31) 鵜飼哲『償いのアルケオロジー』(河出書房新社、一九九七年)三三頁以下。

(32) 香川千晶『命はだれのものか』(ディスカバー、二〇〇九年)は、この訴訟を「不法行為による生命訴訟」と訳すことを提案しており、森岡(注(22))三六四頁によれば「不法生命訴訟」、加茂直樹『現代社会論ノート』(晃洋書房、二〇〇五年)によれば「不正出生訴訟」とそれぞれ呼ばれている。法律家の見解として、丸山英二「先天性障害児の出生とアメリカ法」『ジュリスト増刊・日本の医療』総合特集第四四号所収二一二頁以下参照。裁判における損害賠償請求の方向としては、①(障害のある)子→(障害のある)子→(障害児を産んだ)親、②(障害のある)子→(情報を与えなかった)医師、③(障害児を産んだ)親→(情報を与えなかった)医師の三類型がありうるが、ここで問題にしているのは形式的に「子供」が原告になるので②である。

(33) 金森修「遺伝的デザインの文化的制御」額賀淑郎ほか編『遺伝子研究と社会』(昭和堂、二〇〇七年)所収六一頁以下。

(34) 藤田省三『全体主義の時代経験』(みすず書房、一九九四年)。例えば、C・シュミットの論文「国家・運動・民族」は、自由主義的国家=中性国家における様々な二分肢的構造(国家と社会、社会と個人、法と権力等々)の持つ危機対応への無能さを、三分肢的構造(国家=政治的・静態的部分、運動=政治的・動態的要素、民族=政治的決定により保護されつつ成長する非政治的部分)の持つダイナミズムによって打破しようとする志向を秘めている。特に、その政治的・動態的要素である「運動」によって、中性国家は、もはや主権抑制・自由権的基本権保障のための単なる手段＝制度体系ではありえず、例えばわれわれ＝「民族」が直面している「危機」である「優生」や「環境」という問題地平において中性＝中立ではなくなり、「民族」のような全体価値が高まるよう「優生」や「環境」に関して国家的意思決定が下されることになる。C・シュミット『ナチスとシュミット』初宿正典ほか編訳（木鐸社、一九七六年）。小森陽一も、夏目漱石の『吾輩は猫である』に関して、次のような興味深い指摘を行なっている。「『吾輩』は自らを『東郷大将』になぞらえ、鼠軍団を『バルチック艦隊』と称し、鼠が姿を隠している、『戸棚』を『旅順杭』と呼んでいる。『大運動』としての『鼠狩り』は、日露戦争そのものなのだ。……『吾輩』は『運動』と『戦争』を同じ論理的地平すなわち殺人にいたる暴力の量的差異、『小運動』なのか『大運動』なのか、身の『危険』が少なくて済むのかそれとも、『危険』度が高いのかという差異としてとらえられていたことになる。しかし、こうした『吾輩』の『運動』観、……は必ずしも奇異なものではない」。小森陽一『漱石論』（岩波書店、二〇一〇年）四七頁。運動＝政治的・動態的要素が「外」を志向すれば日露戦争のような戦争による殺人をもたらし、「内」を志向すれば「優生」や「環境」の観点からする「異常なもの」の排除という殺人となる。前者が「社会ダーウィニズムに基づく弱肉強食の実現」に至るとすれば、後者は「ダーウィニズムに基づく優生劣死の強制」が帰結される。

(35) 萱野稔人『国家とはなにか』（以文社、二〇〇五年）六頁。

(36) 高畠通敏『自由とポリティーク』（筑摩書房、一九七六年）。

(37) 太田典礼『安楽死のすすめ』（三一書房、一九七三年）。

(38) 板倉宏「奇形児殺害の当罰性」『ジュリスト』第二八七号所収参照。

(39) 大野達也『障害者は、いま』（岩波書店、一九八八年）二一頁。

(40) 養老孟司『養老孟司の人間科学講義』（筑摩書房、二〇〇八年）一六五頁以下。

(41) 吉村典子『お産と出会う』（勁草書房、一九八五年）二五四頁。

(42) 荻野美穂『ジェンダー化する身体』（勁草書房、二〇〇二年）第七章参照。

(43) J・ダイアモンド『昨日までの世界（上）』倉骨彰訳（日本経済新聞出版社、二〇一三年）三〇五頁以下参照。

(44) 「世間」が「スティグマを負うもの」をしばしば差別することについて、安部謹也『「世間」とは何か』（講談社、一九九六年）参照。

(45) R・N・プロクター『健康帝国ナチス』宮崎尊訳（草思社、二〇〇三年）。

(46) 小松美彦「『自己決定権』の道ゆき（上・下）」『思想』第九〇八号、第九〇九号所収参照。

(47) 山本おさむ『「どんぐりの家」のデッサン』（岩波書店、

一九九八年）一五四頁。ちなみに、障害者が描かれた多数のマンガの中で『どんぐりの家』の占める位置については、永井哲『マンガの中の障害者たち』（解放出版社、一九九八年）一六八頁以下参照。「どんぐりの家」は、「浦河べてるの家」の前身である「回復者クラブどんぐりの会」とはまったく関係がないので、混同しないように注意されたい。後者については、向谷地生良『ゆるゆるスローなべてるの家』（大月書店、二〇〇九年）等参照。

(48) 島薗進『スピリチュアリティの興隆』（岩波書店、二〇〇七年）二九三頁。

(49) 福島智『生きるって人とつながることだ！』（素朴社、二〇一〇年）参照。

(50) 米本昌平『遺伝管理社会』（弘文堂、一九八九年）二〇二頁。

(51) 《無化》の圧力の源泉となった優生学の歴史については、さしあたり、D・J・ゲヴルズ『優生学の名の下に』西俣総平訳（朝日新聞社、一九九二年）、B・アップルヤード『優生学の復活？』山下篤子訳（毎日新聞社、一九九九年）を参照。

第四章　ゴフマン／フーコー

(1) E・ゴフマン『儀礼としての相互行為』広瀬英彦ほか訳（法政大学出版局、一九八六年）八九頁以下。

(2) E・ゴフマン『アサイラム』石黒毅訳（誠信書房、一九八四年）三頁以下。

(3) ゴフマン（注（2））一八三頁以下。

(4) ゴフマン（注（2））三六六－三六七頁。

(5) ゴフマン（注（2））三一五頁。

(6) ゴフマン（注（2））三一六－三一七頁。

(7) M・フーコー『知への意志』渡辺守章訳（新潮社、一九八六年）七六頁以下参照。

(8) 酒井直樹『希望と憲法』（以文社、二〇〇八年）二三三頁。

(9) フーコー（注（7））七九頁。

(10) フーコー（注（7））八〇頁。

(11) フーコー（注（7））一三四－一三五頁。

(12) J・ハーバーマス『コミュニケーション的行為の理論・中』藤沢賢一郎ほか訳（未来社、一九八六年）七頁以下。

(13) 桜井哲夫『フーコー』（講談社、一九九六年）二七四頁以下。

(14) M・フーコー『全体的なものと個別的なもの』北山晴一ほか訳（三交社、一九九三年）。

(15) フーコー（注（14））三五－四一頁。

(16) 小畑清剛『近代日本とマイノリティの〈生－政治学〉』（ナカニシヤ出版、二〇〇七年）第三章。

(17) 石川准『アイデンティティ・ゲーム』（新評論、一九九二年）。

(18) 神谷美恵子『生きがいについて』（みすず書房、一九六六年）。小川正子や神谷美恵子の光田イズムの信奉者としての「脱神話化」が行なわれなければならない。ちなみに、黒田浩一郎ほか編『医療神話の社会学』（世界思想社、一九九八年）では、実在の人物としての「野口英世」や、山本周五郎原作の小説の主人公としての「赤ひげ」（映画化・TVドラマ化もされた）の脱神話化が試みられている。

(19) そのような「抵抗」を行なったものは、日本のアウシュヴィッツと呼ばれる「特別病室」＝「重監房」送りとなった。山井道太の事例につき、内田博文『ハンセン病検証会議の記録』（明石書店、二〇〇六年）一六九頁。なお、宮坂道夫『ハンセン病　重監房の記録』（集英社、二〇〇六年）も参照。

(20) 加藤秀一「身体を所有しない奴隷」『思想』第九二二号所収一〇八頁以下。

(21) 北川東子「『自分の身体』というテーマ」大越愛子ほか編『ジェンダー化する哲学』（昭和堂、一九九九年）所収四八頁以下。

(22) 荒井英子『ハンセン病とキリスト教』（岩波書店、一九九六年）二一三頁注（1）。

第五章　《内閉》――聖なる〈内面〉に閉じ籠もる

(1) B・パスカル『パスカル著作集・第一巻』田辺保訳（教文館、一九八〇年）二四五頁。パスカルの知をS・ヴェイユ流に言えば、《内閉》へと向かう精神的力はわれわれを高みへと「堕とす」のである。すなわち、精神に働く力は、上昇的＝天上的な「浮力」ではなく下降的＝地上的な「重力」であって、それが人間精神を《内閉》――「神」＝超越的存在にも似たもの――に向かって、「高みへと堕とす」のである。

S・ヴェイユ『重力と恩寵（文庫版）』田辺保訳（筑摩書房、二〇〇四年）参照。小泉義之も、このパスカルの思想について次のように論じる。「被造物に向かってではなく、神に向かって働く限りでの心、それを人間の心は乞い求めている。……どんなに理不尽に見えても、人間は『病苦』を愛すべきである。『病苦』を肯定し擁護することを通して、『病苦』が愛され、『みじめな土くれ』に『御霊』が注がれる道が開かれてくるからである」。小泉義之『病の哲学』（筑摩書房、二〇〇六年）一六一―一六三頁。もちろん、《内閉》とは、「神に向かって働く限りでの心」であり、「みじめな土くれ」に「御霊」が注がれることである。

(2) 小畑清剛『近代日本とマイノリティの〈生―政治学〉』（ナカニシヤ出版、二〇〇七年）第三章。

(3) 内田守人『生まれざりせば』（春秋社、一九七六年）。

(4) 竹田青嗣『〈在日〉という根拠（文庫版）』（筑摩書房、一九九五年）一二九頁以下。

(5) 天野義智『繭の中のユートピア』（弘文堂、一九九二年）一一二頁以下。

(6) 柄谷行人『日本近代文学の起源』（講談社、一九八〇年）九〇頁。

(7) 乙武洋匡『五体不満足』（講談社、一九九八年）、同『年中無休スタジアム』（講談社、二〇〇四年）、同『だから、僕は学校へ行く！』（講談社、二〇〇七年）。

(8) 川口武久『続しんぼう』（静山社、一九八五年）。

(9) 塔和子の詩はすべて、森田進『詩とハンセン病』(土曜美術出版、二〇〇三年)所収による。
(10) 小浜逸郎『「弱者」とはだれか』(PHP研究所、一九九九年)。
(11) 石井政之『迷いの体』(三輪書房、二〇〇一年)一九二頁。
(12) 立岩真也『ALS 不動の身体と息する機械』(医学書院、二〇〇四年)二一〇頁以下。
(13) C・ロス『死ぬ瞬間』川口正吉訳(読売新聞社、一九七一年)。
(14) 川口(注(8))参照。
(15) 立岩(注(12))二一六-二一七頁。
(16) 以下、塔和子についての批評は、すべて森田(注(9))九五頁以下による。
(17) 安宅温『命いとおし』(ミネルヴァ書房、二〇一一年)。
(18) 光岡良二『北条民雄』(沖積舎、一九八一年)八一頁。
(19) 神谷美恵子『生きがいについて』(みすず書房、一九六六年)。
(20) 神谷(注(19))二一九頁。
(21) 松村好之『逆境に耳ひらき』(小峯書房、一九八一年)。
(22) 神谷(注(19))二二七頁。
(23) 神谷美恵子を「牧人」の典型と見るものとして、武田徹『「隔離」という病』(講談社、一九九七年)。
(24) 内田樹『呪いの時代』(新潮社、二〇一一年)一一頁以下。内田の「呪い」論の一面性については、G・バタイユ『呪われた部分』生田耕作訳(二見書房、一九七三年)参照。
(25) 内田樹と異なる「呪い」観および「まなざしの地獄」については、見田宗介『現代社会の社会意識』(弘文堂、一九七九年)参照。
(26) いわゆる「透明人間」の問題については、清水学『思想としての孤独』(講談社、一九九九年)、上田紀行『生きる意味』(岩波書店、二〇〇五年)第二章。
(27) R・D・レイン『引き裂かれた自己』笠原嘉ほか訳(みすず書房、一九七一年)五五頁。自閉症児にも、しばしば「何ものでもないもの(no-body)」という自己像が現われる。D・ウィリアムズ『自閉症だった私へ』河野万里子訳(新曜社、一九九三年)。市川浩もレインを引用しつつ、次のように論じる。「私の意のままにならない」私の対他「肉体=身体」存在をコントロールする一つの方法は、「仮面をかぶる」ことである。そうして、自己のアイデンティティを守りつつ、「誰でもない存在」(no-body)として生きようとする。しかし、それでは、「生きた現実」に参与できない。私の〈内面〉は、「現実の脅威から安全である代償として、現実の世界や他者との生きた交流を失い、貧困化する。私は自閉症的な荒廃にさらされ、本来的な意味では生きていない空虚な非存在へと自己解体する危険にさらされる。さもなければ私は仮面に魅せられ、にせの自己に……強迫的に吸い込まれてしまう。……私は、誰でもない存在であることをよそおいながら、まさにそのような存在として、自己のアイデンティティを喪失するのである」。市川浩『精神としての身体』（勁草書房、一九七五年）三四頁以下。これは、神谷が「生きがい」を再発見したという青年の姿である。

(28) 島比呂志『増補版・片居からの解放』（社会評論社、一九九六年）参照。

(29) 大熊一夫『新ルポ・精神病棟』（朝日新聞社、一九八五年）。

(30) 斎藤道雄『治りませんように』（みすず書房、二〇一〇年）。ただし、「浦河べてるの家」で行なわれている「当事者研究」などの方法が、すべての病者に有効であるかは、疑問である。例えば、渡辺哲夫『〈わたし〉という危機』（平凡社、二〇〇四年）で紹介された、統合失調症患者のA。渡辺は、「強者」である「狂者」と見なすAについて、次のように記す。「私が真夏の昼、嫌がるAとふたりで街を散歩したときのAの〈武装〉は異様なものであった。彼は大きなヘルメットを入手し、そのなかにいくつもの冷凍したアイスノンをぎっしりと詰め込み、冬用の服を身にまとって私のあとについてきたのである。Aの表情は恐怖で緊張し切っていた。私は自分の試みの残酷さを後悔し二度とこのようなことはしなかったが、これも私が『タイヨー』の真義を知らずAを〈太陽〉という〈他者〉との相即と相即解消の反復に慣れさせようとした恥ずべき愚行であった」。渡辺によると、直接的に生きられる光と熱の見触感そのものである「タイヨー」が発する光線を、Aは次のように恐怖していた。「『タイヨーのヒカリ、強すぎる。タイヨーのヒカリで頭のなかがあつくなっちゃう。大脳のなかにセーメートーハ（生命頭波）がタイヨーのヒカリで入っちゃったから、もう消えることができない。セーメーミツハ（生命光波）、ウチューからとかチキューからとか……。トーメーニンゲンじゃないからタイヨーコーセンから逃げられない』などの発言にこもっているのは徹頭徹尾、光と熱を受けた『オレのカラダ』の、……見触感覚にまつわる恐怖であり、天空の〈太陽〉は話題にもならない」。このAが、「浦河べてるの家」流に、「自分自身で自分の病名をつける」ことはそもそも可能であろうか。可能であるとして、それはAにとって好ましいことなのであろうか。「当事者研究」によって自分自身で「病名」をつけて病気を「飼いならす」試みもまた、渡辺の言う「残酷な試み」になることはないだろうか。確かに、Aの「肉体＝身体」は、例えば医師によって剝奪されているわけではない。むしろ、「現われっぱなしのオレのカラダ」と闘争し続けるAの「肉体＝身体」は、Aにおいて恒常的現前をしているが、その不断の現前のゆえに、Aが自分自身の「肉体＝身体」を「飼いならす」ことで安定して所有することは著しく困難となるのである。渡辺も認めるように、AとAの主治医である渡辺が、例えば「浦河べてるの家」流の「当事者研究」の方法で「われわれ」を形成することは、不可能ではないにしろ、大変に難しい課題となる。

(31) 向谷地生良『べてるな人びと・第一集』（人麦出版社、

二〇〇八年）一四九頁以下。

(32) 病の「飼いならし」という表現について、岡田敬司『「自律」の復権』（ミネルヴァ書房、二〇〇四年）一九〇頁。

(33) 宮本忠雄『言語と妄想』（平凡社、一九九四年）。

(34) 向谷地生良『統合失調症を持つ人への援助論』（金剛出版、二〇〇九年）二七頁。

(35) 向谷地生良『「べてるの家」から吹く風』（いのちのことば社、二〇〇六年）。「管理」ではなく、「出会いとぶつかり合い」を経て、「弱さを絆に」しながら、「仲間として受け入れる」ことが大切なのである。だから、「浦河べてるの家」では、精神病は「管理される病気」ではなく、「友だちができる病気」となる。斎藤道雄『悩む力』（みすず書房、二〇〇二年）参照。

(36) 鷲田清一『老いの空白』（弘文堂、二〇〇三年）一六六頁以下。「べてる」流の生き方については、横川和夫『降りていく生き方』（太郎次郎社、二〇〇三年）も参照。

(37) 高橋涼子「精神医療」新藤雄三ほか編『医療社会学を学ぶ人のために』（世界思想社、一九九九年）所収二〇五頁。斎藤環『ひきこもり文化論』（紀伊國屋書店、二〇〇三年）一八八頁。

(38) 中井久夫『治療文化論（ライブラリー版）』（岩波書店、一九九〇年）二二頁。

(39) 福岡寿『施設と地域のあいだで考えた』（ぶどう社、一九九八年）三二頁より引用。

(40) 山本譲司『獄窓記』（ポプラ社、二〇〇三年）一七六頁。

司法精神医学については、さしあたり、新宮一成ほか編『精神障害とこれからの社会』（ミネルヴァ書房、二〇〇二年）第Ⅱ部。

(41) 山本譲司『続・獄窓記』（ポプラ社、二〇〇八年）一五七頁以下。

(42) 安部譲二『塀の中の懲りない面々』（文藝春秋、一九八六年）。

(43) 山本譲司『累犯障害者』（新潮社、二〇〇六年）第一章、佐藤幹夫『自閉症裁判』（洋泉社、二〇〇五年）。

(44) 佐藤幹夫『裁かれた罪・裁けなかった「こころ」』（岩波書店、二〇〇七年）一一頁。

(45) 呉智英＝佐藤幹夫編『刑法三九条は削除せよ！　是か非か』（洋泉社、二〇〇四年）、岩波明『精神障害者をどう裁くか』（光文社、二〇〇九年）一四三頁以下。

(46) 高岡健編『少年事件・心は裁判でどう扱われるか』（明石書店、二〇一〇年）参照。

(47) 斎藤環『文学の徴候』（文藝春秋、二〇〇四年）六三頁。

(48) 美馬達哉『生を治める術としての近代医療』（現代書館、二〇一五年）一三三頁。

(49) 斎藤環『心理学化する社会』（ＰＨＰ研究所、二〇〇三年）第五章。

(50) 鈴木茂『人格障害とは何か』（岩波書店、二〇〇一年）四二頁。

(51) 佐藤（注(43)）三六頁。

(52) 重田園江『ミシェル・フーコー』(筑摩書房、二〇一一年)第二章。
(53) 岩波明『狂気という隣人』(新潮社、二〇〇四年)二一六頁以下。なお、大江の見解は、大江健三郎『核時代の想像力』(新潮社、一九七〇年)参照。
(54) この「姦淫の女」の物語は、もともと「外典」にあったものが、「ヨハネ福音書」という「正典」に移されたものである。それは、後にローマ・カトリック教会となる穏健派の立場から、「姦淫の女」が、「キリスト教に対して姦淫を犯した背教者の象徴」として解釈され、「悔い改めれば背教者も赦される」ことを示すためであったと言われる。荒井献『新約聖書の女性観』(岩波書店、一九八八年)。この歴史的事実は、犯罪者に対する「処罰」の意味を考える上で、重要な示唆を与える。
(55) 中井(注(38))一九二頁。
(56) 藤原正範『被害者のこころ　加害者のこころ』(明石書店、二〇一〇年)。例えば、光市母子殺害事件に関して言えば、「被害者のこころ」寄りが、門田隆将『なぜ君は絶望と闘えたのか』(新潮社、二〇〇八年)であり、井上薫『裁判官が見た光市母子殺害事件』(文藝春秋、二〇〇九年)も門田の立場に近く、他方、「加害者のこころ」寄りが、今枝仁『なぜ僕は「悪魔」と呼ばれた少年を助けようとしたのか』(扶桑社、二〇〇八年)である。ただし、両者を読み較べれば、ますます気持ちは混乱・動揺することになろう。「人が人を裁く」ことは、それほど苦しいことである。だからこそ、「人が人を裁く」ことが強制される裁判員制度は、憲法違反の疑いが強い。その意味でも、修復的司法の役割が再評価されるべきである。さしあたり、N・クリスティ『人が人を裁くとき』平松毅ほか訳(有信堂、二〇〇六年)参照。
(57) 高岡健『人格障害論の虚像』(雲母書房、二〇〇三年)二一〇頁以下。

第六章　《弛緩》——思考の緊張が緩む

(1) 若宮啓文『ルポ・現代の被差別部落(文庫版)』(朝日新聞社、一九八八年)二一六頁以下。
(2) 小熊英二『単一民族神話の起源』(新曜社、一九九五年)一一九頁以下。
(3) 柳田国男や山路愛山の見解については、小畑清剛『近代日本とマイノリティの〈生―政治学〉』(ナカニシヤ出版、二〇〇七年)第四章参照。
(4) ひろたまさき『差別の視線』(吉川弘文館、一九九八年)。
(5) 八木晃介『差別の意識構造』(解放出版社、一九八八年)三七六―三七七頁。
(6) 網野善彦「『日本国家』への視座」栗原彬編『講座・差別の社会学4』(弘文堂、一九九七年)所収一七一頁。
(7) 林力『解放を問われ続けて』(明治図書、一九七四年)。
(8) 金時鐘『「在日」のはざまで(ライブラリー版)』(平凡社、二〇〇一年)四一〇頁以下。

(9) 染石日『闇の想像力』(解放出版社、一九九五年)三六頁。
(10) 金靜美『水平運動史研究』(現代企画室、一九九四年)。
(11) 牧口一二『ちがうことこそ　ええこっちゃ』(NHK出版、一九九八年)一二二頁。
(12) 柴谷篤弘『科学批判から差別批判へ』(明石書店、一九九一年)一一八頁。

第七章　《比喩》――障害者を「愚かなもの」の喩えとする

(1) S・ソンタグ『隠喩としての病い』富山太佳夫訳(みすず書房、一九八二年)八九頁以下。歴史的に見ても、一九四一年六月二二日、ドイツ軍はいっせいにソ連領土へ史上最大規模の侵攻作戦を展開したが、その作戦開始の数時間前、A・ヒトラーとJ・ゲッベルスは、「共産主義という『悪性腫瘍』を根絶しよう」と誓い合っている。そのナチスを裁くニュルンベルク裁判において、検察官T・ティラーは、「ナチズムそのものが『人類の乳房を蝕むガンなのである』」という表現を使用して、その犯罪を断罪したのである。ヒトラーも、その断罪者も、「敵」を病気の《比喩》で表現している。
(2) 林達夫『林達夫著作集5・政治のフォークロア』(平凡社、一九七一年)二二五頁以下。
(3) 大熊信行『新版・国家悪』(潮出版社、一九六九年)。
(4) 大沼保昭『東京裁判から戦後責任の思想へ』(有信堂、一九八五年)九三頁以下。
(5) 佐伯啓思『現代日本のリベラリズム』(講談社、一九九六年)二〇二頁。
(6) 大熊信行『兵役拒否の思想』(第三文明社、一九七二年)四五頁。もっとも、学術文献でも、「アザラシ状奇形児」はもちろん、「あざらしっ子」という表現さえ用いられている。増山元三郎編『サリドマイド』(東京大学出版会、一九七一年)。上村忠男『ヘテロトピアの思想』(未来社、一九九六年)は、戦中の大熊の思想が「生活者の立場に立ちもどったところからの自己反省を諸科学にせまるとともに、学問態度そのものの根本的革新を企てて、生活の論理を生活者の行為的体験ないし生活形成の主体的な立場そのものにおいて把握しうるような新しい知的活動の在り方を探りださなければならないこと」を提言したことを評価しつつも、それが「『国家そのものの立場』への自己滅却的合一性の姿勢でなされた」点を批判している。それは、大熊における「転向」と呼ぶことができるものである。大熊が自己の「転向」の思想的意味を必ずしも十分には突き詰めて考えることなく、安易に「国家悪」の立場に移行してしまったことに、「国家悪」と結合する否定的障害者観――それは、まさに大熊の主題であるはずの「国家総動員秩序の原理」としての「国家悪」の顕著な一現象形態である――を見逃してしまったことの原因があると思われる。なお、大熊が見逃した、戦争という「国家悪」と否定的障害者観の関連について、以下に述べる具体例は、下記の著作を参考にしている。生瀬克己『「障害」に殺された人びと』(千書房、一九九三年)、若桑みどり『戦争が作る女性像（文庫版）』（筑摩書房、二〇〇〇年）、藤目ゆき『性の歴史学』（不二出版、一九九七年）第七章。

（7）加藤典洋『敗戦後論』（講談社、一九九七年）一三一―一四頁。『敗戦後論』とその批判者の見解を詳細に分析した、伊藤祐吏『戦後論』（平凡社、二〇一〇年）も、加藤の語り口に絡みつく否定的障害者観は見逃している。

（8）内田樹『ためらいの倫理学』（冬弓舎、二〇〇一年）。

（9）加藤典洋『戦後的思考』（講談社、一九九九年）五八頁。

（10）A・カレル『人間　この未知なるもの』渡部昇一訳（三笠書房、一九八〇年）第八章。カレルと同様、免疫学の領域でクローン選択説を唱えてノーベル医学・生理学賞を受賞したM・バーネット『人間という名の支配者』梅田敏郎訳（蒼樹書房、一九七三年）第七章も、優生思想の支持を表明している。

（11）渡部昇一「古語俗解19・神聖な義務」『週刊文春』一九八〇年一〇月二日号所収。渡部昇一『古語俗解』（文藝春秋、一九八三年）の「あとがき」で、「神聖な義務」に寄せられた、木田や、野坂昭如・本多勝一等の批判が、すべて的外れであると強調している。また、「青い芝の会」のメンバーの殆んども、渡部の説明に納得したという。なお、ヒトラーの言葉は、A・ヒトラー『わが闘争・上』平野一郎訳（黎明書房、一九六一年）四二頁より引用した。ヒトラーの思想について、小松美彦『生権力の歴史』（青土社、二〇一二年）二五七頁以下を参照。渡部の大西批判に見られる優生思想と生殖コントロールの結合について、M・サンガーの「運動」を素材に歴史的に解明したものとして、荻野美穂『生殖の政治学』（山川出版社、一九九四年）一九〇頁以下。また、大西自身の渡部への反批判として、大西巨人『大西巨人文選3・錯節』（みすず書房、一九九六年）一五一頁以下。渡部―大西論争は、渡部の勤務先である上智大学の当時の学長が見解表明しなければならなくなるほど社会問題化した。上智大学が「プロ・ライフ」の立場に与するカトリック系の大学であることも、問題をいっそう複雑なものとした。

（12）木田盈四郎『先天異常の医学』（中央公論社、一九八二年）二〇四頁。

（13）荻野（注（11））一九八頁以下。

（14）大西巨人自身が用いた「神聖な義務」という表現については、大西巨人＝大西赤人『時と無限』（創樹社、一九七三年）一四八頁参照。

（15）奥平康弘『憲法の想像力』（日本評論社、二〇〇三年）三九頁。ただし、加藤典洋は、後に、日本国憲法に対するスタンスを、内田樹の議論に近いところまで、変更する。そのスタンスの変更には、おそらく、加藤と親しく、奥平とともに「9条の会」の呼びかけ人の一員でもある鶴見俊輔の立場への考慮もあったと思われる。しかし、そこでも、日本国憲法第九条は、相変わらず「シャム双生児」というような否定的障害者観を反映した《比喩》で語られており、依然として「憲法の選び直し」が主張されている。加藤典洋『さようなら、ゴジラたち』（岩波書店、二〇一〇年）九九頁以下。

(16) 東浩紀『郵便的不安たち』(朝日新聞社、一九九八年)九頁。

(17) 柄谷行人『坂口安吾と中上健次』(太田出版、一九九六年)一八九-一九〇頁。「路地」の有する両義性は、例えば、鎌田東二『霊性の文学史』(作品社、二〇〇五年)第七章でも強調されている。渡部直己『日本近代文学と差別』(太田出版、一九九四年)一三九頁も、中上の小説群において「路地」が「……中本の半蔵の異様なほどの美貌と、『ひづめの手』をもった従兄の弦の不具とが『この世の者だがこの世の者でない二つの化身』としてきわだてられる世界」として描かれていると論じている。渡部も、柄谷流のポストモダンの「差異化」図式に回収されてしまっているが、それは、中上の作品をあくまで「部落差別」から理解しているため「否定的障害者観」が反映する「障害者差別」の視点がスッポリと脱落していることを証している。

(18) 浅田彰(インタヴュー)「筒井康隆氏はやはり間違っている」月刊『創』編集部編『筒井康隆「断筆」めぐる大論争』(創出版、一九九五年)三七一頁。ただし、斎藤環や東浩紀は、中上の作品世界が重層化することにより、描写が平板化し、登場人物が「キャラクター化」することに注目している。中上の晩年の作品『遺族』における描写の平板化は、それを中上的「キャラクター」総出演の「キャラクター小説」と呼ばれるものにまでなってしまっている。斎藤環「ラメラスケイプ、あるいは『身体』の消失」『思想地図 Vol.4』所収および東浩紀ほか「父殺しの喪失、母萌えの過剰」『ユリイカ』二〇〇八年一〇月号所収参照。当然、中上の「獣の手足を持った子」という表現も、そのような「キャラクター」の中で平板化=ステレオタイプ化することになる。浅田は、そのような「平板化」の中にも「ぐちゃぐちゃした多義性」があると主張するのだろうか。

(19) S・L・ギルマン『健康と病』高山宏訳(ありな書房、一九九六年)六一頁以下。B・ジョンソン『差異の世界』大橋洋一ほか訳(紀伊國屋書店、一九九〇年)は、ギルマンの言う世界を境界づける二分法の延長上に、「美しく秩序のある社会を望む」文明の道徳的価値観が「屠殺車両とガス室をもちいる清掃行為」=「ナチスによるホロコースト」を生んだと示唆している。ちなみに、ヨコタ村上孝之『性のプロトコル』(新曜社、一九九七年)一五二頁以下は、女風呂の「のぞき」を犯した池田亀太郎こと「出歯亀」について報じた当時の新聞記事を紹介しつつ、「まさに、モンスターである。……出歯亀は異常者そのものであり、そのことは彼の奇形によって決定づけられる」と記している。また、朝倉喬司『毒婦の誕生』(洋泉社、二〇〇二年)は、高橋お伝について、処刑後、彼女の遺体を解剖した病理医が「小陰唇の異常肥厚および肥大、陰挺部の発達、膣口、膣内径の拡大」という解剖所見を残したことを指摘した上で、「『女賊』の異形性が、医学の領域に横滑りしていったのである」と結論づけている。「出歯亀」や高橋お伝の事例は、まさにギルマンの言う二分法が適用される典型であると思われる。前者について言えば、「出歯亀」報道を分析しているヨコタ村上も、否定的障害者観を簡単に受容してしまっている。「出歯」は確かに身体的特徴の一つではあるが、「奇形」ではない。それをC・ロンブローゾやR・クラフト＝エービングの思想と関連づけながら、安易に「奇形」とか「モンスター」という負の価値を帯びた言葉で解説しているところに、ヨコタ村上が無意識裡に否定的障害者観を受容してしまっている証拠がある。高橋お伝について、斎藤光『幻想の性・衰弱する身体』（洋泉社、二〇〇五年）一六〇頁以下は、「〔えぐり取られた〕お伝の性器は、彼女の異常な『情欲』の源であったというレッテルが貼られ、やがて犯罪の元凶だったという扱いを受けて、さらに『毒婦』……としてカテゴライズされていく」と記す。かくして、「池田亀太郎」＝「出歯亀」＝「奇形」＝「有徴者」＝「異常なもの」＝「犯罪者」＝「悪」、そして「高橋お伝」＝「毒婦」＝「肥厚・肥大した性器」＝「有徴者」＝「異常なもの」＝「犯罪者」＝「悪」という観念連合が、ともに新聞報道を媒介にして、大衆の「俗情との結託」を果たしつつ、醸成されていくのだ。ギルマンの言う二分割された両世界のうち、「出歯亀」こと池田亀太郎と「毒婦」たる高橋お伝は、否定的障害者観を反映する《比喩》を付与されながら、「奇形（ないし異常）＝醜＝悪＝邪」の世界の住人として、「無徴者」である「われわれ」の歪んだ「まなざし」の暴力を注がれていくことになる。出歯亀と「自然主義」の結びつきに注目する川村邦光『セクシュアリティの近代』（講談社、一九九六年）は、「興味深いのは、池田がさほど歯が出ていたわけではなかったことである。マスメディアによって捏造された出歯亀イメージが勝手にひとり歩きをして、さらに膨張していったのである」と指摘している。確かに、それは「ひとり歩き」をした。例えば、森鷗外『ヰタ・セクスアリス』は、「出歯亀といふ職人がふだん女湯をのぞく癖があって……」云々と記し、また、永井荷風『厠の窓』には、「自然主義はデバ亀事件といふものに出逢つて……」云々という文章がある。鈴木貞美『「生命」で読む日本近代』（NHK出版、一九九六年）は、自然主義と出歯亀の結びつきの更なる背後に「生命主義」を見出している。「まなざし」の暴力は、「自然主義」や「生命主義」の影響の下で、ますます大きなものへと変身していくことになる。亀太郎の「女湯のぞき」もお伝の「性器」も、まさに「性」＝「生命」の中核に位置する記号なのである。「俗情」を暗示する記号としては、単なる「特徴」よりも「奇型」の方がインパクトも大きく都合がよいことになる。

P・ダルモン『医者と殺人者』鈴木秀治訳（新評論、一九九二年）は、「〔ロンブローゾによれば〕犯罪者の多くは、生まれつきの素質により、とくに隔世遺伝によって犯罪者となる運命をもっていて、その特徴は外面的には頭蓋や顔貌をはじめとして身体的欠陥としてあらわれ、内面的には情緒的な反応の欠如など精神的な欠陥としてあらわれる」とされるが、ここで「機会性犯罪者」と異なる「生来性犯罪者」は、否定的障害者観により特徴づけられることを示唆している。例えば、大江健三郎『核時代の想像力』（新潮社、一九七〇年）に収められたエッセー「犯罪者の想像力」には、次のような一文がある。「気ちがいのような犯罪者はどうなるのかということもまた、考えてみる必要があります。犯罪者のなかにはほんとうに生まれつきのように、子供のときから確実な犯罪者への個性をもっている人間がいるようです」。驚くべきことに、こう述べて、大江は、「気ちがい」という差別語を用いながら、ロンブローゾ流の「生来的犯罪者」説を肯定している。その直前の文章で、大江は「岩淵熊次郎」こと「鬼熊」の犯罪に言及し、新開は「熊」と呼ぶ彼を「人間という同類項でかこいこみません」と指摘している。「出歯亀」も、「高橋お伝」も、「鬼熊」と同様、「人間という同類でかこいこまれる」ことなく、ロンブローゾ流の「生来的犯罪者」の観点から、否定的障害者観を反映した「奇型」と見なされたのである。その単なる「特徴」ではない「奇型」に、新聞を通して好奇の「まなざし」が注がれていく。「自然主義」や「生命主義」に影響を与えたロンブローゾやクラフト＝エービングは、大江健三郎の差別的想像力をも支配しているのである。他方、「まなざし」の暴力を発動するものには、「健康／病の規範」を「善／悪の規範」が結合させられることで、「奇形」や「異常」でないものとして「われわれ」のアイデンティティが保障されていく。

(20) 渡部直己『日本近代文学と〈差別〉』（太田出版、一九九四年）一〇八頁。なお、平野の指摘は、平野栄久ほか『文学の中の被差別部落像・戦前篇』（明石書店、一九八〇年）による。

(21) 佐藤裕『差別論』（明石書店、二〇〇五年）。佐藤の分析枠組を用いて、文学作品の差別性を検討したものとして、小畑清剛『魂のゆくえ』（ナカニシヤ出版、一九九七年）第四章。

(22) 加藤秀一「構築主義と身体の臨界」上野千鶴子編『構築主義とは何か』（筑摩書房、二〇〇一年）所収一六五－一六六頁。

(23) 加藤（注（7））二七九頁注（5）。林（注（2））二六三頁も参照。

(24) 大江健三郎「侏儒の手紙」林（注（2））所収の「付録」。後に改題の上、『大江健三郎同時代論集6』（岩波書店、一九八〇年）に所収。

(25) 中村雄二郎『考える愉しみ』（青土社、一九七九年）二〇七頁。

(26) 丸山真男『福沢諭吉の哲学』（岩波書店、二〇〇一年）一七五頁以下。

(27) 林達夫を「偶像化」する山口昌男や大江健三郎と異なり、林の持つ「毒」＝「激越なるもの」をしっかりと見据えているのは、渡辺一民『林達夫とその時代』（岩波書店、一九八八年）である。渡辺は、林が獄死した友人を情け容赦なく鞭打ったエッセー「三木清の思ひ出」や、ここで問題にした「占領された日本」で誕生させられた日本国憲法を「ホンヤク憲法」＝「見かけだおし憲法」と貶めつつ「戦後」＝「虚妄」論を展開したエッセー「妄人妄語」に、林の持つ「毒」＝「激越なもの」の存在を確認している。その林の「占領された日本」でGHQに押しつけられた「ホンヤク憲法」=「見かけだおし憲法」という問題意識の延長線上に、江藤淳『一九四六年憲法――その拘束』(文藝春秋、一九八〇年)や加藤典洋『敗戦後論』が位置していることは言うまでもない。それにしても、以下で引用する丸山真男『増補版・現代政治の思想と行動』(未来社、一九六四年)所収の「増補版への後記」の言葉は、大熊信行や林達夫の「戦後」=「虚妄」論のみならず、江藤や加藤の「占領された日本」でGHQに強制された憲法という思想にまで射程が到達していることは、見事である。しかし、丸山の「戦後民主主義の擁護者」としての役割を継承していると自認する大江は、林達夫を「偶像化」しているためか、林の「毒」=「激越なるもの」が「ホンヤク憲法」=「見かけだおし憲法」に向けられていることに、反論することなく、ひたすら沈黙を守っている。高橋英夫『わが林達夫』(小沢書店、一九九八年)は、林の「妄人妄語」を「反語的社会批判」の典型と見なしているが、それを「反語」と取らない加籐のような論者が存在する以上、大江の沈黙の罪は重い。

(28) 鈴木茂『人格障害とは何か』(岩波書店、二〇〇一年)二三六頁以下。鈴木の引用する切通の言説は、切通理作『お前がセカイを殺したいなら』(フィルムアート社、一九九五年)九五頁以下。また、「ルサンチマン論」については、永井均『ルサンチマンの哲学』(河出書房新社、一九九七年)二七頁以下。

(29) 新城郁夫『到来する沖縄』(インパクト出版会、二〇〇七年)二二頁。

(30) 西川長夫『〈新〉植民地主義論』(平凡社、二〇〇六年)第四章。

(31) 大江健三郎『日本現代のユマニスト・渡辺一夫を読む』(岩波書店、一九八四年)一三一頁以下。本文中に、大江の文章の出典である著書名が記されている場合は、複数の出版社から全集版・著作集版・単行本版・文庫版等々の様々な形態の著作が刊行されているので、改めて注記することは、原則として省略する。

(32) 斎藤環『文学の徴候』(文藝春秋、二〇〇四年)二六八頁以下。

(33) 大江健三郎『鎖国してはならない』(講談社、二〇〇一年)七頁。

(34) 佐藤俊樹『〇〇年代の格差ゲーム』(中央公論新社、二〇〇二年)一四三頁。

(35) J・W・ダワー『人種偏見』斎藤元一訳(TBSブリタニカ、一九八七年)参照。

(36) 大江健三郎『人生の習慣』(岩波書店、一九九二年)一三一頁以下。

(37) 姜尚中『続・悩む力』(集英社、二〇一二年)四六頁。

(38) 内野正幸『人権の精神と差別・貧困』(明石書店、二〇一二年)一七一-一七二頁。

(39) 小森陽一『漱石論』(岩波書店、二〇一〇年)第一章。

(40) 半藤一利『漱石先生ぞな、もし』(文藝春秋、一九九二年)。なお、以下、漱石の評論・書簡はすべて、『夏目漱石全集・10』(筑摩書房、一九七二年)より引用する。
(41) 柄谷行人『ヒューモアとしての唯物論』(筑摩書房、一九九三年)一一八頁以下。
(42) 山崎正和『不機嫌の時代』(新潮社、一九七六年)四七頁以下。
(43) 岡庭昇『身体と差別』(せきた書店、一九八四年)六二頁。
(44) 竹内敏晴『思想する「からだ」』(晶文社、二〇〇一年)二六頁。
(45) ソンタグ(注(1))参照。

むすび

(1) 丸山真男『増補版・現代政治の思想と行動』(未来社、一九六四年)。《切断》の下方展開や「抑圧移譲」は、最近、社会心理学で注目されている「下方比較」と類似した概念である。高田利武『他者と比べる自分』(サイエンス社、一九九二年)、石田雄=三橋修『日本の社会科学と差別理論』(明石書店、一九九四年)。しかし、《切断》の下方展開は、「下方比較」のように主に被差別者の心理のみを問題にするではなく、「同和対策審議会答申」や尼崎訴訟神戸地裁判決など、「差別」をなくそうとする行政や司法の言説にも見出されるヨリ適用の範囲が広い概念であることが見逃されてはならない。
(2) 立岩真也『弱くある自由へ』(青土社、二〇〇〇年)一〇四頁以下。
(3) 立岩(注(2))九五頁。
(4) 中西正司=上野千鶴子『当事者主権』(岩波書店、二〇〇三年)。
(5) 高橋哲哉『戦後責任論』(講談社、一九九九年)。
(6) 神谷美恵子『新版・人間をみつめて』(朝日新聞社、一九七四年)一六二頁。
(7) 武田徹『「隔離」という病』(講談社、一九九七年)第五章。川村湊『風を読む　水に書く』(講談社、二〇〇〇年)も参照。
(8) 小畑清剛『近代日本とマイノリティの〈生―政治学〉』(ナカニシヤ出版、二〇〇七年)第四章。
(9) 竹内敏晴『ことばが劈かれるとき』(思想の科学社、一九七五年)。
(10) 福島智『盲ろう者として生きて』(明石書店、二〇一一年)。なお、同『生きるって人とつながることだ!』(素朴社、二〇一〇年)には、「……人生が様々な人との『つながり』の中で織りなされている」ことを感じると記されている。なお、福島と支援者の〝つながり〟については、小島純郎ほか編『ゆびで聴く』(松瀬社、一九八八年)、指点字を考案した母親との〝つながり〟については、福島令子『さとしわかるか』(朝日新聞出版、二〇〇九年)参照。
(11) 浦河べてるの家編『べてるの家の「当事者研究」』(医学書院、二〇〇五年)。その「あとがき」には次のように記されている。「『当事者研究』とは、さまざまな生きる苦労をかかえた『自分』という神輿を、仲間と共にかつぐお祭りのようなものかもしれない。そのおもしろさは、誰もが自分自身の『当事者＝統治者』になっていくところにある」。したがって、そのスローガンは、「自分自身で、共に」となる。このスローガンの前半分が「当事者＝統治者」を示し、後半分が〝つながり〟を示している。

(12) 渡辺一史『こんな夜更けにバナナかよ』（北海道新聞社、二〇〇三年）一三五頁。

(13) R・ドゥオーキン『ライフズ・ドミニオン』水谷英夫ほか訳（信山社、一九九八年）、同『平等とは何か』小林公ほか訳（木鐸社、二〇〇二年）。

(14) 小浜逸郎『「弱者」とはだれか』（PHP研究所、一九九九年）九四頁以下。

(15) この主張は、主に男性障害者がマスターベーションをする時の介助に関して語られたものである。倉本智明編『セクシュアリティの障害学』（明石書店、二〇〇五年）所収の諸論文参照。対照的な見解として、オランダでマスターベーション介助を含む「セックス・ケア」を行なっている女性が語る次のような言葉。「障害者にサービスを提供することは私の気持ちを捧げること。それは愛情とは異なるかもしれませんが、私は相手を障害者としてではなく、一人の人間として尊敬をもって接しています」。人間を「手段」視する「青い芝の会」の見解とは異なり、ここには、互いに尊敬すべき人間と人間との〝つながり〟が存在している。障害者の生と性の研究会編著『知的障害者の恋愛と性に光を』（かもがわ出版、一九九八年）五八頁。

(16) たとえば、M・J・サンデル『自由主義と正義の限界』菊池理夫訳（三嶺書房、一九九二年）。

(17) 具体的には、「母よ！　殺すな」と叫ぶ横塚晃一と「いのちの女たちへ」と訴える田中美津の〝つながり〟――もし〝つながり〟があるのならば――が、そのようなものとなろう。あるいは、旧日本軍の「従軍慰安婦」だった韓国人女性と広島や長崎の「被爆者」である女性との〝つながり〟もそのような「実存」次元そのものとなろう。障害者福祉の領域でも、〝つながり〟の大切さが指摘されている。例えば、障害者が陥りやすい貧困が「すべり台社会」をもたらしかねないとする立場から、〝溜め〟（緩衝帯プラス諸力の源泉）を増やして、その「すべり台社会」からの脱出を目指す、湯浅誠『反貧困』（岩波書店、二〇〇八年）、および障害者を含む「弱者」を「排除しない社会」の実現を目指す立場から、「生きる場」での〝承認〟を重視して「生活保障」の転換を主張する、宮本太郎『生活保障』（岩波書店、二〇〇九年）参照。もちろん、「生きる場」における〝溜め〟の最も重要な契機が、互いに〝承認〟し合うことの前提となる「人間」＝「わたし」と「人間」＝「あなた」の〝つながり〟なのである。

大江健三郎への奇型の手紙
――「あとがき」にかえて

大江さん。まず一言、謝まらせて下さい。

それは、私がこの手紙を「大江健三郎氏への……」としようかと迷ったにも拘わらず、結局、「氏」という敬称を人生の先輩であるあなたに付すことを省略したことについてです。その判断は、あなたの「林達夫への侏儒の手紙」というエッセーの表題に倣おうとしたことに基づきます。

この手紙を書くことを、否、そもそもこの手紙が「あとがき」に代わるものとして添えられている本書を刊行することを、私は、大変、躊躇いたしました。それは、日本国憲法が最大の危機に直面している現在、「9条の会」で頑張っている大江さんを差別者として批判することは、結果として、安倍晋三氏らが強引にすすめている憲法抹殺というべき企てに手を貸すことになるのではないかという心配によるものです。私が尊敬する奥平康弘・樋口陽一両先生の護憲のための闘いの「足を引っ張る」ことにならないか不安なのです。

ところで、樋口先生は雑誌『世界』別冊としてこれまで同誌に寄稿された憲法に関する論稿の中から優れたものを選び出し、編集する作業を行なった際、大江さんの作品に立派なものが多数あり、選択するのに困った旨を記しておられます。樋口先生は、結局、大江さんの「核シェルターの障害児」と題された作品を選ばれました。率直に言います。私は樋口先生ほど、大江さんの憲法関係の論文を高く評価しておりません。この作品も「核」と「障害児」がキーワードとなっていますが、以前に私が拝読した時も、「障害児」が一種の「記号」のように用いられていて、あまり好感が持てませんでした。もっとも、あなたが好んで用いられる「奇型児」とするよりは、「障害児」の方が少しはましなのでしょうが。私が大江さんの憲法関係の論文を評価しない理由は幾つかありますが、ここでは次の一点を除いて割愛いたします。

大江さんは、『大江健三郎同時代論集10』に収められた一文で次のように論じていました。「僕はこのふたつの憲法の間の、天皇と国家のイメージのつくり変えを経験することによって、同時代の社会に対する、想像力的にそれを把握する姿勢をきたえられたと思う。そして天皇についても国家についても、それは変わるもの、変わりうるもの、むしろ変革されてゆくあり様こそが自然なイメージであり、そのダイナミックな変革の動きに自分もまた参加しながら生きているのだと感じた」。

あなたは、このように、かつて「憲法が変わるもの、変わりうるもの」であることを熱く肯定的に語っていました。ところが、今、あなたは、「憲法が変わるもの、変わりうるもの」であることを断固として拒否しようとしています。もちろん、あなたは「大日本帝国憲法→日本国憲法」という変革と「日本国憲法→（自民党等が実現を目指す）自主憲法」という変革は根本的に異なっていると強調して、以前のあなたの立場が「9条の会」の呼びかけ人としての現在の立場と決して矛盾するものではない、と弁明されると思います。そして、実際、その弁明は正しいものです。それでも、あなたの「［天皇・国家についての規定する憲法の条項は］変わるもの、変わりうるもの、むしろ変革されてゆく」べきものであるのが「自然だ」という憲法についての論理は、容易に改憲派の人々にその強力な論拠を与えるものでもあります。大日本帝国憲法が「不磨の大典」でないというあなたの見解では、日本国憲法も同様に「不磨の大典ではない」という改憲派の人々の主張を拒否することはできません。改憲派の若者が「若き日の大江さんのように、僕も日本国憲法（押しつけ憲法）から自主憲法へのダイナミックな変革の動きに自分もまた参加しながら生きている」ことを感じたいと希望することに、あなたはどう答えるのでしょうか。その希望を頭ごなしに押しつぶすことは、若者の想像力の芽を不当に摘み取ることになりませんか。それぞれが支持する憲法の内容の優劣の問題となれば、もはやそれは「神々の闘争」の次元へと移行してしまいます。あなたは、この、あなたの憲法に関する論文が、改憲派の人々に利用されることを防ぐ、説得力のある理由を提示できないと思います。あなたの想像力に基づく護憲の論理は、残念ながら、改憲派の有力な根拠とされる可能性に開かれているほど、詰めが大変に甘いものです。あなたの文章は改憲派の人々につけ入る隙を与えるという、この一点だけを述べて、私は憲法論等で示されているあなたの想像力が、「人間」を「記号」に貶めている差別的なものであるという本来の議論に戻ることにします。

もちろん、私は、大江さんが「9条の会」等で活躍されていることについては、原則的に支持するものです。この点は、誤解しないで下さい。

つまり、私は、大江さんの護憲運動への参加を支持するにも拘わらず、いろいろ悩み抜いた末に、やはりあなたの障害者観、特にあなたの言う「奇型児」「奇型」に対する見方を批判する著書を刊行し、その理由を示すこの「……奇型の手紙」を書くことに決心したのでした。私が、どうしてこの「手紙」を書かずにはいられなかったかを理解して下されば幸いです。私が、どのようにしてあなたの「奇型」観に驚くべき嫌悪・偏見・差別の感情や意識が潜んでいる事実を確認するに至ったかを、以下で具体的に説明したいと思います。ところで、大江さんが「林達夫への侏儒の手紙」を書かれた際、その「侏儒」という形容は、もちろん《比喩》ですね。私は、あなたが林氏に対して自分が「愚かなもの」であるために使った、その否定的障害者観を反映する《比喩》をとても不快に感じますが、ここでは述べません。私が言いたいのは、私が「……奇型の手紙」という場合、それは《比喩》ではないということです。私は文字通り、つまり生物学的・医学的に「奇型」とされるものです。私の手足の指は先天的に欠損・変形しておりますし、左の眼球は先天性硝子体破裂のため失明しています。私の母も、私と同様、手足の指が欠損・変形しており、かつ心臓に心房中隔欠損という先天性の障害がありました。ただし、母の両親および母の三人の弟妹たちはすべて健常者です。したがって、母と私の「奇型」の原因は不明ですが、その「奇型」は、「血」=「遺伝」の観点において「有徴」なものということになります。

二〇一二年一月に、父が京都・烏丸鞍馬口にあるSHK病院の医療ミスで死亡した直後、父を長く介護していた母に大腸ガンが見つかり、北白川にある日本バプテスト病院で手術することになりました。大腸と癒着していた小腸にもガンが拡大していたため、大手術となりましたが、幸い、すべてを切除することができました。もっとも、再発の可能性は高いのですが。

その手術の一週間ほど後、母の病室の隣のベッドの女性患者を見舞いに来た中年男性が、たまたま母の「奇型」の指(の欠損)を目にして、大きな声で次のように言ったのです。「ああ、気味が悪い。縁起の悪いものを見てしまった。悪いことが起こるかもしれないな。くわばら、くわばら」。母のベッドの横に付き添っていた私はとても嫌な気持ちになりましたが、母がその言葉を聞いていないことを願いました。しかし、耳には障害のない母は、その男性の言葉をはっきりと聞いてしまったのです。そして、しくしくと泣き始めてしまいました。

もともと母は気丈で、大変にしっかりした女性でした。「奇型」で生まれ、その後も、脊椎カリエス、乳ガン、心房中隔欠損、心房細動、大腸ガン、皮膚ガン、心不全、レジオネラ肺炎、誤嚥性肺炎、脳梗塞等々という次々に襲いかかってくる病と闘い続けてきました。しかし、大腸ガンの手術の前後に脳梗塞を患い、少し認知症が現われていたために、その見舞客の心ない言葉を聞いて思わず涙を流したのでした。

母の泣く姿を見ながら、私がすぐに思い出したのは、大江さんの『日本現代のユマニスト・渡辺一夫を読む』という評論でした。その著者であるあなたは、渡辺氏がその著書『乱世の日記』でフランスの歴史史料を素材に、「奇型児の出産」と「地震・戦争のような不吉な出来事の惹起」を結びつけることを遠慮がちに「妄想」と書いていたことを紹介されました。その渡辺氏の「読み」は、歴史学者から厳しく批判されたそうですね。当然だと思います。ところが、大江さんは、渡辺氏が「妄想」と言うその「読み」を肯定して、「奇型児の出産」=「女性の胎内=宇宙の異常」と「地震・戦争のように不吉な出来事の惹起」=「人間の外部世界=宇宙の異常」を結びつける「読み」を、井伏鱒二氏の小説『かきつばた』が、原爆投下後に「かきつばた」が狂い咲きしたことを作中人物が「ばかばかしい花が咲きやがった」と腹立たしげに言うことで終わる旨を示唆しながら、作家である井伏氏や大江さん自身の想像力のすばらしさによって可能となる「読み」として誇らしげに記していました。あなたにとっては、この世に誕生した「奇型児」も、狂い咲きした「かきつばた」も、二つの「宇宙」の「異常」が互いにつながっていることを示す「記号」にすぎないのです。「奇型」である私からすれば、渡辺氏の「読み」により単なる「記号」へと貶められた「奇型」の「心が傷つけられる」ことには何ら関心を示さず、歴史学者から「奇型」を「記号」化する「読み」を批判された渡辺氏の「心が傷つけられた」のではないかと思いやる大江さんの態度は、完全に倒錯していると言わねばなりません。

私も、初めてあなたの渡辺一夫論を読んだ時に、「奇型」であることをもって何ゆえにあなたにこんな屈辱を与えられなければならないのかと思い、自殺してあなたに抗議しようかという考えが一瞬、頭をよぎるほど、悲しく、かつ悔しかったことを思い出しました。「記号」とするということは、その「記号」とされた「人間」の「人間」としての資格を全否定することを意味するからです。あなたの文章は、「人間」である私を「記号」に貶めるあまりに残酷なものでした。

そうです。母の「奇型」を目にした見舞客も、大江さんと同様、母の指の欠損（奇型）を「縁起が悪いもの」＝「不吉なことが起こる前兆」である「記号」と見なしたのです。したがって、この見舞客の差別的な想像力と大江さんが誇る作家の想像力は正確に合致します。

しかし、大江さんの言うように、「奇型児の出産」が「地震・戦争のような不吉な出来事の惹起」をもたらすものであるなら、「奇型児」はそもそも誕生すべきものでなくなるのではないですか。「奇型児の誕生」さえなければ、「地震・戦争のような不吉な出来事」はそもそも起こらないのですから。この「地震・戦争のような不吉な出来事」という発想は、ごく容易に「人類の進化（人類の幸福）にとって不吉な出来事」という発想に移行し、その後者の発想に纏わりつく不安が現実のものとならないことを願った人々を支えた有力な理論が「優生学」であったことは言うまでもありません。実際、二〇世紀の初頭以来、ナチスドイツのみならず、多くの国々において、そのような「優生学」的理由で、すなわち「人類の退化」という「不吉な出来事の惹起」を阻止するという理由で、「人類の進化にとって不吉」な存在である「奇型児（特に遺伝性奇型児）」は、「宇宙」の「異常」を暗示する、存在してはならないものとして「慈悲死」を国家から賜わるという形でジェノサイドの対象とされてきたという否定しがたい歴史があるのです。つまり、大江さんが誇る作家の想像力は、「不吉なもの」は存在すべきではないという価値判断を媒介にして、「奇型児」殺害を肯定したナチスドイツ等における「優生学」的想像力に滑らかに移行してしまうのです。「奇型」は、例えば「交通事故に遭って下半身が不自由になった」後天性の障害者と較べて、そもそも誕生したこと自体に苦しみを感じることが多いのですが、あなたの想像力による「記号」化は、まさに誕生する資格のない「人間の出来損い」という「スティグマ」を「奇型」である私に強烈に与えて、「私は生まれてくるべきではなかった」という屈辱的な『奇型』嫌悪」=「自己嫌悪」の感情をその内面に植えつけたのです。それは、宮沢賢治の言う「出現罪」の感覚にちょっと似ているような気もします。「奇型」自身も、「優生学」的理由等から自分の存在価値に深刻な疑問を抱くことがしばしばありますが、あなたの「奇型」を「不吉なもの」とする想像力は、その疑問をさらに強化し、「奇型」から自己肯定の気持ちを奪い取る残酷なものです。私がこの手紙を認めたのも、母や私を「不吉なもの」として「記号」化するあなたに向かって、私が、「奇型」である母や私自身が生きる価値のある「人間」であることをはっきり主張する必要があると考えたからです。

ところで、あなたが尊敬される丸山真男氏は、科学的根拠なしに「いかれてしまう」ことが福沢諭吉が嫌悪した「惑溺」だとされていますが、あなたはご自身の作家の想像力なるものに「いかれてしま」って、それに「惑溺」した結果、その想像力がいかに差別的なものであるか理解できなくなったようです。

丸山氏は『自己内対話』の中であなたを「戦後啓蒙の申し子」=「戦後民主主義者の典型」として捉えられ、そのことをあなた自身も光栄に思っておられるようですが、私はそもそも想像力に「惑溺」する作家であるあなたに対する丸山氏のそのような評価自体が誤っていると考えています。なぜなら、あなたの差別的な想像力は啓蒙が前提とする健全な科学的理性と両立不可能だからです。

もちろん、私たちが社会でまっとうに生きていくために想像力が不可欠であることは、例えば奥平先生の『憲法の想像力』を一読すれば明らかです。しかし、大江さんの想像力は、奥平先生の想像力とはまったく異なります。なぜなら、奥平先生の重視される想像力が、憲法学という社会科学に基礎づけられた優れて理性的なものであるのに対して、あなたの想像力は科学とは無縁であるゆえに荒唐無稽な非合理的なものだからです。そして、あなたの、ご自身の想像力への自己陶酔は、合理的な科学によってその想像力を批判的に吟味することを断固として拒絶するからです。もちろん、丸山氏も、想像力が理論による批判を拒絶する時に「惑溺」に陥ることを警告していますが、残念ながら、あなたにはその警告がまったく届かなかったようです。「惑溺」は丸山氏が不安視したように時として「魔術の園」への回帰をもたらします。数学・物理学・化学に関する深い造詣を前提にエピステモロジーを展開したG・バシュラール等の想像力論を持って、あなた自身の想像力を擁護しようとしても、それに「魔術の園」への回帰をもたらすほど「惑溺」してしまっている以上、正当化することは不可能です。そのような大江さんの想像力が生み出す「魔術の園」では、そこにある泥池では「乱世」であることを暗示する「かきつばた」が狂い咲きし、地震による揺れで水面が波立つ泥池の辺りでは、一つ目（片目）である私や指のない母のような「奇型」＝「怪物」が大暴れしていることでしょう。もっとも、あなたの想像力は、かつてあなたが好意的に言及したC・ウィルソンをして「参った」と言わしめた水木しげる氏の想像力にはるかに劣っているようですが。ともあれ、大江さんは「［丸山氏の死後、丸山氏を批判する年少の］知識人は丸山以前に戻っている」と指摘していますが、私からすれば、差別的な想像力を駆使して「魔術の園」への回帰をもたらす大江さん自身が「丸山以前に戻っている」のです。否、あなたの想像力は、M・ウェーバー以前、あるいは『学問のすゝめ』を著した時点での福沢諭吉以前の段階にあると言うべきでしょう。あるいは、水木氏が「（敵ながら）脱帽する」と記している井上円了以前に回帰していると言ってもいいかもしれません。いずれにしろ、あたなの想像力は、「マクロ・コスモス」と「ミクロ・コスモス」の対応という中世の世界観の平凡な先祖返り的な応用にすぎないと思われます。

丸山氏が重視する福沢は、娘の縁談に容喙しようとする「家相見」や、重篤な病人に「薬（らしいもの）」を調合しようとする「按摩」について、批判的に言及しています。しかし、福沢の批判はむしろ、大切な娘が将来幸福になることを願って「家相見」の意見に耳を傾けてしまう両親や、病人が無事回復することを願って「按摩」が調合する「薬（らしいもの）」の効用に期待してしまう家族が、「家相見」や「按摩」の権威（？）に「惑溺」していることに向けられているのです。もっとも、後にその福沢も当時華々しく登場した新しい「科学」であると自称する「優生学」の支持者になってしまった事実は、エセ「科学」の「権威」（？）に「惑溺」しないためにも見逃してはなりませんが。

大江さんは、『核時代の想像力』において、原子核物理学・原子炉工学・地震学等の知識が十分でないにも拘わらず「核開発は必要だということについて僕はまったく賛成です」と主張し、また、精神病理学・犯罪心理学・刑事政策学等の知識が十分でないにも拘わらず「気ちがいのような犯罪者がいる」ことを断定しています。福沢が批判する「家相見」や「按摩」の想像力は、あなたの「核開発の必要性を認める」ことや「気ちがいのような犯罪者がいる」ことについての無責任かつ差別的な想像力と、あまりにも荒唐無稽であるゆえに合理的な科学による批判の余地がまったくない点で、五十歩百歩です。あなたは、知識人であるあなた自身の想像力という「権威」に「惑溺」してしまっているのです。そのような科学による批判を受けつけない想像力への「惑溺」は、健全な理性を闇黒な迷妄へと退化させるのです。科学的知識の欠如を、想像力と称するものでカヴァーすることは許されません。

私はもちろん、「素人は黙っていろ」などと言っているのではありません。ただ、あなたが知識人として社会に向けて発言しているのであれば、それは合理的な科学的知識に基づく意見の表明でなければならないということを理解してほしいのです。あなたは、「かなり昔の見解だから……」と弁解されるかもしれません。しかし、その弁解は無効です。例えば、あなたの核開発・核の平和利用を肯定する過去の想像力が誤っていたという否定し難い事実は、その想像力が過去の時点で既に妥当性のない無責任なものであったと証明可能なことが吉岡斉・武田徹・大澤真幸各氏等によって指摘されていることも考え合わせると、現在のあなたの想像力もまた、誤っている可能性が大いにあるということを意味します。実際、あなたは、原発について推進派から反対派に変節・転向したわけです。当然ながら、社会情勢の変化などで、変節・転向が必要になることはありえます。変節・転向がすべて「悪」というわけではありません。しかし、変節・転向する場合、変節・転向以前の過去の立場を支えていた想像力が誤っていたことについて、真摯に反省することが必要です。『持続する志』と題された作品の著者でもあるあなたは、核開発の必要性について以前のあなたの想像力に基づく「志」を持続させずに変節・転向したわけですから、それを持続させられなかった理由をやはり誠実に説明すべきであると思います。「(佐藤栄作氏に平和賞を授与するような)ノーベル賞などナンセンスだ」というあなたの天晴れな「志」も持続しませんでした。「言行不一致」、つまり「行(行動)」が言(言葉)を裏切る」という現実が、「差別」反対という問題を含めてあなたの様々な言動に纏わりついているのです。まず、「言行不一致」という現実にあなた自身が真正面から向き合うべきだと思います。残念ながら、あなたの知的姿勢には、核の平和利用を支持した過去の誤った想像力で今も福島の人々を苦しめていることについての誠実な謝罪の態度は見られません。そのような知的不誠実は、J・P・サルトルのノーベル文学賞辞退をあれだけ大絶賛していたのに、あなた自身はそれを喜んで受賞したことの理由をしっかりと口を噤んで述べようとしないという事実や、特にあなたがあなたの想像力の持つすさまじい差別性に何ら関心を示さないで堂々と「差別反対」のリーダーとして振る舞っているという悲しむべき、そして驚くべき事実にとりわけ顕著に表われているのです。最近、小谷野敦氏は、あなたの言説を「いいかげんさ」の観点から高く評価しましたが、その「いいかげんさ」が言行不一致という知的不誠実による無責任さや差別性を帰結することは許されないと思います。

大江さん。そのような知的不誠実なあなたに私は抗議します。あなたは、その見舞客と同様、「奇型」である母が、悲しければ涙の出る普通の「人間」ではなく、「不吉な出来事」や「縁起の悪いこと」を象徴する単なる「記号」と見なしています。それは、たとえ五体満足ではないにしろ、れっきとした「人間」である母への最大の侮辱です。あなたは、「奇型児」が生まれることを、『小説の方法』では洪水と並ぶ「天災」と記し、また、『新しい文学のために』では原発事故と並ぶ「事故」と記しています。母や私が誕生したことは、あなたの表現では、「天災」であり、「事故」=「起こってはいけない出来事」なのですね。そのような「天災」ないし「事故」として生まれた「奇型児」が、メキシコの民衆芸術家であるポサダの版画で描かれていることを、あなたは『フォーカス』の写真になぞらえて繰り返し肯定的に紹介されています。つまり、あなたは、母や私のような「奇型」が『フォーカス』のような写真週刊誌によって晒しものにされることを高く評価しているのです。たとえそれが「異化」ないし「グロテスク・リアリズム」という小説の技法の観点からの評価だとしても、そのような評価自体が差別を前提とするものである以上、私は母や私が「天災」ないし「事故」として生まれ、『フォーカス』で晒しものにされるべき被写体であるかのごとくいうあなたの言説を、断固として拒否いたします。

樋口先生が選ばれたあなたの論文「核シェルターの障害児」にも、残念ながら、そのような「障害児」の「記号」化がなされているような気がしてなりません。もちろん、「奇型」である母が見舞客の心ない言葉に泣き出したことは、私にとっての「個人的な体験」にすぎません。しかし、その、あなたの渡辺一夫論を読んで影響を受けた可能性もある見舞客の「心ない言葉」が、あなたが二つの「宇宙」の異常を結びつける「記号」として提示された「奇型児」観・「奇型」観とはっきりと通底している以上、知識人であるあなたの想像力の差別性の問題は、単なる「個人」=「私（わたくし）」の次元を超えた「公（おおやけ）」の問題として様々な視座から検討されるべき主題なのです。

大江さん。あなたは、ご子息の光さんが重い障害を持って誕生されたことによって、大変に苦しい経験を重ねられてきたと思います。ですから、もちろん、あなたは、「奇型児」や「奇型」について語る資格があります。しかし、誤解しないで下さい。そのような資格は、作家である大江さんだけに特権的に与えられているものではありません。そして、あなたには、「奇型児」や「奇型」の「人間」としての資格を剥奪して、彼／彼女たちを二つの「宇宙」の異常の結びつきを示す単なる「記号」へと貶める権利は一切ありません。あなたは、差別する意図などないと弁明されるかもしれませんが、ご自慢の想像力によって自分勝手な「しるしづけ」=「意味づけ」を一つの「カテゴリー」と見なした「奇型児」や「奇型」に付与してしまうことが、大変な差別なのです。

かつて阿部謹也氏は、西欧の被差別民は、一般住民が住む「ムラ」という「宇宙」から境界づけられた「人外地」に居るものと見られてきたと論じていました。日本でも事情は同じで、被差別部落の出身者は特に、しばしばその「肉体=身体」が「奇型」であると表象されてきました。大江さん。あなたは、まさか「ムラ」という「宇宙」内部の住民は五体満足であるのに対して、「宇宙」外部の「人外地」――「異常」な場所――に居る部落の人々は「奇型」であるのが当然だ、というように作家の想像力を働かせたりしないでしょうね。あなたの想像力は、「路地」＝「被差別部落」の「人外地」としての特異性を「奇型児の出産」により象徴させた中上健次氏の『奇蹟』等に見出される想像力とは異質である、と私は信じたいのです。しかし、あなたの『ヒロシマ・ノート』等にも同様に見出される「宇宙」の異常と「奇型児の出産」を結びつける想像力は、「宇宙」の外部の「人外地」における「奇型児の出産」という点から被差別部落の人々を「記号」化＝「カテゴリー」化して自分勝手な「しるしづけ」＝「意味づけ」を行なう中上氏の想像力のごく近いところにあるようにも思えます。中上氏が描く「宇宙」の外部の「路地」という「人外地」は、絶えず殺人が行なわれるような「乱れた」場所であるから、正常な「宇宙」の内部ではないことを告げる「奇型児」が誕生しても当然だ——あなたと中上氏の想像力は、ここで正確に合致します。つまり、「乱世」における戦争での人殺しと「乱れた」場所である「路地」での人殺しは、ともに女性の胎内という「宇宙」に異常をもたらし、「奇型児の出産」が起こる、というわけです。「差別」とは、いわれのない「区別（discrimination）」のことです。ヨリ正確に言えば、その「区別」により「カテゴリー」化された特定の人々に、マイナスの価値を帯びた「しるしづけ」＝「意味づけ」を行なうことです。それを、私は「記号」化と呼んできたわけです。あなたや中上氏の「（五体満足な）健常者」＝「宇宙」の正常さを示すものないし「宇宙」の内部であることを示すものと、「（五体不満足な）奇型」＝「宇宙」の異常さを示すものないし「宇宙」の外部であることを示すものという「カテゴリー」の二分割は、いわれのない「区別」＝「差別」そのものです。それが「区別」＝「差別」という「記号」化の典型であるからこそ、あなたや中上氏の「奇型児」観・「奇型」観は、「異化」という小説創作の方法を駆使する作家の独創的な想像力の所産などではなく、大西巨人氏の言う単なる「俗情との結託」を犯すものであるゆえに、母を泣かせた見舞客も有していた差別的な「共通感覚」とも完全に合致したのです。あなたや中上氏の「奇型児」観・「奇型」観は、「俗情との結託」を犯しながら、障害者差別・被爆者差別・部落差別など様々の異質な差別の結合形態である「複合的差別」（上野千鶴子氏）の存在を肯定してしまうことになります。この「複合的差別」を支える「共通感覚」は、「不吉なもの」を嫌う人間の深層心理にまで根拠を持つ強力なものです。日本古代の「国つ罪」は、「自然災害」のみならず、「病気・障害」をも含んでおりました。古代人の「奇型」をも「罪」と見なす心性は、現代人の私たちの「共通感覚」にも流れ込み、「俗情」を作り上げているのです。中上氏はどうやら、この「複合的差別構造」の深層心理的・歴史的背景を知った上で、いわば確信犯的に、「路地」を「奇型児の出産」によって「しるしづけ」＝「意味づけ」しているように思えます。大江さんはどうですか。複合的差別構造の存在を前提に、中上氏が被差別部落の出身者だからといって「路地」についてどんな出鱈目なことを書いていいわけではないように、大江さんも障害児の父親だからといって「奇型」についてどんな無茶苦茶なことを記していいわけではないのです。大江文学の読み手である小森陽一氏や、中上文学の読み手である柄谷行人氏が、あなたや中上氏の「奇型」についての想像力の差別性に沈黙し続けていることに、私は大いに不満です。ともあれ、もしあなたが、そのような「奇型」をめぐる複合的差別構造の深層心理的・歴史的背景を承知の上で二つの「宇宙」の異常と「奇型児の出産」を結びつけたのなら、あなたは中上氏と同様、確信犯的な差別者ですし、それを知らずに結びつけたなら、あなたは基本的人権の尊重を高らかに謳う日本国憲法の擁護者としての資格が疑われるほど日本社会における人権問題について不勉強です。繰り返しますが、複合的差別の深層心理的・歴史的背景への知識を欠く想像力への「惑溺」は、「差別」を否定する健全な理性を「差別」を肯定する闇黒な迷妄へと退化させるのです。「奇型」＝「怪物」についてのばかばかしい想像力への「惑溺」を自慢げに記すあなたには、「迷信」という言葉を造語した井上円了の『妖怪学講義』を是非とも学んでいただきたいものです。なぜなら、しばしば差別を生み出す「迷信」の打破を目指した井上の『妖怪学講義』が健全な理性により解明すべきとした対象には、「天変」や「地異」のみならず「奇型」もまた含まれていたからです。

大江さん。あなたは「奇型児の出産」と「地震・戦争のような不吉な出来事の惹起」を結びつける想像力を優れた作家の特権であるかのように誇らしげに語られました。そして、それを「異化」や「グロテスク・リアリズム」という小説家が用いるべき手法の観点から、正当化しました。しかし、「奇型」である私からすれば、あなたが自慢される想像力など「犬にでも喰わせてしまえ」という類のものとなります。なぜなら、それは、人の心を傷つける差別の想像力だからです。「狂い咲き」したことを非難されても、「かきつばた」は泣き出したりしません。しかし、誕生した「奇型児」は、「奇型」である母と同様、悲しければ泣くこともある血の通った「人間」なのです。だからこそ、その一人ひとりの固有名を持った「人間」としての独自性を捨象して「奇型」という「カテゴリー」に括った上で、二つの「宇宙」の異常の結びつきを象徴する単なる「記号」として読み取るあなたの想像力はまさに差別の想像力なのです。母や私のような「奇型」も、地震の起こらない平穏な時代や戦争が闘われない平和な時代にも普通に生まれてくるのです。あなたが『ヒロシマ・ノート』で描いた「奇型児」も、もしかすると母親の被曝とは関係なく普通に生まれようとしていたのかもしれないのです。また、その逆に、広島においても、被爆者である母親から五体満足な健常者が数多く誕生している事実も見逃してはならないでしょう。広島でも健常者は当然ながら生まれてくるし、「奇型児」は被爆地でない平和な土地でも普通に生まれてくる——大江さんに是非とも理解していただきたいのは、その単純な真理なのです。作家の独創的な想像力と称するものに「惑溺」しつつ「魔術の園」に回帰し、その単純な「真理」を歪めてほしくはありません。あるいは逆に、こう考えて下さい。東日本大震災の数日前に、福島県でたまたま「奇型児」が誕生したと仮定しましょう。青年となった彼が、あなたの渡辺一夫論を読んだ時、どのような気持ちになるか想像して下さい。彼は、あなたに「不吉なもの」として「しるしづけ」＝「意味づけ」されている自分が生れてしまったことに、自責の念を覚えるのではないでしょうか。「僕が生まれてしまったから、大地震が起こったのか」と。あらゆる「人間」の誕生は、祝福されるべき出来事です。「奇型児」ももちろん、「人間」です。したがって、「奇型児の誕生」も、本来、祝福されるべきことなのです。しかし、大江さんの文章では、「不吉な出来事の惹起」する前兆と見なされる「奇型児の誕生」は、ナチスドイツにおける「優生学」支持者のそれと同様、祝福などとは無縁な、むしろ「起こってはいけない出来事」であることが強調されます。「奇型児」は、あなたの差別的な想像力において、誕生が祝福されるべき「人間」には含まれず、単に「不吉なもの」であることを示す「記号」に貶められているのですから。大江さんの文章は、「奇型」に自分自身の「肉体＝身体」を嫌悪させ、自分自身の存在価値を否定させ、自分自身が生きていく勇気を喪失させるものです。それゆえ、あなたの渡辺一夫論を読んだその青年が、あなたの想像力の影響をまともに受けて「否定的『奇型』観」をその内面にしっかりと確立してしまい、自分が生まれたことと大地震が起きたことを結びつけつつ「僕は、本当は、生まれて来てはいけなかったんだ」と考えて悩み苦しむということも、あなたに「不吉なもの」という烙印を押された過去の私自身がそうであったように、現実に起こりうることなのです。あなたの想像力は、そのような彼の気持ちを想像できないほど貧困なものですが、その貧困な想像力にあなたは「惑溺」しているのです。「奇型児の出産」についての「しるしづけ」＝「意味づけ」を独り善がりのものにしないで下さい。小田実氏の言葉を借用して言えば、あなたは差別的に「しるしづけ」＝「意味づけ」する側の論理ばかりを語り、差別的に「しるしづけ」＝「意味づけ」される側の論理にはまったく眼を向けようとしていません。したがって、差別的に「しるしづけ」＝「意味づけ」される人々の悲しみ・苦しみ・悔しさを理解しようとはしないあなたの想像力は、驚くほど貧困なものとなるのです。「奇型」の人々を「つらくさせる」あなたの差別する想像力は、ヘイトスピーチを叫んで「在日」の人々を「つらくさせる」自称「愛国者」の差別する想像力と、「される」側の悲しみ・苦しみ・悔しさを無視している点で何の変わりもないのです。大江さんは、幼年時代の恩師たちから、「誇張して考えるくせ」のあるあなたが作家にならなかったら周りの人々を「つらくさせる」ことになったであろう、と言われていたそうですね。しかし、作家であるあなたの「誇張して考えるくせ」が生み出した差別する想像力は、現実に「記号」とされた母や私そしてその青年のような「奇型」をつらくさせるのみでなく、その心を深く傷つけてもいるのです。その青年や心ない言葉を私の母に投げつけた見舞客のような、あなたの言葉をそのまま素直に受け止め共感する人々が、被差別者であるか差別者であるかに関わらず増えるならば、この日本社会は「奇型」にとって生きることが困難な地獄のようなものになってしまうでしょう。あなたの想像力は、時として「弱者」から生きる希望を奪い取る兇器ともなるのです。

私があなたの想像力を「差別的だ」と断定することが「いいがかり」でないことを明らかにするために、エスノメソドロジーに登場してもらいましょう。大江さんは、『小説の方法』等の幾つかの著作において「異化」の技法の重要性を述べられていますが、「奇型」についてあなたが語られる場合、それは私の言う「記号」化となり、エスノメソドロジーで言う「カテゴリー」化ともなるものです。エスノメソドロジーの立場に拠る社会学者の好井裕明氏はずばり『差別原論』と名づけられた著書で次のように「差別」を定義しています。「[差別とは]人々が他者に対してある社会的カテゴリーをあてはめることで、他者の個別具体的な生それ自体を理解する回路を遮断し、他者を忌避・排除する具体的な行為の総体をいう。あてはまるカテゴリーには圧倒的なマイナスの意味が充満しており、それをあてはめる他者や他者が生きる現実を映し出すのではなく、さまざまなマイナスのかたちで『しるしづける』」と。

この「カテゴリー」化という観点から、あなたが『小説の方法』に記した文章で、特に問題となりそうな箇所を幾つか列挙してみましょう。ⓐ「乱世、末世における流行の病いのおおもとに、畸型の誕生を置いたとしても、小説全体のコンテキストは崩れないだろう」。ⓑ「健全な誕生を中心に置けば、畸型の誕生とは周縁的な性格のものである。……畸型として誕生した者の、おもむくべき場所は周縁であった」。ⓒ「畸型は、肉体における格下げ・引落しである」……引用するだけでも、気が滅入ってきます。すさまじい差別の言葉の連発ですね。ⓐでは、二つの「宇宙」の異常のつながりという観点から、「奇型児の出産」を、「(悪疫の蔓延という)不吉な出来事の惹起」の前兆とする差別的な言説が、あなたによってまたまた肯定されています。それなら、『奇型』である小幡清剛の誕生(一九五六年)を、その頃ようやく社会問題化した水俣での『奇病』の発生のおおもとに置いても、大江文学理論の枠組みは崩れないだろう」等と、あなたは言うつもりですか。私が創作した右記のばかげた文章とあなたが現実に記したⓐはともに差別的な想像力の所産ですが、私は両者の間にまったく有意味な違いを見出すことができません。「奇型児の誕生」と結びつけられるのが、伝染病の蔓延であれ、公害病の発生であれ、それが無責任なでたらめであることに何ら変わりはないのです。ⓑは、「癩者」を「片居(片隅に居る(べき)もの)」と呼んだ中世以降の日本人の恥ずべき集合的差別意識と正確に合致しています。もし、あなたが「中心-周縁」理論を展開した山口昌男氏の権威を借りて、この文章を正当化されようと思われるなら、それは他人まかせのあまりに無責任な態度だと言わなければなりません。確かに、小学生だった一時期、クラスメートのガキ大将から「オバタのオバケ・オバケのオバタ。オバケの手で触られるとお前たちのカラダも腐るぞ」と言われて、私は仲間外れにされました。つまり、「奇型」である私は、教室の「周縁」に追いやられて「クラス内村八分」状態となっていたわけです。これをもって、あなたはⓑの「正しさ」が証明されたと言って喜ばれるでしょうか。私はむしろ、ⓑとそのガキ大将の言葉が、『奇型』は他者との〝つながり〟の中で『中心』にいるべきではなく、他者から孤立して『周縁』にいるべきである」という考え方において一致していることこそが、問題なのだと思うのですが。つまり、あなたのⓑの文章は、このような「奇型児」の仲間外れを正当化し、「周縁」で寂しく孤立させられる彼／彼女たちへのいじめを助長するものなのです。また、ⓒの「奇型」への「スティグマ」付与を強化しかねない「マイナス」の価値判断を反映させた露骨な表現は、私が特に好きなものではないのですが「(『奇型』を含む)障害は(価値に関して悪くとも中立な)個性である」という福祉の世界でしばしば強調されるに至った、「奇型」を含む障害者への「スティグマ」付与を可能な限り減少させせようとする考え方と、見事に真正面から対立するものです。ⓐⓑⓒのような「奇型」を特別なカテゴリーとする言説は、「優生学」的見地および国家財政学的見地から「奇型児の誕生」をやはり「不吉なもの」と捉える渡部昇一氏の主張とも容易に結びつくものです。

国連の「国際障害者年行動計画」では、「(『奇型児』を含む)障害者は……特別の集団と考えられてはならず、……日々生活していくのに必要なニーズを満たすのに特別の困難をもつ普通の市民と考えられるべきである」と指摘されています。ところが、大江さんの想像力においては、「奇型」は「普通の市民」であるとはまったく考えられることなく、「不吉なもの」「周縁(片隅)に居るべきもの」「出来損いのもの」等々として十把一絡げにされた「特別の集団」であることが強調されているのです。そして、その「カテゴリー」化された「特別の集団」に、強力な「スティグマ」付与がなされてしまうのです。したがって、好井氏の定義によれば、大江さんはまぎれもなき「差別者」ということになります。私は「奇型」ではありますが、障害者問題の専門家ではないので、念のため複数の障害者福祉の研究者にⓐⓑⓒの文章が含まれているパラグラフ全体を検討してもらいましたが、皆さん口を揃えて「信じられないくらい差別的な文章だ」と感想を述べられました。それにしても、ⓐⓑⓒはどれも、すべての「奇型」の人々の運命を支配している「神」であるかのごとき語り口ですね。「奇型」への上から目線そのものです。「侏儒の手紙」を書いた際の、林達夫氏への下から目線とは大違いです。林氏に対しては、「侏儒」＝「小びと」として下から発する嫌になるほど自己卑下した語り口であったのに、「奇型」に対しては、まるで天上の「神」のごとく上から発するどうしようもなく尊大な語り口であるというように、明らかに差別的な語り口のダブル・スタンダードをあなたは当然のように採用しているのです。あなたが「奇型」について語る内容のみでなく、その語り口にも、「奇型」である私は、やりきれない思いがいたします。もちろん、林氏にとっては「侏儒」＝「小びと」ではあっても、「奇型」にとっては「神」であるあなたは、「異化」や「グロテスク・リアリズム」の観点から、「奇型」に眼をそそぐことにより「新たな光のもとに全体が表現される」云々とも論じています。中国文学者の井波律子さんも、「グロテスク・リアリズム」という術語を多用していますから、その言葉の使用をここで殊更にあげつらう気持ちはさらさらありません。しかし、あなたの場合、その言葉は、「奇型」としっかり結びつけられています。つまり、「グロテスク・リアリズム」という言葉を用いるあなたの言説が雄弁に物語っているように、「奇型」はあくまで不吉な「グロテスクなもの」であることが前提となっており、それは「周縁におもむくべきもの」であり、かつ「肉体が格下げ・引落しされたもの」であると「しるしづけ」=「意味づけ」されるべきことが自明のこととされています。このように、あなたによって「奇型」は、一つの「カテゴリー」として、「さまざまなマイナスのかたちで『しるしづけられている』」のです。栗原彬氏も、論文「差別とまなざし」で、「差別意識は、言葉をもち、世界をカテゴリー化することなしには生きられない人間という種に根源的な意識である」と指摘しています。あなたの言う「異化」や「グロテスク・リアリズム」の方法で決定的に重要な意味を持つ問題は、その方法で実はあなたが「奇型」と言う人々の「記号」化=「カテゴリー」化がなされているために「(『奇型』の人々の)個別具体的な生それ自体を理解する回路」が完全に遮断されてしまっているということなのです。

そのような「遮断」は、差別等の深刻な人間疎外をもたらします。ここで、あなたとともに、かつて「新しい歴史教科書をつくる会」の刊行した「『(歴史と公民の)教科書』を批判する声明」を出した国際政治学者の坂本義和氏の興味深い文章を、その著書『人間と国家』上巻から引用したいと思います。坂本氏いわく、「この時、私はさつま芋、じゃがいも、里芋、かぼちゃ、トマト・なす・きゅうりなどの野菜づくりを覚えただけでなく、母に教わって、はこべ、なずな、やまごぼうなどの、食べられる雑草を見分けられるようになりました。その時に気づいたのは、『雑草』という草はないのであって、それぞれに名前があり、綺麗な小さな花を咲かしているものもある。それを一括して『雑草』と呼ぶのは、通常の食用『野菜』を基準にした人間の傲慢さの表れではないかということです。それは一人ひとり名前がある者を『雑兵』と呼ぶ、武士の傲慢さに通じるのではないか」と。

ここで坂本氏は、「雑草」という「カテゴリー」化が、いかにマイナスの意味で「しるしづけ」=「意味づけ」されているかだけでなく、その「雑草」が綺麗な小さな花をつけるという〈生〉の現実に目をふさぐことになることを指摘しているのです。それは、「雑兵」という言葉にも、当てはまります。この、一人ひとりが固有名を持つかけがえのない「人間」を単なる「雑兵」と見なしがちな「国家」を批判するための視点が、かつて丸山真男氏の薫陶を受けた坂本氏の国際政治学にヒューマニズムという強靭な骨格を与えているように思うのです。

そうです。「雑草」に「はこべ」や「なずな」という種に固有の名前があるように、そして「雑兵」にもそれぞれ「個人」としての固有名があるように、あなたが一人ひとりに「乙武洋匡」やしまった「奇型」たちにも、その一人ひとりに「乙武洋匡」や「辻典子」、そして「山本敏子（母の旧姓、つまり母が『奇型児』として誕生した時点でつけられた名前）」や「小幡清剛」という「個人」としての固有名があるのです。そして、固有名を持つ一人ひとりの「人間」がかけがえのない存在である以上、あなたの言う「奇型児」や「奇型」にも各々「個別具体的な生」が開かれているのです。しかし、その〈生〉を理解するための回路は、あなたの想像力によってすべて遮断されてしまいます。

この〈生〉が遮断されてしまうことの危険性をはっきりと指摘されているのは、「奇型児」の母である野辺明子さんです。野辺さんは、環境汚染の恐ろしさを警告するために、「奇形児」や「奇形ザル」等の写真展を日本各地で開催する活動を行なっていました。それは、大江さんの言う「異化」の見事な実践例と考えることができるでしょう。つまり、「われわれが過去から受け継いで来たものとして何ら違和感を抱くことなくそこにひたっている自然環境」が、実は『奇形児』や『奇形ザル』等が生まれるほど深刻な汚染が浸透してしまっている自然環境」であることを、その「写真」はまさに「異化」の手法によって雄弁に物語っているのです。この「異化」の方法は、多くの人々に大きな衝撃を与えるという意味で大変に有効なものでしたが、そこには「記号」化＝「カテゴリー」化に起因する大きな落とし穴が存在していたのです。その「落とし穴」について、野辺さんは次のように言います。

「環境汚染のバロメーターや、汚染のつけのサンプルとして無神経に引き合いに出されるのはいやだ、私は私の手が好きだ、と父母の会で最初に発言したのは小学生の少女であった。親たちが先天性四肢障害を一般社会にアピールするために全国各地で『奇形ザル』の写真展を開催していた時である。『人類への警告』の統一テーマでニホンザルに急増している手足の欠損の現象と子どもたちの現実を訴えようとシンポジウムや写真展を開き、その会場にサルと子どもたちの写真展を展示したことへの子どもたちからの抗議だった。『異常児』だとか『かわいそうな子』と他人から言われるのはいやだ、という子どもの言葉に私はハッとした。問題提起を急ぐあまり、みんなとはちがう形の手や足であっても一人のかわいい子どもとして存在している彼らへの配慮を欠いた運動を親たちはしてしまったからである」。野辺さんが強調するように、たとえ医学上は本来、価値中立的な専門的術語であっても、様々な差別が蔓延する日本社会でそもそも「奇型児」という言葉自体をあまり使ってほしくないというのが、親の率直な願いです。「奇型児」という言葉で、その子どもの「異常さ」を際立たせようとする大江さんの文章には、この点についてデリカシーが完全に欠如しています。あなたは、おどろおどろしいというニュアンスが纏わりついた

「奇型児」という言葉の使用が、その子どもに重大な「スティグマ」を刻印づけることを意味する現実をしっかり認識すべきです。

ともあれ、「雑草」について坂本氏が気づいたことと、「奇型児」について野辺さんが「ハッとした」ことは基本的に同じです。「雑草」として一括して呼ばれる草々が実はそれぞれが綺麗な小さな花を咲かす、「種」の固有名を持つ存在であるのと同様に、あなたによって「肉体における格下げ・引落し」がなされる「奇型児」として一括して「カテゴリー」化される子どもたちも、実はそれぞれが自分自身の「個別具体的な生」を一人のかわいい子どもとして懸命に生きている、「個人」としての固有名をもつかけがえのない存在なのです。ポサダの版画を愛好する大江さんは、「異化」の効果を最大に発揮するためには、「奇形児」や「奇型ザル」の写真を『フォーカス』に載せたらよい、と言われるかもしれません。しかし、野辺さんが気づいたのは、「奇形児」等の写真の展示という「異化」の方法が、たとえ環境汚染の深刻な現状を一般社会の人々に向けて訴える手段としていかに有効であったとしても、それが「記号」化でもあり、「カテゴリー」化でもある以上、「奇型児」をマイナスのかたちで「しるしづけ」=「意味づけ」するのみならず、一人ひとりのかわいい子どもが「生きる現実」を見えなくさせることにより、その「個人」としての固有名を持ったかけがえのない子どもの「個別具体的な生それ自体を理解する回路」を遮断してしまうことは、「差別」という人間疎外そのものだということです。「奇形児」を「異化」の道具とするためには、「奇形児」である彼/彼女を人々の好奇の「まなざし」に晒すことが必要です。大塚英志氏は言います。「……女性週刊誌にもこのイメージは頻繁に登場する。こちらの方はもっと直接的である。『ベトちゃんドクちゃん』報道を含めた結合双生児の写真や、火災で重傷を負った少女の写真が、例えば昭和六三年の一〇月から一二月の三ケ月の『週刊女性』をチェックしただけでも八つの記事として登場する。いずれも写真入りの構成だ。記事はこれらの不幸な運命と戦う子供や親を讃美する形となっているが、ことさら写真を前面に押し出すその意図は別のところにあると思わざるを得ない。……SFX映画『ザ・フライ』で主人公の女性がハエの幼虫の形をした子供を生む場面や、『エイリアン』で女性の腹を破ってモンスターが飛び出すシーンにも、観客は同様のイメージを見出すことができただろう」。大江さんの評論であれ、ポサダの版画であれ、週刊誌の「写真」であれ、それらを生み出した想像力においては、それが読み手の興味本位の想像力=関心に迎合しようとする限り、「人間」であるはずの「奇型(モンスター)」とエイリアンのような「怪物(モンスター)」との境界は完全に消滅するのです。「写真」や「映像」における「異化」の方法により描出された「奇形児(モンスター)」=「異類」は、「異常なもの」として「カテゴリー」化された上で、大塚氏によれば、共同体の「外部」へと追放されるべきものとなります。母親の胎内という

「宇宙」に異常をもたらした枯葉剤を原因とする「ベトちゃんドクちゃん」のような「奇形児」は、環境保護の観点からすれば典型的な「不吉なもの」であるゆえに、大江さんの言うもう一つの「宇宙」である共同体の「内部」に、本来、存在してはならないものとなりますが、逆にだからこそ、彼らは「異化」の方法で環境汚染の恐ろしさを訴える場合、最もインパクトのある素材＝道具となるわけです。しかし、「存在してはならないもの」の「個別具体的な生」など尊重されるわけがありません。私は、「異類」＝「異常なもの」について問題とすべきは、「過剰に物語化するメディアおよび消費者の想像力なのである」という大塚氏の見解に、賛成です。大塚氏が注目される『週刊女性』であれ、大江さんがポサダの版画と関連づけて繰り返し肯定的に言及される『フォーカス』であれ、人々の怖いもの見たさの下劣な想像力に訴えかけ、「怪物」との境界が消去された「奇形児」という「異類」＝「異常なもの」の「写真」を「奇形児」である彼／彼女たちの人権などに一切関心を払うことなく人目に晒すことにより金儲けをしていることに、何の変わりもありません。あなたや中上氏の想像力も、「奇形児」を道具として「過剰な物語」を不当に構築しているのです。その同じ「異化」の方法を用いて、「奇形児」が主人公を演ずる「過剰な物語」として環境保護という問題を構成しようと試みた野辺さんが、「カテゴリー」化された「奇型児」を「環境汚染のバロメーター」という「道具」とすることの差別性を認められたように、大江さんも「カテゴリー」化された「奇型児」を「異化」や「グロテスク・リアリズム」の手法を用いた小説を作るための「道具」とすることが、いかに差別的な想像力の作用であるかを反省されるべきであると思います。それは、中上健次氏が、やはりその差別的な想像力によって、小説『奇蹟』等において、「路地」の差異化を際立たせるために、「奇型児」(が誕生するということ)を重要な「道具」として物語世界を構築していることと軌を一にしています。しかし、人間が食物を作るための「素材」＝「道具」ではない「雑草」の一草一草が美しい花を咲かせ小さな実をつけるという独自の「個別具体的な生」を生きているように、「国家」が戦争に勝つための「道具」あるいは作家が小説をつくるための「道具」と誤って見なされがちな「雑兵」や「奇型」の一人ひとりも「カテゴリー」に一括することができない貴重な「個別具体的な生」を生きているのです。田中美津さんの言葉に「かけがえのない、大したことのない私」というものがあります。母や私のような「奇型」も、その多くは「大したことのない」存在ですが、その一人ひとりは「道具」のような代替性のない、「かけがえのない」存在なのです。松兼功氏は、その『障害者に迷惑な社会』に収められた「『障害者』は枕ことばじゃない」と題された一文で、次のように記しています。「確かに障害は私の一部であり、『障害者』は私を表わす代名詞の一つでもある。……とはいえ、『障害者』は私のすべてではないのだ。年がら年中、そんな枕ことばを押しつけられていたら感性や人生が息切れして、毎日を楽しめない。のびのびとした福祉社会には、諸々の重荷から解放され、ただの人間としてふるまえる空間や時間が不可欠なはずだ」。松兼氏は、「障害者」として「カテゴリー」化することが、「障害」がその一部でしかない「個人」にとって不当な重荷を負わすことを告発しているのです。まして、「障害者」よりもはるかにおどろおどろしい悍ましさを大江さんによって付与された「奇型」にとっては、そのような「奇型」として「カテゴリー」化されること自体が、大変に残酷な言葉の暴力を行使されていることを意味するのです。「奇型」も、「ただの人間」なのです。小泉義之氏の言うように「カッコいい」ものではありませんが、あなたの言うように「不吉なもの」でもありません。大したことのない「ただの人間」ですが、「道具」などではなく、かけがえのない「個人」でもあるのです。「道具」を「手段」と読み換えた時、大江さんと野辺さんが用いる(用いた)「異化」という方法は、I・カントの「……すべての人格における人間性を、常に同時に目的として使い、けっして常に手段として使わないように行為せよ」という定言命法に違反します。問題は、野辺さんがそのことに気づいたのに、大江さんは「人間」を「道具」=「手段」として用いる時に生じる人間疎外に関心を示さないということです。立派な小説を書くために「神」のように偉大なノーベル賞作家は、「奇型」を小説を作るための「道具」=「手段」として好きなように用いてもよく、「道具」=「手段」に貶められることにより「人間」から疎外された「奇型」の悲しく悔しい気持ちなどに配慮する必要はまったくない、ということなのでしょう。だからこそ、あなたは「奇型」を視覚において「異化」するための「道具」=「手段」としての『フォーカス』の写真を、それがしばしば人権侵害的なものになることには目をつむって、繰り返し肯定的に言及するのですね。あなたは、「異化」のための「道具」=「手段」としての「奇型」がポサダの版画に描かれたり、『フォーカス』の写真で報道されたりすることが、その「奇型」であることを強調された「個人」にとって大変に悲しくて「不幸」なことであることに、「ハッ」と気がつかないのでしょうか。野辺さんの想像力と較べて、あなたの想像力は、驚くほど貧困です。

大江さん。あなた自身も「不幸な人」です。鶴見俊輔氏は、その『アメリカ哲学』で次のように論じています。「一杯のお茶を飲むという具体的な動作の中には、喜びを発見せず、ことさらに『美とは何ぞや』、『至高善とは何ぞや』という問題を論じる、毎日の生活の主なる構成因子をなす、個々の価値、個々の事物に興味を感じ得ない者は、やはり不幸であろう」。鶴見氏流に言えば、あなたは「奇型(児)とは何ぞや」と大上段から問いかけ、それに『『奇型児』とは誕生したこと自体が天災と言うべきものである」『『奇型児』とは地震のような不吉な出来事が惹起する時に誕生すべきものである」『『奇型』とは『フォーカス』のような写真週刊誌により晒しものにされるべきものである」『『奇型』とは周縁におもむくべきものである」等々と独り善がりの「しるしづけ」=「意味づけ」でもって答えているのです。もちろん、これらの言説で表われる「べし」は、当為を示す「べし」ではなく、大江さんの想像力において、「そもそも『奇型』（集合名詞）は〇〇する筈だ（〇〇するのが当然だ）」という判断がなされていることを示す「べし」です。「個人」としての「人間」を「雑兵」と呼ぶ武士の傲慢さを指弾した坂本氏が示唆するように、「奇型」と言われる人々が、一人ひとり固有名を持ったかけがえのない存在であることを、傲慢な武士と同様、あなたは理解しようとはしません。あなたは、これらの「べし」命題を提示することで、「奇型児」「奇型」である彼／彼女たちの「個人」を強引に消去するという暴力を行使してもいるのです。また、「奇型児」を「環境汚染のバロメーター」と見ることの傲慢さに気づいた野辺さんが強調するように、「奇型児」と言われる子どもたちが、一人のかわいい子どもとして「個別具体的な生」を懸命に生きていることを、あなたは見ようとはしません。「奇型児」「奇型」が代替のきかない一人の「人間」として持つ「個々の価値」に興味を感じることなく、ことさらに「奇型（児）とは何ぞや」と問い、「個々の価値」を持った「人間」である彼／彼女たちの「個別具体的な生」をすべて捨象して「記号」とした上で独り善がりの「しるしづけ」＝「意味づけ」を行なう――鶴見氏の言うように、あなたは「不幸な人」なのです。そして、「不幸な人」であるあなたは、「やれ『奇型児』だ」「それ『奇型』だ」と声高に叫びまわることによって、坂本氏の言う「傲慢な人」にもなっているのではないですか。『ヒロシマ・ノート』の著者であるあなたは、石原吉郎氏が『絶望と海』で、「ジェノサイドのおそろしさは、一時に大量の人間が殺戮されることにあるのではない。そのなかに、ひとりひとりの死がないことが、私にはおそろしいのだ」と記していることを、当然、ご存知でしょう。「そもそも『奇型』とは〇〇だ」というあなたが繰り返す言葉は、「そもそもユダヤ人とは△△だ」というナチスドイツで流行した反ユダヤ主義の言説や、「そもそも朝鮮人とは□□だ」という現代日本にはびこるヘイトスピーチと、「奇型」・ユダヤ人・朝鮮人の一人ひとりの「個別具体的な〈生〉」や、その「ひとりひとりの〈死〉」を見ようとしない点で、正確に合致しています。そこには、樋口先生が大切にされる「個人」が存在する余地はありません。したがって、ジェノサイドやヘイトスピーチやあなたの「そもそも論」は、各人が一人ひとり別個の存在である「人間」＝「個人」に対して「根元的不敬」（E・レヴィナス）を犯すことになります。だからこそ、『広島第二県女二年西組』の著者である関千枝子さんは、「被爆者」一人ひとりの「個別具体的な〈生〉と〈死〉」を確認することで、「ジェノサイドの恐ろしさ」と対決しようとしましたが、「被爆者」と同様、「慈悲死」を賜わるという形でのジェノサイドの対象となることもあった「奇型児」「奇型」にも一人ひとりの「個別具体的な〈生〉と〈死〉」があるのです。しかし、あなたは、そのことにまったく目を向けようとせずに、「異化」や「グロテスク・リアリズム」の手法にとって必要な「しるしづけ」＝「意味づけ」のためなら、「人間」としての尊厳のために「固有名」で呼ばれるべき「個人」である「奇型児」「奇型」の〈生〉や〈死〉の「かけがえのなさ」など無視してよいと思っているのです。それだけでも酷いのに、それに加えて、その「しるしづけ」＝「意味づけ」で、現実に「奇型」である私の母を悲しませたのですから、「不幸な人」であるあなたは「不幸にする人」でもあるのです。そのことにあなたが気づかないのは、「人間」であるはずの「道具」＝「手段」としてのみ把握しているからです。小説を書くための「道具」＝「手段」としてのみ把握しているからです。あなたの『小説の方法』等の著作は、たとえ「グロテスク・リアリズム」の手法での価値の逆転が意図されていると弁解がなされたとしても、そもそもその逆転のために必要な「奇型」のおどろおどろしさを強調することを初めから確信犯的に狙った差別的な悪書であると私は考えます。

再度、確認しておきます。樋口陽一先生は、日本国憲法第一三条の「すべて国民は、個人として尊重される」という文言を重視されます。坂本・野辺・鶴見各氏そして後に論じる西川・佐藤両氏もすべて、「個別具体的な生」を生きる「個人」こそ尊重すべきであると主張しています。大江さんだけが、「個人」のそれぞれの〈生〉を捨象して、「奇型児」「奇型」という「記号」へと「個人」であるべき「人間」を貶めているのです。

大江さん。あなたはある批評家から、小説の中で光さんを「チンドン屋のまねをさせながら」描出している、と批評されたそうですね。その批評家とあなたの言葉の双方にチンドン屋さんへの職業差別のようなニュアンスが感じられるのは気になりますが、それはともかく、そんなばかばかしい愚かな批評は、無視して下さい。ただ、ダウン症の娘の父親である最首悟氏が、その娘の星子さんに次のように語らせていることの意味を考えて下さい。いわく、「……お前はもっといやらしい存在になっているのではないか。なるほど私は生きがたい。……しかし生きやすいものが、生きがたいものに身を寄せて、よけい生きやすくなってしまうとは、いったいどういうことであるか。いい加減に私をダシにするのは止めたらどうか」。最首氏が記すこの厳しい言葉は、その鋭い批判の刃を最首氏自身に向けているのであり、大江さんに向けているのではありません。しかし、最首氏の文章における「わたし」が星子さんならば、大江さんにとっての「わたし」は、光さんであり、「奇型児」「奇型」でもあるのでしょう。そして、『ヒロシマ・ノート』と『沖縄ノート』の著者であるあなたにとって、その「わたし」は、カタカナ書きされた「ヒロシマの人々」であり、「沖縄の人々」でもあるのでしょう。それらの人々を「道具」＝「手段」としていませんか。その二冊の『ノート』について、西川長夫氏と佐藤俊樹氏が揃って「吐き気」を催したと記している事実は注目すべきものです。私も、あなたの『小説の方法』から「奇型」に関する言説を書き写した際、そのあまりに差別的な内容に「吐き気」がしたことを正直に告白しておきます。あなたの尊敬するJ・P・サルトル（彼のノーベル文学賞辞退をあなたは絶賛していました）の哲学を引くまでもなく、「人間」の実存にとって「吐き気」体験は、根源的に重要な意味を持つものです。西氏は、光さんや、「沖縄の人々」そして「ヒロシマの人々」をあなたが安易に「カテゴリー」化していることに実存レベルで耐えることができないのです。それらの「生きがたい」人々を「カテゴリー」化しつつ、あなたに都合のよい「記号」とすることで、あなたは最首氏が問題とするように実存レベルで不当に「生きやすく」なっているのです。「奇型児」「奇型」の場合も、まったく同様です。

「旧植民地沖縄を反戦の聖地として、……聖地巡礼を行なう進歩的文化人の自己満足とアリバイ作り」と記す西川氏の、『沖縄ノート』は「反日本人論の形を借りたウルトラ日本人論である」という指摘。また、「あの緑のかがやきに、私は八月六日でない広島を見ることができた。それだけだ」と記す佐藤氏の、「大江の文章を拒絶し、拒絶することで、その向こうにいる現実の光さんのことを考えようとしてしまう」という言葉。西川氏は、あなたが「国民国家」の肯定を前提とする「日本人」という集合名詞によって多様な〈生〉の可能性に開かれているはずの「沖縄の人々」のそれぞれの「個別具体的な生」を棄却していることを非難し、佐藤氏は、あなたが原爆投下とのみ結びつけた「ヒロシマ」というカタカナ語によってやはり多様な〈生〉の可能性に開かれているはずの「ヒロシマの人々」のそれぞれの「個別具体的な生」を棄却していることに抵抗しているのです。実際、保守政治家の言うように「沖縄が日本に属する」と考えるのでもなく、あなたの言うように「日本が沖縄に属する」と考えるのでもなく、「沖縄（琉球）は日本から独立すべきだ」と考える人々も少なくないのです。また、誤解されると困るのですが、広島の人々が原爆の恐ろしさを語り継いでいくことは大切だと、私も考えています。しかし、その広島での出来事を敢えて語ろうとしなかった丸山真男氏の場合がそうであるように、被爆者のすべてに「あなたは被爆体験の悲惨さの証人になるべきだ」と強要することは、とても残酷なことなのです。広島の人々も「緑のかがやき」に感動する権利はあるのです。かくして、「狂女」と「奇型児」という、あなたに向かって「ノー」と言うことができる「個人」とは異質な存在によって表象される「沖縄」や「ヒロシマ」に関しても、樋口先生の重視される「個人」はすべて、あなたの言説では消去されてしまうのです。そして、「現実の光さん」の〈生〉も、あなたが「無垢なもの」として「しるしづけ」＝「意味づけ」した「小説に描かれた光さん」によって消去されているのです。

「奇型」「日本人」「ヒロシマの人々」「沖縄の人々」等々という集合名詞に関わる全称判断によって、それぞれの集合名詞を構成している一つの要素である「個人」の持つ特徴や個性はすべて捨象されます。このように、あなたのご自慢の想像力は、「そもそも□□は、〇〇するべき存在だ」という大上段からの全称判断を導き出して、「個人」を解放するどころか、反対に「個人」を抑圧するものとなるのであり、だからこそ「個人」

を大切に思う佐藤氏や西川氏が、あなたの独り善がりな「しるしづけ」＝「意味づけ」をもたらす独断的な全称判断に「吐き気」をもよおすのは当然なのです。

しかも、あなたの二冊の『ノート』において、「ヒロシマ」は「奇型児」によって、「沖縄」は「狂女」によってそれぞれ表象されているのです。佐藤氏と西川氏が揃ってあなたの文章を読んで感じたという「吐き気」とは、「生きがたい」ものである「ヒロシマの人々」と「沖縄の人々」を、あなたが都合のよいように「カテゴリー」化して単なる「記号」とすることによって、あなた自身が不当に「生きやすく」なっていることへの実存的抗議としても読み解くことができます。繰り返しますが、佐藤氏と西川氏があなたの想像力による「人間」の「カテゴリー」化を拒絶するのは、「人間」を「記号」へと変えるその想像力が、「人間」の有する多様性およびその多様な「人間」のそれぞれの「個別具体的な生」の豊かさに対して驚くほど抑圧的に作用するからです。両氏は、その「傲慢さ」に「吐き気」を感じているからです。そして、なお悪いことに、「奇型」である母の「人間」としての資格を剥奪し、「不吉なもの」という単なる「記号」へと貶めるあなたの想像力は、「個人」に対して抑圧的であるのみならず差別的なものなのです。

精神医学や障害学の専門家を含む少なからぬ論者が、障害児である光さんを大切に育ててこられた貴重な経験があるはずの大江さんの様々な作品に、あなたの「差別的心性とケガレ意識」の弱者への投射を見出しています。ある論者によれば、そのような投射は、大江さんの初期の評論「地獄にゆくハックルベリー・フィン」で、敗戦直後の記憶として、「新聞紙でつくったＧＩ帽」をかぶった「知能の遅れた少年」が幼女を（性的な意味合いを持った方法で）殺害したという噂について、あなたが記していることに既に表われているそうです。その判断が正しいかどうかは分かりませんが、私も、あなたが「侏儒」という言葉を「愚かなもの」を表わす《比喩》として使用しているのみならず、先に少し触れましたが、あなたの著書『核時代の想像力』に収められた「犯罪者の想像力」と題されたエッセーで「将来、気ちがいのような犯罪者になることを運命づけられた子供もいる」旨を記されている事実がある以上、私もあなたの文章に「差別的心性とケガレ意識」の弱者への投射が見出されるという見解に同意せざるをえません。それにしても、この独り善がりの「しるしづけ」＝「意味づけ」をされる場合も、またまたお得意の想像力が次々と駆り出されるのですね。「奇型児」「奇型」を「不吉なもの」、「侏儒」＝「小びと」を「愚かなもの」、「気ちがい」を「何をしでかすか分からないもの」のそれぞれの「記号」とするあなたの想像力は、信じられないほど差別的なものです。これらの《比喩》では、あなたの「差別的心性とケガレ意識」が見事に弱者に投射されています。同じノーベル文学賞受賞者でも、「個人」としての「癩者」＝「北条民雄」への深い愛を注いだ川端康成氏のあたたかい文章とは異なり、あなたの作品には、「奇型」や「侏儒」や「気ちがい」

の人々への愛はまったく見出されません。当然ですね。愛の対象は、それぞれが「個別具体的な生」を生きる一人ひとりかけがえのない「人間」＝「個人」ですが、あなたの「カテゴリー」化する想像力は、「奇型」や「侏儒」や「気ちがい」を、各々の基本的人権が尊重されるべき「人間」ではなく、差別的な「しるしづけ」＝「意味づけ」がなされた単なる「記号」と見なしているからです。基本的人権が尊重されるべき「人間」＝「個人」への愛の存在を前提とするはずの護憲運動の先頭に立とうとするのなら、あなたは「人間」の「記号」化をもたらすあなたの差別的な想像力を自己放棄すべきではないでしょうか。あなたの差別的な想像力は、「奇型」や「侏儒」や「気ちがい」をも含んでいる「人間」＝「個人」たちの基本的人権の尊重を高らかに謳う日本国憲法の精神と明確に背反しています。あなたの林達夫氏へ「語り口」と「奇型」の人々を論じる「語り口」が根本的に相違しているという事実は、あなたが無意識裡に前提としている差別的な垂直的人間観が、「奇型」等を含む国民の「法の下の平等」を宣言する憲法第一四条が想定するあるべき水平的人間関係とはっきり矛盾することを証明しています。相手が「思想界の巨人」であるか、あるいは「肉体が格下げ・引落しされたもの」であるかによって、「侏儒」に変身したり、あるいは「神」に変身したりすることは、無責任さと差別性を生み出す知的不誠実そのものです。「林達夫＝強者＝上には恭順、『奇型』＝弱者＝下には尊大」という「ダブル・スタンダード」を使い分けることは、もうやめて下さい。あなたの過剰な自意識を反映する想像力によって、「奇型」に関して差別的な情念を駆り立てる「過剰な物語」を捏造することも、もうやめて下さい。そして、「核の平和利用」等の賛否に関する無責任な言葉で、人々を引きずり廻すのは、もうやめて下さい。また、「気ちがい」の人々を含む様々な弱者への差別的な文章で、人々の心を傷つけるのも、もうやめて下さい。あなたの「核開発は必要だ」とする想像力と『奇型』は不吉なものだ」という想像力の合体は、大地震の時にたまたま誕生した福島の「奇型児」に二重・三重の意味で「出現罪」のような苦しみを与えることになるのですから。坂本義和氏が指摘するように、「カテゴリー」化された「雑兵」が憲法の精神と合致しないように、あなたの想像力によって「カテゴリー」化された「奇型児」「奇型」「侏儒」「気ちがい」も憲法の精神と矛盾します。尊敬する樋口陽一先生の高い評価とは異なり、あなたの憲法論に「個人」としての「人間」の「記号」化を見出す私は、だからこそ、日本国憲法が大変な危機に直面している現在、『奇型』である母や私があなたの言葉で深く心を傷つけられていることを明らかにする」という心情倫理次元の事柄を、「護憲運動の先頭に立っているあなたを応援するために、あなたの想像力の差別性について沈黙を守る」という責任倫理次元の判断よりも、敢えて優先させたのでした。あなたが書かれた文章のすさまじい差別性を認識した上で真摯に反省されない限り、大切な母や自分自身がその文章で心を傷つけられた私が、なかなか素直にあなたを応援できないことは、理解していただけると思います。

それゆえ、尊敬する奥平康弘先生や樋口陽一先生の必死のご努力の「足を引っ張る」ことにならないか不安に思いながらも、私はこの手紙を大江さんに書かずにはいられませんでした。護憲戦略を重視して異なる判断を下す人も多いでしょうが、「知的誠実」であることをモットーとする法哲学者である私は、たとえノーベル文学賞受賞作家であっても、「9条の会」呼びかけ人であっても、知的障害のある光さんの父親であっても、土井たか子さん流に「ダメなものはダメ」と言わねばならなかったのです。あなたによって単なる「記号」に貶められてしまった母の名誉を回復するためにも、また、私自身のあなたの諸作品への「やりきれない」気持を表明するためにも、そして、あなたの差別的な想像力によって尊重されるべき「個人」が消去されることにより汚されてしまっている日本国憲法を蘇生させるためにも。

大江さん。私は、「気ちがいのような犯罪者がいる」という悪しき「社会防衛思想」を帰結しかねない差別的な言葉や、「核開発は必要だ」という福島の人々の悲劇を生んだ無責任な言葉を平気で記してきたあなたにはまだまだ申し上げたいことがありますが、一応、これで終わりにいたします。あなたの思慮を欠いた軽率な言葉の数々が、母や私のような「奇型」の人々や、「侏儒」や「気ちがい」の人々や、福島の人々などの心をどれだけ傷つけ、苦しめてきたか、ご自慢の想像力を働かせて反省していただければ幸いです。ただ、例の「ルサンチマンの語り口」でもって、かつてあなたを批判した浅田彰氏の発言を品のない《比喩》を用いた文章で語り直した時のように、「△△大学のへなちょこ元教授O・Sが、僕の評論に『いいがかり』をつけてきた」云々と記すことだけは、勘弁して下さい。

大江さんの「9条の会」での活動と、あなたの「奇型児」観・「奇型」観、「侏儒」=「小びと」観、「気ちがい」観を貫く「差別的心性とケガレ意識」の弱者への投射は、取り敢えず切り離して考えます。「奇型」の護憲派法哲学者として、大江さんのような「自分自身が差別者であることを自覚できない差別者」がよりにもよって護憲運動の先頭に立っているという事実には、大きな精神的苦痛を感じますが、我慢します。最大の危機に直面している日本国憲法を護るためにご活躍下さい。私も、奥平・樋口両先生とお約束したように、『戦後を疑う』の著者である清水幾太郎氏の治安維持法肯定論=戦後民主主義否定論を理論的に克服するための作業を開始しております。G・ヴィーコの「アルス・トピカ」に拠って戦後民主主義を撃つ清水氏の『戦後を疑う』は、中曽根康弘氏の「戦後政治の総決算」や安倍晋三氏の「戦後レジームからの脱却」の原点に位置する著作です。私の清水批判は、近く『丸山真男・西田幾多郎・清水幾太郎』と題された著書として刊行される予定です。関心がおありになれば、ご一読いただきたく存じます。もしお読みになれば、あなたの重視される想像力なるものが、丸山真男氏が擁護する「近代的思惟」とは根本的に異なり、むしろ清水氏が

『戦後を疑う』で援用する「共通感覚」に近いことが理解できると思います。ちなみに、あなたのご友人で『共通感覚論』の著者である中村雄二郎氏も、あなたのような差別的な想像力がG・ヴィーコ流の「共通感覚」と結びつく時、大変危険なものとなることについて、私の見解に同意されています。中村氏の著書『パトスの知』をご覧下さい。

ともあれ、あなたを批判した手紙の末尾にこのようなお願いを記すことは大変に心苦しいのですが、清水氏らの「戦後」＝「虚妄」論を相手に共に闘っておられる奥平先生や樋口先生にお会いになることがあれば、宜しくお伝え下さい。梅雨どきの不順な天気が続きますが、お身体を大切に、ご自愛下さい。ご健闘をお祈りいたします。

二〇一四年六月

小幡清剛

大江健三郎 様

PS

大江さん。母は大腸ガンの手術後、左手甲に新たに偏平上皮ガンが見つかり、左手の肘から先を切断しなければならなくなりました。切断手術が行なわれる日の朝、母は言いました。「さようなら、左手さん。これまで有難う」。

大江さん。母は、あなたが「不吉な出来事の前兆」と見なす指の無い「奇型」の左手にも、感謝したのです。あなたの想像力では、なぜ母が切断された左手に向かって最後に「有難う」と言って感謝したのか今はまだまったく理解できないでしょう。「奇型」である私からすれば、母の心を深く傷つけても平気な大江さんは、明らかに「奇型児」「奇型」に対する差別者です。つまり、あなたは、「自分自身が差別者であることを理解できないほど『悪質』な差別者」なのです。もちろん、純粋なあなたに、悪気がないことは確かです。しかし、悪気がないことで、かえってヨリ質(たち)が悪くなることもあるのです。

あなたの「奇型児」観・「奇型」観は、カルピスの黒人デザインやちびくろサンボよりも、また筒井康隆氏の『無人警察』における「てんかん」観よりも、差別性においてはるかに悪質です。「奇型児」「奇型」等に関するあなたの様々な言説が露骨に差別的なものである以上、あるいは少なくとも明白に差別を助長するものである以上、たとえあなたと私が同じ護憲派に属し、ともに奥平先生の同志であるとしても、私にはあなたの言説が孕む重大な問題点を広く世間に訴えかける義務があるのです。

あなたも認められるでしょうが、「個人」の尊重を訴える護憲の精神と差別の実践は本来、矛盾するはずです。あなたが常に集合名詞で言う「奇型児」「奇型」の一人ひとりも、憲法で尊重されるべきとされる「個人」なのです。「奇型児」「奇型」という集合名詞は、「個別具体的な生」を生きる一人ひとりの「個人」を抑圧します。しかし、あなたはあまりに純粋なため、あなたの「9条の会」等での護憲の呼びかけとあなたの文筆活動での「奇型児」「奇型」に言及する差別的文章の記述が矛盾することを認識できないでいるのです。純粋さは時として人を殺す兇器となります。F・ニーチェに「各人がそれぞれ自己自身にとってもっとも遠い者である」という言葉があります。この格言は、あなたにこそ相応しいものだと思います。「奇型」である母のみならず、やはり「奇型」である私にとっても、あなたの様々な言説は、ヘイトスピーチに相当すると思われるほど不快で、「人間」としての尊厳を否定されたと感じられるほど心を傷つけるものでした。何しろ、「奇型」である母が「奇型」である私を産んだことを、あなたは「不吉なこと」=「天災」であると言うのですから。ニーチェの言葉を真剣に受け取り、ご自身が差別者であることについて、もっと想像力を働かせて下さい。この点に関して、「差別者であるあなた自身にとってもっとも遠い」存在であったあなたのこれまでの想像力は、驚くほど貧困です。私は、あなたが「ノーベル賞作家への侮辱だ、名誉棄損だ」などと言って怒ることなく、また、「小幡は誤読している」などと言って逃げることなく、真正面から差別者であるあなた自身に向き合って下さることを希望します。あなたには信じてもらえないかもしれませんが、「奇型」にも「奇型」なりの自尊心はあるのです。ですから、「なにくそ、母の〈生〉の尊厳を貶めるような差別者に負けてたまるか」という私の頑張る気持ちを奮い立たせてくれたという意味で、あなたは大恩ある本書の産みの親と言えるわけです。その点で、決して皮肉ではなく、私はあなたに感謝してもいるのです。大江さんの「奇型」についての「個人的な体験」と私の「奇型」についての「個人的な体験」の交わりが、不毛な相剋ではなく、稔り豊かな相乗となることを願って、この手紙を書きました。私の真意を理解した上で、これまで記してこられたご自身の文章について深く反省され、その差別性を自覚されるに至った時こそ、あなたと私は、「互いに共有しえない闇の、その共有しえないことの重さを共有していく」ことで〝つながる〟ことができるようになると思います。その日が一日も早く来ることを楽しみにしています。

二〇一四年九月

PSのPS

大江さん。

二〇一五年三月一四日、京都岩倉の小さな病院で母は静かに息を引き取りました。あなたによれば、母が誕生したことは、「事故」であり、「天災」であるのでしょう。「奇型」である母の「肉体=身体」は確かに「格下げ・引落し」されているのかもしれません。あなたの言うように、「奇型」であるために女医になる夢が叶わなかった母の人生は、「周縁」に位置づけられるのかもしれません。しかし、私は、その母の八九年の生涯を誇りに思っております。

この手紙では、大江さんの驚くほど差別的な「奇型」論と真正面から対決するために、敢えて意識的に『奇型』である「母」という表現を(本当は嫌でたまりませんでしたが)多用してきました。まるで、「母」にかかる「枕詞」が「たらちねの」ではなく、「奇型の」であるかのように、です。あなたがあまりにも執拗に「奇型」と叫び続けるから、「奇型」である私が、「奇型」の母の息子として応答しなければならなくなったわけです。この手紙を書いて、不吉な「奇型」の「肉体＝身体」としてあなたに強奪されていた母の「肉体＝身体」を、かけがえのない大切なひとりの「人間」＝「個人」の「肉体＝身体」として、ようやく私はあなたから奪還することができたのです。だからこそ、その私の母は、大江さんの言うような「奇型」の〈生〉ではなく、また本書のタイトルに用いた「障害者」の〈生〉でもなく、一人の「人間」としての〈生〉を見事に全うしたと私は自信を持って言えるのです。

二〇一五年四月

謝辞

本書の刊行について、ご尽力を賜わった多くの方々に心から感謝いたします。本書は、大江健三郎氏をはじめ、多くの論客たちの障害者の〈生〉をめぐる言説を厳しく批判しております。そのため、万が一にも、お世話になった方々にご迷惑をかけるようなことがあってはならないと思い、敢えてお名前を記すことは遠慮させていただきました。なお、私を支持して下さった方々の中には「９条の会」の賛同者が多数おられます。その皆様には、本書で「９条の会」の呼びかけ人である大江氏への批判を展開したことについては誠に申し訳なく思う次第ですが、「知的誠実」をモットーとする私は、「奇型」の〈生〉をめぐる差別的な大江氏の言説群を前にして、どうしても批判的見地から検討する必要があったということを、ご理解いただければ幸いに存じます。故・奥平康弘先生も、「小幡君は、相変わらず融通がきかない不器用な生き方をしているなあ」とあきれながら、苦笑されていると思います。また、M・フーコー、I・イリイチ、E・ゴフマン等の難解な著作を翻訳して下さった諸氏にも、謝意を表します。訳書を大いに利用させていただきましたが、文脈の都合で一部、ご苦心の訳文を変更した箇所があることをお断わりしておきたいと存じます。最後に、私のミミズが這った跡のような下手くそな手書き原稿を、ボランティアでパソコン入力下くださった京都光華女子大学の社会福祉専攻の女子学生の皆さん、および論争的性格の強い本書の出版を勇気を持って決断して下さった、昔からの友人にして萌書房社主の白石徳浩氏に「本当にありがとうございました」と申し述べたいと思います。

亡母の一周忌を前にして

小幡清剛

■著者略歴

小幡(小畑)清剛（おばた　せいごう）

1956年　小幡（小畑）清次郎・敏子の長男として，京都市に生まれる。

1974年　京都府立洛北高校卒業。京都大学理学部入学（後に法学部に移る）。

1980年　京都大学法学部卒業。

1984年　京都大学大学院法学研究科博士課程中退。

1995年　京都大学法学博士。

職　歴　京都大学助手，京都大学大学院講師，姫路獨協大学助教授，同教授など歴任。

現　在　姫路獨協大学名誉教授。法哲学・法社会学・法人間学研究者。

著書(単著)

『言語行為としての判決』（昭和堂，1991年），『レトリックの相剋』（昭和堂，1994年），『魂のゆくえ』（ナカニシヤ出版，1997年），『法の道徳性』（勁草書房，2002年），『法における人間・人間における倫理』（昭和堂，2007年），『近代日本とマイノリティの〈生－政治学〉』（ナカニシヤ出版，2007年），『コモンズと環境訴訟の再定位』（法律文化社，2009年），『「一人前」でない者の人権』（法律文化社，2010年），『コモンズとしての裁判員裁判』（萌書房，2013年）ほか。

共著書など

『差別の社会理論』（弘文堂，1996年），『法の臨界・Ⅱ』（東京大学出版会，1999年），『越境する知・３』（東京大学出版会，2000年），『現代社会学事典』（弘文堂，2012年），ほか。

障害者の〈生〉――法・福祉・差別の人間存在学

2016年３月14日　初版第１刷発行

著　者　小幡清剛

発行者　白石徳浩

発行所　有限会社　萌《きざす》書房

〒630-1242　奈良市大柳生町3619-1

TEL（0742）93-2234 / FAX 93-2235

［URL］http://www3.kcn.ne.jp/~kizasu-s

振替　00940-7-53629

印刷·製本　モリモト印刷株式会社

ISBN978-4-86065-111-4

小幡（小畑）清剛：哲学三部作

第１弾！――法哲学＆言語哲学

コモンズとしての裁判員裁判
――法・裁判・判決の言語哲学

A5判・上製・カバー装・264ページ・定価：本体4000円＋税

◆佐藤幸治・井上達夫・土井真一各氏の裁判員裁判肯定論を徹底的に論破し，有倉遼吉氏の「肩すかし判決」批判・百地章氏の「ねじれ判決」批判・井上薫氏の「蛇足判決」批判に応え，ハイエク＝嶋津格＝落合仁司氏の自生的秩序法理論およびウィーナー＝川島武宜＝碧海純一氏のサイバネティクス法理論の双方の弱点を克服する，独創的な法哲学を構築。『読書人』『図書新聞』他，日本法社会学会『法社会学』等でも絶賛。

ISBN 978-4-86065-077-3　2013年1月刊

第２弾！――社会哲学＆人間存在学

障害者の〈生〉――法・福祉・差別の人間存在学

A5判・上製・カバー装・368ページ・定価：本体3800円＋税

（本書）

ISBN 978-4-86065-111-4　2016年3月刊

第３弾！――政治哲学＆歴史哲学

丸山真男・西田幾多郎・清水幾太郎〔仮〕
――作為・秩序・自然の政治哲学

◆中期西田哲学の《場所の論理》の思想に定位しつつ，一方で「無の場所」の自己限定（の三木清による実践的変形である「虚無」からの形成）という観点からする荻生徂徠＝丸山真男の《主体的作為》の立場による政治的秩序観，他方で「共通感覚（常識）」という「場所」を実践理性の基準の観点から評価する中村雄二郎＝清水幾太郎の《人間的自然》の立場による政治的秩序観をそれぞれ読み解き，両者を対質化することによって，個人・主体性と共同体・パトス性という問題地平を新たに設定し直す。次に，後期西田哲学の《クレアタ・エト・クレアンス》の理論に定位しつつ，一方で「作るもの＝人間・作られるもの＝歴史環境」という側面を重視する福沢諭吉＝丸山真男の《スピーチ＝レトリック擁護論》の立場による社会的秩序観，他方で「作るもの＝歴史環境・作られるもの＝人間」という側面を重視するＧ．ヴィーコ＝清水幾太郎の《トピカ＝レトリック擁護論》の立場による社会秩序観のそれぞれを読み解き，両者を対質化することによって，弁証法（断絶・破壊・否定・闘争・実践の契機の優位＝場所的弁証法を除く）と有機体説（連続・保存・肯定・融合・観想の契機の優位＝ヘーゲル弁証法を含む）という問題地平を新たに設定し直す。（続刊）